涉渔公益诉讼案件
办理指引与案例分析

Fisheries Public Interests
Litigation Guidelines and Cases Analysis

张燕雪丹　郭云峰　黄振华　主编

法律出版社
LAW PRESS·CHINA
北京

图书在版编目(CIP)数据

涉渔公益诉讼案件办理指引与案例分析 / 张燕雪丹,
郭云峰,黄振华主编. -- 北京 : 法律出版社,2022
ISBN 978-7-5197-6785-3

Ⅰ. ①涉… Ⅱ. ①张… ②郭… ③黄… Ⅲ. ①渔业法
—行政诉讼—案例—中国 Ⅳ. ①D922.45

中国版本图书馆CIP数据核字(2022)第092195号

涉渔公益诉讼案件办理指引与案例分析
SHEYU GONGYI SUSONG ANJIAN BANLI ZHIYIN YU ANLI FENXI

张燕雪丹 郭云峰 黄振华 主编

责任编辑 谢清平
装帧设计 汪奇峰

出版发行 法律出版社
编辑统筹 法律应用出版分社
责任校对 裴 黎
责任印制 刘晓伟
经　　销 新华书店

开本 710毫米×1000毫米 1/16
印张 22 **字数** 355千
版本 2022年8月第1版
印次 2022年8月第1次印刷
印刷 固安华明印业有限公司

地址:北京市丰台区莲花池西里7号(100073)
网址:www.lawpress.com.cn
投稿邮箱:info@lawpress.com.cn
举报盗版邮箱:jbwq@lawpress.com.cn
销售电话:010-83938349
客服电话:010-83938350
咨询电话:010-63939796

书号:ISBN 978-7-5197-6785-3
定价:78.00元

凡购买本社图书,如有印装错误,我社负责退换。电话:010-83938349

序一

虽然做了多年的农业农村部法律顾问，平时也通过中国政法大学环境资源法研究和服务中心（又称“污染受害者法律帮助中心”）帮助一些渔业养殖户提起过环境侵权诉讼，近年来又领导该中心支持环保社会组织提起了40多起环境公益诉讼，但却对渔业公益诉讼案例没有进行过全面收集和深入研究。前几天收到张燕雪丹老师通过微信发来的书稿《涉渔公益诉讼案件办理指引与案例分析》，方知近年来有那么多涉渔类公益诉讼案件被提起。细读书稿，更发现本书的内容是那么丰富。既有对公益诉讼基础理论和知识的总括性介绍，也有对涉渔类公益诉讼案件的整体状况的调研和总结；既有对不同类别涉渔公益诉讼案件的探讨，也有对典型案件的具体分析；既附有相关的法律、法规、规章和司法解释，也有对执行相关法律规定的详尽指导。可以说是集理论性、资料性、实用性于一书，是一本不可多得的研究涉渔公益诉讼和指导渔业执法、司法的专门性著作。

随着生态文明建设的不断推进，环境公益诉讼制度日益健全和完善。开始是由环保社会组织提起的少数环境民事公益诉讼，后来法律赋予检察机关提起公益诉讼的主体资格，并且可以提起行政公益诉讼，将环境公益诉讼推向了一个新的发展阶段。再加上现在政府及其授权的行政部门可以提起的生态环境损害赔偿诉讼（尽管有的学者认为这类诉讼不属于公益诉讼），环境公益诉讼已经呈现燎原之势，不仅促进了环境法治建设的发展，而且在生态文明建设中也发挥着十分重要的作用。

涉渔类公益诉讼相较于其他领域的公益诉讼案件有其特点，无论是作为其保护对象的水生动植物，还是水上这一特定的案发环境，此类案件自现场调查起，至鉴定评估、修复和跟踪监测等多个环节，都须考虑许多不同于一般环境污染和生态破坏类案件的特殊问题。为了适应渔业资源及水域生态环境保护和涉渔类环境公益诉讼的需要，农业农村部单独或者会同相关部门先后出台了《关于推进生态环境损害赔偿制度改革若干具体问题的意见》《依法惩治长江流域非法捕捞等违法犯罪的意见》《生态环境损害赔偿管理规定》《非法捕捞案件涉案物品认（鉴）定和水生生物资源损害评估及修复办法（试行）》等一系列规范性文件。对相关法律规定的理解和适用，有许多问题需要研究和探讨。本书的三位作者，包括了学者、执法者和律师，立足于当前公益诉讼的理论和实践，以实际发生的涉渔类案例作为分析的基础，着眼于从司法实践中提取类案的审理思路与办案细节，从不同的角度就执法、司法过程中的发现的问题提出建议，这对当前开展渔业领域生态环境保护执法工作具有很好的指引作用。书中着重对非法捕捞相关的生态环境公益诉讼进行了研究，而关于涉渔工程、非法倾倒排放污染物、水生野生动物保护等造成渔业资源和水域生态环境损害的案件内容的梳理和分析，更是填补了这方面实务指南的空白。

我衷心希望他们继续保持对涉渔类公益诉讼问题的关注，不断加深对相关法律问题的探讨，为渔业法治的健全和完善做出更大贡献。

王灿发

2022 年 8 月 1 日

序二

有鱼必有渔，"渔"的历史从不乏规则相伴。我国古人很早便已知道不能"竭泽而渔""数罟不入洿池，鱼鳖不可胜食"的朴素道理 。及至今日，随着捕捞能力的不断增强，渔业发展已进入一个以资源养护为中心、谋求可持续发展的时代。

在新时代背景下，党中央高度重视生态文明建设，将其纳入新时代中国特色社会主义建设"五位一体"总体布局进行战略部署，并融入经济建设、政治建设、文化建设、社会建设各方面和全过程，努力建设美丽中国，实现中华民族永续发展。渔业是一个以水生生物资源和水域生态环境为基础的传统产业，不能说是一个很大的产业，但水生生物资源保护却是一件大事，关系到生态系统健康，关系到社会发展的基础根基。如何有效保护我们的渔业资源，如何在保护中求发展？药方开出了很多，但要真正实现，需要我们付出不懈的努力。

作者通过梳理当前正在发生的大量司法案例，总结、提炼出当前开展渔业公益诉讼和生态环境损害赔偿的良好经验。相较于已有的大量关于公益诉讼的理论书籍、污染排放类公益诉讼解析等，该书聚焦于渔业资源及其栖息地损害的相关实际案件，从水生生物资源保护的独特性出发，着重分析了非法捕捞、涉水施工、水生野生动物保护等方面的公益诉讼及生态环境损害赔偿活动中应当关注的主要问题。更为重要的是，书中就该领域的一些新进展进行了梳理和分析，如海洋环境公益诉讼的主体资格问题、新型冠状肺炎疫情对水生生物保护制度的影响等，对当前的社会重要关切进行了回应。

我国生态文明建设正处在一个历史关口，从过去的污染防控为主向更加综合全面的保护转型，在此进程中，自然资源，特别是生物资源的保护将变得愈加重要。相较于陆生生物，水生生物在种类、数量、分布上都更多、更广、更复杂，保护任务更加艰巨，需要在制度设计、执行和监管上采取更有针对性的措施，同时也需要社会各方广泛积极地参与。希望公益诉讼及生态环境损害赔偿这样的制度能够在实践中得到更多地适用，在水生生物资源保护事业中发挥更大的作用！

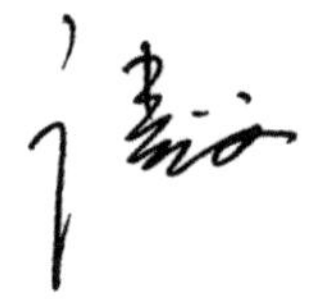

2022 年 4 月

目录

附　录

第一章

涉渔公益诉讼案件概述

第一节 公益诉讼的发展历程、类型和涉渔案件概述

一、公益诉讼的发展历程

公益诉讼,从字面上理解,是基于维护公共利益提起的诉讼。维护“公共利益”的需求并非现代社会的产物,早在古罗马时期,人们就围绕“公益”“私益”进行了大量辩论。然而,过去关于维护“公益”的讨论往往未严格区分刑事和民事,维护“公益”之制度通常会涉及大量关于刑事犯罪惩罚的内容。直到 20 世纪,随着民法、现代行政法中关于公共利益与私人利益关系的探讨愈加深入,才逐渐在数个国家发展出以维护公共利益为目的、以损害赔偿为手段的诉讼形式。在我国,公益诉讼制度的出现与环境公共利益保护紧迫性不断提高、国有自然资源保护的重要程度不断加强紧密相关。《国民经济和社会发展第十四个五年规划和 2035 年远景目标纲要》将“完善生态环境公益诉讼制度”作为健全现代环境治理体系的重要部分提出,并对该制度的进一步发展寄予厚望。

从我国公益诉讼制度的发展历程看,其主要经历了三个发展阶段:

第一阶段,地方试点阶段(2008 年至 2014 年 6 月)。

这一阶段公益诉讼案件较少,主要案件类型为生态环境类案件,案件办理、审判模式和执行程序等方面尚在探索之中,全国仅贵州省、福建省、江苏省出现少量案例,但各地在实践中建立了一些诉讼模式,为公益诉讼在全国层面铺开积累了很好的经验。

在配套法律制度的建设方面,2012 年修订的《民事诉讼法》第 55 条,首次确立了民事公益诉讼制度,对于保护社会公共利益具有历史开创意义;2013 年修订的《消费者权益保护法》第 47 条,明确了消费者协会是提起消费者权益保护公益诉讼的主体;2014 年修订的《环境保护法》第 58 条,明确界定了哪些社会组织才能成为提起环境保护公益诉讼的主体。

第二阶段,全国启动阶段(2014 年 7 月至 2017 年 6 月)。

2014 年 7 月,最高人民法院环境资源审判庭成立,公益诉讼遂在全国层面铺

开，而案件数量亦逐渐增多，全国受理案件数量由2015年的62件发展到2016年的146件，至2017年上半年已达数百件。此外，全国人民代表大会常务委员会自2015年7月起开始授权吉林、江苏、安徽、福建、山东、湖北、广东、贵州、云南、陕西、甘肃、内蒙古、北京等13个省、自治区、直辖市开展检察机关公益诉讼试点工作。

第三阶段，全国推广阶段（2017年7月至今）。

经过近两年的试点工作，各地通过"实践先行"的方式为理论的发展积累了大量经验。2017年6月，全国人民代表大会常务委员会对《民事诉讼法》《行政诉讼法》进行修改，增加了关于检察机关提起民事公益诉讼、行政公益诉讼的条款。《民事诉讼法》第55条第2款规定："人民检察院在履行职责中发现破坏生态环境和资源保护、食品药品安全领域侵害众多消费者合法权益等损害社会公共利益的行为，在没有前款规定的机关和组织或者前款规定的机关和组织不提起诉讼的情况下，可以向人民法院提起诉讼。前款规定的机关或者组织提起诉讼的，人民检察院可以支持起诉。"《行政诉讼法》第25条第4款规定："人民检察院在履行职责中发现生态环境和资源保护、食品药品安全、国有财产保护、国有土地使用权出让等领域负有监督管理职责的行政机关违法行使职权或者不作为，致使国家利益或者社会公共利益受到侵害的，应当向行政机关提出检察建议，督促其依法履行职责。行政机关不依法履行职责的，人民检察院依法向人民法院提起诉讼。"

这次修订标志着公益诉讼作为一种新的诉讼类型，进入规范化建设阶段。2017年、2018年、2019年公益诉讼案件数量增长速度极快，其审结案件数量分别为1635件、1919件和1953件，且案件类型从生态环境保护扩展到国土资源、食品药品安全、国有资源开发和保护等领域。

综上所述，从公益诉讼案件的总体发展过程来看，检察机关对公益诉讼案件的介入是近年来案件数量快速增长的主要原因。2017年7月至2019年9月，检察机关共计提起6353件公益诉讼案件，[①]另有187,565件通过检察机关发出检察建议等诉前程序予以办结。其中，生态环境和资源保护类生态公益诉讼案件为118,012件。

同时，最高人民检察院为保护生态环境展开了一系列行动：提出服务长江经

---

① 法院案件审结量 < 法院案件受理量 < 检察机关提起的公益诉讼量。

济带发展“10 项检察举措”；会同水利部针对黄河生态环境开展“携手清四乱、保护母亲河”专项行动，共受理水利部门移交“四乱”问题线索 2339 件，对 1097 件公益诉讼案件（包括诉前程序）进行立案，督促清理污染水域 1707 亩，清理生活和建筑垃圾 138.7 万吨，拆除违法建筑 80.8 万平方米；部署沿海 11 省区市检察机关开展“守护海洋”检察公益诉讼专项监督，对 873 件相关公益诉讼案件进行立案。在“守护海洋”的行动中，山东省日照市岚山区检察院针对辖区内违法使用海域、非法捕捞、海岸带违法建设等问题，向岚山区海洋与渔业局等部门发出检察建议，要求其履行监管职责，最终由前述部门组织海上专项执法，督促拆除违章建筑 192 处、完成退渔还海 477 亩。

此外，鉴于公益诉讼案件办理与行政机关的协调衔接非常重要，最高人民检察院于 2019 年会同生态环境部、国家发展和改革委员会、司法部、自然资源部、住房城乡建设部、交通运输部、水利部、农业农村部、国家林业和草原局制定了《关于在检察公益诉讼中加强协作配合依法打好污染防治攻坚战的意见》，对信息共享、线索移送、立案管辖、调查取证、联合督办等予以规范，着力解决了涉案管辖、法律适用及履职尽责具体标准等问题，完善了行政执法与公益诉讼检察衔接机制。

二、生态环境和资源保护公益诉讼的类型

公益诉讼有狭义与广义之分。狭义的公益诉讼是指依照《民法典》《环境保护法》《民事诉讼法》《行政诉讼法》等法律，由适格社会组织、检察机关发起的，针对特定领域违法行为造成的公共利益损害，要求当事人赔偿或依法履职的诉讼类型。广义的公益诉讼还包括行政主管部门依据《生态环境损害赔偿制度改革方案》《海洋环境保护法》等发起的基于国家利益、公共利益损害的索赔之诉（有时称为生态环境损害赔偿诉讼）。

公益诉讼的案件范围包括国土资源公共利益损害案件、消费领域公共利益损害案件、生态环境和资源保护公共利益案件和其他类公益诉讼。本书所讨论的渔业领域公益诉讼主要为生态环境和资源保护类公益诉讼案件。根据诉讼主体、程序和法律依据的不同，主要可以分为以下三类：

1. 民事公益诉讼

民事公益诉讼，是指由符合条件的社会组织或检察机关提起的，针对环境污染或生态破坏行为造成的损害，要求违法行为人对受损生态环境承担赔偿损失、

停止侵害、排除妨碍、消除危险、赔礼道歉等法律责任的民事诉讼。在该诉讼类型中，检察机关可以作为支持起诉单位，通过调查取证等方式支持社会组织的起诉；或者在社会组织不发起诉讼的情况下，直接作为起诉单位。

2. 行政公益诉讼

行政公益诉讼，是指由检察机关提起的，针对生态环境和资源保护领域负有监督管理职责的行政机关违法行使职权或者不作为，致使国家利益或者社会公共利益受到侵害，要求确认行政机关决定违法、采取补救措施、撤销行政决定、变更行政决定的行政诉讼。在该类诉讼中，行政机关作为被告承担纠正其未依法履职行为的责任。

3. 生态环境损害赔偿诉讼

生态环境损害赔偿，是指由适格行政机关（地方人民政府或地方人民政府指定的职能部门，以及法律授权的部门）提起的，针对自然人、法人或者其他组织破坏生态环境和资源造成损害，要求当事人承担民事赔偿责任的诉讼。该种诉讼类型中，行政机关作为原告提起生态环境损害赔偿诉讼。

上述三种基本公益诉讼类型下，还存在一些相关制度，如诉前检察建议制度、生态环境损害赔偿磋商制度、损害赔偿的和解制度等，这些制度大大增加了诉讼制度的灵活性，提高了纠纷解决效率。公益诉讼类型如图 1 – 1 所示。

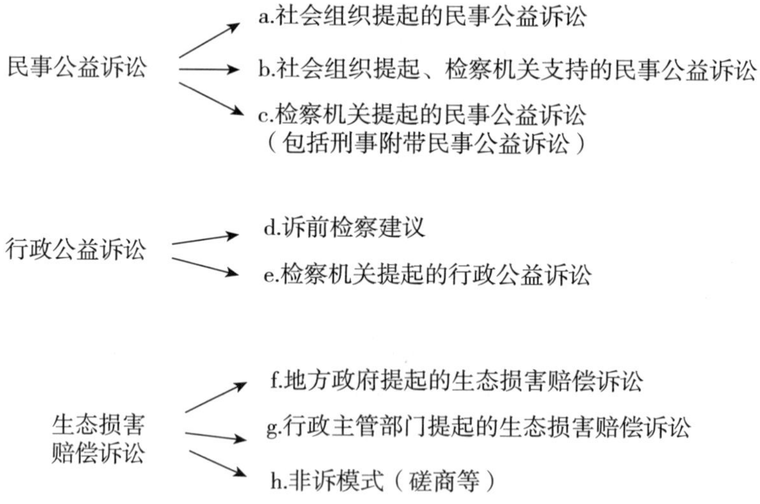

图 1 – 1　公益诉讼类型

三、本书调查涉渔公益诉讼案件的基本情况

为更好地在涉渔公益诉讼案件中理解并运用法律法规,本书通过公开渠道共收集并甄选569件涉渔公益诉讼案件,作为进行分析的基础,在第二章到第六章中按类别进行陈述,具体分为非法捕捞类公益诉讼、建设项目与水下施工类公益诉讼、非法倾排类公益诉讼、水生野生动物保护类公益诉讼以及涉及渔业部门的环境行政公益诉讼五大类。①

非法捕捞类公益诉讼是广泛发生的案件类型,其数量在全部涉渔公益诉讼案件中占绝大多数,共计437起。其中民事案件部分,由检察机关单独提起的民事公益诉讼38起,刑事附带民事公益诉讼案件398起,另有社会组织提起民事公益诉讼1起。非法捕捞类民事公益诉讼以涉案金额小、作案工具简单的案件为主,偶发有组织的、渔获物数量巨大的重大案件,总体而言,案发的随机性较强,涉及的是渔业主管部门当前主要打击的违法行为。随着长江全面禁渔政策的颁布以及《长江保护法》的实施,对非法捕捞行为的打击力度会进一步加强。

建设项目与水下施工类公益诉讼指基于建设项目及水下施工影响渔业资源和生态环境而提起损害赔偿诉讼的案件类型。在所调研的569起涉渔公益诉讼案件中,此类案件为22起,总体数量较小。建设项目与水下施工类公益诉讼的侵权方式主要为非法采砂和未批先建,因建设或施工行为往往涉及重大资金投入与大规模作业,其对生态环境的影响亦较大。

非法倾排类公益诉讼是涉及环境保护的案件②中最为常见的诉讼类型,如其排放、倾倒的地点为渔业水域,则必定会造成渔业资源的损失。鉴于针对污染排放相关公益诉讼案件办理较为成熟,指导性书籍较多,本书仅针对11起与渔业资源损失密切相关的非法倾排类公益诉讼案件进行梳理,包括4起检察机关单独提起的民事公益诉讼、2起由政府机关提起的生态环境损害赔偿之诉、3起由社会组

---

① 本书虽将案件类型分为五类,但对非法捕捞类公益诉讼、建设项目与水下施工类公益诉讼、非法倾排类公益诉讼、水生野生动物保护类公益诉讼四类案件的统计分析中亦包括了相应的行政公益诉讼类型(如与非法捕捞相关的行政公益诉讼列入非法捕捞类公益诉讼案件的统计之中);而分析涉及渔业的环境行政公益诉讼时则包含从前四类案件中所抽取的行政公益诉讼案件,共6起案件,案号分别为(2019)琼72行初20号、(2017)苏0508行初98号、(2018)鲁0685行初27号、(2019)鲁10行终73号、(2017)鄂0106行初4号、(2018)鄂1321行初27号,特此说明。

② 此处所称"涉及环境保护的案件",是指广义的环境类案件,其超出涉渔公益诉讼案件的范畴;如仅就涉渔公益诉讼案件而言,其最为常见的案件类型为非法捕捞类民事公益诉讼。

织提起的民事公益诉讼，以及由检察机关提起的 2 起刑事附带民事公益诉讼。

水生野生动物保护类公益诉讼是指针对非法捕获、收购、运输、销售、食用《野生动物保护法》所定义的珍贵、濒危水生野生动物，从而造成生物多样性等生态损害的案件。本书调研了共计 6 起此类案件，包括 1 起由检察机关单独提起的民事公益诉讼、1 起由社会组织提起的民事公益诉讼，以及 4 起刑事附带民事公益诉讼。此类案件与非法捕捞类公益诉讼案件具有一定的相似性，在部分案件中甚至可能存在竞合，虽其案件数量远不如非法捕捞类公益诉讼案件，但在全国人民代表大会常务委员会发布《关于全面禁止非法野生动物交易、革除滥食野生动物陋习、切实保障人民群众生命健康安全的决定》后，随着对野生动物的保护力度继续加大，此类案件的重要性持续增加。

最后，本书对与渔业相关的 99 起行政公益诉讼案件进行了调研。此类案件大多由渔业主管部门未及时查处非法水产养殖导致，个别则针对渔业主管部门在非法捕捞、水下施工方面未履职行为提出。此类案件中包含大量由某地检察机关提出的系列案件，实际案件数量并不多，但行政公益诉讼类案件的特殊性在于，处于诉前程序或在诉前程序中办结的案件数量远远大于进入行政诉讼程序的案件数量。本书着重分析行政公益诉讼的相关情况，同时对诉前程序进行一定的阐述。

第二节　环境民事公益诉讼基础知识

环境民事公益诉讼，是指针对违法行为人所造成的生态环境损害，由法律规定的国家机关或者社会组织通过法律程序，要求违法行为人在合理期限内修复生态环境、赔偿相应损失，以及承担相关费用的诉讼类型。

根据《民法典》第 179 条、第 1234 条之规定，侵权行为人应承担停止侵害、排除妨碍、消除危险、恢复原状、赔偿损失和赔礼道歉等民事责任，而关于生态环境损害这一特殊侵权类型，其可要求违法行为人承担修复生态环境的责任，或在不履行环境修复义务时支付环境修复费用。《民法典》第 1235 条进一步规定了赔偿费用，包括：(1)生态环境受到损害至修复完成期间服务功能丧失导致的损失，具体指赔偿生态环境受到损害至生态功能得以恢复期间的生态服务功能损失费用；

(2)生态环境功能永久性损害造成的损失,指难以恢复的生态环境其损害的对价,而由于渔业资源的可再生性,实践中较少针对这一部分损失提起诉求;(3)生态环境损害调查、鉴定评估等费用,指针对生态环境损害进行调查,委托检验、鉴定、评估的费用,以及为诉讼支出的其他合理费用;[①](4)清除污染、修复生态环境费用,主要指在损害后果评估基础上,进行修复所需的费用,这一部分费用也是当前涉渔公益诉讼案件中赔偿费用的主要构成部分;(5)防止损害的发生和扩大所支出的合理费用,在实践中主要针对污染事故等具有持续性的事件,此类费用在涉渔公益诉讼案件中较少出现。

一、环境民事公益诉讼的起诉主体

环境民事公益诉讼的起诉主体,是指有权对造成生态环境损害行为提起环境民事公益诉讼的主体。根据2021年修订的《民事诉讼法》第58条第1款的规定,民事公益诉讼的原告包括法律规定的机关和有关组织。

"有关组织",主要指《环境保护法》第58条规定的适格主体,即满足下列条件的社会组织:(1)依法在设区的市级以上人民政府民政部门登记;(2)专门从事环境保护公益活动连续5年以上且无违法记录。关于"无违法记录"的判定,一般认为社会组织在提起诉讼前5年内未因从事业务活动违反法律、法规的规定受过行政、刑事处罚,可以认定为"无违法记录"。根据最高人民法院《关于审理环境民事公益诉讼案件适用法律若干问题的解释》第8条第3款的规定,社会组织提起诉讼的,应当提交社会组织登记证书、章程、起诉前连续五年的年度工作报告书或者年检报告书,以及由其法定代表人或者负责人签字并加盖公章的无违法记录的声明。

"法律规定的机关",在目前的法律框架下主要指检察机关,根据《民事诉讼法》第58条第2款规定:"人民检察院在履行职责中发现破坏生态环境和资源保护、食品药品安全领域侵害众多消费者合法权益等损害社会公共利益的行为,在没有前款规定的机关和组织或者前款规定的机关和组织不提起诉讼的情况下,可

① 最高人民法院《关于审理环境民事公益诉讼案件适用法律若干问题的解释》第22条规定:"原告请求被告承担以下费用的,人民法院可以依法予以支持:(一)生态环境损害调查、鉴定评估等费用;(二)清除污染以及防止损害的发生和扩大所支出的合理费用;(三)合理的律师费以及为诉讼支出的其他合理费用。"故环境民事公益诉讼的原告可要求被告承担相应的律师费。

以向人民法院提起诉讼。”根据《关于检察公益诉讼案件适用法律若干问题的解释》第13条,“公告期满,法律规定的机关和有关组织……不提起诉讼”的判定标准,检察机关依法公告30日后,法律规定的机关和有关组织不提起诉讼。

对于刑事附带民事公益诉讼是否需要公告的问题,最高人民法院、最高人民检察院《关于人民检察院提起刑事附带民事公益诉讼应否履行诉前公告程序问题的批复》指出:“人民检察院提起刑事附带民事公益诉讼,应履行诉前公告程序。对于未履行诉前公告程序的,人民法院应当进行释明,告知人民检察院公告后再行提起诉讼。”

虽然当前“法律规定的机关”主要指检察机关,但不排除以后更多的机关通过立法程序被授予提起民事公益诉讼的权利。同时,关于地方政府或政府职能部门提起的生态环境损害赔偿诉讼应当作为民事公益诉讼中的一种,还是作为单独的诉讼类别,尚未有定论。[①] 主要争议在于地方政府或政府职能部门提起诉讼的诉讼标的性质,到底属于社会公共利益的范畴还是国家利益的范畴。如果认定地方政府或政府职能部门可以针对社会公共利益范畴内的利益损害提起诉讼,则存在政府及政府职能部门是不是社会公共利益适格代理主体这一问题,以及此类诉讼与政府职能部门依据管理职能进行管理及执法活动到底是什么关系的问题;而如果认定地方政府或政府职能部门仅针对国家利益范畴内的利益损害提起诉讼,则“由国家行政主管部门代理国家利益进行索赔”在理论上较为顺畅。[②]

二、环境民事公益诉讼的管辖

(一)关于环境民事公益诉讼的一般管辖规则

1. 关于审判机关的管辖规则

根据最高人民法院《关于审理环境民事公益诉讼案件适用法律若干问题的解释》第6条的规定,第一审环境民事公益诉讼案件由污染环境、破坏生态行为发生

---

① 最高人民法院最新发布的《民事案件案由规定》第466项为“生态环境保护民事公益诉讼”,其项下包含3个子项,分别为“环境污染民事公益诉讼”“生态破坏民事公益诉讼”“生态环境损害赔偿诉讼”。从此分类看来,司法机关有意将民事公益诉讼与生态环境损害赔偿诉讼进行了区分。

② 事实上,当前存在两部法律明确提到国家利益、从国家利益损失角度授权地方人民政府或职能部门提起诉讼:(1)《土壤污染防治法》第97条规定,污染土壤损害国家利益、社会公共利益的,有关机关和组织可以依照《环境保护法》《民事诉讼法》《行政诉讼法》等法律的规定向人民法院提起诉讼。(2)《海洋环境保护法》第89条第2款规定,对破坏海洋生态、海洋水产资源、海洋保护区,给国家造成重大损失的,由依照本法规定行使海洋环境监督管理权的部门代表国家对责任者提出损害赔偿要求。

地、损害结果地或者被告住所地的中级以上人民法院管辖。但是,前述解释也规定了例外情形:(1)中级人民法院认为确有必要的,可以在报请高级人民法院批准后,裁定将本院管辖的第一审环境民事公益诉讼案件交由基层人民法院审理;(2)同一原告或者不同原告对同一污染环境、破坏生态行为分别向两个以上有管辖权的人民法院提起环境民事公益诉讼的,由最先立案的人民法院管辖,必要时由共同上级人民法院指定管辖。

在司法实践中,很多地方采取了集中管辖环境民事公益诉讼的做法。例如,湖南省法院系统共建立专门环境资源庭(法庭)21 个,环境资源合议庭 80 个,基本形成以湖南省高级人民法院环境资源庭为主导,以长沙、岳阳、郴州等跨区域管辖的中级法院环资庭为骨干,对应“河长制”和其他地理区域的多个专门环资法庭为基础的“1 +3 + X”三级法院跨区划管辖专门化审判体系;2020 年 9 月,河南省高级人民法院经过与黄河水利委员会、河南省检察院、河南省公安厅、河南省生态环境厅、河南省自然资源厅、河南省水利厅、河南省林业局、河南黄河河务局等部门深入沟通,制定了《关于实行省内黄河流域环境资源案件集中管辖的规定》,确定从当年 9 月 1 日起对省内黄河流域内的环境资源案件实行集中管辖。

表 1 –1 对部分环境资源案件集中管辖的规定进行列举,作为参考(由于集中管辖可能产生变动,实际案件办理请参照各地法院最新发布的相关规定):

表 1 –1　环境资源案件集中管辖规定

行政区域(中央,省、自治区、直辖市)	相关法律、法规名称	具体规定
最高人民法院	《关于铁路运输法院案件管辖范围的若干规定》(2012 年 8 月 1 日实施)	因铁路建设及铁路运输引起的环境污染侵权纠纷,由铁路运输法院管辖
北京市高级人民法院	《关于北京市第四中级人民法院案件管辖的规定》(2014 年 12 月 29 日实施)[1]	北京市第四中级人民法院管辖北京市跨地区的重大环境资源保护一审案件
天津市高级人民法院	《关于指定部分行政案件施行跨行政区域管辖的公告》(2015 年 10 月 8 日实施)	天津铁路运输法院集中管辖天津市环境保护行政一审案件

续表

行政区域（中央，省、自治区、直辖市）	相关法律、法规名称	具体规定
上海市高级人民法院	《关于开展跨行政区划民商事案件集中管辖改革试点的公告》（2017 年 4 月 7 日实施）	1. 上海市第三中级人民法院集中管辖属于上海市中级人民法院管辖的一审涉环境资源保护案件（应由上海海事法院管辖的除外）。 2. 上海铁路运输法院集中管辖属于本市基层人民法院管辖的一审涉环境资源保护案件（应由上海海事法院、上海市金山区人民法院、上海市青浦区人民法院、上海市崇明区人民法院管辖的除外）
	《关于审理政府提起生态环境损害赔偿民事案件的若干意见（试行）》（2019 年 2 月 21 日实施）	生态环境损害赔偿第一审民事案件，由上海市第三中级人民法院管辖，根据级别管辖规定应由上海市高级人民法院管辖的除外［高级人民法院管辖诉讼标的额 50 亿元人民币以上（包含本数）或者其他在本辖区有重大影响的第一审民事案件］
江苏省高级人民法院	《关于生态环境损害赔偿诉讼案件的审理指南（一）》（2018 年 7 月 18 日实施）	第一审生态环境损害赔偿诉讼案件由生态环境损害行为地、损害结果地或者被告住所地的中级人民法院管辖。在全省范围内有重大影响的生态环境损害赔偿诉讼案件，由江苏省高级人民法院管辖。 此外，经最高人民法院批准，江苏省高级人民法院可以确定部分中级人民法院、基层人民法院生态环境巡回审判法庭集中管辖第一审生态环境损害赔偿诉讼案件
	《关于设立环境资源法庭并跨区域管辖环境资源案件的通知》（2019 年 1 月 15 日实施）	1. 南京铁路运输法院西南低山丘陵区域环境资源法庭管辖南京市、句容市的环境资源案件。 2. 苏州市姑苏区人民法院太湖流域环境资源法庭管辖苏州市（不含太仓市、张家港市、常熟市），宜兴市、无锡市滨湖区、无锡市新吴区，常州市武进区的环境资源案件。 3. 江阴市人民法院长江流域环境资源第一法庭管辖无锡市（不含宜兴市、无锡市滨湖区、无锡市新吴区），太仓市、张家港市、常熟市，常州市（不含武进区），镇江市（不含句容市）的环境资源案件。

续表

行政区域（中央，省、自治区、直辖市）	相关法律、法规名称	具体规定
江苏省高级人民法院	《关于设立环境资源法庭并跨区域管辖环境资源案件的通知》（2019年1月15日实施）	4. 如皋市人民法院长江流域环境资源第二法庭管辖南通市（不含启东市、如东县），扬州市，泰州市的环境资源案件。 5. 淮安市洪泽区人民法院洪泽湖流域环境资源法庭管辖淮安市（不含淮阴区、涟水县），泗洪县、泗阳县的环境资源案件。 6. 东台市人民法院黄海湿地环境资源法庭管辖盐城市（不含滨海县、响水县），启东市、如东县的环境资源案件。 7. 灌南县人民法院灌河流域环境资源法庭管辖连云港市，滨海县、响水县，淮安市淮阴区、涟水县的环境资源案件；江苏海域内发生的由江苏海警侦查的环境资源刑事案件及刑事附带民事案件。 8. 徐州铁路运输法院淮北丘岗区域环境资源法庭管辖徐州市（不含新沂市）的环境资源案件。 9. 宿迁市宿城区人民法院骆马湖流域环境资源法庭管辖宿迁市（不含泗洪县、泗阳县），新沂市的环境资源案件。 以上法院集中管辖由基层人民法院审理的第一审环境资源刑事、民事、行政案件（含环境行政公益诉讼案件、刑事附带民事公益诉讼案件）
重庆市高级人民法院	《关于环境资源案件集中管辖的规定（试行）》（2016年7月18日实施）	渝北、万州、涪陵、黔江、江津区人民法院集中管辖所在中级人民法院辖区发生的，依法应由基层人民法院管辖的第一审环境资源民事、行政（包括非诉行政执行）、刑事案件

续表

行政区域（中央，省、自治区、直辖市）	相关法律、法规名称	具体规定
湖北省高级人民法院	《关于全省法院环境资源审判模式与管辖设置方案的通知》（2014年8月20日实施）	1. 武汉海事法院与汉江中级人民法院对全省公益诉讼案件实行跨行政区域审理，武汉海事法院负责其管辖的湖北省内长江、长江支流水域水污染损害等环境公益诉讼案件的审判。 2. 汉江中级人民法院负责省内长江、长江支流水域水污染损害以外的环境公益诉讼案件，具体包括大气、土地、湖泊、水库、森林、湿地、自然保护区、风景名胜区的环境污染、生态破坏案件。 3. 在武汉、宜昌、十堰、汉江等设有专门环境资源审判庭的中级法院，采取民事、行政二审合一模式，审理本辖区内水域、土壤、山林保护、污染责任纠纷、损害赔偿，因污染发生行政争议而引起的行政诉讼等方面的普通环境保护类一审民事、行政案件，以及辖区基层法院的普通环境保护类民事、行政上诉案件
广东省高级人民法院	最高人民法院批复（2020年1月12日发布）	1. 广州市中级人民法院集中管辖广州市、佛山市、江门市、肇庆市、云浮市环境民事公益诉讼一审案件。 2. 深圳市中级人民法院集中管辖管辖深圳市、东莞市、惠州市、河源市、汕尾市环境民事公益诉讼一审案件。 3. 珠海市中级人民法院集中管辖珠海市、中山市环境民事公益诉讼一审案件。 4. 汕头市中级人民法院集中管辖汕头市、梅州市、潮州市、揭阳市环境民事公益诉讼一审案件。 5. 湛江市中级人民法院集中管辖湛江市、阳江市、茂名市环境民事公益诉讼一审案件。 6. 清远市中级人民法院集中管辖清远市、韶关市环境民事公益诉讼一审案件。 7. 广州海事法院集中管辖海水、通海水域环境民事公益诉讼一审案件

续表

行政区域（中央，省、自治区、直辖市）	相关法律、法规名称	具体规定
湖南省高级人民法院	《关于湖南省湘江、洞庭湖等七个环境资源专门法庭所在法院跨区域集中管辖部分环境资源一审案件的规定（试行）》（2019 年 12 月 5 日发布）	湘江、资水、沅水、澧水、洞庭湖、东江湖、湘中等 7 个环资专门法庭所在法院跨区域集中管辖部分环资一审案件
江西省九江市中级人民法院	《关于涉庐山、长江干流江西段、鄱阳湖、修河流域跨行政区划环境资源案件集中管辖的通知》（2020 年 4 月 1 日实施）	在九江市部分法院设立庐山、长江干流江西段、鄱阳湖、修河流域 4 家环境资源法庭，集中管辖涉庐山、长江干流江西段、鄱阳湖、修河流域跨行政区划环境资源刑事、民事、行政及刑附民公益诉讼一审案件

〔1〕2018 年修订，本条内容未改。

2. 关于检察机关的管辖规则

对于检察机关提起的环境民事公益诉讼，《人民检察院提起公益诉讼试点工作实施办法》《关于检察公益诉讼案件适用法律若干问题的解释》《关于适用〈中华人民共和国民事诉讼法〉的解释》《人民检察院公益诉讼办案规则》等均予以规定。

《关于检察公益诉讼案件适用法律若干问题的解释》第 5 条规定，市（分、州）人民检察院提起的第一审民事公益诉讼案件，由侵权行为地或者被告住所地中级人民法院管辖，但未再规定其他的管辖规则。《人民检察院提起公益诉讼试点工作实施办法》第 2 条采用四款的篇幅，分别规定了检察机关单独提起民事公益诉讼的管辖规则。①

最高人民检察院民事行政检察厅发布的《检察机关民事公益诉讼案件办案指南（试行）》规定的检察机关办理民事公益诉讼的管辖规则，包括一般规定、指定管辖、管辖权转移、管辖权协商、刑事附带民事公益诉讼的管辖。

---

① 《人民检察院提起公益诉讼试点工作实施办法》已于 2020 年 12 月 26 日被最高人民检察院《关于废止部分司法解释和司法解释性质文件的决定（2020）》所废止，但目前并未有任何文件否定《检察机关民事公益诉讼案件办案指南》的法律效力，故检察机关关于民事公益诉讼的管辖问题仍应适用前述文件的相关规则。

（1）一般规定，即民事公益诉讼案件一般由侵权行为地或者被告住所地的市（分、州）人民检察院管辖。

（2）指定管辖，即上级人民检察院可以根据案件情况，在与人民法院沟通协商后，共同将民事公益诉讼案件指定辖区内其他人民检察院或者跨行政区划人民检察院管辖。

（3）管辖权转移，即上级人民检察院认为确有必要，可以办理下级人民检察院管辖的重大、疑难、复杂案件；下级人民检察院认为需要由上级人民检察院办理的，可以报请上级人民检察院办理；同时，经省级人民检察院批准，可以将民事公益诉讼案件交由侵权行为发生地、损害结果地或者被告住所地的基层人民检察院管辖。

（4）管辖权协商，即上级人民检察院指定改变级别管辖或者地域管辖的，可以在提起民事公益诉讼前与同级人民法院协商管辖的相关事宜，共同指定。

（5）刑事附带民事公益诉讼的管辖。检察机关对破坏生态环境和资源保护、食品药品安全领域侵害众多消费者合法权益等损害社会公共利益的犯罪行为提起刑事附带民事公益诉讼的，由办理刑事案件的人民检察院管辖。

2021 年 7 月 1 日实施的《人民检察院公益诉讼办案规则》则对公益诉讼案件的具体办理进行了全面规定，应作为目前的办案依据，其中确立了立案管辖与诉讼管辖相分离的原则。

检察机关办理民事公益诉讼管辖的基本立案原则，即一般由违法行为发生地、损害结果地或者违法行为人住所地基层人民检察院立案管辖，由设区的市级以上人民检察院管辖其辖区内重大复杂的案件。对于诉讼管辖，《人民检察院公益诉讼办理规则》第 16 条规定，人民检察院立案管辖与人民法院诉讼管辖级别、地域不对应的，具有管辖权的人民检察院可以立案，需要提起诉讼的，应当将案件移送有管辖权人民法院对应的同级人民检察院。根据该条之规定，由于环境民事公益诉讼一般由中级人民法院管辖，当涉及检察机关提起民事公益诉讼时，理应注意起诉机关的级别问题。

同时，《人民检察院公益诉讼办案规则》还对管辖规定了例外情形：

（1）第 15 条规定，公益损害范围涉及两个以上行政区划的公益诉讼案件，可以由共同的上一级人民检察院管辖。

（2）第 17 条规定，上级人民检察院可以根据办案需要，将下级人民检察院管辖的公益诉讼案件指定本辖区内其他人民检察院办理。此外，还可由跨行政区域协作工作机制确定的检察机关进行跨行政区划管辖，发生争议时则通过协商解决，协商不成的，报共同的上级检察机关指定管辖。

（3）第18条规定，上级人民检察院认为确有必要的，可以办理下级人民检察院管辖的案件，也可以将本院管辖的案件交下级人民检察院办理；下级人民检察院认为需要由上级人民检察院办理的，可以报请上级人民检察院决定。此条文赋予了上级检察机关对民事公益诉讼业务的指导、领导权限，以及较低一级检察机关对认为可能超越其业务能力范围案件的处理方案，实现案件管辖的上下级流转。

《人民检察院公益诉讼办理规则》实施之前，司法实践中曾出现了较多上级检察机关将案件集中于下级检察机关进行处理的情形，如发生在浙江省丽水市缙云县境内的大量非法捕捞案件，均由丽水市检察机关报送上级检察机关批准后，交由缙云县检察机关提起民事公益诉讼。

《检察机关民事公益诉讼案件办案指南》所制定的管辖规则与《人民检察院公益诉讼办案规则》比较一致，如两者出现冲突，应以《人民检察院公益诉讼办案规则》作为适用的依据。

（二）涉及海洋的特殊管辖规则

关于发生在海域之中涉渔公益诉讼案件的管辖问题，相关司法解释进行了特殊规定：最高人民法院发布的《关于适用〈中华人民共和国民事诉讼法〉的解释》第283条之规定，应由污染发生地、损害结果地或者采取预防污染措施地的海事法院管辖；[①]《关于审理海洋自然资源与生态环境损害赔偿纠纷案件若干问题的规定》第2条规定，在海上或者沿海陆域内从事活动，对中华人民共和国管辖海域内海洋自然资源与生态环境造成损害，由此提起的海洋自然资源与生态环境损害赔偿诉讼，由损害行为发生地、损害结果地或者采取预防措施地海事法院管辖。因此，海洋相关涉渔公益诉讼案件由相应的海事法院开展审理工作。

2022年5月10日，最高人民法院、最高人民检察院发布《关于办理海洋自然资源与生态环境公益诉讼案件若干问题的规定》，自2022年5月15日起施行。根据该规定，对破坏海洋生态、海洋水产资源、海洋保护区，给国家造成重大损失

---

① 《关于适用〈中华人民共和国民事诉讼法〉的解释》第283条第2款规定："因污染海洋环境提起的公益诉讼，由污染发生地、损害结果地或者采取预防污染措施地海事法院管辖。"

的，应当由依照海洋环境保护法规定行使海洋环境监督管理权的部门，在有管辖权的海事法院对侵权人提起海洋自然资源与生态环境损害赔偿诉讼。而对于人民检察院在履行职责中发现破坏海洋生态、海洋水产资源、海洋保护区的行为，可以告知行使海洋环境监督管理权的部门提起诉讼。在有关部门不提起的情况下，人民检察院就海洋自然资源与生态环境损害，向有管辖权的海事法院提起民事公益诉讼的，海事法院应予受理。另外，有关部门不依法履行职责的，人民检察院依法向被诉行政机关所在地的海事法院提起行政公益诉讼。

（三）刑事附带民事公益诉讼的管辖规则

对于刑事附带民事公益诉讼，《关于适用〈中华人民共和国刑事诉讼法〉的解释》第196条规定，附带民事诉讼应当同刑事案件一并审判，只有为了防止刑事案件审判的过分迟延，才可以在刑事案件审判后，由同一审判组织继续审理附带民事诉讼。《关于检察公益诉讼案件适用法律若干问题的解释》第20条第2款规定，人民检察院提起的刑事附带民事公益诉讼案件，由审理刑事案件的人民法院管辖；《检察机关民事公益诉讼案件办案指南（试行）》规定，刑事附带民事公益诉讼由办理刑事案件的人民检察院管辖。《人民检察院公益诉讼办案规则》第14条第2款明确规定，刑事附带民事公益诉讼案件，由办理刑事案件的人民检察院立案管辖，而第16条规定应由与受案人民法院同级的检察机关进行起诉。

在以往的司法实践中，涉渔民事公益诉讼案件中刑事附带民事公益诉讼案件数量占比较大，且一般由基层人民法院对刑事部分进行审理，因此涉渔刑事附带民事公益诉讼案件具有大多在基层法院审理的特点，对应的起诉主体也为基层检察机关。

三、环境民事公益诉讼的证据要求

根据《关于审理环境民事公益诉讼案件适用法律若干问题的解释》第8条之规定，提起环境民事公益诉讼案件应当提交下列材料：符合《民事诉讼法》第124条规定的起诉状，被告的行为已经损害社会公共利益或者具有损害社会公共利益重大风险的初步证明材料；由社会组织提起的民事公益诉讼，还需提交社会组织登记证书、章程、起诉前连续5年的年度工作报告书或者年检报告书，以及由其法定代表人或者负责人签字并加盖公章的无违法记录的声明。由检察机关提起的诉讼,根据《关于检察公益诉讼案件适用法律若干问题的解释》第 14 条第 3 款之规定,则还应当提交检察机关已经履行公告程序的证明材料。

关于前文中“损害社会公共利益或者具有损害社会公共利益重大风险的初步证明材料”的标准,根据损害类型的不同而存在不同判断,并非一个明确划定的标准。实践中,对于社会组织提起的民事公益诉讼,往往由于其取证能力相对较弱,在提交初步证明材料方面,难以做到完整、全面调查事实。对此,最高人民法院《关于审理环境民事公益诉讼案件适用法律若干问题的解释》第 11 条规定,检察机关、负有环境保护监督管理职责的部门及其他机关、社会组织、企业事业单位可以通过提供法律咨询、提交书面意见、协助调查取证等方式支持社会组织依法提起环境民事公益诉讼;第 14 条规定,人民法院在必要时,也应当主动调查收集证据,或者可以委托具备资格的鉴定人进行鉴定。

由于检察机关在调查时往往可以借助与其他地方政府部门的衔接机制、自身自侦部门等有利条件进行侦查,故其对违法行为的事实(如是否实施了非法捕捞行为),国家利益、公共利益严重受损的事实(如渔业资源受到损害),违法行为与损害后果之间关联性等进行取证的能力较强;在损害后果、因果关系及赔偿损失的修复费用方面,检察机关还可以委托专业第三方机构或借助行政主管部门的专业能力进行判断。

根据《民法典》第 1230 条之规定,对于环境污染和生态破坏类损害赔偿案件,无论是社会组织提起的民事公益诉讼,还是人民检察院提起的公益诉讼,其适用的都是特殊侵权责任,即行为人(被告)就法律规定的不承担责任或者减轻责任的情形及其行为与损害之间不存在因果关系承担举证责任。因此,此类涉渔公益诉讼的原告在提起诉讼时虽应进行初步举证,但并不必然证明违法行为与损害后果之间的因果关系,而是把举证重点放在违法行为本身的认定,以及损害后果及修复费用的评估上。

对于专门性问题的鉴定,特别是对于非污染类的生态环境破坏,目前渔业领域并无强制性的鉴定标准。本书所调研涉渔公益诉讼案例的具体办理过程中,对专门性问题主要采取三种路径:第一,可参照污染类、建设项目环境等相关标准进行鉴定及评估;第二,对于案值较小的案件,根据《关于审理环境民事公益诉讼案件适用法律若干问题的解释》第23条之规定,[①]采取听取专家意见及采用渔业部门认定意见的方法,予以合理确定;第三,针对较复杂案件可以申请专家辅助人进行当庭质证,由专家辅助人在庭上针对鉴定人和鉴定单位资质、鉴定所使用的设备及方法、科学原理等方面存在争议的问题进行解释。2021年1月,农业农村部针对非法捕捞出台了《非法捕捞案件涉案物品认(鉴)定和水生生物资源损害评估及修复办法(试行)》,故在办理非法捕捞类公益诉讼案件中可按照该办法所规定的方式进行鉴定及评估。

四、环境民事公益诉讼的结案方式

依据相关法律规定和司法实践,环境公益诉讼案件有法院进行裁判、当事人和解或法院主持调解、原告依法撤回起诉等几种办案结果。

1. 以法院裁判方式结案

按照《关于审理环境民事公益诉讼案件适用法律若干问题的解释》之规定,法院应根据原告提出的诉讼请求进行裁判,可判决被告承担民事责任、原告支出的合理费用、环境修复责任或环境修复费用等内容,具体情形如下:

(1)对环境污染、破坏生态,已经损害社会公共利益或者具有损害社会公共利益重大风险的行为,原告可以请求被告承担停止侵害、排除妨碍、消除危险、恢复原状、赔偿损失、赔礼道歉等民事责任。

(2)原告为防止生态环境的损害的发生和扩大,请求被告停止侵害、排除妨碍、消除危险的,人民法院可以依法予以支持;原告为停止侵害、排除妨碍、消除危险采取合理预防、处置措施而发生的费用,请求被告承担,人民法院可以依法予以支持。

(3)原告请求恢复原状的,人民法院可以依法判决被告将生态环境修复到损害发生之前的状态和功能;无法完全修复的,可以准许采用替代性修复方式。

(4)人民法院可以在判决被告修复生态环境的同时,确定被告不履行修复义务时应承担的生态环境修复费用,也可以直接判决被告承担生态环境修复费用。

---

① 《关于审理环境民事公益诉讼案件适用法律若干问题的解释》第23条规定:"生态环境修复费用难以确定或者确定具体数额所需鉴定费用明显过高的,人民法院可以结合污染环境、破坏生态的范围和程度,生态环境的稀缺性,生态环境恢复的难易程度,防治污染设备的运行成本,被告因侵害行为所获得的利益以及过错程度等因素,并可以参考负有环境资源保护监督管理职责的部门的意见、专家意见等,予以合理确定。"

(5)原告请求被告赔偿生态环境受到损害至恢复原状期间服务功能损失的,人民法院可以依法予以支持。

(6)原告请求被告承担检验、鉴定费用,合理的律师费以及为诉讼支出的其他合理费用的,人民法院可以依法予以支持。

(7)因不符合诉讼条件(如法院认为起诉主体不适格)导致起诉被法院驳回的情况,应按《民事诉讼法》之相关规定办理。

2. 以调解或和解方式结案

关于法院主持调解或当事人和解的结案方式,环境民事公益诉讼当事人达成调解协议或者自行达成和解协议后,人民法院应该将协议内容公告,公告期间不少于30日。公告期满后,人民法院审查认为调解协议或者和解协议的内容不损害社会公共利益的,应当出具调解书;但如当事人仅以达成和解协议为由申请撤诉的,法院不予准许。关于调解书的内容,其应写明诉讼请求、案件的基本事实和协议内容,同时应当予以公开。

3. 以原告撤回起诉方式结案

就原告依法撤回起诉的结案方式而言,《关于审理环境民事公益诉讼案件适用法律若干问题的解释》第26条规定了此种特殊情况,即负有环境保护监督管理职责的部门依法履行监管职责而使原告诉讼请求全部实现,原告申请撤诉的,人民法院方予准许。因此,公益诉讼起诉人拟撤诉的,应满足相应条件。

五、刑事附带民事公益诉讼的司法实践

环境领域的刑事附带民事公益诉讼,是指检察机关在对破坏生态环境和资源保护的犯罪行为提起刑事诉讼的程序中,发现该犯罪行为使环境遭受侵害或有侵害之虞时,可以向人民法院提起民事公益诉讼以弥补损失而进行的诉讼。在涉渔公益诉讼中,绝大多数案件都以刑事附带民事公益诉讼的程序办理。

刑事附带民事公益诉讼在诉讼程序上具有从属性的重要特性,即只有在刑事诉讼程序中能提起民事公益诉讼,也可认为该刑事附带民事公益诉讼为刑事诉讼的"附庸",无法脱离刑事诉讼单独存在,在刑事附带民事公益诉讼程序规则的构建上,需要向刑事诉讼程序规则有所倾斜。然而,这并不意味着刑事附带民事公益诉讼的待证事实与刑事诉讼的证据部分完全重合,其在事实认定上往往较刑事诉讼更为宽泛。例如,在"长江鳗鱼苗"公益诉讼案中,在对非法捕捞鳗鱼苗数量

的认定上，刑事公诉部分与刑事附带民事公益诉讼部分并不一致：根据法律规定，该案涉及的非法捕捞水产品罪所追究的违法行为仅针对“在禁渔区（期）非法捕捞鳗鱼苗”，但对于在非禁渔区（期）捕捞行为，由于其不属于法定入罪标准，最终未被认定为刑事犯罪的事实；而刑事附带民事公益诉讼则是基于违法行为人所造成的渔业资源损失和生态环境损害，其审理中将非禁渔区（期）捕捞的鳗鱼苗也列入侵权事实，作为违法行为人的赔偿依据。

关于涉渔公益诉讼案件以刑事附带民事公益诉讼方式为主的情形，可能存在以下原因：首先，鉴于当前针对非法捕捞等破坏渔业资源等行为打击力度较大，大部分较严重破坏渔业资源和生态环境的行为往往已经达到刑事犯罪的标准；其次，由于针对刑事犯罪的前期侦查工作一般较为细致，事实调查及证据保存较为完整，对民事公益诉讼部分的事实调查部分有极大的帮助，有利于后期评估损害程度，计算修复费用。

刑事附带民事公益诉讼是一种非常高效的公益诉讼方式，但刑事程序毕竟与民事程序不同，且两者的审判思路也存在差异。随着行政主管部门及执法机构在行政执法规范性方面不断提升，其与司法部门之间衔接协作机制构建的不断完善，以及信息化程度提高使案件线索发掘更加有效，在种种有利条件的加持下，我们期待未来会有更多单独提起的民事公益诉讼案件。

第三节　环境行政公益诉讼基础知识

一、环境行政公益诉讼的概念

环境行政公益诉讼，是指检察机关在履行职责过程中发现生态环境和资源保护领域负有监督管理职责的行政机关违法行使职权或者不作为，致使国家利益或者社会公共利益受到侵害，经检察机关发送检察建议督促后行政机关仍不依法履行职责，由检察机关依法提起诉讼的案件类型。

“生态环境和资源保护领域”的范围较广泛，包括生态环境和自然资源两方面的内容，而“监督管理职能”不仅指防控污染相关职能，还包括监管自然资源使用的职能，如矿产资源、草原资源、林业资源、渔业资源、土地资源、文物资源、水资源等。前文所述的行政机关可追责性行为包括两类：一为“违法行使职权”，如未按照法定要求和程序发放许可证;二为"不作为",如应当对破坏生态环境的行为进行监督管理而不管理。此外,只有针对"致使国家利益或者社会公共利益受到侵害"的行为,检察机关方可介入。检察机关应先通过提出检察建议的诉前程序,在行政机关于指定期限内仍未改正、对国家利益或者社会公共利益的侵害持续发生的情况下,方可提起行政公益诉讼。

二、环境行政公益诉讼的起诉主体

环境行政公益诉讼的起诉主体,是指可依法提出检察建议及后续行政诉讼的机构,目前我国有权作为起诉主体的机构仅有检察机关。检察机关行使公益诉讼权利时的身份问题,是理论界争论的一个焦点,即其提起行政公益诉讼核心目的在于行使司法监督权还是基于维护公共利益"守门人"的角色。① 如其提起行政公益诉讼是行使传统司法监督权限的一部分,核心则应为检视行政执法部门是否依法行政及其背后原因;而如其主要作为维护公共利益"守门人"提起诉讼,则其对是否存在损害公共利益事实的判定成为核心内容,行政机关未依法行政的事实及其背后原因只是附带审查内容。

检察机关起诉身份的不明确可能造成其与行政执法部门在互动关系中的不稳定,如检察机关在行政公益诉讼中行使的是司法监督权,则对于在调查及执行阶段发现的行政机关未依法履职行为,检察机关都可提起行政公益诉讼,且无须证明该不履职行为与损害后果之间存在必然因果关系;而如检察机关的身份为公共利益"守门人",则对于环境类案件中行政机关未依法履职但未造成损害后果的情形,一般不提起行政公益诉讼。

对此争议,本书认为,检察机关在行政公益诉讼案件中更多扮演的是公共利益"守门人"的角色,因此,检察机关提起行政公益诉讼的最终目的应当为制止对自然资源及环境的侵害,并督促行政部门采取措施恢复资源状况及生态功能。

三、环境行政公益诉讼的诉前程序

《关于检察公益诉讼案件适用法律若干问题的解释》第 21 条第 2 款和第 3 款

---

① 潘剑锋、郑含博:《行政公益诉讼制度目的检视》,载《国家检察官学院学报》2020 年第 2 期;张薇:《行政公益诉讼法治化路径探究——基于行政公益诉讼制度本土化的视角》,载《行政与法》2019 年第 3 期;李凌云:《行政公益诉讼中检察机关的双重身份及协调——兼论检察机关的公益诉讼机构改革》,载《科学 · 社会 · 经济》2019 年第 37 期。

规定:“行政机关应当在收到检察建议书之日起两个月内依法履行职责,并书面回复人民检察院。出现国家利益或者社会公共利益损害继续扩大等紧急情形的,行政机关应当在十五日内书面回复。行政机关不依法履行职责的,人民检察院依法向人民法院提起诉讼。”行政公益诉讼的主要目的是督促行政机关依法履行职责,因而制度框架中对程序进行了专门设计,即检察机关在正式提起环境行政公益诉讼之前,必须向涉案行政机关提出检察建议督促其依法履行职责,若行政机关根据检察建议履行职责,则可阻却行政公益诉讼的启动。

诉前程序是检察机关解决国家利益或者社会公共利益受损的重要方式。从2019年、2020年最高人民检察院工作报告可知,目前公益诉讼案件中90%以上为行政公益诉讼诉前程序案件。诉前程序的主要形式为发出检察建议,检察机关发出检察建议前一般经过两个步骤,即对损害事实进行调查以及对违法行政行为的监督职责进行认定,对经确认属于行政公益诉讼范围内的案件,检察机关会发出检察建议。检察建议一般有较为明确的建议内容,如要求行政机关对违法行为进行罚款、关停违法企业、依据具体法律进行执法等,也有一些建议是概括性地要求行政机关履行监管职责,纠正违法行为。《人民检察院公益诉讼办案规则》第75条规定了检察建议应当具备的内容,并规定其内容应当与可能提起的行政公益诉讼请求相衔接。一般而言,检察建议着重于下述几个部分:(1)问题的来源或提出检察建议的起因;(2)检察机关认定的行政机关违法行使职权或者不作为的事实,以及国家利益、社会公共利益受到损害的事实和有关证据;(3)行政机关行政行为构成违法行使职权或者不作为的理由和法律依据;(4)检察机关所提出建议的具体内容;(5)行政机关的整改期限。

根据《关于检察公益诉讼案件适用法律若干问题的解释》第21条之规定,对于检察建议,行政机关应当在收到之日起2个月内依法履行职责,并书面回复检察机关;当出现国家利益或者社会公共利益损害继续扩大等紧急情形的,行政机关则应当在15日内书面回复。由于较多违法事实难以在2个月内完全纠正,最高人民检察院与生态环境部、农业农村部等九部委联合印发《关于在检察公益诉讼中加强协作配合 依法打好污染防治攻坚战的意见》指出,“因客观原因难以在规定期限内整改完毕的,应当制作具体可行的整改方案,及时向检察机关说明情况”,为现实中问题的完善处理预留了一定的宽缓空间。《人民检察院公益诉讼办案规则》则在第78条进一步设计了在复杂现实情况下的问题解决机制,即当行政机关在整改期限内已作出行政决定或制定整改方案,但因突发事件等客观原因不能全部整改到位,且没有怠于履行监督管理职责的,检察机关可以中止审查,待前述客观原因消除后再行恢复处理。

四、环境行政公益诉讼的管辖

(一)关于环境行政公益诉讼的一般管辖规则

1. 关于审判机关的管辖规则

关于管辖法院的问题,《关于检察公益诉讼案件适用法律若干问题的解释》第5条第2款规定,对于基层检察机关提起的第一审行政公益诉讼案件,由被诉行政机关所在地的基层人民法院管辖,但该条并未规定地市级检察机关提起行政公益诉讼的管辖法院;而《行政诉讼法》第15条规定了应由中级人民法院管辖的四种情况,即被诉机关为国务院部门或县级以上人民政府的案件、海关处理的案件、重大复杂的案件,以及其他应由中级人民法院管辖的案件。因此,如地市级检察机关对县级以上人民政府提起行政公益诉讼,则应由对应的行政机关所在地的中级人民法院管辖。

2. 关于检察机关的管辖规则

对于行政机关收到检察建议后仍不依法履行职责的,且国家和社会公共利益仍处于受侵害状态的,检察机关可以提起行政公益诉讼。

最高人民检察院民事行政检察厅所发布的《检察机关行政公益诉讼案件办案指南(试行)》将行政公益诉讼的管辖分为一般规定、指定管辖、管辖权转移、管辖权协商四个部分,具体如下:

(1)一般规定,即检察机关提起行政公益诉讼的案件,一般由违法行使职权或者不作为的行政机关所在地的基层人民检察院管辖;违法行使职权或者不作为的行政机关是县级以上人民政府的案件,由市(分、州)人民检察院管辖。

(2)指定管辖,即上级人民检察院可以根据案件情况,在与人民法院沟通协商后,共同将行政公益诉讼案件指定辖区内其他下级人民检察院或者跨区划人民检察院管辖。

(3)管辖权转移,即上级人民检察院认为确有必要,可以办理下级人民检察院管辖的重大、疑难、复杂案件;下级人民检察院认为需要由上级人民检察院办理的,可以报请上级人民检察院办理。

(4)管辖权协商,即上级人民检察院指定改变级别管辖或者地域管辖的,可以在起诉前与同级人民法院协商管辖的相关事宜,共同指定。

《人民检察院提起公益诉讼试点工作实施办法》第29条通过四款的篇幅对行政公益诉讼的起诉主体与审判机关进行了规定,而《人民检察院公益诉讼办案规则》则在第二章第一节中对行政公益诉讼与民事公益诉讼的管辖规则一并阐述,同样分为立案管辖与诉讼管辖。与检察机关提起民事公益诉讼的情况相同,《人民检察院公益诉讼办案规则》为目前有效的适用规则。

《人民检察院公益诉讼办案规则》第13条规定,办理行政公益诉讼案件时,由行政机关对应的同级检察机关进行立案管辖;行政机关为人民政府,由上一级检察机关管辖更为适宜的,也可以由上一级检察机关立案管辖。根据该规定,行政公益诉讼的立案管辖可概括为"同级管辖为原则,上级管辖为例外",具有一定的灵活性。关于诉讼管辖,应依据《人民检察院公益诉讼办案规则》第16条之规定,由具有管辖权人民法院所对应的同级检察机关进行起诉。其余例外情形,则与民事公益诉讼的规定一致,详见本书本章第二节第二小节中的相关内容。

(二)涉及海洋的特殊管辖规则

上述规定为行政公益诉讼的一般性规则,但如涉及海域内涉渔行政案件的管辖问题,则应遵循海事案件管理的特殊规定。根据最高人民法院《关于海事法院受理案件范围的规定》(法释〔2016〕4号),对于海事行政案件,由海事法院进行管辖,这里海事行政案件的范围明确包括"因不服海事行政机关作出的涉及海洋、通海可航水域开发利用、渔业、环境与生态资源保护等活动的行政行为而提起的行政诉讼案件"。因此,虽该文件出台时并未明确规定行政公益诉讼的管辖,但鉴于行政公益诉讼仍主要依据行政诉讼的相关程序规定进行,管辖上应当遵循该规定进行。

五、环境行政公益诉讼的证据要求

《关于检察公益诉讼案件适用法律若干问题的解释》第22条规定:"人民检察院提起行政公益诉讼应当提交下列材料:(一)行政公益诉讼起诉书,并按照被告人数提出副本;(二)被告违法行使职权或者不作为,致使国家利益或者社会公共利益受到侵害的证明材料;(三)已经履行诉前程序,行政机关仍不依法履行职责或者纠正违法行为的证明材料。"《行政诉讼法》第34条规定:"被告对作出的行政行为负有举证责任，应当提供作出该行政行为的证据和所依据的规范性文件。被告不提供或者无正当理由逾期提供证据，视为没有相应证据。但是，被诉行政行为涉及第三人合法权益，第三人提供证据的除外。”因此，检察机关的证据调查更多集中在损害事实的调查以及被告违法行使职权或不作为的调查。

《检察机关行政公益诉讼案件办案指南（试行）》中规定了相应的调查方式，包括：查阅、摘抄、复制有关行政执法卷宗材料；询问违法行为人、证人等；收集书证、物证、视听资料、电子证据等；咨询专业人员、相关部门或者行业协会等对专门问题的意见；委托鉴定、评估、审计；勘验、检查物证、现场等。在实际操作中，检察机关可通过多个渠道进行调查，一般包括以下四个渠道：一是通过检察机关内设其他部门获取线索，如通过职务犯罪线索摸排违法行政行为是否造成了生态环境及资源领域损害事实；二是通过“两法衔接”平台及与其他政府机关（如公安机关）建立的信息共享和协作机制，主动掌握相关案件信息，提前介入案件调查；三是通过与人民代表大会常务委员会、法院等更加紧密地沟通，获取相关信息，加强对政府部门行为的监督；四是通过实地走访、新闻媒体曝光、群众控告等方式直接获取生态环境及资源损害的案件线索，借助于自侦部门直接开展调查等。

进行损害事实调查后，检察机关对符合行政公益诉讼案件所规定的“致使国家利益或者社会公共利益受到侵害”，进一步调查是否存在行政机关违法履职或不作为的情形。此处对行政机关是否对涉案事项承担“监督管理职责”，一般首先要看是否有明确的法律依据，即法律法规及部门规章明确规定了相应行政主管部门及执法机构的职权；其次，对于具体案件，检察机关也会参考“三定”方案（各级机构编制部门，对所辖范围内所有的党政机关等在机构改革过程中颁布实施的定单位职能、定机构设置、定人员编制的方案），以及政府权责清单等文件，确定生态损害的相对应行政管理部门。

六、环境行政公益诉讼的判决

本书所选的案例，基本以法院作出判决的方式结案。对于行政公益诉讼的裁判结果，《关于检察公益诉讼案件适用法律若干问题的解释》第 25 条第 1 款规定了五种环境行政公益诉讼判决结果，具体如下：

(1)被诉行政行为具有《行政诉讼法》第74条、第75条[①]规定情形之一的,判决确认违法或者确认无效,并可以同时判决责令行政机关采取补救措施;

(2)被诉行政行为具有《行政诉讼法》第70条[②]规定情形之一的,判决撤销或者部分撤销,并可以判决被诉行政机关重新作出行政行为;

(3)被诉行政机关不履行法定职责的,判决在一定期限内履行;

(4)被诉行政机关作出的行政处罚明显不当,或者其他行政行为涉及对款额的确定、认定确有错误的,可以判决予以变更;

(5)被诉行政行为证据确凿,适用法律、法规正确,符合法定程序,未超越职权,未滥用职权,无明显不当,或者人民检察院诉请被诉行政机关履行法定职责理由不成立的,判决驳回诉讼请求。

第四节 生态环境损害赔偿诉讼

生态环境损害赔偿诉讼是指根据《生态环境损害赔偿制度改革方案》(以下简称《改革方案》),由地方政府及其指定的部门提起的,基于国家利益或公共利益损失的损害赔偿诉讼。《改革方案》将"生态环境损害"定义为因污染环境、破坏生态造成大气、地表水、地下水、土壤、森林等环境要素和植物、动物、微生物等生物要素的不利改变,以及上述要素构成的生态系统功能退化。由此可见,生态环境损害赔偿强调对生态环境本身的损害,有别于因污染环境、破坏生态而导致的人身或财产损害。

2020年8月,生态环境部、司法部、财政部等十一个部门联合发布《关于推进

---

① 《行政诉讼法》第74条规定:"行政行为有下列情形之一的,人民法院判决确认违法,但不撤销行政行为:(一)行政行为依法应当撤销,但撤销会给国家利益、社会公共利益造成重大损害的;(二)行政行为程序轻微违法,但对原告权利不产生实际影响的。行政行为有下列情形之一,不需要撤销或者判决履行的,人民法院判决确认违法:(一)行政行为违法,但不具有可撤销内容的;(二)被告改变原违法行政行为,原告仍要求确认原行政行为违法的;(三)被告不履行或者拖延履行法定职责,判决履行没有意义的。"第75条规定:"行政行为有实施主体不具有行政主体资格或者没有依据等重大且明显违法情形,原告申请确认行政行为无效的,人民法院判决确认无效。"

② 《行政诉讼法》第70条规定:"行政行为有下列情形之一的,人民法院判决撤销或者部分撤销,并可以判决被告重新作出行政行为:(一)主要证据不足的;(二)适用法律、法规错误的;(三)违反法定程序的;(四)超越职权的;(五)滥用职权的;(六)明显不当的。"

生态环境损害赔偿制度改革若干具体问题的意见》(以下简称《推进意见》);2022年4月,生态环境部、最高人民法院、最高人民检察院等十四个部门联合发布《生态环境损害赔偿管理规定》(以下简称《管理规定》)。《推进意见》和《管理规定》在《改革方案》的基础上,对"生态环境损害赔偿制度"进行细化,包括生态环境损害的范围、责任部门与分工、案件线索、索赔启动与调查、鉴定评估、磋商、司法确认、修复责任与评估、与公益诉讼衔接、技术保障、资金管理、公众参与、人员和经费、协作制度、奖惩规定等内容。

相较于《推进意见》,《管理规定》进一步明确了生态环境损害的概念、赔偿范围,理顺了不同层级、不同职能部门之间的分工与协作,进一步细化了生态环境损害赔偿案件的工作程序。此外,《管理规定》还就生态环境损害赔偿的保障工作进行了规定,要求建立统一的生态环境损害鉴定评估技术标准体系,构建案件信息共享和报告机制,并将该项工作纳入环境保护督察和地方绩效考核。可以预见,在未来一段时期内,生态环境损害赔偿诉讼将成为重要的诉讼类型。

相比于民事公益诉讼,生态环境损害赔偿之诉有以下几个区别:

1. 生态环境损害赔偿诉讼的起诉主体为省级、市地级政府(包括直辖市所辖的区县级政府,下同),作为本行政区域内生态环境损害赔偿权利人。省域内跨市地的生态环境损害,由省级政府管辖;其他工作范围划分由省级政府根据本地区实际情况确定。省级、市地级政府可指定相关部门或机构负责生态环境损害赔偿具体工作,同时,省级、市地级政府及其指定的部门或机构均有权提起诉讼。实践中,往往在省级成立领导小组,根据本地区特点发布实施方案,由相应职能部门在管辖范围内开展工作,而渔业资源类案件一般属于农业主管部门的职能范畴。

2. 生态环境损害赔偿诉讼明确排除对海洋生态环境损害赔偿案件的适用。对海洋生态环境损害赔偿案件,只能由行使海洋环境监督管理权的部门依据《海洋环境保护法》第89条第2款依法提起诉讼;此外,由于第89条第2款明确为"给国家造成重大损失",故目前对于是否可以针对公共利益损失提起生态环境损害赔偿诉讼仍存在争议。

另外,对于涉海类生态环境损害赔偿诉讼,最高人民法院、最高人民检察院《关于办理海洋自然资源与生态环境公益诉讼案件若干问题的规定》指出,人民检察院在履行职责中发现破坏海洋生态、海洋水产资源、海洋保护区的行为,可以告知行使海洋环境监督管理权的部门提起诉讼。对于不提起的,人民检察院可直接提起。而对于人民检察院在履行职责中发现对破坏海洋生态、海洋水产资源、海洋保护区的行为负有监督管理职责的部门违法行使职权或者不作为,致使国家利益或者社会公共利益受到侵害的,则应当向有关部门提出检察建议,督促其依法履行职责。

3. 根据“生态环境损害赔偿制度改革方案”,生态环境损害赔偿诉讼仅针对以下情形:

(1)发生较大及以上突发环境事件,即至少符合下述条件之一:①因环境污染直接导致3人以上10人以下死亡或10人以上50人以下中毒或重伤的;②因环境污染疏散、转移人员5000人以上1万人以下的;③因环境污染造成直接经济损失500万元以上2000万元以下的;④因环境污染造成国家重点保护的动植物物种受到破坏的;⑤因环境污染造成乡镇集中式饮用水水源地取水中断的;⑥Ⅲ类放射源丢失、被盗的;放射性同位素和射线装置失控导致10人以下急性重度放射病、局部器官残疾的;⑦放射性物质泄漏,造成小范围辐射污染后果的;造成跨设区的市级行政区域影响的突发环境事件。

(2)在国家和省级主体功能区规划中划定的重点生态功能区、禁止开发区发生环境污染、生态破坏事件的。

(3)发生其他严重影响生态环境后果的。

然而,《管理规定》将生态环境损害定义为“因污染环境、破坏生态造成大气、地表水、地下水、土壤、森林等环境要素和植物、动物、微生物等生物要素的不利改变,以及上述要素构成的生态系统功能退化。”加上生态环境损害赔偿案件的线索来源较广,不排除生态环境损害赔偿的范围进一步扩大。

4. 法律规定生态环境损害赔偿诉讼以磋商程序作为诉前必须执行的前置程序。有权起诉的赔偿权利人需根据生态环境损害鉴定评估报告,就损害事实和程度、修复启动时间和期限、赔偿的责任承担方式和期限等具体问题与赔偿义务人进行磋商,统筹考虑修复方案技术可行性、成本效益最优化、赔偿义务人赔偿能力、第三方治理可行性等情况,达成赔偿协议。对经磋商达成的赔偿协议,可以依照《民事诉讼法》向人民法院申请司法确认;凡经司法确认的赔偿协议,赔偿义务人不履行或不完全履行的,赔偿权利人及其指定的部门或机构可向人民法院申请强制执行。磋商未达成一致的,赔偿权利人及其指定的部门或机构应当及时提起生态环境损害赔偿诉讼。

第五节 行政机关与涉渔公益诉讼之间的关系

一、涉渔公益诉讼对渔业执法工作开展的促进作用

公益诉讼对于行政主管部门及执法机构的工作开展具有积极的促进作用，主要体现在下述三个方面：

（一）涉渔公益诉讼社会关注度高，可以带来良好的宣传效应

涉渔公益诉讼的社会关注度较高，尤其是一些影响力较大的案件。例如，“长江鳗鱼苗案”，其庭审直播观看人数达到1900余万；刘某、詹某某非法收购、运输、出售珍贵、濒危野生动物案，宁波海事法院庭审直播达到数十万次点击率；高宝邵伯湖“2·02”特大电鱼案引起强烈社会反响，多家媒体予以报道。这些案件的公开审理对于威慑违法分子、让社会公众了解渔业资源保护知识、促进渔业执法活动都起到了很好的作用。

（二）民事公益诉讼可以作为渔业行政处罚的补充

从理论上来说，涉渔公益诉讼中的民事公益诉讼赔偿范围较行政处罚广，只要存在较为严重的渔业资源及其生境、野生动物相关的公共利益损失，即可提起民事公益诉讼。该制度可以很好地补充渔业行政处罚制度，对于严重损害渔业资源及生态环境但行政处罚额度过低的情况，可以通过损害评估及赔偿，在传统行政执法外找到更好的追责手段，改变当前部分渔业违法行为处罚过低的状况。

此外，不同省、市对民事公益诉讼所判决的赔偿金有不同的处置方式，但绝大部分用于渔业水域资源恢复和生态环境改善。与刑事罚金、行政处罚罚款相比，民事公益诉讼所判处赔偿金的使用目的性更强，对于恢复当地渔业水域环境具有着重要作用。

（三）行政公益诉讼有利于督促行政机关依法行政

涉渔公益诉讼中的行政公益诉讼主要通过诉前程序及诉讼程序来监督行政主管部门及执法机构依法履行职责。尽管如前文所述，法学理论界对检察机关通过公益诉讼行使司法监督权尚有一定争议，但在司法实践中，检察建议及后续行政公益诉讼有效地处理了长期存在且较为严重的对生态环境破坏行为监管不到位的情况，起到了监督涉案行政主管部门依法行政的作用。

二、行政主管部门、行政执法机构在公益诉讼中的角色

根据对本书收集案例的调查，行政主管部门、行政执法机构在公益诉讼中通常承担下述六种职能中的一种或数种：

（一）线索发现和事实调查

第一，行政执法机构是重要的公益诉讼案件线索发现人。对于民事公益诉讼，检察机关可以发起诉讼的范围广、领域多，但除导致公共利益遭受极其严重损失的案件外，其发掘案件的机会有限，目前案件渠道主要还是依赖于公安机关、渔政执法大队等行政执法机构的线索移送。因此，行政执法机构对涉渔领域内违法行为是否可以提起公益诉讼、是否应当移送检察机关等重要问题，是最直接的决策方。行政执法机构在多大程度上共享监督监测信息、行政处罚信息等，也会极大影响检察机关介入案件的机会。

第二，行政执法机构是公益诉讼案件事实的重要调查人。检察机关介入公益诉讼案件时，距案发已有一段时间，部分事实可能无法回溯追查，只能倚赖于行政执法机构对案发现场的勘查、证据收集和证据保存等工作，故行政执法机关在前期的执法工作将对后续程序中基本事实的认定产生重大影响。在民事公益诉讼案件中，行政执法机关所提供的第一手证据，将会影响诉讼程序中对违法行为与损害后果之间因果关系的判定，以及违法行为对资源及生态环境的损害程度的判定。因此，行政执法机关对案件事实的调查结果非常重要。

第三，检察机关提起的公益诉讼往往需要行政执法机构协助调查。检察机关决定立案后还会进一步展开调查，此时需要行政执法机构的专业协助，包括人力、物力支援，提供船只、人员协助调查、查阅相关资料等，如在“长江鳗鱼苗案”中，江苏省渔政监督总队就多次派员参与检察院公益诉讼调查活动，协助其在长江范围内了解案件相关情况、捕捞作业状况、禁用渔具以及鳗鱼苗相关知识等。此外，对于案件中的部分专门性问题，检察机关也需依赖行政执法机构通过沟通、出具函件等方式进行辨别、认定。

第四，法院在社会组织提起的公益诉讼中，往往依赖行政执法机构协助调查事实。对于社会组织提起的民事公益诉讼，法院往往在调查取证环节占主导地位。在实践中，法院主要通过行政执法机构协助进行取证，尤其是一些专门性问题的分析和认定，作为原告的社会组织往往不具有较强的事实调查能力，故行政

执法机构对事实的调查取证便成为诉讼庭审中最重要的证据材料。

第五，行政执法机构的相关调查资料有可能直接作为生态环境损害赔偿诉讼中的证据。《关于审理生态环境损害赔偿案件的若干规定(试行)》第9条规定："负有相关环境资源保护监督管理职责的部门或者其委托的机构在行政执法过程中形成的事件调查报告、检验报告、检测报告、评估报告、监测数据等，经当事人质证并符合证据标准的，可以作为认定案件事实的根据。"行政执法机构在执法过程中形成的材料，可能在将来会更多地作为生态损害赔偿之诉中的诉讼证据，其是否符合证据标准可能将成为决定诉讼结果的关键。

(二)专业技术支持

民事公益诉讼案件审理中核心争议往往集中在三个方面：损害行为的违法性判定；损害行为与损害结果之间因果关系的建立；损害后果严重程度的评估。这些专门性问题的分析往往需要极强的专业技术支持，即便检察机关可以通过发展当前的司法鉴定体系予以获取，但现实中仍由行政主管部门、行政执法机构发挥重要作用，具体而言，体现在以下几个方面：

首先，制定资源损害评估标准并应用于公益诉讼损害评估。尽管目前司法部会同生态环境部尝试建立生态环境损害的司法鉴定体系，但该体系在水生生物损害鉴定和评估方面的工作明显进展缓慢，司法部曾在2015年发布的《关于规范环境损害司法鉴定管理工作的通知》中规定建立对水生生物的环境损害司法鉴定内容，然目前《生态环境损害鉴定评估技术指南》虽已发布了总纲、损害调查、土壤与地下水等技术指南，却未发布关于水生生物损害的鉴定指南。在现阶段，非法捕捞类型的公益诉讼案件中的损害评估可主要参考2020年年底新发布的《非法捕捞案件涉案物品认(鉴)定和水生生物资源损害评估及修复办法(试行)》，但其他类型案件还主要依赖《渔业污染事故经济损失计算方法》(GB/T 21678—2018)、渔业领域专家意见①和地方性法规②、多部门联合发文规定等③。

其次，制定其他配套技术标准并通过实施为公益诉讼提供支持。在禁用渔具渔法的认定、检测技术标准及应用、监测标准和监测数据采集上，仍主要通过渔业主管部门建立标准规范体系，由相应行政执法机构加以实施，其在事实调查等环

① 如"长江鳗鱼苗案"以及多个电鱼公益诉讼案件。
② 参见《江苏省渔业管理条例》。
③ 参见台州市《关于办理渔业资源损害赔偿案件的若干意见》(台检发民字〔2019〕8号)。

节为公益诉讼提供技术支撑。

最后，推荐评估机构出具相关报告，在生态环境损害赔偿诉讼中作为证据使用。根据《关于审理生态环境损害赔偿案件的若干规定（试行）》第10条之规定，当事人在诉前委托具备环境司法鉴定资质的鉴定机构出具的鉴定意见，以及委托国务院环境资源保护监督管理相关主管部门推荐的机构出具的检验报告、检测报告、评估报告、监测数据等，经当事人质证并符合证据标准的，可以作为认定案件事实的根据。因此，尽管目前渔业主管部门未建立相应管理体系，但已经发布了关于专门性问题（渔具鉴定、水生生物物种鉴定）的推荐机构。

（三）作为原告提起生态环境损害赔偿诉讼

首先，部分渔业主管部门可以作为内陆生态环境损害赔偿诉讼的索赔主体。中共中央办公厅、国务院办公厅印发的《改革方案》是海洋以外地区提起生态环境损害赔偿诉讼的主要依据。根据该改革方案，国务院授权省级、市地级政府（包括直辖市所辖的区县级政府）作为本行政区域内生态环境损害赔偿权利人。省域内跨市地的生态环境损害，由省级政府管辖；其他工作范围划分由省级政府根据本地区实际情况确定。省级、市地级政府可指定相关部门或机构负责生态环境损害赔偿具体工作，且省级、市地级政府及其指定的部门或机构均有权提起诉讼。跨省域的生态环境损害，由生态环境损害地的相关省级政府协商开展生态环境损害赔偿工作。

根据前述规定，对于省级、市地级政府，可以指定相关部门提起诉讼。据了解，江苏省制定了《江苏省生态环境损害赔偿制度改革实施方案》，明确规定国土资源、环境保护、住房和城乡建设、水利、农业、林业、海洋与渔业等相关部门根据本部门职能，分别负责大气、地表水、地下水、土壤、森林等环境要素和植物、动物、微生物等生物要素遭受的不利改变，以及导致上述要素构成的生态系统功能退化的索赔工作。广东省农业农村厅作为广东省生态环境损害赔偿制度改革工作领导小组成员参与工作。

其次，个别内陆渔业主管部门利用《渔业法》第35条的规定启动过生态损害赔偿磋商索赔机制。例如，重庆市针对水电站、河道整治、采砂、水坝建设等活动，当地渔业主管部门曾作为主办或协办部门，通过与业主方、施工方谈判磋商等方式介入70余个工程项目，要求对渔业资源损失进行赔偿。农业部、环境保护部《关于泸州市3起涉国家级自然保护区违规工程有关情况的通报》（农渔函

〔2011〕1号）等文件的发布，也推动了主管部门的索赔活动。据当地渔政人员介绍，渔业主管部门以此索赔上千万元渔业资源恢复及损害赔偿金。

最后，国家渔业主管部门和沿海地方渔业主管部门可以作为海洋生态环境损害赔偿诉讼的索赔主体。《海洋环境保护法》第89条第2款是针对海洋环境提起生态环境损害赔偿诉讼的主要依据，规定"对破坏海洋生态、海洋水产资源、海洋保护区，给国家造成重大损失的，由依照本法规定行使海洋环境监督管理权的部门代表国家对责任者提出损害赔偿要求"。第5条第4款规定："国家渔业行政主管部门负责渔港水域内非军事船舶和渔港水域外渔业船舶污染海洋环境的监督管理，负责保护渔业水域生态环境工作，并调查处理前款规定的污染事故以外的渔业污染事故。"第5条第6款规定："沿海县级以上地方人民政府行使海洋环境监督管理权的部门的职责，由省、自治区、直辖市人民政府根据本法及国务院有关规定确定。"

据此，国家渔业主管部门和部分地方渔业主管部门从法理上可作为外来污染源造成海洋渔业资源损害的索赔主体。1983年"东方大使"邮轮污染案、1997年"海成"轮污染案、1999年"闽燃供2号"轮污染案中，渔业主管部门均曾确实作为索赔主体进行协商谈判。但在1999年《海洋环境保护法》修订后，渔业主管部门不再作为船舶污染造成渔业资源损失的索赔主体，但这并不妨碍其作为其他类型污染源的索赔主体。在地方上，存在海洋渔业局提起生态环境损害赔偿诉讼的先例，如广东省地方海洋渔业主管部门针对海上倾废提起的诉讼，渔业资源损失作为损失赔偿中的一部分进行计算。①

（四）渔政执法人员作为陪审员参与审判活动

《人民陪审员法》第16条规定："人民法院审判下列第一审案件，由人民陪审员和法官组成七人合议庭进行……（二）根据民事诉讼法、行政诉讼法提起的公益诉讼案件；"第22条规定："人民陪审员参加七人合议庭审判案件，对事实认定，独立发表意见，并与法官共同表决；对法律适用，可以发表意见，但不参加表决。"根据前述条款，行政主管部门及行政执法机构人员可以在一定程度上参与法庭的事实调查环节，对案件涉及事实及专业性问题提出意见建议，推动案件审理进展；在部分影响较大的涉渔公益诉讼案件中，渔政机关人员还作为陪审员参与了案件的

① 参见中山市海洋与渔业局与彭某权、冯某林污染海洋环境责任纠纷案。

审判活动。

（五）案件执行阶段协助渔业资源及生态恢复相关执行工作

根据对样本案例的整理，本书发现，在增殖放流、恢复渔业资源等判决项的执行部分，渔业主管部门参与程度较高；且近年来，法院与检察机关推行“恢复性司法实践”的力度不断加大，渔业主管部门参与相关放流活动亦相应增多。例如，针对涉渔刑事案件和公益诉讼案件中较多判决违法行为人进行增殖放流的现状，重庆市检察院在合川区云门街道设立了渔业生态修复司法保护示范基地，合川区渔政渔港监督站深度参与了该基地的相关工作。

（六）作为行政公益诉讼中的被告

近年来，检察机关大大增加了行政公益诉讼的力度，即针对行政主管部门不履行职责、违法履职等行为提起诉讼。前文已述，自 2017 年 7 月至 2019 年 9 月，检察机关共计提起行政公益诉讼案件 995 件，另提起 182, 802 件诉前程序案件。

根据收集的样本案例，渔业主管部门被提起诉讼的情形包括：

（1）未清除非法捕捞定置网；①

（2）渔业油价补助资金发放不合法；②

（3）未经批准填海施工建设渔业码头或占海使用；③

（4）违法将船舶从非渔业系统转入渔业系统管理工作；④

（5）未依法查处围堰养殖且虚假上报；⑤

（6）对施工结束后应当恢复湖区原状但未恢复，造成渔业资源损害的情形放任不管；⑥

（7）放任在库区筑坝拦河水发展水产养殖；⑦

（8）对湖上围栏、围网、网箱养殖行为未履行监管职责。⑧

从收集案例整体来看，渔业主管部门被提起诉讼的类型分散，止步于诉前程

---

① 参见文昌市农业农村局不履职拆除定置网案。

② 参见昌邑市海洋与渔业局不履行法定职责案。

③ 参见招远市人民检察院与招远市海洋与渔业局不履行法定职责案；威海市环翠区海洋发展局不履行法定职责案；长岛县海洋与渔业局不履行法定职责案。

④ 参见晋江市海洋与渔业局不履行法定职责案。

⑤ 参见泉州市丰泽区农业农村和水利局不履行法定职责案。

⑥ 参见苏州市阳澄湖渔业管理委员会办公室不履行法定职责案。

⑦ 参见随县水利局水利行政管理不履行法定职责案。

⑧ 参见武汉市洪山区城乡统筹发展局不履行法定职责案。

序的案例远远大于诉讼案件数量。值得注意的是,2018 年文昌市农业农村局因为没有履行拆除定置网被提起行政公益诉讼的案例,是第一起因为未履行非法捕捞监管义务被提起的行政公益诉讼案件,该案例亦入选了“2019 年最高人民检察院发布 26 件公益诉讼典型案例”。

第二章

非法捕捞类案件办理指引与案例分析

第一节　非法捕捞类公益诉讼案件的基本情况

本书共选取自2016~2020年向社会公开的569起涉渔公益诉讼案件，作为法律分析之用，其中非法捕捞类公益诉讼案件（以下简称非法捕捞类案件）为437起（见表2-1），实为涉渔公益诉讼案件里最为典型、最具代表性的案件类型。非法捕捞类案件主要由检察机关作为原告进行起诉，其中检察机关单独提起的民事公益诉讼38起，刑事附带民事公益诉讼案件397起，行政公益诉讼案件1起。本书第六章将对行政公益诉讼案件进行统一分析，本章仅简要介绍。另外，社会组织针对非法捕捞提起了1起民事公益诉讼。

表2-1　本章调研的非法捕捞类公益诉讼案件

序号	案号	案件发生地	案件类型
1	（2018）浙11民初94号	浙江	民事公益诉讼（检察机关提起）
2	（2018）浙11民初95号	浙江	民事公益诉讼（检察机关提起）
3	（2018）浙11民初96号	浙江	民事公益诉讼（检察机关提起）
4	（2018）浙11民初97号	浙江	民事公益诉讼（检察机关提起）
5	（2018）浙11民初98号	浙江	民事公益诉讼（检察机关提起）
6	（2018）浙11民初99号	浙江	民事公益诉讼（检察机关提起）
7	（2018）浙11民初100号	浙江	民事公益诉讼（检察机关提起）
8	（2018）浙11民初101号	浙江	民事公益诉讼（检察机关提起）
9	（2018）浙11民初102号	浙江	民事公益诉讼（检察机关提起）
10	（2018）浙11民初103号	浙江	民事公益诉讼（检察机关提起）
11	（2018）浙11民初104号	浙江	民事公益诉讼（检察机关提起）
12	（2018）鄂03民初288号	湖北	民事公益诉讼（检察机关提起）
13	（2019）浙11民初20号	浙江	民事公益诉讼（检察机关提起）
14	（2019）浙11民初21号	浙江	民事公益诉讼（检察机关提起）
15	（2019）浙11民初22号	浙江	民事公益诉讼（检察机关提起）

续表

序号	案号	案件发生地	案件类型
16	(2019)浙 11 民初 23 号	浙江	民事公益诉讼(检察机关提起)
17	(2019)浙 11 民初 24 号	浙江	民事公益诉讼(检察机关提起)
18	(2019)浙 11 民初 25 号	浙江	民事公益诉讼(检察机关提起)
19	(2019)浙 11 民初 26 号	浙江	民事公益诉讼(检察机关提起)
20	(2019)浙 11 民初 27 号	浙江	民事公益诉讼(检察机关提起)
21	(2019)浙 11 民初 28 号	浙江	民事公益诉讼(检察机关提起)
22	(2019)浙 11 民初 29 号	浙江	民事公益诉讼(检察机关提起)
23	(2019)浙 08 民初 313 号	浙江	民事公益诉讼(检察机关提起)
24	(2019)浙 08 民初 504 号	浙江	民事公益诉讼(检察机关提起)
25	(2019)浙 08 民初 506 号	浙江	民事公益诉讼(检察机关提起)
26	(2019)浙 1126 民初 400 号	浙江	民事公益诉讼(检察机关提起)
27	(2019)沪 0151 民初 2890 号	上海	民事公益诉讼(检察机关提起)
28	(2019)沪 0151 民初 2885 号	上海	民事公益诉讼(检察机关提起)
29	(2019)沪 0151 民初 2887 号	上海	民事公益诉讼(检察机关提起)
30	(2019)沪 0151 民初 2884 号	上海	民事公益诉讼(检察机关提起)
31	(2019)苏 01 民初 2644 号	江苏	民事公益诉讼(检察机关提起)
32	(2019)皖 12 民初 592 号	安徽	民事公益诉讼(检察机关提起)
33	(2019)皖 08 民初 188 号	安徽	民事公益诉讼(检察机关提起)
34	(2019)皖 08 民初 187 号	安徽	民事公益诉讼(检察机关提起)
35	(2019)川 18 民初 51 号	四川	民事公益诉讼(检察机关提起)
36	(2019)渝 01 民初 295 号	重庆	民事公益诉讼(检察机关提起)
37	(2020)浙 11 民初 55 号	浙江	民事公益诉讼(检察机关提起)
38	(2020)浙 11 民初 56 号	浙江	民事公益诉讼(检察机关提起)
39	(2019)最高法民申 6214 号	山东	民事公益诉讼(社会组织提起)
40	(2019)琼 72 行初 20 号	海南	行政公益诉讼
41	(2017)鄂 1083 刑初 222 号	湖北	刑事附带民事公益诉讼
42	(2017)苏 0106 刑初 1129 号	江苏	刑事附带民事公益诉讼

续表

序号	案号	案件发生地	案件类型
43	(2018)桂 1102 刑初 418 号	广西	刑事附带民事公益诉讼
44	(2018)桂 1102 刑初 419 号	广西	刑事附带民事公益诉讼
45	(2018)鄂 1003 刑初 213 号	湖北	刑事附带民事公益诉讼
46	(2018)鄂 0802 刑初 402 号	湖北	刑事附带民事公益诉讼
47	(2018)鄂 0103 刑初 700 号	湖北	刑事附带民事公益诉讼
48	(2018)鄂 0103 刑初 740 号	湖北	刑事附带民事公益诉讼
49	(2018)鄂 0103 刑初 1144 号	湖北	刑事附带民事公益诉讼
50	(2018)粤 0115 刑初 709 号	广东	刑事附带民事公益诉讼
51	(2018)粤 0115 刑初 712 号	广东	刑事附带民事公益诉讼
52	(2018)粤 0115 刑初 713 号	广东	刑事附带民事公益诉讼
53	(2018)粤 0115 刑初 714 号	广东	刑事附带民事公益诉讼
54	(2018)黑 0208 刑初 33 号	黑龙江	刑事附带民事公益诉讼
55	(2018)渝 0116 刑初 970 号	重庆	刑事附带民事公益诉讼
56	(2018)鲁 1002 刑初 508 号	山东	刑事附带民事公益诉讼
57	(2018)浙 1124 刑初 205 号	浙江	刑事附带民事公益诉讼
58	(2018)浙 0903 刑初 332 号	浙江	刑事附带民事公益诉讼
59	(2018)浙 0903 刑初 333 号	浙江	刑事附带民事公益诉讼
60	(2019)湘 0611 刑初 4 号	湖南	刑事附带民事公益诉讼
61	(2019)湘 0611 刑初 43 号	湖南	刑事附带民事公益诉讼
62	(2019)湘 0991 刑初 52 号	湖南	刑事附带民事公益诉讼
63	(2019)湘 0991 刑初 53 号	湖南	刑事附带民事公益诉讼
64	(2019)湘 0991 刑初 54 号	湖南	刑事附带民事公益诉讼
65	(2019)湘 0991 刑初 55 号	湖南	刑事附带民事公益诉讼
66	(2019)湘 0991 刑初 56 号	湖南	刑事附带民事公益诉讼
67	(2019)湘 0991 刑初 57 号	湖南	刑事附带民事公益诉讼
68	(2019)湘 0991 刑初 58 号	湖南	刑事附带民事公益诉讼
69	(2019)湘 0991 刑初 59 号	湖南	刑事附带民事公益诉讼

续表

序号	案号	案件发生地	案件类型
70	(2019)湘 0991 刑初 60 号	湖南	刑事附带民事公益诉讼
71	(2019)湘 0991 刑初 62 号	湖南	刑事附带民事公益诉讼
72	(2019)湘 1123 刑初 72 号	湖南	刑事附带民事公益诉讼
73	(2019)湘 1123 刑初 73 号	湖南	刑事附带民事公益诉讼
74	(2019)湘 0221 刑初 73 号	湖南	刑事附带民事公益诉讼
75	(2019)湘 0204 刑初 101 号	湖南	刑事附带民事公益诉讼
76	(2019)湘 1227 刑初 102 号	湖南	刑事附带民事公益诉讼
77	(2019)湘 1227 刑初 115 号	湖南	刑事附带民事公益诉讼
78	(2019)湘 0621 刑初 153 号	湖南	刑事附带民事公益诉讼
79	(2019)湘 1281 刑初 156 号	湖南	刑事附带民事公益诉讼
80	(2019)湘 1381 刑初 158 号	湖南	刑事附带民事公益诉讼
81	(2019)湘 0422 刑初 163 号	湖南	刑事附带民事公益诉讼
82	(2019)湘 0626 刑初 166 号	湖南	刑事附带民事公益诉讼
83	(2019)湘 0923 刑初 178 号	湖南	刑事附带民事公益诉讼
84	(2019)湘 0621 刑初 186 号	湖南	刑事附带民事公益诉讼
85	(2019)湘 0621 刑初 197 号	湖南	刑事附带民事公益诉讼
86	(2019)湘 0921 刑初 195 号	湖南	刑事附带民事公益诉讼
87	(2019)湘 0822 刑初 217 号	湖南	刑事附带民事公益诉讼
88	(2019)湘 0822 刑初 219 号	湖南	刑事附带民事公益诉讼
89	(2019)湘 0822 刑初 220 号	湖南	刑事附带民事公益诉讼
90	(2019)湘 0822 刑初 221 号	湖南	刑事附带民事公益诉讼
91	(2019)湘 0822 刑初 222 号	湖南	刑事附带民事公益诉讼
92	(2019)湘 0822 刑初 223 号	湖南	刑事附带民事公益诉讼
93	(2019)湘 0822 刑初 224 号	湖南	刑事附带民事公益诉讼
94	(2019)湘 0822 刑初 227 号	湖南	刑事附带民事公益诉讼
95	(2019)湘 0921 刑初 229 号	湖南	刑事附带民事公益诉讼
96	(2019)湘 1224 刑初 246 号	湖南	刑事附带民事公益诉讼

续表

序号	案号	案件发生地	案件类型
97	(2019)湘1224刑初247号	湖南	刑事附带民事公益诉讼
98	(2019)湘0802刑初269号	湖南	刑事附带民事公益诉讼
99	(2019)湘1124刑初283号	湖南	刑事附带民事公益诉讼
100	(2019)湘0922刑初292号	湖南	刑事附带民事公益诉讼
101	(2019)湘1224刑初303号	湖南	刑事附带民事公益诉讼
102	(2019)湘1224刑初321号	湖南	刑事附带民事公益诉讼
103	(2019)湘0903刑初486号	湖南	刑事附带民事公益诉讼
104	(2019)湘0903刑初487号	湖南	刑事附带民事公益诉讼
105	(2019)湘0702刑初518号	湖南	刑事附带民事公益诉讼
106	(2019)湘06刑终519号	湖南	刑事附带民事公益诉讼
107	(2019)湘0304刑初581号	湖南	刑事附带民事公益诉讼
108	(2019)湘0302刑初591号	湖南	刑事附带民事公益诉讼
109	(2019)湘0181刑初739号	湖南	刑事附带民事公益诉讼
110	(2019)川1111刑初38号	四川	刑事附带民事公益诉讼
111	(2019)川1425刑初45号	四川	刑事附带民事公益诉讼
112	(2019)川0502刑初53号	四川	刑事附带民事公益诉讼
113	(2019)川1703刑初76号	四川	刑事附带民事公益诉讼
114	(2019)川1703刑初79号	四川	刑事附带民事公益诉讼
115	(2019)川1524刑初83号	四川	刑事附带民事公益诉讼
116	(2019)川0821刑初89号	四川	刑事附带民事公益诉讼
117	(2019)川0303刑初93号	四川	刑事附带民事公益诉讼
118	(2019)川1523刑初97号	四川	刑事附带民事公益诉讼
119	(2019)川0503刑初99号	四川	刑事附带民事公益诉讼
120	(2019)川1123刑初101号	四川	刑事附带民事公益诉讼
121	(2019)川1725刑初104号	四川	刑事附带民事公益诉讼
122	(2019)川1803刑初106号	四川	刑事附带民事公益诉讼
123	(2019)川1123刑初107号	四川	刑事附带民事公益诉讼

续表

序号	案号	案件发生地	案件类型
124	(2019)川 1423 刑初 109 号	四川	刑事附带民事公益诉讼
125	(2019)川 0723 刑初 114 号	四川	刑事附带民事公益诉讼
126	(2019)川 0723 刑初 115 号	四川	刑事附带民事公益诉讼
127	(2019)川 0723 刑初 116 号	四川	刑事附带民事公益诉讼
128	(2019)川 0723 刑初 117 号	四川	刑事附带民事公益诉讼
129	(2019)川 0723 刑初 118 号	四川	刑事附带民事公益诉讼
130	(2019)川 1523 刑初 121 号	四川	刑事附带民事公益诉讼
131	(2019)川 0422 刑初 124 号	四川	刑事附带民事公益诉讼
132	(2019)川 0422 刑初 126 号	四川	刑事附带民事公益诉讼
133	(2019)川 0422 刑初 130 号	四川	刑事附带民事公益诉讼
134	(2019)川 1102 刑初 136 号	四川	刑事附带民事公益诉讼
135	(2019)川 1126 刑初 137 号	四川	刑事附带民事公益诉讼
136	(2019)川 1126 刑初 138 号	四川	刑事附带民事公益诉讼
137	(2019)川 1902 刑初 138 号	四川	刑事附带民事公益诉讼
138	(2019)川 1126 刑初 139 号	四川	刑事附带民事公益诉讼
139	(2019)川 1126 刑初 140 号	四川	刑事附带民事公益诉讼
140	(2019)川 1126 刑初 141 号	四川	刑事附带民事公益诉讼
141	(2019)川 0304 刑初 141 号	四川	刑事附带民事公益诉讼
142	(2019)川 0422 刑初 142 号	四川	刑事附带民事公益诉讼
143	(2019)川 1126 刑初 146 号	四川	刑事附带民事公益诉讼
144	(2019)川 1126 刑初 147 号	四川	刑事附带民事公益诉讼
145	(2019)川 0724 刑初 148 号	四川	刑事附带民事公益诉讼
146	(2019)川 1126 刑初 150 号	四川	刑事附带民事公益诉讼
147	(2019)川 1102 刑初 150 号	四川	刑事附带民事公益诉讼
148	(2019)川 1123 刑初 152 号	四川	刑事附带民事公益诉讼
149	(2019)川 0682 刑初 166 号	四川	刑事附带民事公益诉讼
150	(2019)川 0682 刑初 167 号	四川	刑事附带民事公益诉讼

续表

序号	案号	案件发生地	案件类型
151	(2019)川0682刑初168号	四川	刑事附带民事公益诉讼
152	(2019)川1324刑初168号	四川	刑事附带民事公益诉讼
153	(2019)川1324刑初169号	四川	刑事附带民事公益诉讼
154	(2019)川0421刑初174号	四川	刑事附带民事公益诉讼
155	(2019)川0682刑初180号	四川	刑事附带民事公益诉讼
156	(2019)川0682刑初181号	四川	刑事附带民事公益诉讼
157	(2019)川0682刑初183号	四川	刑事附带民事公益诉讼
158	(2019)川1703刑初213号	四川	刑事附带民事公益诉讼
159	(2019)川0682刑初217号	四川	刑事附带民事公益诉讼
160	(2019)川0682刑初219号	四川	刑事附带民事公益诉讼
161	(2019)川0682刑初220号	四川	刑事附带民事公益诉讼
162	(2019)川0321刑初226号	四川	刑事附带民事公益诉讼
163	(2019)川1381刑初231号	四川	刑事附带民事公益诉讼
164	(2019)川0522刑初254号	四川	刑事附带民事公益诉讼
165	(2019)川1602刑初265号	四川	刑事附带民事公益诉讼
166	(2019)川1303刑初272号	四川	刑事附带民事公益诉讼
167	(2019)川1303刑初277号	四川	刑事附带民事公益诉讼
168	(2019)川1703刑初285号	四川	刑事附带民事公益诉讼
169	(2019)川0623刑初307号	四川	刑事附带民事公益诉讼
170	(2019)川0129刑初321号	四川	刑事附带民事公益诉讼
171	(2019)川0623刑初324号	四川	刑事附带民事公益诉讼
172	(2019)川0504刑初331号	四川	刑事附带民事公益诉讼
173	(2019)川1602刑初334号	四川	刑事附带民事公益诉讼
174	(2019)川0623刑初370号	四川	刑事附带民事公益诉讼
175	(2019)川0623刑初388号	四川	刑事附带民事公益诉讼
176	(2019)川1902刑初390号	四川	刑事附带民事公益诉讼
177	(2019)川0623刑初401号	四川	刑事附带民事公益诉讼

续表

序号	案号	案件发生地	案件类型
178	(2019)川1502刑初405号	四川	刑事附带民事公益诉讼
179	(2019)川0184刑初405号	四川	刑事附带民事公益诉讼
180	(2019)川1502刑初441号	四川	刑事附带民事公益诉讼
181	(2019)川1421刑初490号	四川	刑事附带民事公益诉讼
182	(2019)川3401刑初502号	四川	刑事附带民事公益诉讼
183	(2019)川3401刑初503号	四川	刑事附带民事公益诉讼
184	(2019)川1102刑初531号	四川	刑事附带民事公益诉讼
185	(2019)鄂1081刑初2号	湖北	刑事附带民事公益诉讼
186	(2019)鄂0984刑初13号	湖北	刑事附带民事公益诉讼
187	(2019)鄂0984刑初23号	湖北	刑事附带民事公益诉讼
188	(2019)鄂0205刑初76号	湖北	刑事附带民事公益诉讼
189	(2019)鄂0191刑初149号	湖北	刑事附带民事公益诉讼
190	(2019)鄂05刑终151号	湖北	刑事附带民事公益诉讼
191	(2019)鄂2823刑初160号	湖北	刑事附带民事公益诉讼
192	(2019)鄂0984刑初181号	湖北	刑事附带民事公益诉讼
193	(2019)鄂0381刑初236号	湖北	刑事附带民事公益诉讼
194	(2019)鄂0503刑初254号	湖北	刑事附带民事公益诉讼
195	(2019)鄂2823刑初285号	湖北	刑事附带民事公益诉讼
196	(2019)鄂0691刑初318号	湖北	刑事附带民事公益诉讼
197	(2019)鄂0691刑初319号	湖北	刑事附带民事公益诉讼
198	(2019)鄂0691刑初320号	湖北	刑事附带民事公益诉讼
199	(2019)鄂1002刑初325号	湖北	刑事附带民事公益诉讼
200	(2019)鄂1002刑初326号	湖北	刑事附带民事公益诉讼
201	(2019)鄂1002刑初344号	湖北	刑事附带民事公益诉讼
202	(2019)鄂0582刑初346号	湖北	刑事附带民事公益诉讼
203	(2019)鄂0881刑初347号	湖北	刑事附带民事公益诉讼
204	(2019)鄂0103刑初782号	湖北	刑事附带民事公益诉讼

续表

序号	案号	案件发生地	案件类型
205	(2019)鄂0103刑初803号	湖北	刑事附带民事公益诉讼
206	(2019)鄂0103刑初805号	湖北	刑事附带民事公益诉讼
207	(2019)鄂0103刑初903号	湖北	刑事附带民事公益诉讼
208	(2019)鄂0103刑初904号	湖北	刑事附带民事公益诉讼
209	(2019)鄂0103刑初1012号	湖北	刑事附带民事公益诉讼
210	(2019)浙1123刑初2号	浙江	刑事附带民事公益诉讼
211	(2019)浙0922刑初13号	浙江	刑事附带民事公益诉讼
212	(2019)浙1123刑初19号	浙江	刑事附带民事公益诉讼
213	(2019)浙1126刑初30号	浙江	刑事附带民事公益诉讼
214	(2019)浙1123刑初31号	浙江	刑事附带民事公益诉讼
215	(2019)浙0327刑初51号	浙江	刑事附带民事公益诉讼
216	(2019)浙0327刑初53号	浙江	刑事附带民事公益诉讼
217	(2019)浙0327刑初55号	浙江	刑事附带民事公益诉讼
218	(2019)浙0127刑初64号	浙江	刑事附带民事公益诉讼
219	(2019)浙0127刑初65号	浙江	刑事附带民事公益诉讼
220	(2019)浙1127刑初87号	浙江	刑事附带民事公益诉讼
221	(2019)浙1125刑初104号	浙江	刑事附带民事公益诉讼
222	(2019)浙0503刑初165号	浙江	刑事附带民事公益诉讼
223	(2019)浙0206刑初190号	浙江	刑事附带民事公益诉讼
224	(2019)浙1122刑初221号	浙江	刑事附带民事公益诉讼
225	(2019)浙1021刑初316号	浙江	刑事附带民事公益诉讼
226	(2019)浙1021刑初317号	浙江	刑事附带民事公益诉讼
227	(2019)浙0281刑初337号	浙江	刑事附带民事公益诉讼
228	(2019)浙10刑终359号	浙江	刑事附带民事公益诉讼
229	(2019)浙1002刑初367号	浙江	刑事附带民事公益诉讼
230	(2019)浙0502刑初486号	浙江	刑事附带民事公益诉讼
231	(2019)浙0327刑初488号	浙江	刑事附带民事公益诉讼

续表

序号	案号	案件发生地	案件类型
232	(2019)浙0782刑初677号	浙江	刑事附带民事公益诉讼
233	(2019)浙1081刑初1025号	浙江	刑事附带民事公益诉讼
234	(2019)浙1081刑初1041号	浙江	刑事附带民事公益诉讼
235	(2019)浙1081刑初1044号	浙江	刑事附带民事公益诉讼
236	(2019)浙1081刑初1045号	浙江	刑事附带民事公益诉讼
237	(2019)浙1081刑初1046号	浙江	刑事附带民事公益诉讼
238	(2019)皖1004刑初5号	安徽	刑事附带民事公益诉讼
239	(2019)皖1004刑初7号	安徽	刑事附带民事公益诉讼
240	(2019)皖1004刑初34号	安徽	刑事附带民事公益诉讼
241	(2019)皖1722刑初56号	安徽	刑事附带民事公益诉讼
242	(2019)皖1722刑初66号	安徽	刑事附带民事公益诉讼
243	(2019)皖1024刑初67号	安徽	刑事附带民事公益诉讼
244	(2019)皖1004刑初67号	安徽	刑事附带民事公益诉讼
245	(2019)皖0803刑初71号	安徽	刑事附带民事公益诉讼
246	(2019)皖1024刑初72号	安徽	刑事附带民事公益诉讼
247	(2019)皖1722刑初72号	安徽	刑事附带民事公益诉讼
248	(2019)皖1825刑初79号	安徽	刑事附带民事公益诉讼
249	(2019)皖1003刑初85号	安徽	刑事附带民事公益诉讼
250	(2019)皖0803刑初97号	安徽	刑事附带民事公益诉讼
251	(2019)皖0802刑初105号	安徽	刑事附带民事公益诉讼
252	(2019)皖0802刑初136号	安徽	刑事附带民事公益诉讼
253	(2019)皖0802刑初137号	安徽	刑事附带民事公益诉讼
254	(2019)皖0802刑初138号	安徽	刑事附带民事公益诉讼
255	(2019)皖1021刑初155号	安徽	刑事附带民事公益诉讼
256	(2019)皖1723刑初180号	安徽	刑事附带民事公益诉讼
257	(2019)皖1524刑初194号	安徽	刑事附带民事公益诉讼
258	(2019)皖1021刑初220号	安徽	刑事附带民事公益诉讼

续表

序号	案号	案件发生地	案件类型
259	(2019)皖1503刑初249号	安徽	刑事附带民事公益诉讼
260	(2019)皖1524刑初281号	安徽	刑事附带民事公益诉讼
261	(2019)黔0621刑初60号	贵州	刑事附带民事公益诉讼
262	(2019)黔2326刑初106号	贵州	刑事附带民事公益诉讼
263	(2019)黔0621刑初106号	贵州	刑事附带民事公益诉讼
264	(2019)黔0621刑初108号	贵州	刑事附带民事公益诉讼
265	(2019)黔0626刑初132号	贵州	刑事附带民事公益诉讼
266	(2019)黔2323刑初141号	贵州	刑事附带民事公益诉讼
267	(2019)黔0626刑初145号	贵州	刑事附带民事公益诉讼
268	(2019)黔0626刑初148号	贵州	刑事附带民事公益诉讼
269	(2019)黔0626刑初160号	贵州	刑事附带民事公益诉讼
270	(2019)黔0626刑初184号	贵州	刑事附带民事公益诉讼
271	(2019)黔06刑终209号	贵州	刑事附带民事公益诉讼
272	(2019)黔0522刑初266号	贵州	刑事附带民事公益诉讼
273	(2019)黔0521刑初319号	贵州	刑事附带民事公益诉讼
274	(2019)黔0521刑初320号	贵州	刑事附带民事公益诉讼
275	(2019)黔0521刑初321号	贵州	刑事附带民事公益诉讼
276	(2019)黔0181刑初398号	贵州	刑事附带民事公益诉讼
277	(2019)黔0181刑初431号	贵州	刑事附带民事公益诉讼
278	(2019)黔0181刑初452号	贵州	刑事附带民事公益诉讼
279	(2019)黔0181刑初453号	贵州	刑事附带民事公益诉讼
280	(2019)黔0181刑初454号	贵州	刑事附带民事公益诉讼
281	(2019)黔0181刑初455号	贵州	刑事附带民事公益诉讼
282	(2019)黔0181刑初456号	贵州	刑事附带民事公益诉讼
283	(2019)黔0502刑初473号	贵州	刑事附带民事公益诉讼
284	(2019)黔0321刑初519号	贵州	刑事附带民事公益诉讼
285	(2019)黔0181刑初547号	贵州	刑事附带民事公益诉讼

续表

序号	案号	案件发生地	案件类型
286	(2019)黔0181刑初548号	贵州	刑事附带民事公益诉讼
287	(2019)黔0321刑初560号	贵州	刑事附带民事公益诉讼
288	(2019)黔0321刑初596号	贵州	刑事附带民事公益诉讼
289	(2019)陕1026刑初17号	陕西	刑事附带民事公益诉讼
290	(2019)陕1026刑初24号	陕西	刑事附带民事公益诉讼
291	(2019)陕1026刑初25号	陕西	刑事附带民事公益诉讼
292	(2019)陕1026刑初26号	陕西	刑事附带民事公益诉讼
293	(2019)陕1026刑初47号	陕西	刑事附带民事公益诉讼
294	(2019)陕1024刑初61号	陕西	刑事附带民事公益诉讼
295	(2019)陕1024刑初62号	陕西	刑事附带民事公益诉讼
296	(2019)陕1024刑初63号	陕西	刑事附带民事公益诉讼
297	(2019)陕7101刑初63号	陕西	刑事附带民事公益诉讼
298	(2019)陕1026刑初65号	陕西	刑事附带民事公益诉讼
299	(2019)陕1025刑初86号	陕西	刑事附带民事公益诉讼
300	(2019)陕1024刑初135号	陕西	刑事附带民事公益诉讼
301	(2019)赣0725刑初47号	江西	刑事附带民事公益诉讼
302	(2019)赣0725刑初48号	江西	刑事附带民事公益诉讼
303	(2019)赣0734刑初87号	江西	刑事附带民事公益诉讼
304	(2019)赣0734刑初91号	江西	刑事附带民事公益诉讼
305	(2019)赣0734刑初96号	江西	刑事附带民事公益诉讼
306	(2019)赣0735刑初110号	江西	刑事附带民事公益诉讼
307	(2019)赣1128刑初502号	江西	刑事附带民事公益诉讼
308	(2019)桂0403刑初106号	广西	刑事附带民事公益诉讼
309	(2019)桂0403刑初107号	广西	刑事附带民事公益诉讼
310	(2019)桂0403刑初108号	广西	刑事附带民事公益诉讼
311	(2019)桂1123刑初134号	广西	刑事附带民事公益诉讼
312	(2019)桂0503刑初155号	广西	刑事附带民事公益诉讼

续表

序号	案号	案件发生地	案件类型
313	(2019)桂 0503 刑初 156 号	广西	刑事附带民事公益诉讼
314	(2019)桂 0503 刑初 157 号	广西	刑事附带民事公益诉讼
315	(2019)粤 0803 刑初 81 号	广东	刑事附带民事公益诉讼
316	(2019)粤 1403 刑初 88 号	广东	刑事附带民事公益诉讼
317	(2019)粤 1223 刑初 99 号	广东	刑事附带民事公益诉讼
318	(2019)粤 0825 刑初 176 号	广东	刑事附带民事公益诉讼
319	(2019)粤 1322 刑初 187 号	广东	刑事附带民事公益诉讼
320	(2019)粤 0608 刑初 454 号	广东	刑事附带民事公益诉讼
321	(2019)粤 0115 刑初 503 号	广东	刑事附带民事公益诉讼
322	(2019)粤 0115 刑初 613 号	广东	刑事附带民事公益诉讼
323	(2019)粤 0118 刑初 720 号	广东	刑事附带民事公益诉讼
324	(2019)渝 0102 刑初 545 号	重庆	刑事附带民事公益诉讼
325	(2019)渝 0102 刑初 585 号	重庆	刑事附带民事公益诉讼
326	(2019)渝 0116 刑初 758 号	重庆	刑事附带民事公益诉讼
327	(2019)渝 0116 刑初 776 号	重庆	刑事附带民事公益诉讼
328	(2019)渝 0116 刑初 816 号	重庆	刑事附带民事公益诉讼
329	(2019)渝 0101 刑初 930 号	重庆	刑事附带民事公益诉讼
330	(2019)渝 0116 刑初 940 号	重庆	刑事附带民事公益诉讼
331	(2019)渝 0112 刑初 1073 号	重庆	刑事附带民事公益诉讼
332	(2019)苏 0830 刑初 249 号	江苏	刑事附带民事公益诉讼
333	(2019)苏 0830 刑初 485 号	江苏	刑事附带民事公益诉讼
334	(2019)苏 0682 刑初 605 号	江苏	刑事附带民事公益诉讼
335	(2019)苏 0682 刑初 606 号	江苏	刑事附带民事公益诉讼
336	(2019)苏 0682 刑初 607 号	江苏	刑事附带民事公益诉讼
337	(2019)鲁 1082 刑初 212 号	山东	刑事附带民事公益诉讼
338	(2019)鲁 1103 刑初 307 号	山东	刑事附带民事公益诉讼
339	(2019)鲁 0786 刑初 454 号	山东	刑事附带民事公益诉讼

续表

序号	案号	案件发生地	案件类型
340	（2019）黑 0227 刑初 160 号	黑龙江	刑事附带民事公益诉讼
341	（2019）黑 0227 刑初 161 号	黑龙江	刑事附带民事公益诉讼
342	（2019）青 0104 刑初 106 号	青海	刑事附带民事公益诉讼
343	（2019）青 0104 刑初 344 号	青海	刑事附带民事公益诉讼
344	（2019）沪 7101 刑初 268 号	上海	刑事附带民事公益诉讼
345	（2019）沪 7101 刑初 269 号	上海	刑事附带民事公益诉讼
346	（2019）云 2901 刑初 352 号	云南	刑事附带民事公益诉讼
347	（2020）川 0822 刑初 4 号	四川	刑事附带民事公益诉讼
348	（2020）川 1126 刑初 10 号	四川	刑事附带民事公益诉讼
349	（2020）川 0421 刑初 13 号	四川	刑事附带民事公益诉讼
350	（2020）川 3424 刑初 25 号	四川	刑事附带民事公益诉讼
351	（2020）川 3424 刑初 31 号	四川	刑事附带民事公益诉讼
352	（2020）川 0321 刑初 36 号	四川	刑事附带民事公益诉讼
353	（2020）川 0623 刑初 37 号	四川	刑事附带民事公益诉讼
354	（2020）川 3427 刑初 45 号	四川	刑事附带民事公益诉讼
355	（2020）川 1303 刑初 51 号	四川	刑事附带民事公益诉讼
356	（2020）川 1921 刑初 60 号	四川	刑事附带民事公益诉讼
357	（2020）川 1921 刑初 61 号	四川	刑事附带民事公益诉讼
358	（2020）川 0724 刑初 61 号	四川	刑事附带民事公益诉讼
359	（2020）川 1921 刑初 62 号	四川	刑事附带民事公益诉讼
360	（2020）川 0724 刑初 75 号	四川	刑事附带民事公益诉讼
361	（2020）川 1524 刑初 83 号	四川	刑事附带民事公益诉讼
362	（2020）川 1921 刑初 87 号	四川	刑事附带民事公益诉讼
363	（2020）川 0682 刑初 97 号	四川	刑事附带民事公益诉讼
364	（2020）川 0682 刑初 98 号	四川	刑事附带民事公益诉讼
365	（2020）川 0504 刑初 106 号	四川	刑事附带民事公益诉讼
366	（2020）川 0504 刑初 107 号	四川	刑事附带民事公益诉讼

续表

序号	案号	案件发生地	案件类型
367	(2020)川1623刑初112号	四川	刑事附带民事公益诉讼
368	(2020)川1623刑初113号	四川	刑事附带民事公益诉讼
369	(2020)川0681刑初114号	四川	刑事附带民事公益诉讼
370	(2020)川0682刑初117号	四川	刑事附带民事公益诉讼
371	(2020)川1722刑初121号	四川	刑事附带民事公益诉讼
372	(2020)川1722刑初122号	四川	刑事附带民事公益诉讼
373	(2020)川1922刑初156号	四川	刑事附带民事公益诉讼
374	(2020)川1703刑初169号	四川	刑事附带民事公益诉讼
375	(2020)川1703刑初185号	四川	刑事附带民事公益诉讼
376	(2020)黔2623刑初16号	贵州	刑事附带民事公益诉讼
377	(2020)黔0502刑初27号	贵州	刑事附带民事公益诉讼
378	(2020)黔0626刑初42号	贵州	刑事附带民事公益诉讼
379	(2020)黔0621刑初50号	贵州	刑事附带民事公益诉讼
380	(2020)黔0621刑初54号	贵州	刑事附带民事公益诉讼
381	(2020)黔0521刑初88号	贵州	刑事附带民事公益诉讼
382	(2020)黔0521刑初89号	贵州	刑事附带民事公益诉讼
383	(2020)黔0521刑初90号	贵州	刑事附带民事公益诉讼
384	(2020)黔0521刑初91号	贵州	刑事附带民事公益诉讼
385	(2020)黔0521刑初92号	贵州	刑事附带民事公益诉讼
386	(2020)黔0521刑初96号	贵州	刑事附带民事公益诉讼
387	(2020)黔0521刑初97号	贵州	刑事附带民事公益诉讼
388	(2020)黔0521刑初111号	贵州	刑事附带民事公益诉讼
389	(2020)黔0521刑初114号	贵州	刑事附带民事公益诉讼
390	(2020)黔0521刑初117号	贵州	刑事附带民事公益诉讼
391	(2020)黔0521刑初118号	贵州	刑事附带民事公益诉讼
392	(2020)黔2631刑初126号	贵州	刑事附带民事公益诉讼
393	(2020)黔0626刑初137号	贵州	刑事附带民事公益诉讼

续表

序号	案号	案件发生地	案件类型
394	(2020)黔 0626 刑初 151 号	贵州	刑事附带民事公益诉讼
395	(2020)皖 1002 刑初 1 号	安徽	刑事附带民事公益诉讼
396	(2020)皖 1022 刑初 2 号	安徽	刑事附带民事公益诉讼
397	(2020)皖 1022 刑初 3 号	安徽	刑事附带民事公益诉讼
398	(2020)皖 1021 刑初 11 号	安徽	刑事附带民事公益诉讼
399	(2020)皖 1023 刑初 20 号	安徽	刑事附带民事公益诉讼
400	(2020)皖 1825 刑初 29 号	安徽	刑事附带民事公益诉讼
401	(2020)皖 1824 刑初 42 号	安徽	刑事附带民事公益诉讼
402	(2020)皖 0802 刑初 60 号	安徽	刑事附带民事公益诉讼
403	(2020)皖 0803 刑初 63 号	安徽	刑事附带民事公益诉讼
404	(2020)皖 0803 刑初 65 号	安徽	刑事附带民事公益诉讼
405	(2020)皖 1022 刑初 80 号	安徽	刑事附带民事公益诉讼
406	(2020)桂 1381 刑初 59 号	广西	刑事附带民事公益诉讼
407	(2020)桂 0403 刑初 67 号	广西	刑事附带民事公益诉讼
408	(2020)桂 1031 刑初 77 号	广西	刑事附带民事公益诉讼
409	(2020)桂 1031 刑初 78 号	广西	刑事附带民事公益诉讼
410	(2020)桂 0702 刑初 170 号	广西	刑事附带民事公益诉讼
411	(2020)鄂 0528 刑初 10 号	湖北	刑事附带民事公益诉讼
412	(2020)鄂 0528 刑初 32 号	湖北	刑事附带民事公益诉讼
413	(2020)鄂 0822 刑初 61 号	湖北	刑事附带民事公益诉讼
414	(2020)鄂 0881 刑初 98 号	湖北	刑事附带民事公益诉讼
415	(2020)赣 1127 刑初 66 号	江西	刑事附带民事公益诉讼
416	(2020)赣 1127 刑初 68 号	江西	刑事附带民事公益诉讼
417	(2020)赣 0481 刑初 147 号	江西	刑事附带民事公益诉讼
418	(2020)赣 0403 刑初 174 号	江西	刑事附带民事公益诉讼
419	(2020)鲁 0322 刑初 39 号	山东	刑事附带民事公益诉讼
420	(2020)鲁 0923 刑初 61 号	山东	刑事附带民事公益诉讼

续表

序号	案号	案件发生地	案件类型
421	(2020)鲁 1002 刑初 145 号	山东	刑事附带民事公益诉讼
422	(2020)浙 1002 刑初 207 号	浙江	刑事附带民事公益诉讼
423	(2020)浙 10 刑终 220 号	浙江	刑事附带民事公益诉讼
424	(2020)浙 1081 刑初 483 号	浙江	刑事附带民事公益诉讼
425	(2020)湘 0802 刑初 41 号	湖南	刑事附带民事公益诉讼
426	(2020)湘 0802 刑初 44 号	湖南	刑事附带民事公益诉讼
427	(2020)湘 0903 刑初 144 号	湖南	刑事附带民事公益诉讼
428	(2020)渝 0112 刑初 236 号	重庆	刑事附带民事公益诉讼
429	(2020)渝 0116 刑初 480 号	重庆	刑事附带民事公益诉讼
430	(2020)渝 01 刑终 151 号	重庆	刑事附带民事公益诉讼
431	(2020)粤 0115 刑初 5 号	广东	刑事附带民事公益诉讼
432	(2020)粤 0606 刑初 1296 号	广东	刑事附带民事公益诉讼
433	(2020)沪 7101 刑初 80 号	上海	刑事附带民事公益诉讼
434	(2020)沪 7101 刑初 120 号	上海	刑事附带民事公益诉讼
435	(2020)云 0181 刑初 209 号	云南	刑事附带民事公益诉讼
436	(2020)云 0181 刑初 287 号	云南	刑事附带民事公益诉讼
437	(2020)苏 0682 刑初 228 号	江苏	刑事附带民事公益诉讼

上述 437 起案件反映了此类案件的如下特点：

一、非法捕捞类公益诉讼案件的特点

本书调研的非法捕捞类案件金额一般不大，大部分案件所涉渔获物金额不超过 5000 元人民币。除社会组织提起的民事公益诉讼和检察机构提起的行政公益诉讼外，其余由检察机关提起的民事公益诉讼（包括刑事附带民事公益诉讼）①的被告一方均为自然人。

① 本章将刑事附带民事公益诉讼计入民事公益诉讼案件之中进行统计，故本章所称“民事公益诉讼”包括检察机关单独提起的民事公益诉讼和检察机关提起的刑事附带民事公益诉讼。

根据所调研案件的裁判文书，非法捕捞类案件一般为违法行为人自行组织，出于营利、食用等目的而实施违法、犯罪行为，其大多未体现出严密的组织性或预谋性；实施非法捕捞行为所要求的资金、技术条件较低，导致其发生的随机性较强；而且由于非法捕捞所使用的渔具较易取得，更增加了此类案件发生的概率，如采用电鱼方式进行非法捕捞的案件中，购买简易电鱼设备的成本可能仅需耗费数百元，甚至可由渔民自行组装完成，违法门槛极低。①

由于非法捕捞类案件的前述特点，社会组织较难及时知晓相应案件线索，且对如此大量发生的非法捕捞行为逐一提起民事公益诉讼的成本明显过大，因此，非法捕捞类案件大多由检察机关在履行职务过程中对相关人员提起民事公益诉讼，且主要以刑事附带民事公益诉讼方式进行。

自 2021 年起，随着我国实施长江全流域十年禁捕和公民对海洋生物保护意识的不断提高，此类公益诉讼案件有向更高数额、更具组织化违法犯罪行为提起的趋势。

二、非法捕捞相关违法行为对案发地生态环境的影响较大

违法行为人常用的"电、毒、炸"为我国明令禁止的违法捕捞方式，但由于部分违法行为人法律意识淡薄，虽相关部门已进行了大量的法制宣传，此类行为仍屡禁不止。在调研的 437 起非法捕捞类案件中，违法行为人采用电击方式捕鱼的达 337 起，采用违法网具捕鱼的达 70 起，采用有毒物质捕鱼的为 6 起；此外，还存在因使用违法渔具（如耙刺类渔具）或因在禁渔期、禁渔区捕鱼（未使用违法渔具捕鱼）而被追究法律责任的案件类型。

上述非法捕捞行为中，电鱼器具与违法网具已成为主要的作案工具。就采用电鱼方式进行非法捕捞的情形而言，虽其直接捕获的渔获物数量相对较少，但由于在违法行为人实施电击的过程中，未被捕捞而实际上因电击发生死亡、繁殖能力丧失等损害的水生生物通常难以估量，故电鱼对案发地渔业资源及相应生态环境的影响实则较大。使用违法网具虽不如电鱼方式造成如此之多的潜在伤害，但由于其捕获能力较强，尤其是采用渔船拖网（或双船拖网）等现代化捕获工具，其直接捕获的渔获物数量要远大于一般的电击方式，对渔业资源和生态环境的损害

---

① 牛廉清：《海上非法捕捞水产品刑事案件侦查对策研究》，载《法制博览》2020 年第 30 期。该文献虽仅针对海上非法捕捞，但所调研内水领域的非法捕捞类案件所反映的情况与其相似。

显而易见。

此外，若违法行为人采用毒鱼方式，则不仅对渔业资源和生态环境整体造成巨大、毁灭性损害，还可能危及案发地区用水单位和个人的人身、财产安全，这是造成负面影响最广的一种非法捕捞方式。

三、非法捕捞类公益诉讼案件的上诉率较低

非法捕捞类案件基本由检察机关作为起诉主体，其可分为检察机关单独提起的民事公益诉讼与刑事附带民事公益诉案件。其中，对检察机关单独提起的民事公益诉讼，未发现有被告提起上诉的情形；刑事附带民事公益诉讼中，也未发现被告对附带民事公益诉讼部分提起上诉的情形。此外，社会组织所提起的 1 起民事公益诉讼案件因原告诉讼主体问题，被法院驳回社会组织的起诉、上诉及再审申请；另一起由检察机关提起的行政公益诉讼案件中，作为被告的行政机关亦未提出上诉。

四、非法捕捞类公益诉讼案件的案由情况

本次所调研的 437 起案件中，除 397 起刑事附带民事公益诉讼以及 1 起行政公益诉讼外，其余 39 起非法捕捞类案件的案由分布如表 2 – 2 所示：

表 2 – 2　其余非法捕捞类案件的案由分布

单位：起

序号	案由名称	案件数量
1	环境污染责任民事公益诉讼	24
2	生态破坏（或破坏生态）民事公益诉讼	7
3	侵权责任民事公益诉讼	5
4	破坏海洋生态责任民事公益诉讼	1
5	水资源环境损害侵权责任民事公益诉讼	1
6	生态保护民事公益诉讼	1

根据最高人民法院 2011 年发布的《民事案件案由规定》，环境污染责任纠纷为《民事案件案由规定》第三十大类“侵权责任纠纷”中的第 352 条，其中包括了大气污染、水污染、噪声污染、放射性污染、土壤污染、电子废物污染、固体废物污染

等7个子项，但并未包括生态破坏、水资源环境破坏、生态保护等案由规定。在司法实践中，由于与生态环境保护相关的诉讼较为特殊，在案由的调研上存在一些不同的理解。最高人民法院在2020年年底最新发布的《民事案件案由规定》中增加了“生态环境保护民事公益诉讼”的案由，其项下包含“环境污染民事公益诉讼”“生态破坏民事公益诉讼”“生态环境损害赔偿诉讼”三项下一级案由，未来非法捕捞类案件的案由可归于其中，进一步标准化。

五、非法捕捞类公益诉讼案件的起诉主体与审判机关

由检察机关作为起诉主体的437起非法捕捞类案件中，相应检察机关的级别情况如表2－3所示：

表2－3　诉讼类型与相应检察机关级别

单位：起

类型	案件总数	基层检察机关承办案件数	地市级检察机关承办案件数	省级检察机关承办案件数
单独提起的民事公益诉讼	38	31	7	0
行政公益诉讼	1	1	0	0
刑事附带民事公益诉讼	397	397	0	0

经分析，在38起检察机关单独提起的民事公益诉讼案件中，缙云县检察机关办理了21起。这些案件的数额不大，均发生在缙云县境内，当地检察机关办案时在调查取证、提高办案效率、节约人力资源等方面均具有优势。此外，前述38起民事公益诉讼案件并不涉及在管辖海域内的非法捕捞情形。

本书所调研的1起非法捕捞类行政公益诉讼案件中，起诉机关为海南省文昌市人民检察院，因文昌市的行政级别为县级市，故文昌市人民检察院是基层检察机关。该案所涉被告为文昌市农业农村局，本应由该局所在地的基层人民法院管辖，即由文昌市人民检察院向文昌市人民法院起诉。但是，由于涉案人员的作案地点为文昌市管辖海域范围内，根据最高人民法院《关于海事法院受理案件范围的规定》之相关规定，海事行政案件由被诉行政机关所在地海事法院管辖，故该案

最终由海口海事法院进行了第一审的案件审理。①

在所调研的437起非法捕捞案件中，刑事附带民事公益诉讼占397起，为数量最多的类型。虽然同为检察机关提起的民事公益诉讼，刑事附带民事公益诉讼与检察机关单独提起的民事公益诉讼有些许差别，其中最为显著的便是管辖问题。397起刑事附带民事公益诉讼案件中，所涉及罪名为非法捕捞水产品罪的有396起，仅有1起采用“毒鱼”方式的案件被认定为投放危险物质罪。根据《刑法》第340条之规定，非法捕捞水产品罪的刑期为“三年以下有期徒刑、拘役、管制或者罚金”，而《刑事诉讼法》规定中级人民法院负责可能判处无期徒刑、死刑案件的第一审审理，②故涉及此类罪名的案件一般由基层人民法院管辖。再根据《人民检察院刑事诉讼规则》第328条之规定，各级人民检察院提起公诉，应当与人民法院审判管辖相适应。因此，397起涉及非法捕捞水产品罪的刑事附带民事公益诉讼案件均由基层人民检察院起诉，并由相应的基层人民法院进行审判。

关于另一起被认定为“投放危险物质罪”的刑事附带民事公益诉讼案件，虽《刑法》第114条、第115条规定投放危险物质罪的最高刑可为死刑，③但该案被告人最终仅被判处3年6个月的有期徒刑，可知该案并未达到需中级人民法院负责的严重程度，因此，该案第一审仍由基层检察机关起诉，并由基层人民法院进行判决。

六、非法捕捞类公益诉讼案件的鉴定、评估情况

鉴定、评估工作是涉渔公益诉讼案件的重要一环，尤其是关于确定渔业资源损失、生态环境损害等专业性问题，大多需依靠鉴定、评估机构或专家的结论而确定赔偿金额。

根据《关于审理环境民事公益诉讼案件适用法律若干问题的解释》第14条的

---

① 《关于海事法院受理案件范围的规定》第5条第81项规定：“因不服海事行政机关作出的涉及海洋、通海可航水域开发利用、渔业、环境与生态资源保护等活动的行政行为而提起的行政诉讼案件。”

② 《刑事诉讼法》第20条规定：“基层人民法院管辖第一审普通刑事案件，但是依照本法由上级人民法院管辖的除外。”第21条规定：“中级人民法院管辖下列第一审刑事案件：（一）危害国家安全、恐怖活动案件；（二）可能判处无期徒刑、死刑的案件。”

③ 《刑法》第114条规定：“放火、决水、爆炸以及投放毒害性、放射性、传染病病原体等物质或者以其他危险方法危害公共安全，尚未造成严重后果的，处三年以上十年以下有期徒刑。”第115条第1款规定：“放火、决水、爆炸以及投放毒害性、放射性、传染病病原体等物质或者以其他危险方法致人重伤、死亡或者使公私财产遭受重大损失的，处十年以上有期徒刑、无期徒刑或者死刑。”

规定,法院可以委托具备资格的鉴定人对专门性问题进行鉴定;根据第23条的规定,生态环境修复费用难以确定或者确定具体数额所需鉴定费用明显过高的,法院可以结合污染环境、破坏生态的范围和程度等情况,结合负有环境保护监督管理职责的部门的意见、专家意见等,予以合理确定。最高人民法院《关于审理环境公益诉讼案件的工作规范(试行)》第25条规定,对于损害结果、因果关系、生态环境修复方案和费用、生态环境服务功能损失等专门性问题,可由具备相应资质的司法鉴定机构出具鉴定意见;没有司法鉴定机构的,可由国务院环境保护主管部门推荐的机构或者其他依法成立的科研机构出具意见。农业农村部2020年年底最新发布的《非法捕捞案件涉案物品认(鉴)定和水生生物资源损害评估及修复办法(试行)》(以下简称《非法捕捞认(鉴)定评估办法》)第6条规定,渔业行政处罚机关委托开展鉴定评估的,应当选择具有环境司法鉴定资质的机构、省级以上渔业主管部门推荐的具备水生生物或水域生态环境研究能力和实验条件的高校、科研院校和其他机构。

根据上述规定,对于非法捕捞类案件中损害结果、因果关系、生态环境修复方案和费用、生态环境服务功能损失等渔业损失、环境修复专门性问题,应由司法鉴定机构或国务院环境主管部门、省级以上渔业主管部门推荐的相关机构,或其他依法成立的科研机构,或具有专业能力的人员出具意见。根据案例分析,司法实践中对于非法捕捞类案件的渔业损失、环境修复专门性问题,主要参考五类机构或个人出具的结论,具体如表2-4所示:

表2-4 出具鉴定、评估或其他专业意见的主体及数量

单位:起

序号	出具鉴定、评估或其他专业意见的主体	数量
1	政府部门或其他渔业事业单位(不包括科研单位或高校)	175
2	科研机构或高校	80
3	专家或专家组	48
4	环境专业机构	16
5	司法鉴定机构	12
6	裁判文书中未明确	106

以上统计数据中,政府机关或其他渔业事业单位对渔业资源损失、生态环境

修复等专门性问题出具意见的情况最多，达到全部非法捕捞类案件数量的40.05%，其次是科研机构或高校，所占比例为18.31%，其后依次为专家或专家组、环境专业机构、司法鉴定机构等，同时尚有106起案件从裁判文书中难以获取出具专业意见的主体信息。根据对所选取案例的分析，非法捕捞类案件中鉴定、评估等专门性问题的情况如下：

关于鉴定、评估工作的主体问题。本书中所称“政府机关或其他渔业事业单位”，在实践中主要是指当地农业农村局、渔政监督管理站等单位，如(2019)陕1026刑初26号案件中，便由当地渔政监督管理站出具的《关于谢某、蔡某某、张某某非法电鱼造成水域承台环境受损情况的评估意见》作为诉请金额的依据。“科研机构或高校”指水产专门研究所、大学研究机构等单位，如(2019)粤0115刑初503号案件中，中国水产科学研究院南海水产研究所就非法捕捞所造成的损失及修复方案出具专门意见。“专家或专家组”指受托出具专门意见的自然人，如(2019)浙11民初29号案件中，渔业工程师徐某某、夏某某就非法捕捞行为出具《关于非法捕捞渔业资源生态修复意见书》，确定渔业生态修复费用。“环境专业机构”指具有环境方面资质或专业技能的公司、学术机构等，如(2019)皖08民初187号案件中，具有环境监理资质的安徽绿创环境科技有限公司针对非法捕捞出具《汪某某、王某某非法捕捞水产品案环境损害鉴定评估报告》。“司法鉴定机构”指由司法部认可的鉴定机构，如(2018)鄂03民初288号案件中，湖北科技事务司法鉴定中心就相关渔业损害及修复方案出具专门的鉴定意见书。

关于渔具、渔法的鉴定、认定问题。本书所选取案例显示，司法实践中对渔具、渔法的鉴定或认定工作，主要由科研机构[如(2019)沪0151民初2890号案件中，中国水产科学研究院东海水产研究所对涉案渔具、渔法进行鉴定]、地方渔业主管部门[如(2019)川0321刑初226号案件中，涉案渔具被当地农业农村局专业人员认定为禁用渔具]、环境专业机构[如(2019)粤0825刑初176号案件中，由湛江市水产学会对涉案渔具、渔法进行认定]作出，其中绝大多数案件中对禁用渔法、渔具的认定工作由地方渔业主管部门来完成。此前，我国对于渔具、渔法的鉴定或认定并无明确依据，至农业农村部于2020年发布《非法捕捞认(鉴)定评估办法》方明确了相应主体。该办法规定，涉案物品(包括非法捕捞涉案捕捞工具、捕捞方法和涉案渔获物)认(鉴)定工作实行“认定为主，鉴定为辅”的原则，先由渔业行政处罚机关进行认定，如难以确定则可以委托专家或鉴定评估机构进行鉴定或评估。该办法也明确了实践中鉴定、认定之间的关系，对于渔具、渔法，渔业行政处罚机关依法作出的认定具有法律效力，是一般案件认定渔具、渔法性质的主要依据；由于结构复杂等原因造成难以认定时，才需通过鉴定的方法来进行确认。

关于渔业资源损失、生态环境损害的鉴定、评估问题。关于非法捕捞类案件中渔业资源损失、生态环境损害等相关鉴定、评估工作是否必须通过司法鉴定机构进行的问题，《非法捕捞认（鉴）定评估办法》也规定了应当选择具有环境司法鉴定资质的机构、省级以上渔业主管部门推荐的具备水生生物或水域生态环境研究能力和实验条件的高校、科研院所和其他机构，因此其范围并不仅限于司法鉴定机构。虽然环境保护部曾发布过三批环境损害鉴定评估推荐机构名录，且环境保护部与司法部也曾于2015年发布《关于规范环境损害司法鉴定管理工作的通知》以规范环境损害司法鉴定机构，但前述机构也仅为“推荐”，而非“必须”。在实际的案件处理中，政府机关、渔业事业单位、环境专门机构以及以专家或专家组名义出具的意见，均可作为检察机关起诉要求进行渔业资源损失计算、生态环境修复等专门问题的依据，经质证为法院采纳。就法律层面的具体条文而言，其并未将司法鉴定作为唯一的认定标准。最高人民法院《关于审理环境公益诉讼案件的工作规范（试行）》第25条规定了司法鉴定机构、国务院环境保护主管部门推荐的机构、其他依法成立的科研机构对损害结果、因果关系、生态环境修复方案和费用、生态环境服务功能损失等专门问题出具意见，但该条款使用的是“可由”而非“应由”；《关于审理环境民事公益诉讼案件适用法律若干问题的解释》第14条第2款规定人民法院对于专门性问题“可以”委托具备资格的鉴定人进行鉴定，而非“应当”；《民事诉讼法》第66条规定的证据种类除了鉴定意见之外，还包括其他七类证据，而根据《关于适用〈中华人民共和国民事诉讼法〉的解释》第122条的规定，当事人可以申请具有专门知识的人，对案件事实所涉及的专业问题提出意见。

因此，非法捕捞类案件中的鉴定、评估或认定具有较强的专业性，但司法实践中出现较为杂乱的现状。直到《非法捕捞认（鉴）定评估办法》对相关方面进行了细化，非法捕捞所涉专门性问题的鉴定、评估或认定工作方得以逐步规范。

《非法捕捞认（鉴）定评估办法》详细规定了关于渔业资源损害评估的具体要求，包括：

（1）损害评估分为直接损害评估和间接损害评估。

（2）直接损害评估主要是评估非法捕捞渔获物的价值。

属于国家重点保护水生野生动物、《濒危野生动植物种国际贸易公约》附录水生物种、未列入《濒危野生动植物种国际贸易公约》附录水生物种的地方重点保护水生野生动物，其价值评估按照《水生野生动物及其制品价值评估办法》执行。

其他渔获物的价值，根据销售金额进行认定；无销售金额、销售金额难以查证或者根据销售金额认定明显偏低的，根据市场价格进行认定；仍无法认定的，由渔业行政处罚机关认定或者由有关价格认证机构作出认证并出具报告。

对于电鱼、毒鱼、炸鱼等严重非法捕捞行为，直接损害海洋综合当地渔业资源状况，评估已致死但未被捕获的水生生物的价值，其价值可按照实际查获渔获物价值的3~5倍计算。

(3)使用电、毒、炸等严重破坏资源环境的方式，或者禁用渔具从事非法捕捞的，应同时开展间接损害评估。间接损害评估应结合非法捕捞作业类型、时段、时长、区域、当地渔业资源状况等因素确定，主要评估水生生物生长发育受阻、繁殖终止和栖息地破坏等方面损害量。水生生物生长发育受阻和繁殖终止的损害量，原则上按照不低于水生生物资源直接损害3倍计算。水生生物栖息地破坏的损害量，原则上按照不低于水生生物资源直接损害两倍计算。

对于电鱼、毒鱼、炸鱼、拖曳泵吸耙刺、拖曳水冲齿耙耙刺、拖曳齿耙耙刺以及在禁止使用拖网作业的水域、期间内适用拖网作业等非法捕捞行为，间接损害按照不低于水生生物资源直接损害10倍计算。

(4)对于携带电鱼、毒鱼、炸鱼等相关禁用工具(物质)进入渔业水域、现场未查获渔获物，水生生物资源损害难以确定的，可根据现场执法音视频记录、案发现场周边视频监控、交易通联记录、证人证言、当事人的供述和辩解，涉案捕捞工具或捕捞方法、范围、季节和持续时间，捕捞水域环境条件和水生生物分布情况等因素综合评估水生生物资源损害总量。

七、法院对非法捕捞类公益诉讼案件诉讼请求的支持情况

根据对所调研的437起非法捕捞案件进行分析，起诉主体(以检察机关为主)所提出的诉求与法院最终判决的匹配情况如表2-5所示：

表2－5　诉求与判决匹配情况

单位：起

类型	法院完全支持	法院部分支持	和解或调解	未列入判决项	其他
检察机关单独提起的民事公益诉讼	33	1	3	0	1
社会组织提起的民事公益诉讼	0	0	0	0	1
检察机关提起的行政公益诉讼	1	0	0	0	0
检察机关提起的刑事附带民事公益诉讼	335	6	45	7	5

社会组织起诉的1起非法捕捞案件，因其主体资格不适格而被驳回起诉，故不具有参考价值。其余436起由检察机关提起的民事、行政、刑事附带民事公益诉讼案件中，有369起案件的诉讼请求全部得到支持，占比84.63%；和解或调解结案的案件为48起，占比11.01%；诉讼请求得到部分支持的案件为7起，占比1.61%；提前履行的案件为7起，占比1.61%；其他情况的案件为6起，占比1.38%。

在上述案件中，“未列入判决项”的定义为被告（一般为刑事案件中的被告人）已在庭审过程中履行了民事公益诉讼或刑事附带民事公益诉讼的义务，或在其他案件中已另行判决，法院不再将其列入判决项中；而“和解或调解”情形中，一般可认为是检察机关的诉请得到了支持。由此可见，检察机关得到法院支持的情形在全部案件中占比实际为97.01%，即检察机关在非法捕捞类案件的诉讼请求基本都能得到法院支持。以下对“诉请部分支持”“其他情形”的13个案件进行分析：

（一）检察机关单独提起的民事公益诉讼

该部分38起案件中，存在1起法院仅部分支持检察机关诉求的案件以及1起其他情形的案件，分别如下：

1. 部分支持诉情——李某某环境污染责任纠纷案［（2018）浙11民初101号］

【基本案情】

2018年6月4日凌晨，李某某在尚处禁渔期的缙云县内水域中采用电击的方式捕捞水产品，被群众发现后扭送至派出所，并被收缴渔获物382尾，但公安机关并未对渔获物重量进行称重，对此证人所提供证言与李某某在庭审的自认存在一定偏差。缙云县人民检察院对李某某提起民事公益诉讼，要求判令李某某承担渔业生态资源修复费3000元。经审理后，浙江省丽水市中级人民法院认为李某某在禁渔期内以禁用的方法非法捕捞水产品，违反了法律规定，应承担民事侵权责任。根据所查明事实，浙江省丽水市中级人民法院将数额进行调整，最终判决李某某赔偿渔业生态资源修复费用2000元。

【审理结果及案例分析】

该案中，公益诉讼起诉人缙云县人民检察院提出的诉请请求为"判令被告李某某承担渔业生态资源修复费3000元"，但丽水市中级人民法院最后判决的结果为"被告李某某赔偿渔业生态资源修复费用2000元"。法院在判决书中阐述的原因为"本院对缙云县人民检察院提起公益诉讼要求李某某承担渔业资源生态修复费用的主张予以支持，但在数额上，根据现有查明的事实及赔偿标准，本院酌情调整为2000元"。

缙云县人民检察院提出3000元诉讼请求的依据为渔业工程师所出具的渔业资源生态修复意见书。法院虽未明确对金额进行调整的原因，但判决书中说明一处情节，即"公安机关未对收缴鱼物重量进行认定，但抓获李某某的现场证人陈某在接受公安机关询问时称'我看着差不多3、4斤是有的'，李某某在庭审中自认重量为2～3斤左右"。因此，本书倾向于认为，正是由于对渔获物重量存疑，法院对检察机关的诉讼请求进行调整。

除该案外，缙云县人民检察院曾按照渔业工程师所出具的意见书就多起案件进行起诉，绝大多数情况下其诉讼请求均得到法院支持，可见，由渔业工程师出具的意见可以得到法院认可。

2. 其他情形——郑某某侵权责任纠纷案[（2019）浙08民初506号]

【基本案情】

2019年8月5日，衢州市柯城区人民检察院向衢州市中级人民法院提起民事公益诉讼，要求郑某某承担侵权责任（由于原告撤诉，裁判文书并未载明本案具体案情）。

【审理结果及案例分析】

该案中，公益诉讼起诉人衢州市柯城区人民检察院提出了4项诉讼请求：判令被告郑某某赔偿渔业资源损失4651.2元、咨询鉴定费2000元、公告费1000元，并在衢州市市级新闻媒体上公开赔礼道歉。在衢州市中级人民法院审理过程中，被告郑某某已全部履行完成检察机关的诉讼请求，故柯城区人民检察院撤回起诉，且得到法院的准许。

法院准予检察机关撤诉的依据是最高人民法院、最高人民检察院《关于检察公益诉讼案件适用法律若干问题的解释》第19条，该条规定，在民事公益诉讼案件审理过程中，检察机关诉讼请求全部实现而撤回起诉的，人民法院应予准许。虽然法律对检察机关撤诉的情形进行了规定，但司法实践中较少出现此类情形，绝大多数案件仍通过判决、调解或和解的方式处理。

（二）检察机关提起的刑事附带民事公益诉讼

该部分所涉397起案件中，存在6起法院仅部分支持检察机关诉求的案件以及5起其他情形的案件，分别如下：

1. 部分支持诉求

（1）张某某、赵某甲非法捕捞水产品案[（2019）鲁1082刑初212号]

【基本案情】

2018年5月1日至9月1日为黄海和渤海海域伏季休渔期间，在张某某授意指挥及赵某甲具体安排下，赵某乙、王某甲、刘某某驾驶渔船某某1号与展某某、王某乙驾驶渔船某某2号，至国家禁渔区域捕捞作业，非法捕捞鳀鱼、刀鱼等水产品共计11余万公斤。2018年9月4日，张某某向公安机关投案，其余人员于次日被公安机关刑事拘留。公安机关经调查，认为前述人员涉嫌非法捕捞水产品罪，应追究刑事责任，故荣成市人民检察院提起刑事公诉及刑事附带民事公益诉讼。

在刑事附带民事公益诉讼部分，荣成市人民检察院指控称，张某某、赵某甲等多人违反禁渔期规定，在禁渔期多次捕捞作业，非法捕获鳀鱼、刀鱼等水产品共计20余万公斤，依据山东海事司法鉴定中心司法鉴定意见书，要求前述被告采用增殖放流的方式进行海洋渔业资源的恢复，或者承担海洋渔业资源恢复费用109.44万元及鉴定费5万元，而张某某、赵某甲等人则认为应扣除2018年9月1日休渔期结束后的渔获物数额。受理案件的荣成市人民法院最终判决，被告张某某、赵某甲等人赔偿海洋渔业资源恢复费用人民币657,525元，鉴定费人民币50,000元。

【审理结果及案例分析】

该案中，法院的判决结果与检察机关的诉请有较大差距。被告的辩护人在庭审中提出，检察机关起诉的金额并不准确，应扣除被告在禁渔期届满之后所捕获的渔获物数量。法院经过调查，按照有利于被告原则，扣减了休渔期满后的捕获数量，最终认定海洋渔业资源恢复费用金额为人民币657,525元。

与前述第1个案件检察机关单独提起民事公益诉讼李某某环境污染责任纠纷案一样，法院对检察机关所诉请金额进行下调的理由同样是基于案件事实部分的重新认定，并未对鉴定、评估等内容提出质疑。

（2）王某非法捕捞水产品案[（2019）皖1021刑初220号]

【基本案情】

2019年3月17日晚，王某在属于禁渔区的新安江水域歙县某段使用鱼鹰配合电鱼的方式捕捞小河鱼、鲫鱼、鲤鱼等野生鱼类至当晚22时许，捕捞渔获物50.5斤并存放于家中；2019年3月18日晚，王某在同一地区使用鱼鹰捕捞小河鱼、鲫鱼、鲤鱼等野生鱼类12斤。2019年3月19日凌晨，歙县渔政执法人员当场抓获王某，并在同日从其家中查封电捕鱼工具时，查获前述50.5斤渔获物。2019年8月7日，新安江渔业资源损害评估专家组出具评估意见，认为王某使用电捕鱼行为造成渔业资源直接经济损失为64,356.4元，恢复渔业生态资源所需费用为193,069.2元，共计257,425.6元。2019年11月18日，歙县人民检察院对王某提起刑事公诉及刑事附带民事公益诉讼。

刑事附带民事公益诉讼起诉人歙县人民检察院指控被告人王某在禁渔期内使用鱼鹰（鸬鹚）、电鱼等手段捕捞，要求前述被告人赔偿渔业资源损害及渔业资源恢复费用257,425.6元，以及公告费800元。王某对刑事公诉部分的犯罪事实、罪名及证据均无异议，但对于刑事附带民事部分的渔业资源损害及恢复费用数额，王某认为第一次评估意见中出具意见的相关专家系行政执法人员应当回避而未回避，向歙县人民法院申请对前述评估意见重新鉴定。2020年3月31日，新安江渔业资源损害评估专家组（另行指定人员）重新出具评估意见，认为王某使用电捕鱼行为造成渔业资源直接经济损失为3976.4元，恢复渔业生态资源所需费用为11,929.2元，共计15,905.6元（直接经济损失按市场水产品平均零售价格的4倍计算后不再计算繁殖鱼苗价值）。

歙县人民法院最终判决被告人汪某赔偿渔业资源损害及恢复费用15905.6

元,以及公告费 800 元。

(3) 汪某非法捕捞水产品案[(2020)皖 1021 刑初 11 号](部分支持诉求案例)

【基本案情】

2019 年 3 月 25 日晚,汪某在禁渔期期间使用电捕鱼的方式在歙县某河流域捕捞鲫鱼、老虎鱼、长条、马口鱼等野生鱼类,并于当晚 23 时左右被歙县渔政执法人员当场查获,现场查获扣押电捕鱼工具一套及鲫鱼、老虎鱼、长条、马口鱼等渔获物 5 斤,其中:鲫鱼 1 尾,重约 90 克;光唇鱼 2 尾,重约为 40 克;马口鱼 63 尾,平均每条约 10 克;沙塘鳢 81 尾,平均每条约 10 克;泥鳅 12 尾,每尾约 15 克;野杂鱼 1000 克。2019 年 4 月 12 日,汪某经公安机关传唤到案。另查,2019 年 10 月 6 日晚,汪某使用电捕鱼的方式在歙县富某河捕捞野生小河鱼,被当地村民抓获并向歙县渔政渔港监督管理站举报,歙县渔政执法人员到达现场并查获光唇鱼、马口鱼等渔获物 15 斤,其中:鲫鱼 14 尾,重约 1000 克;光唇鱼 250 尾,合计重 3500 克左右;马口鱼 210 尾,合计重 3000 克。2020 年 1 月 8 日,歙县人民检察院向歙县人民法院提起刑事公诉及刑事附带民事公益诉讼。

案件审查起诉阶段,经新安江渔业资源损害评估专家组评估,汪某使用电捕鱼行为对新安江渔业资源损害及恢复费用为 70,465.92 元,故歙县人民检察院指控被告人汪某在禁渔期用电鱼的方式进行非法捕捞,要求前述被告人赔偿渔业资源损害及渔业资源恢复费用 70,465.92 元,以及公告费 800 元。歙县人民法院判决被告人王某赔偿渔业资源损害及恢复费用 10,550.4 元,以及公告费 800 元。

2020 年 3 月 6 日,汪某以原评估中存在应当回避而未回避的情形为理由,向歙县人民法院申请对前述评估意见重新鉴定,并经法院准许。2020 年 3 月 31 日,新安江渔业资源损害评估专家组(另行指定人员)重新出具评估意见,认为对被告人汪某使用电捕鱼行为造成渔业资源损害及渔业资源恢复费用为 10,550.4 元(未计繁殖鱼苗价值)。

歙县人民法院最终判决被告人汪某赔偿渔业资源损害及恢复费用 10,550.4 元,以及公告费 800 元。

上诉两案中,检察机关的诉请与法院的判决结果出现较大差距,且并非对事实认定不同而引起的,此种情况在检察机关所提起的民事公益诉讼案件中实为少见。法院在上诉两案的审理中均认为,公益诉讼起诉人提供的评估意见中实施渔业资源损害评估的专家组由该案行政执法人员组成，其所出具的评估意见系专家意见，未遵循回避制度的情形下该意见不能作为定案的依据。案件审理过程中，法院均就两案另行委托新安江渔业资源损害评估组重新作出评估意见，新评估意见提出了两点不同计算方式：一为可繁殖鱼苗损失不计算在内；二为排除参照《渔业污染事故经济损失计算方法》进行评估，理由为非法捕捞类行为有别于渔业污染行为。由此，重新受托的专家组作出了与之前截然不同的损害赔偿及生态恢复费用评估结果。

《民事诉讼法》第47条规定了鉴定人的三种回避情形：本案当事人或者当事人、诉讼代理人近亲属的；与本案有利害关系的；与本案当事人、诉讼代理人有其他关系，可能影响对案件公正审理的。法院未具体说明案中应予回避的事实，但重新委托的专家组在第二次评估中确实采用了不同的标准，令两案中的两次适用标准、评估结果差异较大，其中案例2的差异甚至达到四十余倍，使得案件的审判结果出现极大的不确定性。

(4)徐某某非法捕捞水产品案[(2020)皖1022刑初80号]

【基本案情】

2020年2月17日，徐某某携带自制的电鱼工具至某已实施全面禁渔的水域，使用电捕的方式沿河道步行捕捞石斑鱼1斤左右带回家食用。同月24日，徐某某再次携带电鱼工具下到前述水域电鱼，并让程某某将非法捕捞的河鱼倒入岸边盆中，两人共捕获1两左右的石斑鱼，后被闻讯赶来的村干部制止。随后，徐某某到休宁县公安局某派出所投案。2020年5月22日，休宁县人民检察院向休宁县人民法院提起刑事公诉及刑事附带民事公益诉讼，并将专家组评定的渔业资源损害评估报告作为证据，该报告认为徐某某对当地水生生物资源和环境造成的损失及修复生态环境费用为人民币3352元。

在刑事附带民事公益诉讼审理部分，休宁县人民检察院指控称，徐某某先后两次采用电鱼方式进行非法捕捞，损害国家生态资源及公共利益，故要求徐某某向社会赔礼道歉，并赔偿损害和生态环境修复等各项费用3352元。关于赔偿范围，徐某某认为应限于直接损失，并请法院综合考虑其实际造成损失情况确定赔偿数额。

休宁县人民法院最终判决徐某某赔偿水生生物资源和环境损失及生态环境修复费用1507元，驳回了检察机关其他的刑事附带民事部分的诉讼请求(包括赔礼道歉)。

(5) 余某某非法捕捞水产品案[(2020)皖1022刑初3号]

【基本案情】

2019年6月6日晚,余某某携带自制的电鱼工具到休宁县某全面禁渔的水域内沿河道向上游步行,并使用电捕的方式非法捕捞河鱼,当晚21时许某村村委会人员拦住并报警,余某某将电鱼工具及渔获留下后离开。同月13日,经休宁县渔政监督管理站人员称重,上述渔获物共计2925克,经清点分别为粗唇鮠26条,泥鳅58条,黄鳝4条,宽鳍鱲28条,光唇鱼38条,塘鳢38条,鳜鱼6条。后余某某经公安机关电话通知后主动投案。经专家组评定并出具相关渔业资源损害评估意见,认定余某某对水生生物资源和环境造成的损失及修复生态环境费用为人民币11,601.59元。2020年1月2日,休宁县人民检察院向休宁县人民法院提起刑事公诉及刑事附带民事公益诉讼。

在刑事附带民事公益诉讼审理部分,休宁县人民检察院指控称,余某某在禁渔区采用电鱼的方式进行非法捕捞,损害国家生态资源及公共利益,要求余某某向社会赔礼道歉,并赔偿损害和生态环境修复等各项费用11,601.59元。余某某认为,专家组所出具的评估意见不是鉴定结论,其中所列当年可繁殖幼鱼损失尚未发生,属于间接损失,请求法院综合考虑其实际造成损失的情况确定赔偿数额。

休宁县人民法院最终判决余某某赔偿水生生物资源和环境损失及生态环境修复费用3504元,驳回了检察机关其他的刑事附带民事部分的诉讼请求(包括赔礼道歉)。

(6) 胡某某、王某某非法捕捞水产品案[(2020)皖1022刑初2号](部分支持诉求案例)

【基本案情】

2019年6月23日晚,胡某某、王某某驾驶三轮车至休宁县某全面禁渔水域,各自携带电鱼工具进行非法捕鱼,当晚11时许准备离开时,被某村村委会巡查人员发现后报警。胡某某被现场查获电鱼工具一套及渔获物7835克,经清点分类为宽鳍鱲、马口鱼、荷包红鲤、光唇鱼、泥鳅、鲫鱼,未发现保护物种;王某某逃离现场返回途中被民警查获。胡某某的电鱼工具系其自行组装,而王某某的电鱼工具系从邻居处借得。后胡某某、王某某经公安机关书面传唤到案,并由专家组出具渔业资源损害评估意见,认定其对水生生物资源和环境造成的损失及修复生态环境费用为人民币22,475.85元。2020年1月2日，休宁县人民检察院向休宁县人民法院提起刑事公诉，并在诉讼过程中提起刑事附带民事公益诉讼。

在刑事附带民事公益诉讼审理部分，休宁县人民检察院指控称，胡某某、王某某在禁渔区采用电鱼的方式进行非法捕捞，损害国家生态资源及公共利益，要求胡某某、王某某向社会赔礼道歉，并赔偿损害和生态环境修复等各项费用22,475.85元。胡某某、王某某认为，专家组所出具的评估意见不是鉴定结论，其中所列当年可繁殖幼鱼损失尚未发生，属于间接损失，请求法院综合考虑其实际造成损失的情况确定赔偿数额。

上述三起案件中，法院对检察机关诉讼请求仅部分支持。关于赔偿损害和生态环境修复部分，法院对专家组所提出的损害评估意见提出质疑，认为在损失数额部分中，可繁殖幼鱼部分的损失并未实际发生，不宜计算在内，故对诉讼请求中该部分的金额予以扣除；关于赔礼道歉，法院并未在判决书中予以任何说明，径直驳回了该项诉讼请求。

综上，对于非法捕捞类案件中渔业资源赔偿损害和生态修复费用的鉴定、评估工作，在农业农村部《非法捕捞认（鉴）定评估办法》发布之前并无可参照的标准，所统计的案件中对前述费用的构成、计算方式等均存在差异。此种情况造成非法捕捞类案件中渔业资源损害赔偿、生态修复方面的“同案不同判”，不利于维护公益诉讼中被告（被告人）的合法权益。

2. 其他情形

（1）杨某甲、杨某乙等非法捕捞水产品案［（2019）赣1128刑初502号］

【基本案情】

2019年7月29日，杨某甲、杨某乙等四人每家出资5000元，从都昌县购买了一副拉网。2019年7月31日，杨某甲、杨某乙等四人及四人配偶共八人驾驶渔船到鄱阳县某水域，使用禁用渔具机动底拖网进行捕捞作业，至当日12时被执法人员现场查获，渔获物称重为948.6千克。2019年8月1日，前述八人被鄱阳县公安局刑事拘留。2019年10月15日，前述八人主动向鄱阳县农业农村缴纳增值放流费12,000元，用于恢复生态环境。2019年10月24日，鄱阳县人民检察院向鄱阳县人民法院提起公诉，并在审理期间提起刑事附带民事公益诉讼。

【审理结果及案例分析】

在刑事附带民事公益诉讼审理部分，鄱阳县人民检察院指控杨某甲、杨某乙等多人使用机动底拖网的禁用渔具进行捕捞，要求判令前述违法行为人向鄱阳湖水域投放鱼苗948.6公斤以恢复渔业生态资源，并在鄱阳县县级媒体上公开赔礼道歉。鄱阳县人民法院对前述主动缴纳的行为予以认可，并最终判决“杨某甲、杨某乙等被告人向鄱阳县农业农村局缴纳增殖放流费人民币12,000元，由鄱阳县农业农村局购买等值鱼苗向鄱阳湖投放”。

法院未在判决书中说明增殖放流费12,000元的依据，也未提及是否经过鉴定、评估等程序，而是对被告人主动缴纳该费用的行为予以认可。本书倾向于认为，该金额并非被告人臆断得出，应当已经过渔业主管部门、检察机关等部门的评估和认可，因此，法院才会在审判过程中予以认定并对被告人酌情从轻处罚。

(2)李某某、陈某某等非法捕捞水产品案[(2019)鄂05刑终151号]

【基本案情】

2017年10月，李某某、陈某某等三人出资购买电捕鱼船舶及相关电捕鱼设备，并约定对前述财产的份额。2018年年初，熊某某携自己船舶加入，并由前述三人出资为熊某某的船舶添置电捕鱼设备，并约定对该船及设备的份额。2018年4月10日至6月4日，李某某邀请陈某某、熊某某等多人在长江枝江禁渔水域非法捕捞水产品6次，在2018年6月4日第6次进行非法捕捞活动时被公安人员抓获。前述6次共计非法捕捞水产品2688.3千克，其中前5次变卖获利25,148元。2018年11月30日，宜昌市伍家岗区人民检察院向宜昌市伍家岗区人民法院提起刑事公诉及刑事附带民事公益诉讼。在刑事附带民事公益诉讼审理部分，伍家岗区人民检察院要求判令李某某、陈某某等人在电捕鱼水域放流成鱼3998千克、幼鱼1,747,835尾。一审法院对检察机关的诉请予以支持。

一审判决后，部分被告人对一审判决结果不服并提起上诉，后在二审审理过程中申请撤回上诉，并得到二审法院宜昌市中级人民法院准许。

(3)陈某某非法捕捞水产品案[(2020)浙10刑终220号]

【基本案情】

2019年9月6日，陈某某向郭某某购买了一套电脉冲设备，后与其雇佣的刘某某等人驾驶渔船到海面上进行电捕鱼。2019年9月6日至10月13日，陈某某参与非法捕捞渔获物价值达人民币298,683.5元，其自身获利176,308元。2019

年10月13日,该渔船在海中使用电脉冲作业时引发火灾,造成3名船员死亡。事故发生后,陈某某委托他人代为报案,待渔船靠岸后被公安机关传唤到案。2019年10月15日,陈某某被温岭市公安局刑事拘留,同年11月22日被批准逮捕。2020年4月26日,温岭市人民检察院以重大责任事故罪、非法捕捞水产品罪向温岭市人民法院起诉,并同时提起刑事附带民事公益诉讼,要求陈某某赔偿渔业生态资源修复费用896,050.5元,并在市级以上媒体公开道歉。温岭市人民法院支持了检察机关的诉请。

一审判决后,陈某某对一审判决结果提起上诉,后在二审审理过程中申请撤回上诉,撤诉申请得到二审法院台州市中级人民法院准许。

(4) 陈某某污染环境案[(2020)渝01刑终151号]

【基本案情】

2019年4月7日凌晨,陈某某携带直流变频控制电源、电池等工具,至重庆市渝北区某河段,使用前述工具非法捕捞鲤鱼2条共计13.34千克,后被公安人员当场查获,并于2019年12月27日因污染环境罪被逮捕。渝北区人民检察院向渝北区人民法院提起刑事公诉及刑事附带民事公益诉讼。渝北区人民法院经审理后判决陈某某承担刑事及民事责任。

一审判决后,陈某某对刑事部分提起上诉,经二审法院重庆市第一中级人民法院审理,最终驳回陈某某的上诉。

《刑事诉讼法》第227条规定,被告人、自诉人和他们的法定代理人,不服一审判决、裁定,有权用书状或者口头向上一级人民法院上诉。被告人的辩护人和近亲属,经被告人同意,可以提出上诉。刑事附带民事诉讼的当事人及其法定代理人,可以对一审判决、裁定中的刑事附带民事部分提出上诉。依据法律规定,案件当事人可对刑事及刑事附带民事部分均提出上诉,也可以择一提出上诉。前文已述,在所统计的非法捕捞类刑事附带民事公益诉讼案件中,鉴于刑事附带民事部分一般涉及金额较小,且主动赔偿后有利于减轻刑事部分的责任,故违法行为人一般不会对刑事附带民事部分提出上诉。上述案件的部分判决书并未明确违法行为人提出上诉所针对的为一审刑事部分还是刑事附带民事部分,同时由于中途被告人撤回上诉,无法得知二审法院是否对刑事附带民事部分予以认可,故将上述案件列入其他类别。

（5）韩某某非法捕捞水产品案［（2019）黔0321刑初519号］

【基本案情】

2019年4月7日晚，韩某某与李某某在2019年3月1日至6月30日全面禁渔的绥阳县内某河段用逆变器、蓄电池等自制的电机捕捞野生鱼21条，共计3千克。后韩某某被传唤到案，并于2019年4月9日被绥阳县公安局刑事拘留。2019年9月2日，绥阳县人民检察院向遵义县人民法院提起刑事公诉及刑事附带民事公益诉讼。在刑事附带民事公益诉讼审理部分，贵州省绥阳县人民检察院指控称，韩某某在禁渔期、禁渔区内通过电鱼的方式非法捕捞，要求韩某某履行生态修复行为并公开赔礼道歉。案件审理期间，韩某某自愿缴纳生态修复金8000元，遵义县人民法院对此予以确认，并判决韩某某赔偿生态修复金8000元，并公开赔礼道歉。

【审理结果及案例分析】

与（2019）赣1128刑初502号案件类似，法院未在判决书中说明韩某某缴纳生态修复金8000元的依据，也未提及是否经过鉴定、评估等程序，而是对被告人自愿缴纳该费用的行为予以认可。如前所述，我们倾向于认为该金额并非被告人臆断得出，而是应已经过相关部门的评估和同意。

第二节　非法捕捞类公益诉讼案件办理要点

一、关于禁渔期、禁渔区的相关规定与适用

在非法捕捞类案件中，禁渔期与禁渔区、捕捞方式和捕捞工具以及渔获物种类是判断合法与否的三个主要因素。虽然法院在判决书中有时将禁渔期和禁渔区分开进行阐述，但“禁渔期”与“禁渔区”并非两个完全独立的概念。

（一）禁渔期、禁渔区在法律上的定义

现行《渔业法》第30条规定：“禁止在禁渔区、禁渔期进行捕捞”，其他条款也涉及“禁渔区、禁渔期”的相关规定；《刑法》第340条规定：“违反保护水产资源法规，在禁渔区、禁渔期或者使用禁用的工具、方法捕捞水产品，情节严重的，处三年以下有期徒刑、拘役、管制或者罚金。”前述法律规定中的禁渔区、禁渔期自然包括各地政府部门所划定的禁渔期和禁渔区，但两者并非直接对应关系，前述法律规

定所定义禁渔区、禁渔期的范围还包括其他法律规定中禁止捕捞的区域和期限。

国务院发布的《自然保护区条例》规定，对有代表性的自然生态系统、珍稀濒危野生动植物物种的天然集中分布区、有特殊意义的自然遗迹等保护对象所在的陆地、陆地水体或者海域，设立国家级自然保护区和地方级自然保护区，在此区域内禁止捕捞、采石、挖沙等活动；农业部发布的《水产种质资源保护区管理暂行办法》（农业部令 2011 年第 1 号）将具有较高经济价值和遗传育种价值的水产种质资源的主要生长繁育区域划为国家级水产种质资源保护区和省级水产种质资源保护区，[①]规定在前述区域所设置的特别保护期内不得从事捕捞、爆破作业以及其他可能对保护区内生物资源和生态环境造成损害的活动。前述自然保护区和水产种质资源保护区，虽然并未冠以“禁渔期、禁渔区”之名，但在司法实践中，部分法院仍将其认定为属于法定的禁渔期和禁渔区。例如，湖南省桑植县人民法院判决的张某非法捕捞水产品案［（2019）湘 0822 刑初 222 号］中，张某在张家界大鲵国家级自然保护区范围内进行捕捞行为，被法院认定是在禁渔区、禁渔期进行非法捕捞。

（二）长江流域实施全面禁捕的规定

2017 年，农业部发布《关于公布率先全面禁捕长江流域水生生物保护区名录的通告》（农业部通告〔2017〕6 号），规定自 2018 年 1 月 1 日起，长江上游 332 个水生生物保护区（包括水生动植物自然保护区和水产种质资源保护区）逐步施行全面禁捕，扩大了禁渔期和禁渔区的范围。2019 年，农业农村部发布《关于长江流域重点水域禁捕范围和时间的通告》（农业农村部通告〔2019〕4 号），规定长江流域的四类区域将全面禁捕，分别如下：

（1）水生生物保护区。

水生生物保护区是指前文所述的自然保护区和水产种质资源保护区。此处所称列入全面禁捕的区域为农业部《关于公布率先全面禁捕长江流域水生生物保护区名录的通告》（农业部通告〔2017〕6 号）公布的 332 个自然保护区和水产种质资源保护区，全面禁捕开始时间为 2020 年 1 月 1 日 0 时，自该时间起全面禁止生产性捕捞；此外，今后长江流域范围内新建立的以水生生物为主要保护对象的自然保护区和水产种质资源保护区，自建立之日起纳入全面禁捕范围。

---

① 农业部于 2016 年发布的《关于废止和修改部分规章、规范性文件的决定》（2016 年第 3 号）取消了省级水产种质资源保护区。

(2)干流和重要支流。

长江干流和重要支流是指农业部《关于调整长江流域禁渔期制度的通告》(农业部通告〔2015〕1 号)公布的有关禁渔区域,①这些区域除上述第(1)项规定的水生生物保护区以外,其余天然水域应自 2021 年 1 月 1 日 0 时起实施为期 10 年的常年禁捕,期间禁止天然渔业资源的生产性捕捞。地方政府或渔业主管部门在之前有其他禁捕规定的,禁捕以该时间起算。

(3)大型通江湖泊。

除上文第(1)项规定的水生生物保护区之外,鄱阳湖、洞庭湖等大型湖泊由省级渔业主管部门划定禁捕范围,禁捕时间最迟自 2021 年 1 月 1 日 0 时开始,暂定期限为 10 年,期间禁止天然渔业资源的生产性捕捞。地方政府或渔业主管部门在之前有其他禁捕规定的,禁捕以该时间起算。

(4)其他重点水域。

与长江干流、重要支流、大型通江湖泊连通的其他天然水域,农业农村部并未如上述 3 项规定禁捕起算时间、禁捕期限或禁捕区域,而由省级渔业行政主管部门自行决定。

除第(4)项其他重点水域由省级渔业部门决定以外,上述区域内所禁止的为生产性捕捞。省级渔业主管部门可制定相关规定,经农业农村部审批之后,允许实施一些因育种、科研等特定目的的捕捞活动实施,此种方式被称为"专项(特种)捕捞"。

根据上述规定,长江流域所设立禁渔区、禁渔期的范围将大大增加,触发非法捕捞行为的数量相应也会增加,因此,长江流域的非法捕捞案件或将成为未来渔业公益诉讼案件的重要组成部分。

(三)我国其他流域禁渔期、禁渔区的规定

除长江流域外,我国其他流域也在逐步实施禁渔期(区)制度。根据农业农村部《关于实行海河、辽河、松花江和钱塘江等 4 个流域禁渔期制度的通告》,自 2019 年起对海河、辽河、松花江和钱塘江等 4 个流域实行禁渔期制度;根据农业部《关

---

① 青海省曲麻莱县以下至长江河口(东经 122°、北纬 31°36′30″、北纬 30°54′之间的区域)的长江干流江段;岷江、沱江、赤水河、嘉陵江、乌江、汉江等重要通江河流在甘肃省、陕西省、云南省、贵州省、四川省、重庆市、湖北省境内的干流江段;大渡河在青海省和四川省境内的干流河段;以及各省确定的其他重要支流。

于发布珠江、闽江及海南省内陆水域禁渔期制度的通告》，自 2017 年起对闽江、海南省内陆水域进行禁渔，同时调整自 2010 年起实施的珠江禁渔期制度；根据农业部《关于实行黄河禁渔期制度的通告》，黄河自 2018 年起实行禁渔期制度。此外，上述通知中大多规定各省可根据需要制定在相关区域更为严格的休禁渔制度。

2022 年具体规定如下：

1. 海河禁渔期制度

禁渔区：滦河、蓟运河、潮白河、北运河、永定河、海河、大清河、子牙河、漳卫河、徒骇河、马颊河等主要河流的干、支流，位于上述河流之间独立入海的小型河流和人工水道，以及主要河流干、支流所属的水库、湖泊、湿地。

禁渔期：5 月 16 日 12 时至 7 月 31 日 12 时。

禁止作业类型：除钓具之外的所有作业方式。

2. 辽河禁渔期制度

禁渔区：辽河及大凌河、小凌河和洋河水系。辽河包括西辽河、东辽河、辽河干流，西拉木伦河、老哈河、教来河、布哈腾河、招苏台河、清河、柴河、秀水河、柳河、绕阳河、浑河、太子河等支流，以及干、支流所属的水库、湖泊、湿地。

禁渔期：5 月 16 日 12 时至 7 月 31 日 12 时。

禁止作业类型：除钓具之外的所有作业方式。

3. 松花江禁渔期制度

禁渔区：嫩江、松花江吉林省段和松花江三岔河口至同江段，以及上述江段所属的支流、水库、湖泊、水泡等水域。

禁渔期：5 月 16 日 12 时至 7 月 31 日 12 时。

禁止作业类型：除钓具之外的所有作业方式。

4. 钱塘江禁渔期制度

禁渔区：钱塘江干流（含南北支源头）、支流及湖泊、水库。

禁渔期：钱塘江干流统一禁渔时间为每年 3 月 1 日 0 时至 6 月 30 日 24 时；钱塘江支流、湖泊、水库的渔业管理制度由省级渔业主管部门制定。

禁止作业类型：除娱乐性游钓和休闲渔业以外的所有作业方式。

5. 珠江禁渔期制度

禁渔区：云南省曲靖市沾益区珠江源以下至广东省珠江口（上川岛—北尖岛

连线以北)的珠江干流、支流、通江湖泊、珠江三角洲河网及重要独立入海河流。珠江干流包括南盘江、红水河、黔江、浔江和西江;支流包括东江、北江及西江水系的北盘江、柳江、融江、郁江、左江、右江、邕江、濛江、桂江、漓江、北流河、罗定江和新兴江等;珠三角河网包括流溪河、潭江等;通江湖泊包括抚仙湖、星云湖、异龙湖、杞麓湖和阳宗海等;重要独立入海河流包括广东省、广西壮族自治区境内的韩江、北仑河、茅岭江、钦江、南流江、榕江、漠阳江、鉴江、九洲江的干流江(河)段。福建闽江及海南省南渡江、万泉河、昌化江的干流江(河)段。各省(区)可根据本地实际,将其他相关河流、湖泊纳入禁渔范围。

禁渔期:3月1日0时至6月30日24时

禁止作业类型:除休闲渔业、娱乐性垂钓外,在规定的禁渔区和禁渔期内,禁止所有捕捞作业。因养殖生产或科研调查需要采捕天然渔业资源的,应当按照《渔业法》的规定,经省级以上渔业行政主管部门批准。

6. 黄河禁渔期制度

禁渔期和禁渔区:黄河干流青海段、四川段和甘肃段及白河、黑河、洮河、湟水、渭河(甘肃段)、大通河、隆务河及扎陵湖、鄂陵湖、约古宗列曲、玛多河湖泊群从2022年4月1日起至2025年12月31日实行全年禁渔。2026年以后的禁渔时间另行通知。黄河干流宁夏段、内蒙古段、陕西段、山西段、河南段、山东段及大黑河、窟野河、无定河、汾河、渭河(陕西段)、南洛河、沁河、金堤河、大汶河及沙湖、乌梁素海、哈素海、东平湖的禁渔期为每年4月1日至7月31日。

禁止作业类型:除休闲垂钓外的所有捕捞作业类型。

(四)海洋休渔期、休渔区的规定

针对渤海、黄海、东海及北纬12度以北的南海(含北部湾)进行生物养护的需要,我国对上述海域实施了禁渔制度,一般称为“伏季休渔”。2021年我国对伏季休渔进行了最新调整,规定休渔不仅包括除钓具外所有作业类型的捕捞渔船,还包括为捕捞渔船配套服务的捕捞辅助船。休渔时间规定为:

(1)北纬35度以北的渤海和黄海海域为5月1日12时至9月1日12时。

(2)北纬35度至26度30分之间的黄海和东海海域为5月1日12时至9月16日12时;桁杆拖虾、笼壶类、刺网和灯光围(敷)网休渔时间为5月1日12时至8月1日12时。

(3)北纬26度30分至北纬12度的东海和南海海域为5月1日12时至8月

16 日 12 时。

(4)小型张网渔船从 5 月 1 日 12 时起休渔,时间不少于 3 个月,休渔结束时间由沿海各省、自治区、直辖市渔业主管部门确定,报农业农村部备案。

此外,对于特殊经济品种,可执行专项捕捞许可制度,具体品种、作业时间、作业类型、作业海域由沿海各省、自治区、直辖市渔业主管部门报农业农村部批准后执行。

捕捞辅助船原则上执行所在海域的最长休渔时间规定,确需在最长休渔时间结束前为一些对资源破坏程度小的作业方式渔船提供配套服务的,由沿海各省、自治区、直辖市渔业主管部门制定配套管理方案报农业农村部批准后执行。对此,农业农村部每年发布关于伏季休渔期间特殊经济品种专项捕捞许可和捕捞辅助船配套服务安排的通告,进行规制。

休渔渔船原则上应当回所属船籍港休渔,因特殊情况确实不能回船籍港休渔的,须经船籍港所在地省级渔业主管部门确认,统一安排在本省、自治区、直辖市范围内船籍港临近码头停靠。确因本省渔港容量限制、无法容纳休渔渔船的,由该省渔业主管部门与相关省级渔业主管部门协商安排。

二、关于非法捕捞类公益诉讼案件中禁用渔具、渔法的相关规定与适用

使用禁用捕捞方法(渔法)、禁用渔具的非法捕捞案件广泛发生在全国各地大大小小的水域之中,无论是否处于禁渔期或禁渔区,此种非法捕捞行为都需承担相应的法律责任。《渔业法》第 30 条规定“禁止使用炸鱼、毒鱼、电鱼等破坏渔业资源的方法进行捕捞”“禁止制造、销售、使用禁用的渔具”“禁止使用小于最小网目尺寸的网具进行捕捞”等内容;同时,《渔业法》亦在第 38 条规定了使用禁用渔法、渔具的法律责任,包括没收渔获物和违法所得、罚款、没收渔具、没收渔船、吊销捕捞许可证甚至追究刑事责任;在《刑法》第 340 条的条文中,使用禁用的工具、方法捕捞水产品也是需承担刑事责任的一种犯罪行为表现。

根据《渔业法》及相关规定,禁用渔法、渔具主要包括以下四类:(1)使用引爆爆炸物的方式获取渔获物;(2)在水域中投放有毒物质以获取渔获物;(3)使用便携式或其他可产生电流的工具获取渔获物;(4)使用不符合规定的网具获取渔获物。虽然在现实中还可能存在其他禁用渔法、禁用渔具,但最为常见的就是前述四种情形。

（一）渔业主管部门制定的渔具、渔法相关规定

农业部、农业农村部针对禁用渔法、渔具，颁布过多个与之相关的规范性文件，其中包括：

（1）农业部与国家工商行政管理总局于2008年共同发布《关于开展制造、销售、使用电脉冲捕捞渔具专项整治行动的通告》（农业部通告〔2008〕1号）。虽然该通告仅在2008年4月10日至10月31日施行，但其中对禁用的电脉冲渔具进行了定义，对后期执法具有很好的借鉴意义。根据其规定，电脉冲渔具是指在拖虾网上装备了激虾仪、脉冲助捕仪、脉冲驱赶仪等相关产品的捕捞渔具。

（2）农业部于2013年发布《禁止使用双船单片多囊拖网等十三种渔具的通告》（农业部通告〔2013〕2号），决定自2014年1月1日起，黄渤海、东海、南海3个海区全面禁止使用双船单片多囊拖网等13种渔具（见表2－6）。除依照《渔业法》进行处罚外，该通告还规定了对于使用禁用渔具的渔船，视情况全部或者部分扣除当年的渔业油价补助资金。

表2－6　禁止使用的13种渔具

序号	分类	渔具分类名称	俗称		
			黄渤海区	东海区	南海区
JY－01	拖网	双船单片多囊拖网	无	百袋网	无
JY－02	耙刺	拖曳泵吸耙刺	吸蛤泵、吸蛤耙、蓝蛤泵	蓝蛤泵	无
JY－03	耙刺	拖曳柄钩耙刺	无	无	鱼乃挖、白蚬耙
JY－04	耙刺	拖曳水冲齿耙耙刺	泵耙子、泵耙网	水冲式耙子	无
JY－05	陷阱	拦截插网陷阱	地擦网、擦网，梁网、亮子网、簗网	吊墩、迷魂网、滩涂串网、夹涂、樯网、高仓网、大浦网、小围网、弶网	督罟、起落网、百袋网、网薄、闸薄、闩门、塞网、蜈蚣网
JY－06	陷阱	导陷插网陷阱	须笼网、须子网、须网	无	滩边罟、塞网、百袋网
JY－07	陷阱	导陷箔筌陷阱	无	无	虾箔、鱼箔

续表

序号	分类	渔具分类名称	俗称		
			黄渤海区	东海区	南海区
JY－08	陷阱	拦截箔筌陷阱	无	无	围海
JY－09	杂渔具	漂流延绳束状敷网	无	无	石斑苗网
JY－10	杂渔具	船布有翼单囊地拉网	无	无	长网、拉大网、涠洲大网
JY－11	杂渔具	船布无囊地拉网	大拉网、拉大网、地拉网	无	大拉网、拉大网、地拉网、地拖网、大地网
JY－12	杂渔具	抛撒无囊地拉网	无	无	牵沟网
JY－13	耙刺	拖曳束网耙刺	无	珊瑚网	无

(3)农业部于2013年发布《关于实施海洋捕捞准用渔具和过渡渔具最小网目尺寸制度的通告》(农业部通告〔2013〕1号),决定自2014年6月1日起,黄渤海、东海、南海三个海区全面实施海洋捕捞准用渔具和过渡渔具最小网目尺寸制度。其中,准用渔具是国家允许使用的海洋捕捞渔具,过渡渔具将根据保护海洋渔业资源的需要,今后分别转为准用或禁用渔具,并予以公告。

同时,该通告规定根据《渔网网目尺寸测量方法》(GB/T 6964—2010),采用扁平楔形网目内径测量仪进行测量。网目长度测量时,网目应沿有结网的纵向或无结网的长轴方向充分拉直,每次逐目测量相邻5目的网目内径,取其最小值为该网片的网目内径。三重刺网在测量时,要测量最里层网的最小网目尺寸;双重刺网要测量两层网中网眼更小的网的最小网目尺寸。相关标准如表2－7和表2－8所示:

表 2-7 海洋捕捞准用渔具最小网目(或网囊)尺寸相关标准

<table>
<tr><th rowspan="2">海域</th><th colspan="2">渔具分类名称</th><th rowspan="2">主捕种类</th><th rowspan="2">最小网目(或网囊)尺寸(毫米)</th><th rowspan="2">备注</th></tr>
<tr><th>渔具类别</th><th>渔具名称</th></tr>
<tr><td rowspan="9">黄渤海</td><td rowspan="7">刺网类</td><td rowspan="6">定置单片刺网、漂流单片刺网</td><td>梭子蟹、银鲳、海蜇</td><td>110</td><td></td></tr>
<tr><td>鳓鱼、马鲛、鳕鱼</td><td>90</td><td rowspan="2"></td></tr>
<tr><td>对虾、鱿鱼、虾蛄、小黄鱼、梭鱼、斑鰶</td><td>50</td></tr>
<tr><td>颚针鱼</td><td>45</td><td rowspan="3">该类刺网由地方特许作业</td></tr>
<tr><td>青鳞鱼</td><td>35</td></tr>
<tr><td>梅童鱼</td><td>30</td></tr>
<tr><td>漂流无下纲刺网</td><td>鳓鱼、马鲛、鳕鱼</td><td>90</td><td></td></tr>
<tr><td>围网类</td><td>单船无囊围网、双船无囊围网</td><td>不限</td><td>35</td><td>主捕青鳞鱼、前鳞骨鲻、斑鰶、金色小沙丁鱼、小公鱼的围网由地方特许作业</td></tr>
<tr><td>杂渔具</td><td>船敷箕状敷网</td><td>不限</td><td>35</td><td></td></tr>
<tr><td rowspan="5">东海</td><td rowspan="3">刺网类</td><td rowspan="3">定置单片刺网、漂流单片刺网</td><td>梭子蟹、银鲳、海蜇</td><td>110</td><td></td></tr>
<tr><td>鳓鱼、马鲛、石斑鱼、鲨鱼、黄姑鱼</td><td>90</td><td></td></tr>
<tr><td>小黄鱼、鲻鱼、鳎类、鱿鱼、黄鲫、梅童鱼、龙头鱼</td><td>50</td><td></td></tr>
<tr><td>围网类</td><td>单船无囊围网、双船无囊围网
双船有囊围网</td><td>不限</td><td>35</td><td>主捕青鳞鱼、前鳞骨鲻、斑鰶、金色小沙丁鱼、小公鱼的围网由地方特许作业</td></tr>
<tr><td>杂渔具</td><td>船敷箕状敷网、撑开掩网掩罩</td><td>不限</td><td>35</td><td></td></tr>
</table>

续表

海域	渔具分类名称		主捕种类	最小网目(或网囊)尺寸(毫米)	备注
	渔具类别	渔具名称			
南海(含北部湾)	刺网类	定置单片刺网、漂流单片刺网	除凤尾鱼、多鳞鱚、少鳞鱚、银鱼、小公鱼以外的捕捞种类	50	
			凤尾鱼	30	该类刺网由地方特许作业
			多鳞鱚、少鳞鱚	25	
			银鱼、小公鱼	10	
		漂流无下纲刺网	除凤尾鱼、多鳞鱚、少鳞鱚、银鱼、小公鱼以外的捕捞种类	50	
	围网类	单船无囊围网、双船无囊围网 双船有囊围网	不限	35	主捕青鳞鱼、前鳞骨鲻、斑鰶、金色小沙丁鱼、小公鱼的围网由地方特许作业
	杂渔具	船敷箕状敷网、撑开掩网掩罩	不限	35	

表 2-8 海洋捕捞过渡渔具最小网目(或网囊)尺寸相关标准

海域	渔具分类名称		主捕种类	最小网目(或网囊)尺寸(毫米)	备注
	渔具类别	渔具名称			
黄渤海	拖网类	单船桁杆拖网、单船框架拖网	虾类	25	
	刺网类	漂流双重刺网 定置三重刺网 漂流三重刺网	梭子蟹、银鲳、海蜇	110	
			鳓鱼、马鲛、鳕鱼	90	
			对虾、鱿鱼、虾蛄、小黄鱼、梭鱼、斑鰶	50	

续表

海域	渔具分类名称		主捕种类	最小网目（或网囊）尺寸（毫米）	备注
	渔具类别	渔具名称			
黄渤海	张网类	双桩有翼单囊张网、双桩竖杆张网、樯张竖杆张网、多锚单片张网、单桩框架张网、多桩竖杆张网、双锚竖杆张网	不限	35	主捕毛虾、鳗苗的张网由地方特许作业
	陷阱类	导陷建网陷阱	不限	35	
	笼壶类	定置串联倒须笼	不限	25	
黄海	拖网类	单船有翼单囊拖网、双船有翼单囊拖网	除虾类以外的捕捞种类	54	主捕鳀鱼的拖网由地方特许作业
东海	拖网类	单船有翼单囊拖网、双船有翼单囊拖网	除虾类以外的捕捞种类	54	主捕鳀鱼的拖网由地方特许作业
		单船桁杆拖网	虾类	25	
	刺网类	漂流双重刺网 定置三重刺网 漂流三重刺网	梭子蟹、银鲳、海蜇	110	
			鳓鱼、马鲛、石斑鱼、鲨鱼、黄姑鱼	90	
			小黄鱼、鲻鱼、鳎类、鲵鱼、黄鲫、梅童鱼、龙头鱼	50	
	围网类	单船有囊围网	不限	35	

续表

海域	渔具分类名称		主捕种类	最小网目（或网囊）尺寸（毫米）	备注
	渔具类别	渔具名称			
东海	张网类	单锚张纲张网	不限	55	
		双锚有翼单囊张网	不限	50	
		双桩有翼单囊张网、双桩竖杆张网、樯张竖杆张网、多锚单片张网、单桩框架张网、双锚张纲张网、单桩桁杆张网、单锚框架张网、单锚桁杆张网、双桩张纲张网、船张框架张网、船张竖杆张网、多锚框架张网、多锚桁杆张网、多锚有翼单囊张网	不限	35	主捕毛虾、鳗苗的张网由地方特许作业
	陷阱类	导陷建网陷阱	不限	35	
	笼壶类	定置串联倒须笼	不限	25	
南海（含北部湾）	拖网类	单船有翼单囊拖网、双船有翼单囊拖网、单船底层单片拖网、双船底层单片拖网	除虾类以外的捕捞种类	40	

（4）农业部于2017年发布《关于长江干流实施捕捞准用渔具和过渡渔具最小网目尺寸制度的通告（试行）》（农业部通告〔2017〕1号），将长江干流最小网目尺寸制度分为准用渔具和过渡渔具两个类别，并规定按照GB/T 6964—2010规定，采用扁平楔形网目内径测量仪对最小网目进行测量（见表2-9、表2-10）。除依照《渔业法》进行处罚外，该通告还规定了对于使用禁用渔具的渔船，视情况全部或者部分扣除当年的渔业油价补助资金。

表 2－9 准用渔具最小网目(或网囊)尺寸标准

序号	渔具类别	渔具名称		最小网目(或网囊)尺寸(毫米)	备注
1	刺网类	定置刺网、包围刺网		60	
		拖曳刺网		100	
2	围网类	单船围网、双船围网、多船围网		30	
3	钓具类	曳绳钓、垂钓钓、定置延绳钓、漂流延绳钓			
4	耙刺类	投射耙刺、钩刺耙刺			
5	杂渔具	掩罩	撑开掩罩、扣罩掩罩、罩夹掩罩、抛撒掩罩	30	
		地拉网	抛散地拉网、穿冰地拉网、船布地拉网	30	
		抄网	推移抄网	20	

表 2－10 过渡渔具最小网目(或网囊)尺寸标准

序号	渔具类别	渔具名称		最小网目(或网囊)尺寸(毫米)	备注
1	刺网类	漂流刺网		60	
2	张网类	除多桩有翼单囊张网和双锚框架张网外		50	
		除多桩有翼单囊张网和双锚框架张网外		3	主捕种类为银鱼和鳗苗，仅在特定捕捞作业水域和时间内使用
3	耙刺类	除投射耙刺、钩刺耙刺、拖曳齿耙耙刺、定置延绳滚钩耙刺外			
4	陷阱类	拦截建网陷阱、多锚建网陷阱、导陷建网陷阱、多锚插网陷阱、多锚箔筌陷阱		40	
5	笼壶类	散布笼壶、定置延绳笼壶、漂流延绳笼壶		30	
6	杂渔具	敷网	除拦河撑架敷网、岸敷箕状敷网、岸敷撑架敷网外	30	主捕银鱼的定置撑架敷网最小网目尺寸为20毫米，仅在特定捕捞作业水域和时间内使用

(5)2020 年,农业农村部办公厅发布《关于做好 2020 年违规渔具清理整治工作有关事项的通知》,其中更新了并发布了包括 31 家单位的《渔具鉴定单位推荐名单(2020)》(见表 2-11)。

表 2-11 渔具鉴定单位推荐名单

序号	省(市)	渔具鉴定单位
1	辽宁省	辽宁省淡水水产科学研究院 大连海洋大学
2	河北省	河北省渔政执法总队 河北省海洋与水产科学研究院 秦皇岛市海洋与渔业综合执法支队 沧州市渔政渔港监督管理站
3	天津市	天津农学院
4	山东省	中国水产科学研究院黄海水产研究所 中国海洋大学 山东大学(威海) 烟台大学 鲁东大学 青岛蓝地海事咨询服务有限公司
5	江苏省	中国水产科学研究院淡水渔业研究中心 江苏省海洋水产研究所 江苏省淡水水产研究所
6	上海市	中国水产科学研究院渔业机械仪器研究所 上海海洋大学 中国水产科学研究院东海水产研究所
7	浙江省	浙江海洋大学 浙江省海洋水产研究所
8	福建省	厦门海洋职业技术学院 福建省水产研究所 集美大学海事技术司法鉴定中心
9	广东省	中国水产科学研究院南海水产研究所 广东海洋大学 广东渔船渔机渔具行业协会
10	广西壮族自治区	广西壮族自治区渔政指挥中心 钦州市水产技术推广站
11	海南省	海南省渔船渔机渔具行业协会 海南省海洋与渔业科学院

(6)2020 年,农业农村部发布《非法捕捞案件涉案物品认(鉴)定和水生生物资源损害评估及修复办法(试行)》,其中规定涉案渔具应根据《渔具分类、命名及代号》(GB/T 5147—2003)确定其名称,并结合农业农村部或相关省级渔业主管部门公布的、禁止的或限制使用的捕捞工具名录及相关规定,判定其是否属于禁止或限制使用的捕捞工具;此外,认(鉴)定涉案电鱼工具应当综合考虑其结构或组成、工作原理等因素。

(7)2021 年,农业农村部发布了《长江流域重点水域禁用渔具名录》(见表 2-12),在相关规定所确认的"长江流域重点水域范围"之内实施,①而前述范围内各省(直辖市)渔业行政主管部门,可在《长江流域重点水域禁用渔具名录》的基础上,补充制定适合本地实际需要的禁用渔具名录。

表 2-12 长江流域重点水域禁用渔具名录

序号	渔具类别	序号	渔具名称	结构说明和作业方式(型和式)	危害性说明
1	刺网	1	单片刺网(网目内径尺寸小于60mm)	主体由单片网衣和上、下纲构成	捕捞强度大,对渔业资源破坏严重。阻挡鱼类洄游,影响河道通航。渔具丢弃、抛弃和遗失的数量多,容易造成"幽灵"捕捞
		2	双重刺网	由两片网目尺寸不同的重合网衣和上、下纲构成	
		3	三重及以上刺网	由两片大网目网衣中间夹一片或多片小网目网衣和上、下纲构成	
		4	框格刺网(网目内径尺寸小于60mm)	由被细绳分隔成若干框架的网衣和上、下纲构成	
		5	无下纲刺网(网目内径尺寸小于60mm)	下缘部装纲索,由单片网衣和上纲构成	
		6	混合刺网(网目内径尺寸小于60mm)	具有两种"型"以上性质的渔具	

① "长江流域重点水域范围"指:《农业农村部关于长江流域重点水域禁捕范围和时间的通告》《农业农村部关于设立长江口禁捕管理区的通告》规定的禁捕水域范围,及各省(直辖市)依据上述通告确定的本辖区禁捕水域范围。

续表

序号	渔具类别	序号	渔具名称	结构说明和作业方式（型和式）	危害性说明
2	围网	7	单船围网	用一艘渔船作业	捕捞强度大，对渔业资源影响大，尤其对幼鱼资源破坏严重
		8	双船围网	用两艘渔船作业	
		9	多船围网	用两艘以上的渔船作业	
3	拖网	10	单船拖网	用一艘渔船作业	对捕捞对象的选择性差，捕捞强度大，对渔业资源破坏严重。破坏底栖生态环境
		11	双船拖网	用两艘渔船作业	
		12	多船拖网	用两艘以上的渔船作业	
4	地拉网	13	船布地拉网（网目内径尺寸小于30mm）	用船布设在岸边水域中，在岸上作业	网目尺寸小，对捕捞对象的选择性差，对幼鱼资源破坏严重
5	张网	14	单片张网（网目内径尺寸小于50mm）	主体由单片网衣和上、下纲构成，用两门（个）以上的锚（桩）定置在水域中作业	网目尺寸小，对捕捞对象的选择性差，对幼鱼资源破坏严重
		15	桁杆张网（网目内径尺寸小于50mm）	由桁杆或桁架和网衣、网囊（兜）构成	
		16	框架张网（网目内径尺寸小于50mm）	由框架、网身和网囊构成	
		17	竖杆张网（网目内径尺寸小于50mm）	由竖杆、网身和网囊构成	
		18	张纲张网（网目内径尺寸小于50mm）	由扩张网口的钢索和网衣、网囊构成	
		19	有翼单囊张网（网目内径尺寸小于50mm）	由网翼（袖）、网身和一个网囊构成	

续表

序号	渔具类别	序号	渔具名称	结构说明和作业方式（型和式）	危害性说明
6	敷网	20	拦河撑架敷网（网目内径尺寸小于30mm）	由支架或支持索和矩形网衣等构成，敷设在河道上作业	网目尺寸小，对捕捞对象的选择性差，对幼鱼资源破坏严重。横贯河道拦河作业，阻挡鱼类洄游，影响河道通航
		21	船敷敷网（网目内径尺寸小于30mm）	由网衣组成簸箕状的网具，或由支架或支持索和矩形网衣等构成，将渔具敷设在船边水域中，在船上进行作业	网目尺寸小，对捕捞对象的选择性差，对幼鱼资源破坏严重
7	陷阱	22	插网陷阱	由带形网衣和插杆构成	对捕捞对象的选择性差，对渔业资源破坏严重。阻挡鱼类洄游，影响河道通航
		23	建网陷阱	由网墙、网圈和取鱼部等构成	
		24	箔筌陷阱	由箔帘（栅）和篓构成	
8	钓具	25	定置延绳真饵单钩钓具	具有真饵和单钩，为延绳结构，定置在水域中作业	渔具敷设范围广，捕捞强度相对较大
		26	漂流延绳真饵单钩钓具	具有真饵和单钩，为延绳结构，随水流漂流作业	
		27	拟饵复钩钓具（钓钩数7个及以上）	具有拟饵和复钩（为一轴多钩或由多枚单钩组合成的钓钩结构）	捕捞强度大，钓获效率高，对渔业资源保护造成不利影响
		28	真饵复钩钓具（钓钩数7个及以上）	具有真饵和复钩（为一轴多钩或由多枚单钩组合成的钓钩结构）	

续表

序号	渔具类别	序号	渔具名称	结构说明和作业方式（型和式）	危害性说明
9	耙刺	29	拖曳齿耙耙刺	由耙架装齿、钩或另附容器构成，以拖曳方式作业	捕捞强度大，严重破坏底栖生物资源和底栖生态环境
		30	拖曳泵吸耙刺	将捕捞对象以抽吸的方式经管道输送至船上，以拖曳方式作业	
		31	定置延绳滚钩耙刺	由干线直接连接或干线上若干支线连结锐钩构成，为延绳结构，定置在水域中的方式作业	破坏渔业资源。对长江江豚等保护动物威胁较大，对渔业资源保护造成不利影响
		32	钩刺耙刺（仅限锚鱼、武斗竿）	主动收竿使钩刺入捕捞对象的身体将其捕获，用钩或刺的方式作业	破坏渔业资源。对长江江豚等保护动物威胁大，对渔业资源保护造成不利影响
		33	投射箭铦耙刺	由绳索链接箭形尖刺或者带有倒刺的尖刺构成，以投射的方式作业	对长江江豚等保护动物威胁大。存在安全使用隐患
		34	投射叉刺耙刺	由柄和叉构成，以投射的方式作业	
10	笼壶	35	定置（串联）倒须笼壶（网目内径尺寸小于30mm）	由若干规格相同的刚性框架和网衣构成，连成一体构成笼具，相邻框架间有倒须网口结构，定置于水域中作业	网目尺寸小，对捕捞对象的选择性差，对幼鱼资源破坏严重
		36	定置延绳倒须笼壶（网目内径尺寸小于30mm）	其入口有倒须装置的笼型渔具，为延绳结构，定置于水域中作业	网目尺寸小，对捕捞对象的选择性差，对幼鱼资源破坏严重

根据上述规定的发展历程，我国对于禁用渔法、渔具的界定逐步地细化和完善，在内陆水域和海域分别制定了相应的目录，以供相关部门和机构参考。

（二）省、直辖市的渔具、渔法相关规定

除了中央渔业主管部门的规定以外，部分省（直辖市）级立法机关或政府机关也在其发布的渔业管理规定中明确不得使用“电、毒、炸”或最小网目网具捕捞，如广东省人民代表大会常务委员会发布的《广东省渔业管理条例》第34条便规定：

“禁止使用炸鱼、毒鱼、电鱼等破坏渔业资源的方法进行捕捞”“禁止制造、销售、使用禁用的渔具”“禁止在禁渔区、禁渔期进行捕捞”“禁止使用小于规定的最小网目尺寸的网具进行捕捞”。除此之外，部分省（直辖市）级立法机关或政府机关还对禁用渔具、渔法作了进一步的规定。

1. 湖北省相关规定

湖北省人民代表大会常务委员会在2016年发布的《湖北省实施〈中华人民共和国渔业法〉办法》第20条明确规定了两类禁用渔具和渔法：（1）电力捕鱼、炸鱼、毒鱼、毒水禽、鱼鹰捕鱼；（2）迷魂阵、密封阵、拦河大毫、密眼网具、滚钩、镣业、灯叉。

前述禁用的渔具、渔法中，除了常规的“电、毒、炸”的禁用渔法之外，主要对禁用网具进行了列举，如“迷魂阵”“密封阵”“拦河大毫”等。《湖北省实施〈中华人民共和国渔业法〉办法》中未再对前述网具进行更加细致的描述与定义，其在第19条第2款规定，捕捞水生生物的最低起捕标准和天然捕捞网具最小网目标准由湖北省渔业行政主管部门另行规定。

2. 湖南省相关规定

湖南省人民代表大会常务委员会于2004年发布的《湖南省渔业条例》（2018年修订）第24条明确规定了较为具体的网目标准，即主要渔具的网目不得小于下列尺寸：（1）中速网囊网9厘米；（2）三层刺网中间层网衣8厘米；（3）刺网（丝网，不含刁子网）7厘米；（4）流刺网12厘米；（5）稀大网取鱼部分网衣7厘米；（6）卡子钓的卡子长度6厘米。

《湖南省渔业条例》已列举了部分网具的最小网目标准，与农业部所颁布适用于长江干流的可以对应的准用渔具最小网目标准相比，部分规定更为严格，如湖南省对刺网（丝网、不含刁子网）的规定为不小于7厘米，而农业部对定制刺网、包围刺网的最小网目为6厘米，其标准低于湖南省的规定。

《湖南省渔业条例》第25条采用列举的方式规定了禁用的渔法、渔具，分别为：（1）用电、毒、炸的方式捕鱼；（2）禁止使用迷魂阵、拦江网、布围子（沙套网）、虾阵、二密网、麻布网、布毫、密毫、麻毫、放涵筒、塞春湖（港）；（3）禁止使用机动船拖带铁爪耙捕捞河蚌和其他水生动物；（4）禁止拦河、拦湖截捕或在鱼类洄游通道以及闸门上套网捕鱼；（5）未经批准，禁止使用鸬鹚捕鱼；（6）禁止使用矮围子（含泥围子）捕鱼；（7）血防矮围不准放水捕鱼。

农业部所发布的长江干流禁止使用的14种渔具中，也包括大致可对应的拦河类渔网、机动船拖耙、迷魂阵等种类，而《湖南省渔业条例》基于湖南省本地情况，所列举的禁用渔具、渔法更加富有地方特色。

3. 江苏省部分规定

江苏省人大常委会于2002年发布的《江苏省渔业管理条例》(2020年修订)第22条规定了禁用的渔具、渔法，其中包括：(1)禁止炸鱼、毒鱼、电鱼；(2)禁止使用敲舟古、滩涂拍板、多层拦网、闸口套网、拦河罾、深水张网(长江)、地笼网、底扒网以及其他破坏渔业资源的渔具、捕捞方法进行捕捞；(3)禁止在行洪、排涝、送水河道和渠道内设置影响行水的渔罾、渔簖等捕鱼设施；(4)禁止在航道内设置碍航渔具。

4. 浙江省部分规定

目前执行的《浙江省渔业管理条例》规定捕捞作业主要渔具的规格标准除依法由国家制定的以外，由省渔业行政主管部门提出，省标准化行政主管部门制定发布，并禁止使用炸鱼、毒鱼、电鱼、敲舟古以及其他破坏渔业资源的方法进行捕捞。而已失效的《浙江省渔业管理实施办法》曾对渔具、渔法进行过更细致的规定，如第38条规定，严禁使用电力、墨鱼笼、鱼鹰和双层囊网拖网进行捕捞；第39条规定，海洋捕捞作业主要渔具的规格标准除依法由国家制定的以外，由省渔业行政主管部门制定；淡水捕捞作业主要渔具的规格标准，由市(地)渔业行政主管部门制定，禁止制造、销售、使用规格不符合标准的渔具或禁用的渔具；第41条规定浙江沿岸渔场张网作业不得超越35米等深线，定置张网不得跨县(市、区)作业，流动张网不得跨市(地)作业。

5. 山东省部分规定

《山东省内陆渔业管理条例》第24条规定，南四湖、东平湖的禁渔区、禁渔期，禁止使用、限制使用的渔具和捕捞方法，重要经济鱼蟹类的可捕标准，主要水生经济植物的采收时间以及其他保护渔业资源的措施，分别由微山县、东平县渔业行政主管部门制定，经市渔业行政主管部门批准后施行，并报省渔业行政主管部门备案。

同时，根据山东省《关于加强海洋伏季休渔管理工作的通知》，定置串联倒须笼(俗称“地笼”)也归入禁用渔具。

6. 江西省部分规定

《江西省渔业条例》第 34 条第 2 款规定，在天然水域禁止使用定置网、机动底拖网、拦河网、吸螺（蚌、蚬）、迷魂阵等渔具、捕捞方法捕捞；长江江西段水域禁止使用深水张网、插网和三层刺网捕捞。

7. 山西省部分规定

《山西省实施〈中华人民共和国渔业法〉办法》第 21 条第 3 款规定，禁止敲古作业，禁止使用电力、鱼鹰、滚钩、多层囊网捕鱼；特定水域确需使用电力、鱼鹰捕鱼的，须经该水域所隶属的渔业行政主管部门批准；第 4 款规定，在水库、湖泊、河流等增殖水域捕捞青鱼、草鱼、鲢鱼、鳙鱼、鲤鱼、鳊鱼、鲂鱼的网具，网目不得小于 10 厘米，捕捞其他经济鱼类的网具，最小网目尺寸由该水域所隶属的渔业行政主管部门规定。

上述地方性法规对于渔具、渔法的称呼具有较强的本地特色，这也符合非法捕捞的特点，即具有广泛性、地域性。各地的渔法、渔具不仅在名称上具有差异，在操作细节上也可能存在些许细微不同，如果仅仅凭借中央渔业主管部门发布的目录，可能在实际执行中需面对较多复杂的情形。因此，各地因地制宜地列举禁用渔具、渔法，可以大大推动司法实践中对相应情节的认定，进一步促进各地对非法捕捞行为的打击和限制。

三、关于鉴定、评估机构的规定

《非法捕捞认（鉴）定评估办法》将“鉴定”和“认定”进行区分，虽未对两者进行明确定义，但结合该办法中的条文、全国人民代表大会常务委员会《关于司法鉴定管理问题的决定》①及实践中的情形可知，鉴定是更为专业、正式的对专门性问题进行判断的程序，而认定则一般由相关的政府机关或事业单位对专门性问题进行判断，其专业程度和程序要求或低于鉴定。本节重点对鉴定、评估的情况进行

① 《非法捕捞案件涉案物品认（鉴）定和水生生物资源损害评估及修复办法》第 3 条规定：“本办法所称的涉案物品认（鉴）定，是指对非法捕捞涉案捕捞工具、捕捞方法和涉案渔获物的认定、鉴定。”第 4 条规定：“涉案物品认（鉴）定工作实行认定为主，鉴定为辅的原则。对于涉案的非法捕捞工具、捕捞方法、渔获物品种以及对水生生物资源的危害程度等问题，原则上由渔业行政处罚机关两个工作日内作出认定；难以确认的，可以委托专家或鉴定评估机构进行鉴定或评估。”全国人民代表大会常务委员会《关于司法鉴定管理问题的决定》第 1 条规定：“司法鉴定是指在诉讼活动中鉴定人运用科学技术或者专门知识对诉讼涉及的专门性问题进行鉴别和判断并提供鉴定意见的活动。”

分析和讨论。

根据前文所述的大数据分析，在非法捕捞类案件中对渔业资源损失、生态环境恢复等专业性问题进行鉴定、评估的主要包括政府部门或其他渔业事业单位（不包括科研单位）、科研机构或高校、环境专业机构、司法鉴定机构等几类鉴定、评估主体。实践中，大多数非法捕捞案件中渔获物较少，且主要为电鱼、使用禁用网具的情节较为简单的案件，故当地渔业主管部门的认定或委托专家出具的意见成为法院判令环境损害赔偿金额、生态恢复费用金额的主要依据，但对于较为复杂的案件，仍需要委托专业机构进行鉴定、评估。

（一）环境保护部推荐的环境损害鉴定评估机构

为落实环境损害鉴定评估在司法实践、环境监管中的作用，环境保护部于2014 年公布了第一批环境损害鉴定评估推荐机构名录，其中包括 12 家鉴定评估机构及相应的协作单位。根据环境保护部发布前述名录时附加的说明，该名录是各级环境保护主管部门应司法机关、行政机关或者其他单位和个人要求予以提供，以供参考，但该名录不属于行政许可，也不具备强制力，同时，各级环境保护主管部门也可以向当事人推荐其他环境损害鉴定评估机构。其后，环境保护部、生态环境部分别于 2016 年、2020 年发布第二批环境损害鉴定评估推荐机构名录、第三批生态环境损害鉴定评估推荐机构名录，总计 42 家机构，如表 2 – 13、表 2 – 14、表 2 – 15 所示。

表 2 – 13　第一批环境损害鉴定评估推荐机构名录

序号	机构名称	协作单位
1	中国环境监测总站	无
2	环境保护部华南环境科学研究所	无
3	环境保护部环境规划院环境风险与损害鉴定评估研究中心	国家环境分析测试中心
4	中国环境科学学会环境损害鉴定评估中心	清华大学环境质量检测中心
5	天津市环境污染损害鉴定评估中心	天津市环科检测技术有限公司
6	浙江省环境保护科学设计研究院	无
7	安徽省环境科学研究院	安徽省环境监测中心站
8	山东省环境科学研究院	无

续表

序号	机构名称	协作单位
9	湖南省环境保护科学研究院	无
10	广东省环境科学研究院	广东省环境监测中心
11	重庆市环境科学研究院(重庆市环境监测中心)	重庆市环境工程评估中心
12	昆明环境污染损害司法鉴定中心	昆明市环境监测中心

表2-14　第二批环境损害鉴定评估推荐机构名录

序号	机构名称	协作单位
1	中国环境科学研究院	无
2	环境保护部南京环境科学研究所	无
3	北京市环境保护科学研究院	无
4	山西省环境污染损害司法鉴定中心	无
5	辽宁省环境科学研究院	无
6	黑龙江省环境科学研究院	无
7	上海市环境科学研究院	无
8	江苏省环境科学研究院	无
9	福建省环境科学研究院	福建历思司法鉴定所
10	河南省环境保护科学研究院	无
11	湖北省环境科学研究院	无
12	广西环境监测中心站	无
13	四川省环境保护科学研究院	无
14	贵州省环境科学研究设计院	无
15	甘肃省环境科学设计研究院	无
16	新疆环境保护科学研究院	无
17	绍兴市环境监测中心站	绍兴市环保科技服务中心

表 2-15 第三批环境损害鉴定评估推荐机构名录

序号	机构名称	鉴定评估类别
1	辽宁大学	污染物性质、地表水与沉积物环境损害,空气污染环境损害,生态系统环境损害,其他环境损害
2	江西省环境保护科学研究院	污染物性质、地表水与沉积物环境损害,空气污染环境损害,土壤与地下水环境损害,生态系统环境损害,其他环境损害
3	山东省生态环境规划研究院	污染物性质、地表水与沉积物环境损害,空气污染环境损害,土壤与地下水环境损害,其他环境损害
4	河南省地质矿产勘查开发局第二地质环境调查院	土壤与地下水环境损害
5	中国地质大学(武汉)	污染物性质、地表水与沉积物环境损害,土壤与地下水环境损害
6	武汉大学	污染物性质、土壤与地下水环境损害
7	陕西省地质调查实验中心	土壤与地下水环境损害
8	宁夏环境科学研究院(有限责任公司)	污染物性质、地表水与沉积物环境损害,空气污染环境损害,其他环境损害
9	河北中旭生态环境损害司法鉴定中心	污染物性质、地表水与沉积物环境损害,空气污染环境损害,土壤与地下水环境损害,近海海洋与海岸带环境损害,其他环境损害(噪声、振动)
10	内蒙古环投环境损害司法鉴定中心	污染物性质、地表水与沉积物环境损害,空气污染环境损害,土壤与地下水环境损害,其他环境损害(噪声)
11	大连理工大学司法鉴定中心	空气污染环境损害,土壤与地下水环境损害,其他环境损害
12	吉林省中实环境技术开发集团有限公司	污染物性质、地表水与沉积物环境损害,空气污染环境损害,土壤与地下水环境损害、其他环境损害(噪声、振动)
13	青海省环境科学研究设计院司法鉴定中心	污染物性质、地表水与沉积物环境损害,空气污染环境损害,土壤与地下水环境损害,生态系统环境损害,其他环境损害(噪声)

上述第一批、第二批推荐机构为环境保护部就环境损害相关鉴定评估事宜所设置,而第三批则是生态环境部为落实《生态环境损害赔偿制度改革方案》所设置。虽然生态环境损害赔偿诉讼与环境民事公益诉讼为两套不同的法律制度,但

如涉及与前述生态环境损害赔偿鉴定、评估机构业务范围相关的环境损害事实，非法捕捞类案件的起诉人仍可通过此类推荐机构进行鉴定、评估。

（二）环境损害司法鉴定、评估机构

2005年全国人民代表大会常务委员会《关于司法鉴定管理问题的决定》（该文件最新修正时间为2015年）规定，国家对从事司法鉴定业务的鉴定人和鉴定机构实行登记管理制度。其后，司法部陆续发布了《司法鉴定人登记管理办法》《司法鉴定机构登记管理办法》《司法鉴定许可证和司法鉴定人执业证管理办法》，建立了我国的司法鉴定管理框架。

自2014年后，环境领域公益诉讼在全国层面铺开，最高人民法院、最高人民检察院、司法部联合颁布《关于将环境损害司法鉴定纳入统一登记管理范围的通知》（司发通〔2015〕117号），决定将环境损害司法鉴定纳入统一登记管理范围；同日，司法部、环境保护部发布《关于规范环境损害司法鉴定管理工作的通知》（司发通〔2015〕118号），对设立环境损害司法鉴定机构的规划、鉴定事项、审核登记等内容进行了规定。此后，司法部陆续审批、通过了多家取得环境损害司法鉴定资质的机构，在案件审理中发挥重要作用。

鉴于涉渔公益诉讼案件中可能产生的较高的鉴定费用，对检察机关处理案件产生一定影响，司法部于2019年发布《关于进一步做好环境损害司法鉴定管理有关工作的通知》，拟推出一批不预收鉴定费的鉴定机构，这些机构接受检察机关委托后先行出具鉴定意见，待法院判决后由败诉方承担费用。同年，司法部推荐了首批58家不预先收取鉴定费用的环境损害司法鉴定机构。

前述环境主管部门推荐的鉴定、评估机构与环境损害司法鉴定机构是目前对于生态环境损害进行鉴定、评估较为典型的机构代表，对非法捕捞类案件而言同样可以适用。但如前所述，法律并未限制其他相关科研机构、地方渔业部门或相关专业人士对案件的环境损害、生态修复等专门性问题发表意见。公益诉讼起诉人为取得胜诉的结果，会确保所委托鉴定、评估机构的专业性和权威性，同时还会考虑案件成本，在涉案金额小、环境影响范围小等情形下，并非一定要委托前述机构进行鉴定、评估。例如，缙云县人民检察院所办理的一系列民事公益诉讼案件中，被告所捕获的渔获物数量极少，侵权方式较为简单且涉及环境影响范围较小，最终诉请的赔偿金额也较低，如委托外地的专业司法鉴定机构或科研机构，则诉讼成本可能过大。为确定被告的非法捕捞行为造成环境损害所需的修复费用，缙云县人民检察院委托具备渔业专业资质的技术人员出具了渔业资源生态修复意见书，而此类技术人员所提出的意见也最终被法院采纳。

综上，鉴定、评估是涉渔公益诉讼案件不可缺少的环节，关于如何选择鉴定、评估的主体，可充分考虑案件具体情况而定。

四、鉴定、评估所采用的标准

非法捕捞类案件中，除根据法律作出判断之外，在部分违法、犯罪的事实认定上需要鉴定、评估机构或其他专业机构、人士的意见，包括：

（1）关于是否为禁渔期、禁渔区的认定，即涉案水域是否处于禁止捕捞的期间。一般根据对禁渔期、禁渔区的相关法律规定，由当地的渔业主管部门予以认定。

（2）关于非法捕捞所涉渔具、渔法的认定和鉴定。前文已对渔具、渔法的标准进行了分析，而在司法实践中，科研机构、地方渔业管理部门、其他专业机构等均在相关案件中对渔具、渔法进行认定或鉴定，非法捕捞案件中主要涉及对电鱼工具、禁用网具的认定，以及少量毒鱼案件中对涉案人员所使用剧毒物质的认定。例如，杨某某、金某某环境污染责任纠纷案［（2019）沪 0151 民初 2890 号］中，中国水产科学研究院东海水产研究所鉴定涉案渔具作业方法为电捕，涉案渔具为一种采用电脉冲方式进行捕捞（电捕的一种）的兜状抄网；邹某甲、邹某乙等犯非法捕捞水产品罪一案［（2019）川 0321 刑初 226 号］中，被告人使用渔网在禁渔期、禁渔区进行非法捕捞，经当地农业农村局专业人员认定，被告人所使用的为禁用渔具；矫某某非法捕捞水产品一案［（2019）粤 0825 刑初 176 号］中，湛江市水产学会受托对被告人使用的渔法、渔具进行鉴定，认为涉案渔船所使用的渔具捕捞原理和作业方式与农业部发布的《禁止使用双船单片多囊拖网等十三种渔具的通告》附件 2 中的禁用渔具图例第 4 项，即渔具名称为 JY－04 拖曳水冲击齿耙耙刺一致，属于禁用渔具。需要注意的是，科研机构等第三方往往只能对渔具、渔法的工作机理进行鉴定，而关于何种渔具、渔法是违法工具，往往由渔业主管部门进行认定。

（3）关于渔获物是否为珍贵、濒危物种的鉴定。在非法捕捞类案件中，首先应对渔获物的类别和数量进行认定。当案件发生时，对渔获物的统计可能涉及渔业主管部门、环境主管部门、公安机关等多家单位，根据对案例的实证研究，一般是由当地渔业主管部门对渔获物的种类进行认定;对于其中难以认定的,可以委托专门机构进行鉴定。

(4)关于渔获物的价格、价值判断。关于渔获物的价格、价值判断,目前实践中一般由当地价格认定中心或发改部门对渔获物的价格进行认定,再由承担鉴定、评估工作的机构根据渔获物的种类和价值对渔业资源损失、生态修复方案等内容进行量化并出具意见。例如,王某非法捕捞水产品案[(2019)鲁 1103 刑初 307 号]中,案发地日照市岚山区价格认定中心针对王某的渔获物出具价格认定结论书;随后,日照市岚山区海洋发展局出具了《关于对王某非法捕捞造成渔业资源损失的估算意见》,认定被告人王某非法捕捞造成渔业资源损失赔偿费按照致死渔获物市场价格的 3 倍计算;同时,日照市岚山区海洋发展局还据此出具了《关于对王某非法捕捞造成渔业资源损失的修复方案》,要求王某进行增殖放流或缴纳相应赔偿金。

(5)关于渔业资源损失、生态环境修复等方面的鉴定、评估。此类鉴定、评估是公益诉讼起诉人提出诉讼请求的依据,也是渔业资源和生态环境是否可以得到有效补偿、修复的最为核心部分。2014 年,环境保护部发布了《关于印发〈环境损害鉴定评估推荐方法〉(第Ⅱ版)的通知》,以供开展环境污染鉴定、评估时参照执行。《环境损害鉴定评估推荐方法(第Ⅱ版)》所适用的范围包括因污染环境或破坏生态行为(包括突发环境事件)导致人身、财产、生态环境损害、应急处置费用和其他事务性费用的鉴定、评估(不包括因核与辐射所致环境损害),其中当然包括非法捕捞造成环境损害的鉴定与评估。

2016~2018 年,环境保护部陆续发布了多个鉴定评估标准,并于 2020 年发布了《生态环境损害鉴定评估技术指南总纲和关键环节第 1 部分:总纲》等六项标准,涵盖了生态环境损害鉴定评估的一般性原则、程序、内容和方法,以及环境损害调查、土壤和地下水治理、地表水和沉积物、大气污染虚拟治理成本法、水污染虚拟治理成本法等。

上述推荐方法、技术指南等文件构成了我国环境损害鉴定评估的框架,但其仍偏向于对污染事件损害或其他自然资源(如林木)损失的鉴定、评估,较少涉及对水生生物的鉴定、评估。在非法捕捞类案件中,存在部分鉴定、评估事项的计算方法参照污染事故相关标准的情况。

在标准方面,与非法捕捞类案件相关的鉴定评估标准包括《渔业水质标准》

(GB 11607—1989)、《渔业污染事故经济损失计算方法》(GB/T 21678—2018)等。在实践中,鉴定、评估机构也会依据相应标准出具意见。例如,吴某非法捕捞水产品案[(2019)粤0118刑初720号],中国水产科学研究院南海水产研究所认定的生态损害赔偿金即依据《渔业污染事故经济损失计算方法》而制定,虽然刑事附带民事公益诉讼被告代理人认为依据此标准所计算的生态损害量、渔业损害赔偿金额均过高,但法院最终仍采纳了中国水产科学研究院南海水产研究所的鉴定、评估结果。

根据具体案情不同,司法实践中还可能出现其他鉴定、评估的事项,如作业时段、作业区域、渔业船舶是否证照与实物统一等,但前述几类鉴定评估事项在审理非法捕捞类案件中是不可或缺的。

五、违法行为人的赔偿责任确认

《环境损害鉴定评估推荐方法(第Ⅱ版)》将环境损害鉴定评估的工作内容列明为污染物属性鉴别,损害确认,因果关系判定,损害数额量化。其中环境损害包括人身损害、财产损害、生态环境损害、应急处置费用和事务性费用。在目前所调研的非法捕捞类案件中,对违法行为人的赔偿责任如何确认,司法实践的情况并不统一,一般由公益诉讼起诉人依据鉴定、评估单位的意见而定。根据对案例的总结,法院最终判决非法捕捞行为人法律责任构成及承担法律责任的模式如下:

(一)违法行为人的法律责任构成

(1)违法行为人仅被判令承担生态修复费用。在部分案件中,公益诉讼起诉人虽委托鉴定、评估单位对环境损害情况进行了分析、认定,但在起诉时仅提出了生态环境修复费用的诉求,并未另行列出渔业资源损失或其他赔偿项目。此种情况并非说明公益诉讼起诉人在诉请中漏掉了违法行为人造成的渔业资源损失,而可能是将渔业资源损失计入了生态环境修复费用之中一并进行了主张。例如,麻某某侵权责任纠纷[(2020)浙11民初56号],民事公益诉讼起诉人缙云县人民检察院认为被告人麻某某利用电鱼工具非法捕捞水产品43次共约215千克,其后根据渔业工程师出具的渔业资源生态修复意见书,提出一项赔偿诉请,即要求被告人麻某某承担渔业生态资源修复费用93,830元,并得到法院支持。

(2)违法行为人仅被判令承担渔业资源损失。公益诉讼起诉人在提出诉请时,仅提出要求非法捕捞行为人赔偿渔业损失,并未提及该赔偿款项是否涉及生态修复费用。例如,李某、邵某非法捕捞水产品罪一案[(2019)川 1423 刑初 109 号]中,被告人李某等人在禁渔区内电鱼并获得渔获物 54.2 斤,当地水产渔政站认定非法捕捞行为造成渔业资源损失折合人民币 13,292 元,其后刑事附带民事公益诉讼起诉人洪雅县人民检察院提出两名被告人赔偿渔业资源损失 13,292 元,并得到法院支持。

(3)违法行为人被判令承担渔业资源损失与生态修复费用。除前述在渔业资源损失和生态修复费用中择一作为诉讼请求外,还有将两者分别列入诉讼请求同时起诉的情形。例如,陈某某非法捕捞水产品罪一案[(2019)浙 1125 刑初 104 号]中,被告人陈某某采用电鱼方式在禁渔期、禁渔区内进行捕捞,获得渔获物 213 尾共 5.465 公斤,刑事附带民事公益诉讼起诉人云和县人民检察院提出了两项诉讼请求:第一项要求被告人赔偿渔业资源损害赔偿金 135.5 元,第二项要求被告人承担生态环境修复费用 2710 元,此两项诉请均得到法院支持。

上述诉讼请求的赔偿名目虽然不同,但尚不能完全说明诉请中赔偿金的实际构成情况。在非法捕捞类案件中,若采用“电、毒、炸”或禁用网具捕鱼的方式,必定对生态环境造成一定影响,在处理相关案件时需要考虑各类赔偿金的计算,包括《环境损害鉴定评估推荐方法(第Ⅱ版)》列举的人身损害、财产损害、生态环境损害等赔偿项目。

(二)违法行为人承担法律责任的方式

根据对非法捕捞类案件的调研,违法行为人因其违法、犯罪行为被提起公益诉讼时,其所承担法律责任的方式有所不同,主要包括以下几类:

(1)判令违法行为人提供一定期限的劳务,如(2018)浙 11 民初 104 号案件中,公益诉讼起诉人要求被告赔偿生态修复费用 6655 元,但考虑到被告家境贫困,不宜再要求其进行金钱赔偿,因此在诉讼过程中变更诉讼请求,要求被告提供总计 444 小时的环境公益劳动。

(2)判令违法行为人提供现金赔偿,这是适用较为广泛的一种责任承担方式,如(2019)川 18 民初 51 号案件中,公益诉讼起诉人要求被告赔偿渔业资源损失费 7603.2 元,最终法院支持该诉请,并明确赔偿款项专项用于天然渔业资源补偿。

(3)判令违法行为人进行增殖放流,这是对生态进行补偿的最为直接的方式,也是非法捕捞案件中广泛采用的。例如,(2018)鄂 03 民初 288 号案件中,公益诉讼起诉人要求被告自主投放规格为 20 尾/千克的鲤鱼种 48,020 尾、5 厘米长的白鱼种3610尾及5厘米长的鳜鱼种285尾或由十堰市郧阳区渔政船检港监管理站委托有资质鱼苗供应单位投放上述规格、数量鱼苗,所产生的费用由被告承担。

(4)违法行为人赔偿现金或进行增殖放流,在此种情形下,法院一般会判令由其两者之中择一履行,或判令其承担增殖放流的义务,若逾期未履行,则赔偿相应的生态环境修复费用。例如,(2019)渝01民初295号案件,法院依据公益诉讼起诉人的诉请,判决被告2020年3月至6月内向嘉陵江流域放流规格10厘米以上的土著鲫鱼2000尾、鲢鱼4000尾和鳙鱼6000尾,若逾期未履行则于逾期之日起10日内赔偿生态环境修复费用12,934元,用于修复被损害的生态环境。

(5)违法行为人承担前述法律责任以外的其他责任。例如,(2018)黑0208刑初33号案件中,刑事附带民事公益诉讼被告因在禁渔期采用禁用渔具进行捕捞,而被法院判令赔偿624元用于设置警示牌,并在市级媒体上赔礼道歉。

六、非法捕捞水产品罪、投放危险物质罪的刑事责任认定

根据对非法捕捞类案件的大数据分析,其涉及的刑事罪名主要包括两项,即非法捕捞水产品罪和投放危险物质罪(非法捕捞行为人还可能因为捕捞国家重点保护动物而涉嫌非法猎捕、杀害珍贵、濒危野生动物罪,关于该罪名的情形将在水生野生动物保护的章节进行分析),其中,以投放危险物质罪定罪的非法捕捞类案件仅有1例,其余均为非法捕捞水产品罪。

(一)关于涉及刑事责任的立案标准

《刑法》第340条是关于非法捕捞水产品罪的条文,其规定:"违反保护水产资源法规,在禁渔区、禁渔期或者使用禁用的工具、方法捕捞水产品,情节严重的,处三年以下有期徒刑、拘役、管制或者罚金。"根据该条款,构成非法捕捞水产品罪的条件为在"禁渔期、禁渔期"内捕捞,或者采用禁用的渔具渔法进行捕捞,且需满足情节严重;至于在何种情况下可称为"情节严重",则见于相应的司法解释。

最高人民检察院、公安部于2008年发布的《关于公安机关管辖的刑事案件立案追诉标准的规定(一)》(以下简称《刑事立案追诉标准(一)》)对非法捕捞水产品罪的立案标准作了进一步的说明。其第63条对予以刑事立案的非法捕捞行为进行了界定;而最高人民法院在2016年发布的《关于审理发生在我国管辖海域相关案件若干问题的规定(二)》(以下简称《海域案件若干规定(二)》)第4条则对前述立案标准进行了调整,具体对比如表2-16所示:

表 2-16 《海域案件若干规定(二)》对《刑事立案追诉标准(一)》的调整

《刑事立案追诉标准(一)》	《海域案件若干规定(二)》
(1)在内陆水域非法捕捞水产品五百公斤以上或者价值五千元以上的,或者在海洋水域非法捕捞水产品二千公斤以上或者价值二万元以上的	(1)非法捕捞水产品一万公斤以上或者价值十万元以上的 (注:《海域案件若干规定(二)》规定所适用范围为海洋水域)
(2)非法捕捞有重要经济价值的水生动物苗种、怀卵亲体或者在水产种质资源保护区内捕捞水产品,在内陆水域五十公斤以上或者价值五百元以上,或者在海洋水域二百公斤以上或者价值二千元以上的	(2)非法捕捞有重要经济价值的水生动物苗种、怀卵亲体二千公斤以上或者价值二万元以上的 (注:《海域案件若干规定(二)》规定所适用范围包括海洋水域)
—	(3)在水产种质资源保护区内捕捞水产品二千公斤以上或者价值二万元以上的
(3)在禁渔区内使用禁用的工具或者禁用的方法捕捞的	(4)在禁渔区内使用禁用的工具或者方法捕捞的
(4)在禁渔期内使用禁用的工具或者禁用的方法捕捞的	(5)在禁渔期内使用禁用的工具或者方法捕捞的
(5)在公海使用禁用渔具从事捕捞作业,造成严重影响的	(6)在公海使用禁用渔具从事捕捞作业,造成严重影响的
(6)其他情节严重的情形	(7)其他情节严重的情形

鉴于《海域案件若干规定(二)》发布时间晚于《刑事立案追诉标准(一)》,且为海洋刑事责任的专门规定,故关于海洋水域的相关违法、犯罪行为应优先适用《海域案件若干规定(二)》。

最高人民法院、最高人民检察院、公安部、农业农村部于2020年12月发布《依法惩治长江流域非法捕捞等违法犯罪的意见》,其中不仅规定了应按非法捕捞水产品罪、非法猎捕、杀害珍贵、濒危野生动物罪,掩饰、隐瞒犯罪所得罪定罪的多种情形,还对单位犯罪、渎职犯罪、从重处罚以及应施以行政处罚的情况进行明确,具体如下:

《依法惩治长江流域非法捕捞等违法犯罪的意见》中刑事部分的内容:

(一)依法严惩非法捕捞犯罪。违反保护水产资源法规,在长江流域重点水域非法捕捞水产品,具有下列情形之一的,依照刑法第三百四十条的规定,以非法捕捞水产品罪定罪处罚：

1. 非法捕捞水产品五百公斤以上或者一万元以上的；

2. 非法捕捞具有重要经济价值的水生动物苗种、怀卵亲体或者在水产种质资源保护区内捕捞水产品五十公斤以上或者一千元以上的；

3. 在禁捕区域使用电鱼、毒鱼、炸鱼等严重破坏渔业资源的禁用方法捕捞的；

4. 在禁捕区域使用农业农村部规定的禁用工具捕捞的；

5. 其他情节严重的情形。

（二）依法严惩危害珍贵、濒危水生野生动物资源犯罪。在长江流域重点水域非法猎捕、杀害中华鲟、长江鲟、长江江豚或者其他国家重点保护的珍贵、濒危水生野生动物，价值二万元以上不满二十万元的，应当依照刑法第三百四十一条的规定，以非法猎捕、杀害珍贵、濒危野生动物罪，处五年以下有期徒刑或者拘役，并处罚金；价值二十万元以上不满二百万元的，应当认定为“情节严重”，处五年以上十年以下有期徒刑，并处罚金；价值二百万元以上的，应当认定为“情节特别严重”，处十年以上有期徒刑，并处罚金或者没收财产。

（三）依法严惩非法渔获物交易犯罪。明知是在长江流域重点水域非法捕捞犯罪所得的水产品而收购、贩卖，价值一万元以上的，应当依照刑法第三百一十二条的规定，以掩饰、隐瞒犯罪所得罪定罪处罚。

非法收购、运输、出售在长江流域重点水域非法猎捕、杀害的中华鲟、长江鲟、长江江豚或者其他国家重点保护的珍贵、濒危水生野生动物及其制品，价值二万元以上不满二十万元的，应当依照刑法第三百四十一条的规定，以非法收购、运输、出售珍贵、濒危野生动物、珍贵、濒危野生动物制品罪，处五年以下有期徒刑或者拘役，并处罚金；价值二十万元以上不满二百万元的，应当认定为“情节严重”，处五年以上十年以下有期徒刑，并处罚金；价值二百万元以上的，应当认定为“情节特别严重”，处十年以上有期徒刑，并处罚金或者没收财产。

（四）依法严惩危害水生生物资源的单位犯罪。水产品交易公司、餐饮公司等单位实施本意见规定的行为，构成单位犯罪的，依照本意见规定的定罪量刑标准，对直接负责的主管人员和其他直接责任人员定罪处罚，并对单位判处罚金。

（五）依法严惩危害水生生物资源的渎职犯罪。对长江流域重点水域水生生物资源保护负有监督管理、行政执法职责的国家机关工作人员，滥用职权或者玩忽职守，致使公共财产、国家和人民利益遭受重大损失的，应当依照刑法第三百九十七条的规定，以滥用职权罪或者玩忽职守罪定罪处罚。

负有查禁破坏水生生物资源犯罪活动职责的国家机关工作人员，向犯罪分子通风报信、提供便利，帮助犯罪分子逃避处罚的，应当依照刑法第四百一十七条的规定，以帮助犯罪分子逃避处罚罪定罪处罚。

（六）依法严惩危害水生生物资源的违法行为。实施上述行为，不构成犯罪的，由农业农村（渔政）部门等依据《渔业法》等法律法规予以行政处罚；构成违反治安管理行为的，由公安机关依法给予治安管理处罚。

（七）贯彻落实宽严相济刑事政策。多次实施本意见规定的行为构成犯罪，依法应当追诉的，或者二年内二次以上实施本意见规定的行为未经处理的，数量数额累计计算。

实施本意见规定的犯罪，具有下列情形之一的，从重处罚：(1)暴力抗拒、阻碍国家机关工作人员依法履行职务，尚未构成妨害公务罪的；(2)二年内曾因实施本意见规定的行为受过处罚的；(3)对长江生物资源或水域生态造成严重损害的；(4)具有造成重大社会影响等恶劣情节的。具有上述情形的，一般不适用不起诉、缓刑、免予刑事处罚。

非法捕捞水产品，根据渔获物的数量、价值和捕捞方法、工具等情节，认为对水生生物资源危害明显较轻的，可以认定为犯罪情节轻微，依法不起诉或者免予刑事处罚，但是曾因破坏水产资源受过处罚的除外。

非法猎捕、收购、运输、出售珍贵、濒危水生野生动物，尚未造成动物死亡，综合考虑行为手段、主观罪过、犯罪动机、获利数额、涉案水生生物的濒危程度、数量价值以及行为人的认罪悔罪态度、修复生态环境情况等情节，认为适用本意见规定的定罪量刑标准明显过重的，可以结合具体案件的实际情况依法作出妥当处理，确保罪责刑相适应。

（二）关于涉及刑事责任的移送问题

在实际执法过程中，除了公安机关直接抓获非法捕捞行为人之外，渔业执法部门也会查获非法捕捞行为，此时渔业主管部门可依据《渔业法》《渔业法实施细则》进行行政处罚，如发现涉嫌刑事犯罪则应移送公安机关。根据《行政执法机关移送涉嫌犯罪案件的规定》及非法捕捞的实际情况，渔业执法部门应妥善保存所收集的与违法行为有关的证据，尤其是渔获物可能存在易腐烂、变质的情况；而对于需要进行检验、鉴定的涉案物品,应当委托法定检验、鉴定机构进行检验、鉴定。渔业执法部门认为需要移送的,可按照《行政执法机关移送涉嫌犯罪案件的规定》的相关程序,向同级公安机关进行移送,并制作案件移送书、调查报告、物品清单、检验报告或鉴定报告等资料。

第三节　非法捕捞类公益诉讼典型案例分析

一、李某某、周某某环境污染责任纠纷案[(2018)浙11民初97号]

(一)基本案情

2018年5月11日晚,被告①李某某、周某某在缙云县用自制电鱼工具捕捞水产品,被渔政工作人员巡逻时发现并向缙云县公安局舒洪派出所报案,其后公安机关收缴渔获物109尾。

该案为由检察机关单独提起的民事公益诉讼,起诉单位为缙云县人民检察院,第一审受理法院为浙江省丽水市中级人民法院。按照法律规定,该案应由丽水市人民检察院作为起诉主体,但法律规定有管辖权的人民检察院在经由上级机关批准后,可将案件交由下一级检察机关办理,故在浙江省人民检察院批准后,缙云县人民检察院对此案进行审查起诉。缙云县人民检察院也将该批复作为证据进行提交。

缙云县人民检察院在该案中提出了一项诉讼请求,即请求法院判令李某某、周某某连带承担渔业生态资源修复费2000元,但未要求其赔偿渔业资源损失。缙云县人民检察院未委托任何鉴定、评估机构对渔业资源损失、生态环境修复等出具鉴定、评估意见,而是委托渔业工程师出具渔业资源生态修复意见书,该意见书认定被告应支付渔业资源增殖保护费2000元,用于修复渔业生态资源。

缙云县人民检察院在该案中提供了9项证据,其可分为三类:

(1)公益诉讼程序类证据,包括浙江省人民检察院同意缙云县人民检察院办

① 鉴于本书侧重于民事、行政公益诉讼,故在案例分析部分,不论是否涉及刑事责任,一般将违法行为人称为“被告”。

理该案的批复、缙云县人民检察院在《检察日报》上发布的公告等。前述公告即检察机关依据最高人民法院、最高人民检察院《关于检察公益诉讼案件适用法律若干问题的解释》等规定应履行的诉前程序,缙云县人民检察院在公告 30 日期满后没有法律规定的机关和有关组织提起民事公益诉讼,由其进行起诉。

(2)违法犯罪事实类证据,包括两被告对非法捕捞行为的陈述、证明非法捕捞行为的证人证言、公安机关制作的办案资料(扣押决定书、扣押清单、现场勘验笔录、现场图和现场照片)、两被告指认的电鱼工具及水产品的照片等。该案的调查工作主要由公安机关完成,公安机关所获取的证据及相应的调查记录均作为认定事实的重要依据。

(3)渔业相关专业性证据,包括丽水市人民政府关于禁渔范围和禁渔时间的公告、渔业工程师资质证明及出具的《关于非法捕捞渔业生态修复意见书》、专家证人在其他案件关于非法捕捞造成损害及相应赔偿标准的陈述等。公益诉讼起诉人认为现有证据足以证明被告使用禁用渔具,故未对渔具渔法进行专门性认定;同时,对于是否属于禁渔期或禁渔区的问题,公益诉讼起诉人提供丽水市人民政府的通告予以证明。

两被告未对检察机关的证据提出异议,也未提交任何证据。

(二)审理结果及案例分析

法院认为,两被告在禁渔期内以禁用渔法进行非法捕捞,违反《渔业法》第 30 条的规定,破坏了渔业资源和生态环境,对社会公共利益造成损害,故对缙云县人民检察院的诉讼请求予以支持,判决两被告连带赔偿渔业生态资源修复费用 2000 元。

该案属于缙云县人民检察院所承办的一系列民事公益诉讼,体现了大部分非法捕捞案件的特点。被告使用的电鱼工具为自制,未再使用其他复杂的渔具,说明实施此类案件的技术和资金门槛较低;同时,其渔获物的数量和价值较小,公安机关仅收缴渔获物 109 尾,而检察机关提出生态修复的费用也仅有 2000 元。缙云县人民检察院在办理此类案件时,未委托任何鉴定评估专业机构而以渔业工程师出具的意见书作为诉请依据,审理的过程中对方未对此提出异议,法院也对该意见书予以认可。缙云县人民检察院的办案方式符合此类案件的现实情况,是办理此类案件的一种模式。

二、高某某等生态破坏民事公益诉讼案[(2019)苏01民初2644号]

(一)基本案情

2019年1月,被告高某某、谈某某、陈某甲商议非法捕捞事宜,由谈某某、陈某甲等人实施捕捞,并将渔获物出售于高某某,再由高某某联系买家销售。其后,谈某某、陈某甲等多人在禁渔期内的高邮湖、宝应湖、邵伯湖地区进行非法捕捞。前述人等驾驶快艇,使用电瓶、逆变器、电渔网等工具,采用拉网的方法,合计捕获鲤鱼、鲫鱼13,140余斤。其中,王某甲、蒋某、陈某乙参与5次,捕获鲤鱼、鲫鱼12,500余斤;唐某某参与1次,捕获鲤鱼、鲫鱼4500余斤。

经由高某某联络的李某某,明知上述人等要前往高邮湖、宝应湖等水域进行非法捕捞,仍利用工作之便违规开闸5次并私自收取过闸费。高某某将渔获物出售于王某乙,王某乙明知高某某等人出售的渔获物系非法捕捞,但仍予以收购。后王某乙的装鱼车辆被查获,所载渔获物为4924余斤。

该案由扬州市人民检察院对高某某等10人单独提起民事公益诉讼,受理法院为江苏省南京市中级人民法院。江苏省实行了按照生态功能区为单位的"9+1"新型环境资源案件审判体系,由9个生态功能区法庭集中管辖全省环境资源第一审案件,同时由南京市中级人民法院环境资源法庭管辖前述9个环资法庭的上诉案件以及原来由全省其他中级法院受理的全部环境资源第一审案件。因此,该案虽发生在扬州市境内且由扬州市人民检察院提起诉讼,但由南京市中级人民法院集中管辖。

由于10名被告在该案中所参与的侵权行为并不一致,扬州市人民检察院在其所提出的诉讼请求中对各被告应承担的责任进行了划分,10名被告所对应的法律责任各有所区别:

(1)关于在国家级媒体公开赔礼道歉的法律责任,由10名被告共同承担;

(2)高某某、谈某某等4人对非法捕捞造成的全部生态资源损失152.442万元承担连带责任;

(3)王某甲等3人在其参与非法捕捞的145.48万元范围内与前述高某某、谈某某等4人承担连带责任,该部分责任共有7人承担连带赔偿责任;

(4)唐某某在其所参与非法捕捞的52.67万元范围内与前述高某某、谈某某等7人承担连带赔偿责任;

(5)李某某作为私自开闸的人员,对其协助非法捕捞造成的直接渔业资源损失6.61万元与前述高某等7人(不包括唐某某)承担连带赔偿责任;

(6)收购非法捕捞渔获物的王某乙,对其非法收购造成的直接渔业资源损失3.95万元与前述高某某等7人(不包括唐某某、李某某)承担连带赔偿责任;

(7)10名被告共同支付该案渔业资源损失咨询费5万元。

该案所涉及非法捕捞数额巨大,故江苏省高宝邵伯湖(高邮湖、宝应湖、邵伯湖简称)渔业管理委员会委托中国科学院水生生物研究所进行鉴定、评估。中国科学院水生生物研究所出具了《高宝邵伯湖电鱼案渔业资源损失评估报告》,该报告对非法捕捞造成的渔业资源损失进行了分析,并就损失的构成作出如表2-17所示结论:

表2-17 高宝邵伯湖电鱼案渔业资源损失构成

序号	损失项目	渔获物数量计算方法	渔获物价值标准(高宝邵伯湖区)	渔获物总价值
1	电捕渔获物价值	案涉渔获物总重量为6567千克,由鲤和鲫构成。根据《高邮湖五个水域渔业资源评估报告》中鲤和鲫的相对比例,估算该案电捕渔获物中鲤和鲫的重量	鲤、鲫的平均价格分别为8元/千克和20元/千克	渔获物鲤、鲫的经济价值市场价值估算总计为6.93万元
2	被电击致死或伤害的其他鱼类损失评估	根据《高邮湖五个水域渔业资源评估报告》的鱼类种类组成和重量百分比计算	高宝邵伯湖区附近的水产良种繁育场等成鱼销售价格	被电击致死或伤害的乌鳢、鳙、短颌鲚、红鳍原鲌、翘嘴鲌、黄颡鱼、鲢、大银鱼、鳊、花䱻、鰲等野杂鱼计11种鱼类损失经济价值为10.19万元
3	对鱼类繁殖的损失估算(针对渔获物中重量百分比最高的鲤、鲫和乌鳢三种鱼类进行计算)	根据雌雄性别比例、相对繁殖力、成活率等计算	鲤鱼、鲫鱼、乌鳢的苗种价格为150元/万尾、400元/万尾和1.8元/尾	鲤、鲫和乌鳢的鱼卵经济损失金额合计78.94万元

续表

序号	损失项目	渔获物数量计算方法	渔获物价值标准（高宝邵伯湖区）	渔获物总价值
4.1	鱼类饵料生物1:浮游动物渔产力损失价值	根据江苏省高宝邵伯湖渔业管理委员会(以下简称高宝邵伯湖管委会)办公室2017年浮游动物资源量调查所知浮游动物生物量均值、鲤和鲫的密度,从而计算鲤和鲫的总重量,然后推算出电捕扫过的水体体积,最后得出浮游动物生物量的损失量	参照《建设项目对国家级水产种质资源保护区(淡水)影响专题论证报告编制指南(试行)》(以下简称《建设项目影响编制指南》),浮游动物格按12元/千克计算	浮游动物渔产力的损失价值为0.011万元
4.2	鱼类饵料生物2:浮游植物渔产力损失价值	根据高宝邵伯湖管委会办公室2017年浮游植物资源量调查所知浮游植物生物量均值、电捕扫过的水体体积,从而计算植物生物量的损失量	浮游植物价格按6元/千克计算	浮游植物渔产力的损失价值为0.013万元
4.3	鱼类饵料生物3:底栖动物渔产力损失价值	根据高宝邵伯湖管委会办公室2017年浮游植物资源量调查所知底栖动物生物量均值、电捕扫过的水域面积,从而计算底栖动物损失量	底栖动物价格按20元/千克计算	底栖动物渔产力的损失价值为18.77万元

《高宝邵伯湖电鱼案渔业资源损失评估报告》依据《建设项目影响编制指南》对生态资源损失进行评估,并参考《高邮湖五个水域渔业资源评估报告》中鱼类资源密度和种类组成、高宝邵伯湖管委会2017年浮游动物资源量调查数据等相关资料。庭审中,《高宝邵伯湖电鱼案渔业资源损失评估报告》的项目负责人出庭对电捕鱼的危害、鱼类繁殖损失估算等问题进行了解答。其中关于为何要参照《建设项目影响编制指南》进行评估及是否合适的问题,负责人的解释是,因为建设项目对保护区造成影响时有严格的缓解和保护措施,而案涉电捕行为对渔业资源和生态环境的影响是毁灭性的,远比一般建设项目的影响更盛,因此,采用《建设项目影响编制指南》中的指标计算损失量不存在高估情形。

扬州市人民检察院在诉讼中提交了《202案件涉水产种质资源保护区情况》、《高宝邵伯湖封湖禁渔通告》、农业农村部办公厅《关于公布第十一批国家级水产种质资源保护区面积范围和功能分区的通知》等证据,证明高宝邵伯湖相关水域为国家级水产种质资源保护区,且在案发时处于禁渔期,而被告所驾驶快艇多次于夜间出没于其中。

对于扬州市人民检察院的诉请及理由,10 名被告分别作出了以下抗辩:

高某某等 8 人的抗辩:(1)《高宝邵伯湖电鱼案渔业资源损失评估报告》应当由公益诉讼起诉人或人民法院依职权委托,而非高宝邵伯湖渔业管理委员会;(2)《高宝邵伯湖电鱼案渔业资源损失评估报告》依据《建设项目影响编制指南》对该案生态资源损失进行评估不当;(3)《高宝邵伯湖电鱼案渔业资源损失评估报告》系根据《高邮湖五个水域渔业资源评估报告》中高邮湖鱼类资源密度和种类组成为主要依据评估电捕行为对渔业资源的损失,而该案电捕行为所涉及的水域主要为邵伯湖;(4)该案电捕渔获物主要为鲤鱼和鲫鱼,《高宝邵伯湖电鱼案渔业资源损失评估报告》对于乌鳢及其繁殖损失评估占比较大,缺乏合理性;(5)鱼类损失与鱼类繁殖损失之间存在重复计算的问题;(6)电捕行为虽然扫过一定范围的水域,但并不必然导致底栖生物全部死亡;(7)以青鱼的价值计算底栖动物渔产力损失无相应依据。

其余两名被告并非非法捕捞的直接实施主体,其抗辩理由与前述人员并不一致,其中李某某认为,生态资源直接损失的计算方式不准确,且其只是为非法捕捞人员提供开闸帮助行为,应当对生态破坏结果承担次要责任;王某乙则认为,其对高某某等人通过电捕方式实施非法捕捞的行为并不知情,从高某某处收购鲤鱼价格合理,且禁渔期内并不禁止鱼类买卖行为,其收购行为也应当与非法捕捞行为在责任承担方式上予以区分。

上述抗辩中,李某某和王某乙主要从其责任划分上进行抗辩;而高某某等 8 人则对鉴定、评估行为的程序、依据、结论等方面进行抗辩,但其并未提供相反的鉴定、评估意见,也没有提供足以推翻《高宝邵伯湖电鱼案渔业资源损失评估报告》的其他证据。

(二)审理结果及案例分析

法院对扬州市人民检察院提出的案件事实部分予以认定,最终按照检察机关的诉请,判决十名被告分别在其责任范围内承担连带赔偿责任,并在国家级媒体上赔礼道歉。本案中,法院在损失认定、责任承担方面进行了说理:

关于生态损失认定的问题,法院认可了《高邮湖五个水域渔业资源评估报告》的结论。对于被告质疑该案件案发地为邵伯湖却参照高邮湖的数据问题,法院认为高邮湖与邵伯湖相互毗连、水系相通,具有可参照性;对于《高宝邵伯湖电鱼案渔业资源损失评估报告》参照《建设项目影响编制指南》《高邮湖五个水域渔业资源评估报告》等资料进行评估的情况，法院亦予以认可。

关于生态资源损失赔偿责任承担的问题，法院认为高某某、谈某某等4人组织策划并参与全部8次非法捕捞活动，故应对全部损失承担连带赔偿责任；王某甲等4人应在各自参与非法捕捞范围内对生态资源损失承担相应的连带赔偿责任；关于私自开闸的李某某和非法收购的王某乙，法院认定其并不知晓非法捕捞的方式为电捕鱼，故认为其为对应的渔获物价值承担连带赔偿责任。

该案不同于本书所调研的大多数非法捕捞类案件，其为有组织、有预谋的非法捕捞行为，各非法捕捞行为人之间具有分工，并涉及协作开闸、收购等延伸违法行为，且动用了快艇、电渔网等工具，电鱼次数达8次之多，非法所得渔获物数量巨大，是具有典型性的重大非法捕捞案例。该案中，中国科学院水生生物研究所作出的《高宝邵伯湖电鱼案渔业资源损失评估报告》是该案重点争论的对象。该报告所参照的《建设项目影响编制指南》并非针对电捕鱼行为的影响而制定，而《高宝邵伯湖电鱼案渔业资源损失评估报告》仍参照了其中“鱼卵、仔稚鱼经济价值的计算”“6.2.3 对一般性水生生物资源，一次性生物资源的损害补偿为一次性损害额的3倍”等条款。《高宝邵伯湖电鱼案渔业资源损失评估报告》负责人认为使用《建设项目影响编制指南》进行渔业资源损失评估时不存在高估的情形，除所引用的数据并不因取样地不同而有所差异以外，还因为建设项目由于有严格的缓解和保护措施，其对渔业资源和生态环境的影响要小于电捕鱼，故采用《建设项目影响编制指南》也不会令损失计算量被高估。尽管专业人士将该案参照《建设项目影响编制指南》的理由予以说明，但本书认为该标准毕竟不是完全对应渔业资源相关的评估体系，没有高估损失量，是否存在低估的情形？在农业农村部《非法捕捞认（鉴）定评估办法》发布之前，司法实践中确缺乏更为契合电捕鱼对生态环境损失进行量化的相关标准，本书期待在《非法捕捞认（鉴）定评估办法》实施之后，未来关于渔业保护的各项规定能够继续完善，避免司法审判中对评估结果的争议，同时也能更准确地弥补渔业损失并修复生态环境。

三、杜某甲、杜某乙等侵权责任纠纷案[（2019）渝01民初295号]

（一）基本案情

2018年4月16日，被告杜某甲、杜某乙、江某与另一案外人，相约至嘉陵江重庆市合川区古楼镇沙嘴村下码头流域,杜某甲与案外人采取放网方式捕鱼,杜某乙与江某采取电击方式捕鱼,并将渔获物储存在船舱中;2018 年 4 月 18 日,前述 4 人再次来到沙嘴村下码头,先后各驾驶一艘渔船,在码头附近流域采取电击方式捕鱼。次日凌晨,4 人在运输渔获物途中被公安机关查获。经清查,前述渔获物包括鲤鱼 61 条,共净重 153.55 千克;草鱼 1 条,共净重 2.5 千克;红鲋 2 条,共净重 0.4 千克;黄辣丁 15 条,共净重 0.75 千克。

2018 年 12 月 3 日,重庆市渝北区人民法院作出的(2018)渝 0112 刑初 1485 号刑事判决认定了上述事实,并以非法捕捞水产品罪对杜某甲、杜某乙、江某分别判处有期徒刑 10 个月、1 年和 1 年 1 个月,该刑事判决现已生效。

该案为重庆市人民检察院第一分院对杜某甲、杜某乙、江某单独提起的民事公益诉讼,由重庆市第一中级人民法院受理。重庆市人民检察院第一分院提出了 3 项诉讼请求,分别是:(1)判令被告赔偿因采取电击方式捕鱼造成天然渔业资源经济损失 12,934 元,或向嘉陵江流域放流规格 10 厘米以上的土著鲫鱼 2000 尾、鲢鱼 4000 尾和鳙鱼 6000 尾;(2)判令被告承担评估费 9000 元;(3)判令被告向社会公众赔礼道歉。前述第 1 项诉讼请求为要求被告承担现金赔偿或增殖放流两者择一的法律责任,而如被告选择支付现金,关于其后如何使用该款项以达到修复被损害的生态环境之目的(如是否委托当地渔业主管部门进行增殖放流),检察机关并未明确列入诉讼请求。

在该案中,重庆市人民检察院第一分院委托西南大学司法鉴定所对渔业损失、生态环境损害等情形进行鉴定、评估。西南大学司法鉴定所就此出具司法鉴定意见书,认为被告的非法捕捞行为造成了渔业资源损失、相关间接损失及生态环境损害,并说明了电捕鱼行为所造成的是何种破坏:其一,电极所到之处,幼鱼和成鱼都将直接被电伤、电死,同时也会导致鱼卵的孵化率降低;其二,虽然有时鱼没被电死或只是被电晕,但是电流会对其性腺造成破坏;其三,电捕鱼还会对鱼的食物,即一些河流中栖息的无脊椎动物、藻类等生物造成严重伤害,使鱼的生物饵料减少,间接影响渔业资源恢复;其四,电鱼器电死的大量鱼及其他生物,只有很少数被违法行为人带走,大部分尸体沉到水底,逐渐腐败变质,影响河流水质。据此,西南大学司法鉴定所认定渔业资源的损失不低于 12,934 元,并提出通过增殖放流的方式对生态进行修复。

重庆市人民检察院第一分院在诉讼中提交了 4 组证据:

第一组证据为立案决定书、《重庆晨报》公告等，此组证据为程序性文件，为检察机关提起民事公益诉讼的前置程序。

第二组证据为被告主体身份，证明杜某甲、杜某乙、江某具备诉讼主体资格。

第三组证据为3名被告的刑事判决书，证明其在禁渔期、禁渔区采取电击方式捕获渔获物157.2公斤的事实。最高人民法院于2008年颁布的《关于民事诉讼证据的若干规定》①第9条规定，对于已为人民法院发生法律效力的裁判所确认的事实，当事人无须再行举证证明，因此，重庆市人民检察院第一分院以刑事判决书证明三被告的非法捕捞行为。

第四组证据为关于赔偿金额和修复方案确认的证据，即委托鉴定函、司法鉴定委托协议、重庆增值税发票、西南大学司法鉴定所司法鉴定意见书。因重庆市人民检察院第一分院要求三被告承担鉴定费用，故提供了相应的协议与发票予以证明。

（二）审理结果及案例分析

本案中，三被告对公益诉讼起诉人的证据均无意见，也未进行举证，故对于重庆市人民检察院第一分院的3项诉讼请求，法院均予以认可，并最终对全部诉讼请求予以支持，判决杜某甲、杜某乙、江某于2020年3～6月向嘉陵江流域放流规格10厘米以上的土著鲫鱼2000尾、鲢鱼4000尾和鳙鱼6000尾；若逾期未履行前述义务，则三被告应于逾期之日起10日内赔偿生态环境修复费用12,934元，用于修复被损害的生态环境；同时，三被告应在省级或以上媒体向社会公开发表经本院审核认可的赔礼道歉声明，并向公益诉讼起诉人重庆市人民检察院第一分院支付鉴定费用9000元。

相较于本书之前所列举的前两起非法捕捞案件，该案涉及的捕捞规模、案件复杂程度等介于两者之间，亦为比较常见的案件类型。法律并未明确规定检察机关应对何种案件提起民事公益诉讼，但如非法捕捞行为涉及禁渔期、禁渔区及禁用渔法渔具的，一般都可能产生刑事责任，对生态环境的影响也比较大，故检察机关会倾向于对此类案件单独提起民事公益诉讼或刑事附带民事公益诉讼。该案为检察机关单独提起的民事公益诉讼案件，而检察机关将刑事判决书作为证据之一，体现了非法捕捞类案件中刑事诉讼与民事诉讼之间的紧密关系。

---

① 该规定已于2019年修订，彼时仍适用未修订前的版本。

该案的鉴定评估工作是由具备环境损害鉴定评估资质的西南大学司法鉴定所完成的，其所出具的鉴定意见书具体分析了非法捕捞相关违法行为对环境的影响，包括直接损失、间接损失、生态环境损失的范围等。在大多数非法捕捞案件中，“电、毒、炸”及使用禁用渔具的渔获物数量并不多，但赔偿金额却远大于渔获物的价值，其原因就在于此类方式造成的渔获物之外损失大大超过非法捕捞行为人直接获得的利益，这也是法律要严厉打击这些非法捕捞方式的理由之一。

四、余某、张某某等非法捕捞水产品案[(2018)渝0116刑初970号]

(一)基本案情

2018年6月5日21时前后，被告余某、张某某等4人相约前往重庆市巴南区麻柳镇梓桐坝长江水域捕鱼。该日22时至次日0点30分，余某、张某某等4人先行携带电捕鱼工具到达该水域进行非法捕捞，其中一人负责操作电捕鱼工具，其余3人负责捡鱼、照明。其后，公安机关将4人当场抓获，并查获非法捕捞的渔获物2.705千克及电捕鱼工具一套。经查，涉案水域当年的禁渔期为3月1日至6月30日。

该案由当地公安机关查获，且涉案人员均已涉及刑事责任，故由重庆市江津区人民检察院提起公诉，同时提起刑事附带民事公益诉讼。刑事部分及刑事附带民事部分第一审均由重庆市江津区人民法院受理。前文已分析了刑事附带民事公益诉讼的管辖情况，此类案件均由办理及受理刑事部分的基层检察机关与基层法院办理，检察机关通过核查刑事部分的侦办结果，可以更为便捷地掌握案件情况。

江津区人民检察院在公诉部分认为，4名被告人在禁渔区、禁渔期采用禁用方法捕捞水产品，触犯了《刑法》第340条，建议判处四被告人拘役3个月；而在刑事附带民事部分，江津区人民检察院认为四被告的行为损害社会公共利益，要求四被告承担侵权责任，其诉讼请求包括两项，具体为：(1)判令四被告在非法捕捞水域投放成鱼7.96千克(其中鲇鱼3千克、鲫鱼3千克、泥鳅1.96千克)，幼鱼28,142尾(其中鲇鱼12,000尾、鲫鱼12,000尾、泥鳅4142尾)；(2)判令四被告承担损害和修复的评估费用2000元。

为核实电捕鱼行为给生态环境造成的损害，江津区人民检察院委托中国水产科学研究院长江水产研究所对此进行了鉴定，并出具了鉴定报告。该报告认为，电捕鱼对渔获物没有选择性,电极产生的扩散电流会导致所触及的各类水生动物死亡或受损,危害面广,不分种类和个体大小,对鱼类资源破坏极其严重;即便侥幸逃脱电击的鱼类,除了形体等受损外,还会因性腺生理功能损伤而无法正常繁殖,影响种群繁衍;此外,电流还会对水中的鱼卵、鱼苗造成损害,大量减少鱼群数量。

（二）审理结果及案例分析

鉴定报告还对电捕鱼的损失构成及环境危害方式进行了分析,该分析部分对办理此类案件的思路具有参考价值,具体如下:

1. 关于电捕鱼的损失,可区分为沉底的鱼(电晕或电死)、上浮的鱼(电晕或电死)以及电伤逃跑的鱼三部分,其中仅上浮的鱼被捞为渔获物,因此,根据非法捕捞的渔获物推算,潜在损失可达 10.82 千克,为直接捕捞渔获物价值的 4 倍。

2. 关于电捕鱼导致环境危害的结果:一方面是被电击致死的部分生物个体的尸体沉入水底逐渐腐烂变质,从而污染水体;另一方面是对生长在水体中的浮游生物、无脊椎生物、软体动物等造成致命伤害,导致水生生态系统食物链遭受破坏,系统中的物质流动和能量流动受到阻遏,危害水体生态安全;此外,电捕鱼还会造成土著鱼类数量减少,导致生态位空缺,给外来物种入侵提供了可利用的机会,增加生物入侵的风险。

中国水产科学研究院长江水产研究所的报告解释了为何电捕鱼会造成如此大的危害,因此非法捕捞行为人虽仅获取较小金额的渔获物,但往往面临数倍甚至数十倍于此的赔偿数额,以及刑事方面的追责。

4 名被告并未在庭审中提出异议,其在归案后各自自愿购买价值人民币 1250 元的鱼苗用于修复长江渔业生态资源,并如实供述了犯罪事实,自愿签署认罪认罚具结书。根据所调研的案例显示,涉及刑事责任的非法捕捞案件中,公益诉讼的被告极少对起诉人的诉讼请求及理由进行抗辩,反而会积极认罪并主动赔偿,以求作为刑事部分的从轻处罚情节。

法院认为,4 名被告在禁渔区、禁渔期使用禁用的方法捕捞水产品,已构成非法捕捞水产品罪,而四被告在归案后如实供述罪行,依法可从轻处罚;4 名被告自愿认罪认罚并自愿修复长江渔业生态资源,有悔罪表现,可酌情从轻处罚。但是,由于四被告电捕鱼数量较大,法院认为不宜适用缓刑,故最终分别判处四被告拘役 2 个月。关于刑事附带民事部分,法院对中国水产科学研究院长江水产研究所的鉴定结论予以认可,并支持了检察机关的全部诉讼。

刑事附带民事公益诉讼是非法捕捞案件的主要案件类型,在此类案件中,检察机关同时办理刑事部分和刑事附带民事部分,可以借由刑事程序对被告进行更有力度的调查和审问。同时,被告为了争取降低刑事部分的刑责,对刑事附带民事部分一般会积极认可及配合,较多案件在判决之前被告便已全部或部分履行赔偿或增殖放流的义务,有利于生态环境更快得到修复。此外,关于程序的相关问题,该案虽是刑事附带民事公益诉讼,但江津区人民检察院认为仍需履行诉前程序,确认无符合法律规定的机关和有关组织提起公益诉讼后方才起诉。

此外,该案还反映出部分违法行为人的特征,即文化水平普遍不高。4名被告人中,除一人为高中文化水平以外,其余人员均为初中文化水平,总体学历构成处于较低的状态。虽然受教育程度高低与是否进行违法、犯罪并无直接关联,但较低的文化水平及其对应的职业、经济收入等情况,是否影响行为人知晓法律规定的渠道和能力,是否影响行为人在知晓法律规定后理解相应的法律后果并作出理性判断,都是一个值得探究的问题。

五、岳某某投放危险物质案[(2019)川1902刑初138号]

(一)基本案情

2018年11月13日,被告岳某某将其自行购买的30瓶"甲氰菊酯"(中毒性、杀虫剂,每瓶容量60毫升)农药投放至巴州区枣林镇青滩电站下面漫水桥下游300米左右河段处,并在大青滩坨河段(属于二级饮用水源保护区)内铺设渔网的方式捕捞各野生鱼类。岳某某非法捕捞渔获物总计50条,共计13.4斤;同时,由于岳某某的投放农药行为,导致当地供水单位巴中圣泉水务股份有限公司(以下简称圣泉公司)停止向全城居民供水14小时,造成直接经济损失166,872元。

该案由巴中市巴州区人民检察院提起公诉及刑事附带民事公益诉讼,并由巴中市巴州区人民法院受理该案;同时,圣泉公司以刑事附带民事诉讼原告的身份,亦向岳某某提起刑事附带民事诉讼。

采用电捕鱼方式进行捕捞的案件中,一般不会涉及对第三方的损害,而仅由检察机关或社会组织提起民事公益诉讼,但岳某某采用了投毒的方式进行非法捕捞,其造成的影响范围比之电捕鱼行为大大扩张。该案中虽仅有圣泉公司对岳某某进行起诉,但岳某某的行为还可能损害与投放水域相关的其他方的利益,如可能造成水域内养殖户的财产损失,或侵犯用水人员的生命权、健康权等。

该案中,巴州区人民检察院认为,岳某某在刑事方面触犯了《刑法》第 114 条,应当按照投放危险物质罪追究刑事责任;在刑事附带民事公益诉讼部分,岳某某的投放危险物质行为造成渔业资源破坏,致使生态环境受损,应当承担以下民事责任:(1)赔偿渔业损失 400 元;(2)对渔业损失进行增殖放流 2000 尾(50 克/尾)或支付其费用 3000 元;(3)向社会公众赔礼道歉。此外,圣泉公司也提出了刑事附带民事部分的诉讼请求,要求岳某某赔偿其经济损失 166,872 元。

关于岳某某投放有毒物质造成的渔业资源及生态环境的损害,巴州区人民检察院委托巴州区水产渔政局出具了《关于 11 · 13 毒鱼事件渔业资源的损失及修复方案》,对渔业资源损失的赔偿金额、生态环境的修复方式等问题提出了意见,认为造成渔业资源直接损失为 400 元,应增殖放流各类鱼苗 2000 尾,其费用约为 3000 元。由于岳某某非法捕捞方式的特殊性,巴州区人民检察院还提供了其他文件,包括巴州区环保局出具的巴中市巴州区集中式饮用水源地大佛寺水质监测快报、(药)毒物分析鉴定报告、中市疾病预防控制中心检验检测结果报告等,用于证明岳某某行为的危害性及损害结果,如水质监测快报显示,一定时间段里在枣林水质自动站河段提取的水样中均检出"甲氰菊酯"。

(二)审理结果及案例分析

法院认为,岳某某的投放有毒物质行为危害公共安全,已经构成投放危险物质罪,判处其有期徒刑 3 年 6 个月;对岳某某所造成的渔业资源及生态环境损害,法院认可巴州区人民检察院的意见,对其提出的诉讼请求全部予以支持,同时根据岳某某的实际情况判决其向巴州区水产渔政局支付增殖放流费用 3000 元,由该局代为增殖放流。

对于圣泉公司的刑事附带民事部分,法院引用了《关于适用〈中华人民共和国刑事诉讼法〉的解释》(2012)第 138 条(现行法第 175 条)的规定,驳回了圣泉公司的诉讼请求。该条款规定:"被害人因人身权利受到犯罪侵犯或者财物被犯罪分子毁坏而遭受物质损失的,有权在刑事诉讼过程中提起附带民事诉讼……"法院在此并未明确该法条在该案中的具体适用情况,对圣泉公司的诉请予以驳回。关于法院驳回的理由,本书倾向于认为,由于圣泉公司遭受财产损失并非直接来自岳某某的违法行为,不符合提起刑事附带民事诉讼的条件。

该案为本书所调研案例中少见的以投放有毒物质进行非法捕捞的案件。非法捕捞类案件涉及两个罪名,非法捕捞水产品罪和投放危险物质罪,根据《刑法》第114条、第115条、第340条之规定,非法捕捞水产品罪的法定刑为3年以下;投放危险物质罪的法定刑为3年以上10年以下有期徒刑、10年以上有期徒刑、无期徒刑或死刑。从法定刑来看,投放危险物质罪的社会危害性一般要大于非法捕捞水产品罪,而从该案中投毒行为所影响的区域和人员数量来看,投放有毒物质捕捞行为也更具有社会危害性。

以该案而言,岳某某被判令赔偿的渔业资源损失和生态修复费用金额未必超过其他电捕鱼类案件,实际上其赔偿额是相对较低的,但其造成供水单位长时间停水,影响已远远大于一般的电鱼行为。相比采用电鱼方式的非法捕捞行为,投放有毒物质进行非法捕捞的行为应是被更加严格打击和管控的。

第四节　重要案例判决书节选

一、高某某等生态破坏民事公益诉讼案[(2019)苏01民初2644号]

【基本案情】

详见本书第111页。

【法院认定的事实】

……

受江苏省高宝邵伯湖渔业管理委员会委托,中国科学院水生生物研究所于2019年11月出具《损失评估报告》[1]一份,载明以下主要内容:

(一)高宝邵伯湖鱼类组成和产量

受江苏省高宝邵伯湖渔业管理委员会办公室委托,中国科学院水生生物研究所于2016年12月9日至11日,对高宝邵伯湖的黄复尖外水域、马棚外水域等五个围网区域的渔业资源量进行了估算,利用电捕鱼取样,采用去除取样法估算围网内的渔业资源量,形成了《渔业资源评估报告》。[2]《损失评估报告》以该《渔业资源评估报告》的鱼类资源密度和种类组成为主要依据评估电捕鱼对渔业资源的

① 指《高宝邵伯湖电鱼案渔业资源损失评估报告》。
② 指《高邮湖五个水域渔业资源评估报告》。

损失。《渔业资源评估报告》确定 5 个围网中共采集渔获物 17 种鱼类，各种类的重量百分比主要组成为鲤鱼 47.90%、乌鳢 22.673%、鲫鱼 12.915%，其他鱼类包括鳙、短颌鲚、红鳍原鲌、翘嘴鲌、黄颡鱼、鲢、间下鱵、似鳊、大银鱼、似刺鳊鮈、鰲、鳊、花䱻、飘鱼。

（二）电鱼案渔业资源损失评估

1. 电捕渔获物价值

案涉渔获物总重量为 6570 千克，由鲤和鲫构成。根据《渔业资源评估报告》中鲤和鲫的相对比例，估算本案电捕渔获物中鲤和鲫的重量分别为 5175 千克和 1395 千克。根据高宝邵伯湖区附近的水产良种繁育场等成鱼销售价格，鲤、鲫的平均价格分别为 8 元/千克和 20 元/千克，估算出渔获物鲤、鲫的经济价值分别为 41,400 元和 27,900 元，6570 千克渔获物的市场价值估算为 6.93 万元。

2. 被电击致死或伤害的其他鱼类损失评估

根据《渔业资源评估报告》的鱼类种类组成和重量百分比，结合高宝邵伯湖区附近的水产良种繁育场等成鱼销售价格，计算除鲤和鲫之外的被电击致死或伤害的乌鳢、鳙、短颌鲚、红鳍原鲌、翘嘴鲌、黄颡鱼、鲢、大银鱼、鳊、花䱻、鰲等野杂鱼计 11 种鱼类损失经济价值为 10.19 万元。

3. 对鱼类繁殖的损失估算

因鲤、鲫和乌鳢为渔获物中重量百分比最高的三种鱼类，报告对这三种鱼类繁殖损失价值进行估算。经抽样检查，电捕鲤和鲫渔获物的体长均大于其初次性成熟体长，均可视为繁殖个体。根据雌雄性别 1:1 比例，估算出鲤、鲫和乌鳢繁殖群体的重量分别为 2587.5 千克、698 千克和 1254 千克。鲤和鲫的相对繁殖力分别为 161 粒/克，178 粒/克，乌鳢的相对繁殖力约为 30 粒/克，估算出鲤、鲫和乌鳢的鱼卵损失量。参照《编制指南》①，鱼卵的经济价值应折算成商品鱼苗进行计算，且鱼卵生长到商品鱼苗按 1% 成活率计算。案涉湖泊附近原种场鲤鱼、鲫鱼、乌鳢的苗种价格为 150 元/万尾、400 元/万尾和 1.8 元/尾，估算出鲤、鲫和乌鳢的鱼卵经济损失金额分别为 6.25 万元、4.97 万元和 67.72 万元，合计 78.94 万元。

4. 鱼类饵料生物损害的补偿额估算

（1）浮游动物渔产力损失价值。根据江苏省高宝邵伯湖渔业管理委员会办公

---

① 指《建设项目对国家级水产种质资源保护区（淡水）影响专题论证报告编制指南（试行）》。

室2017年浮游动物资源量调查，浮游动物生物量均值为0.08毫克/升，高宝邵伯湖鲤和鲫的密度为5.447千克/亩，鲤和鲫的总重量为6570千克，推算出电捕扫过的水体体积为1.20617109升，浮游动物生物量的损失量为96.5千克。参照《编制指南》，浮游动物经济损失换算成渔产力。以浮游动物为食的鱼类为鳙，其价格按12元/千克计算，估算浮游动物渔产力的损失价值为0.011万元。

(2)浮游植物渔产力损失价值。根据江苏省高宝邵伯湖渔业管理委员会办公室2017年浮游植物资源量调查，浮游植物生物量均值为0.55毫克/升，电捕扫过的水体体积为1.20617109升，浮游植物生物量的损失量为663千克。以浮游植物为食的鱼类为鲢，其价格按6元/千克计算，估算浮游植物渔产力的损失价值为0.013万元。

(3)底栖动物渔产力损失价值。根据江苏省高宝邵伯湖渔业管理委员会办公室2017年年底栖生物资源量调查，底栖动物生物量均值为175.15克/平方米，本次电捕扫过的水域面积为1206亩(804,116平方米)，估算底栖动物损失量为140,840千克。以底栖动物为食的鱼类为青鱼，其价格按20元/千克计算，估算底栖动物渔产力的损失价值为18.77万元。

参照《编制指南》，对一般性水生生物资源，一次性生物资源的损害补偿为一次性损害额的3倍。根据以上评估，电击对水生生物生物量损失价值包括浮游动物渔产力损失价值0.011万元、浮游植物渔产力的损失价值0.013万元和底栖动物渔产力的损失价值18.77万元，总计18.794万元。因此，饵料生物资源损害的补偿额为56.382万元。

5.渔业资源管理单位对本案渔业损失价值的咨询费用为5万元

本案审理过程中，《损失评估报告》的项目负责人谢松光出庭接受各被告方及法庭询问，并对：(1)电捕行为导致包括渔业资源损失在内的水域生态环境有何危害；(2)鱼类繁殖损失估算方法是否科学以及与鱼类直接损失之间是否重复计算；(3)生态损失赔偿费用与渔获物价值之间为何存在差异；(4)以高邮湖的鱼类构成比例估算邵伯湖鱼类比例是否合理；(5)采用《编制指南》计算方法估算本案高邮湖及邵伯湖生态资源损失是否科学；(6)渔获物中乌鳢实际占比与估算占比为何存在差异；(7)以青鱼计算底栖动物渔产力损失价值是否准确等问题，作出详细解释。

谢某某认为：(1)电捕鱼系违法捕捞方式，对渔业资源和生态环境有较大危害，不仅直接导致鱼类死亡，而且电捕区域致死或伤害的鱼类除一部分被捕获外，还有相当数量受到伤害的鱼类没有被捕捞。当电捕行为致死致伤的鱼类为性成熟个体时，将影响鱼类的繁殖，即种群产生后代数量减少。此外，电捕行为还将导致所及区域的鱼类天然饵料生物（浮游动物、浮游植物和底栖生物）死亡，进而导致渔产量下降。(2)《损失评估报告》中估算的损失充分考虑了电捕行为导致2019年当季受损害鱼类种群繁殖的影响价值，受损害的鱼类中鲤鱼、乌鳢和鲫鱼占比80%以上，且受损个体均属性成熟的繁殖群体。《损失评估报告》在计算怀卵量的基础上，按照怀卵量1%的存活率计算生产鱼苗的数量，进而计算鱼苗的价值作为繁殖损失，鱼类繁殖损失与其他三项损失之间不存在重复计算情形。对于电捕行为造成鱼类天然饵料生物资源的损害，《损失评估报告》系依据高宝邵伯湖饵料生物资源的平均密度计算电捕区域的损失量，进而计算其渔业价值。(3)非法捕捞人员虽然通过电捕行为获得一定渔获物和经济利益，但在综合考虑以上因素的情况下，其实施的电捕行为造成的渔业资源和环境的损失远高于渔获物价值。(4)高邮湖、宝应湖、邵伯湖为一个湖群，湖泊相互连通，鱼类可以在湖泊间自由游动，因此各湖泊之间鱼类资源基本相似。高邮湖在3个湖泊中的面积最大，故高邮湖的鱼类资源具有代表性，该湖域中调查形成的《渔业资源评估报告》可以用来参考估算本案中邵伯湖的渔业资源损失。(5)案涉电捕行为导致的损失并非依据3个湖泊内的国家级种质资源保护区的渔业资源状况进行评估，而仅是在鱼类繁殖损失和渔产力损失评估项目中参照了《编制指南》的相关条款。①“鱼类繁殖损失估算”系在依据案涉电捕行为导致的鱼类资源损失量的基础上计算出怀卵量，再参照《编制指南》中“鱼卵、仔稚鱼经济价值的计算”内容中“鱼卵生长到商品鱼苗按1%成活率计算”指标，计算鱼卵生产商品鱼苗的量，进而计算鱼苗价值。②“鱼类饵料生物损害的补偿额估算”中的饵料生物包括浮游植物、浮游动物和底栖生物，资源量系根据高邮湖中上述饵料生物的平均密度进行估算，并非种质资源保护区中的密度。损失量确定后，再参照《编制指南》“6.2 损害补偿年限（倍数）的确定”中的“6.2.3 对一般性水生生物资源，一次性生物资源的损害补偿为一次性损害额的3倍”估算鱼类饵料生物损害的补偿额。上述两个参照的条款均是以相关生物学数据为基础，鱼卵到商品鱼苗的存活率不会因为鱼类是否在种质资源保护区而存在差异；一般生物资源的补偿年限是根据受损的生物修复需要的年限确定，也不以是否在种质资源保护区而存在差异。即使存在差异，因种质资源保护区有丰富的保护措施，其修复速度较非保护区更快；建设项目对保护区造成影响时有严格的缓解和保护措施，而案涉电捕行为对渔业资源和生态环境的影响是毁灭性的，远比一般建设项目的影响为盛，因此，本案采用《编制指南》中的指标计算损失量不存在高估情形。(6)由于不同鱼类被电击后的行为反应不同，鲤鱼和鲫鱼被电击后立即浮出水面，相对容易被拖网捕获到，而乌鳢被电击后的反应是钻向底泥，电捕时不容易被捕捞到。(7)电捕时电流覆盖的水域和底泥中的水生生物都会遭受电击，浮游动物、浮游植物和底栖生物对电击较鱼类更为敏感，电击可以导致该区域上述生物全部死亡或损伤。鱼类天然饵料生物资源的渔业价值一般是以专食某一种饵料资源的典型鱼类种类来计算。青鱼专食底栖生物，故一般用来折算底栖生物的渔业价值，在我国内陆水体底栖生物的渔业价值估算中普遍采用，该方法系用来将底栖生物的损害量折算为渔业损失的一个技术途径。一些杂食性鱼类如鲤鱼等也摄食底栖生物，但同时摄食其他饵料生物，技术上难以用这些鱼类来折算底栖生物的渔业价值。同理，鲢鱼为典型的浮游植物食性，一般用鲢鱼折算浮游植物的渔业价值；鳙鱼为典型的浮游动物食性，一般用鳙鱼折算浮游动物的渔业价值。

……

【法院裁判理由】

根据《渔业法》第30条的规定，电捕鱼系法律规定的禁止捕捞方式。高某某等人在禁渔期内，使用电瓶、逆变器、电渔网等工具，采用快艇拉网的方式，在包括邵伯湖国家级种质资源保护区、高邮湖大银鱼湖鲚国家级水产种质资源保护区和高邮湖青虾国家级水产种质资源保护区在内的水域多次电捕鱼。电捕鱼对生态资源造成以下复合性危害：(1)电捕区域内水生生物被大量捕获或导致该水域鱼类明显减少；(2)被电击后未被捕获的其他鱼类，生理功能尤其是生育功能遭受损伤，影响特定水域水生生物正常繁殖；(3)导致鱼类的饵料生物即浮游动植物和底栖生物大量死亡，该水域渔产力明显下降；(4)导致鱼类种群赖以栖息、生存的湖泊环境发生较大变化，严重损害水域生态，破坏生物多样性。

高某某等人作为电捕鱼组织实施者，组织策划或直接实施电捕行为，造成生态资源重大损害，应当担责。李某宽作为协助者，利用职务之便，在明知相关被告驾驶快艇在禁渔期夜间自高邮湖通过庄台闸前往邵伯湖，存在非法捕捞可能性的情况下，经高某某联系多次违规开闸协助快艇通行，其行为与本案生态资源损害结果之间有法律上的因果关系，理应担责。王某乙早作为收购者，长期与高某某联系收鱼，形成固定的“捕捞—销售—收购”链条。其作为链条中不可或缺的组成部分，在明知禁渔期的情况下，多次在高邮湖畔码头等地点大量收购高某某向其贩卖的鲤鱼等渔获物，主观存在过错，收购行为与生态资源损害之间具有因果关系，亦应担责。综上，本案中各被告均应依照《侵权责任法》第6条、第8条之规定，承担生态损害赔偿责任。

（一）关于生态资源损失认定问题

1. 案涉渔获物价值及被电击致死或伤害的其他鱼类损失估算恰当。《渔业资源评估报告》系中国科学院水生生物研究所为评估具有鱼类资源代表性的高邮湖部分功能区对渔业资源的保护效果，通过科学的取样和分析方法做出，采集分析数据的时间为2016年12月，与本案电捕行为发生时间相近、捕捞方式类似，高邮湖与邵伯湖相互毗连、水系相通，具有可参照性。《损失评估报告》系以《渔业资源评估报告》为参考基础，根据案涉捕捞渔获物的数量占比综合分析作出，相关鱼类价格亦是参照高邮湖、邵伯湖区域附近的鱼类繁育场或销售部门价格计算得出。故《损失评估报告》估算案涉电捕渔获物价值6.93万元及电捕过程中被电击致死或伤害的其他鱼类损失10.19万元，方法合理，结论可信，本院依法予以认定。

2. 对鱼类繁殖的损失估算合理。首先，本案中，高某某等被告组织并实施8次电捕行为全部发生于高邮湖、邵伯湖禁渔期内，该时期系湖泊水生生物资源繁衍生殖的重要时段，所捕捞的鱼类主要为性成熟个体。案涉电捕行为次数多、渔获物数量大，造成高邮湖、邵伯湖水生生物繁殖能力重大破坏，且电捕行为发生至今，客观上造成了2019年度高邮湖及邵伯湖当季鱼类繁殖损失，应当予以赔偿。其次，水产种质资源保护区是指为保护和合理利用水产种质资源及其生存环境，在保护对象的产卵场、索饵场、越冬场、洄游通道等主要生长繁育区域依法划出一定面积的水域滩涂和必要的土地，予以特殊保护和管理的区域。根据案涉快艇航迹数据可见，快艇曾在夜间凌晨多次出入于对水生生物育种繁殖具有特殊意义的邵伯湖国家级种质资源保护区、高邮湖大银鱼湖鲚国家级水产种质资源保护区和高邮湖青虾国家级水产种质资源保护区之中，必将对上述区域内的渔业资源造成严重危害。《损失评估报告》系参照《编制指南》所确定的鱼类繁殖计算方法，将鱼卵经济价值折算成商品鱼苗并充分考虑成活率比例后计算鱼类繁殖的损失，方法科学合理，本院依法予以认定。

3. 鱼类饵料生物损害的补偿额估算恰当。鉴于本案电捕方式具有较大的破坏性,不仅严重损害水生生物资源,也必将对电捕区域内的浮游动物、浮游植物、底栖动物资源产生较大破坏,导致其他鱼类饵料不足,造成水域食物链相邻环节的破坏,进而影响渔产力及生物多样性损害。本案中,《损失评估报告》系根据案涉渔获物的数量,采用科学计算方式推算出电捕扫过的水体体积和水域面积,并依据该区域鱼类饵料实际构成及饵料生物平均密度,参考《编制指南》中的计算方法换算出浮游动物渔产力、浮游植物渔产力、底栖动物渔产力损失价值,并参照上述指南关于"对一般性水生生物资源,一次性生物资源的损害补偿为一次性损害额的 3 倍"的规定,计算案涉电捕行为导致的饵料生物资源损害的补偿额为56.382万元。鉴于案涉电捕行为对渔业资源和生态环境损害巨大,高于一般建设项目影响,上述计算方法系在充分考虑生物学数据的基础上作出,依据可靠,估算方法合法有据,本院依法予以认定。

(二)关于生态资源损失赔偿责任承担问题

1. 高某某、谈某某、陈某甲、潘某某、王某甲、蒋某、陈某乙、唐某某违反法律法规规定,多次实施电捕行为,应当在其各自参与非法捕捞范围内对生态资源损失承担相应的连带赔偿责任。

(1)高某某、谈某某、陈某甲、潘某某组织策划、参与实施高邮湖、邵伯湖电捕鱼 8 次,造成包括渔业资源在内的湖域生态资源破坏,应当就其实施的非法捕捞行为造成的生态资源损失 152.442 万元承担连带赔偿责任。

(2)王某甲、蒋某、陈某乙系与高某某、谈某某、陈某甲、潘某某共同在邵伯湖参与实施电捕鱼 5 次,应当对其参与电捕鱼造成的生态资源损失 145.48 万元(计算方式为:全案渔获物数量 13,140 斤 - 高邮湖渔获物数量 600 斤 = 四人涉案渔获物数量 12,540 斤,12,540 斤 ÷ 13,140 斤 × 152.442 万元)与高某某、谈某某、陈某甲、潘某某共同承担连带赔偿责任。

(3)唐某某在邵伯湖参与电捕鱼一次,应当对其参与电捕鱼造成的生态资源损失 52.67 万元(计算方式为:全案渔获物数量 13,140 斤 - 1 月渔获物总量 8600 斤 = 唐某某涉案渔获物数量 4540 斤,4540 斤 ÷ 13,140 斤 × 152.442 万元)承担赔偿责任,公益诉讼起诉人主张的上述计算方法并未超出唐某某参与电捕鱼活动被最终查获数量,本院依法予以支持。鉴于其系与高某某等 7 人共同实施电捕鱼行为,故高某某等 7 人应当分别在其承担的赔偿总额范围内与唐某某承担连带赔偿责任。

2. 因无明确证据证明李某某知晓高某某等人系采用电捕方式非法捕捞，故对公益诉讼起诉人关于李某某应当对其协助开闸行为造成的直接渔业资源损失6.61万元（计算方式为：全案渔获物数量13,140斤－高邮湖渔获物数量600斤＝12,540斤，12,540斤÷13,140斤×案涉渔获物的估算市场价值6.93万元）与高某某等7人承担连带赔偿责任的主张，本院依法予以支持。

3. 鉴于亦无证据证明王某乙早知晓高某某等人系采用电捕方式非法捕捞，故对公益诉讼起诉人关于王某乙早应当对其非法收购行为造成的直接渔业资源损失3.95万元（计算方式为：全案渔获物数量13,140斤－高邮湖渔获物数量600斤＝12,540斤，12,540斤÷13,140斤×渔获物中鲤鱼估算市场价值41,400元）与高某某等7人承担连带赔偿责任的主张，本院亦予支持。

4. 高某某等10人分别或共同实施的行为造成了本案生态损害发生，《损失评估报告》系当地渔业监督管理机关江苏省高宝邵伯湖渔业管理委员会依据其执法职能，委托中国科学院水生生物研究所作出，该委托行为并不违反法律规定，且评估结论准确，咨询费用数额亦不违反国家计委、国家环境保护总局计价格〔2002〕125号《关于规范环境影响咨询收费有关问题的通知》的相关规定，本院对公益诉讼起诉人关于高某某等10人给付渔业资源损失咨询费5万元的请求，依法予以支持。

湖泊具有多种功能，不仅为人类提供了丰厚的社会和经济效益，更具有极高的生态效益，对维持生态平衡、保护生物多样性和珍稀物种资源以及涵养水源、蓄洪防旱、降解污染等方面都起到了重要作用。高某某等10人实施的非法捕捞、非法收购行为，对高邮湖、邵伯湖生态资源的可持续发展产生较为负面的影响，也对湖泊生态环境造成较大破坏，损害了社会公共利益，故本院对公益诉讼起诉人要求高某某等10人在国家级媒体公开赔礼道歉的诉讼请求依法予以支持。

二、杜某甲、杜某乙等侵权责任纠纷案［（2019）渝01民初295号］判决书节选

【基本案情】

详见本书第115页。

【法院认定的事实】

……

受重庆市人民检察院第一分院委托，西南大学司法鉴定所于2018年10月25日作出西大司鉴(2018)鉴字第39号《关于“杜某甲、杜某乙、江某、汤某某非法捕捞水产品案”的渔业资源损失及生态环境损害的司法鉴定意见书》，载明：(1)渔业资源损失。本次天然渔业资源总经济损失不低于12,934元。(2)间接损失及生态环境损害。电鱼为禁止使用的捕捞方法，将对渔业资源造成毁灭性的破坏：一是电极所到之处，幼鱼和成鱼都将直接电伤、电死，同时也会导致鱼卵的孵化率降低；二是虽然有时候鱼没被电死或只是电晕，但是电流会对其性腺造成破坏；三是电捕鱼还会对鱼的食物，一些河流中栖息的无脊椎动物、藻类等生物造成严重伤害，使鱼的生物饵料减少，间接影响渔业资源恢复；四是电鱼器电死的大量鱼及其他生物，只有很少数被电鱼人带走，大部分尸体还是沉到水底，逐渐腐败变质，影响河流水质。因此，其对生态环境损害难以估算。(3)渔业资源损失的修复方案。渔业资源损失不低于12,934元。渔业资源损失可以通过鱼类的增殖放流对其进行补偿，特制定以下修复方案：(1)放流土著鲫鱼，规格10厘米以上，数量2000尾；(2)放流鲢鱼，规格10厘米以上，数量4000尾；(3)放流鳙鱼，规格10厘米以上，数量6000尾。鉴定意见：重庆市合川区杜某甲、杜某乙、江某、汤某4人采取电击方式捕鱼导致的渔业资源损失和对生态环境的损害不低于12,934元。

……

【法院裁判理由】

(一)关于重庆市人民检察院第一分院作为本案公益诉讼起诉主体是否适格

根据《民事诉讼法》第55条第2款及最高人民法院、最高人民检察院《关于检察公益诉讼案件适用法律若干问题的解释》第13条的规定，人民检察院在履行职责中发现破坏生态环境和资源保护、食品药品安全领域侵害众多消费者合法权益等损害社会公共利益的行为，经公告程序后，在没有其他机关和组织提起诉讼的情况下，可以向人民法院提起诉讼。本案公益诉讼起诉人重庆市人民检察院第一分院依法履行了诉前程序后，针对其辖区内发生的破坏生态环境行为，其提起本案环境民事公益诉讼的主体适格，符合上述规定，本院予以支持。

(二)关于被告杜某甲、杜某乙、江某是否应承担因非法捕捞水产品侵害公共利益的侵权责任

已生效的刑事判决认定被告杜某甲、杜某乙、江某违反保护水产资源法规，在禁渔区、禁渔期使用禁用的工具和方法非法捕鱼157.2千克，被告杜某甲、杜某

乙、江某虽然依法承担了刑事责任,但根据《侵权责任法》第4条的规定,侵权人因同一行为应当承担行政责任或者刑事责任,不影响依法承担侵权责任。

公益诉讼起诉人委托的西南大学司法鉴定所具备司法鉴定资质,鉴定程序合法,故其作出的西大司鉴(2018)鉴字第39号司法鉴定意见书可以作为本案认定损害评估的依据。经西南大学司法鉴定所作出的司法鉴定意见认定,被告杜某甲、杜某乙、江某在禁渔期、禁渔区采用电鱼的方式,造成渔业资源损失不低于12,934元,同时,采用电击方式捕鱼会造成各类水生动物死亡,侥幸逃脱电击的鱼类,其性腺生理功能受损,极易导致不育,影响繁殖,被电击死亡但未被捞取的水生生物沉入水底,腐败变质影响水环境,导致电鱼水域生态环境损害。

《渔业法》第30条第1款规定:"禁止使用炸鱼、毒鱼、电鱼等破坏渔业资源的方法进行捕捞。禁止制造、销售、使用禁用的渔具。禁止在禁渔区、禁渔期进行捕捞……"《环境保护法》第64条规定:"因污染环境和破坏生态造成损害的,应当依照《中华人民共和国侵权责任法》的有关规定承担侵权责任。"《侵权责任法》第8条规定:"二人以上共同实施侵权行为,造成他人损害的,应当承担连带责任。"根据前述规定,杜某甲、杜某乙、江某在禁渔期、禁渔区内以禁用的方法非法捕捞水产品,破坏了渔业资源和生态环境,对社会公共利益造成了损害,应当承担相应的民事侵权责任。

(三)关于被告杜某甲、杜某乙、江某承担民事责任的方式和范围

根据生态环境"谁损害、谁修复"的原则,被告杜某甲、杜某乙、江某应当对破坏渔业资源和水域生态环境承担生态环境损害修复责任。最高人民法院《关于审理环境民事公益诉讼案件适用法律若干问题的解释》第20条第1款规定:"原告请求恢复原状的,人民法院可以依法判决被告将生态环境修复到损害发生之前的状态和功能。无法完全修复的,可以准许采用替代性修复方式。"本案中,经鉴定,被告杜某甲、杜某乙、江某非法捕捞行为造成渔业资源损失不低于12,934元,确定的修复方案:(1)放流土著鲫鱼,规格10厘米以上,数量2000尾;(2)放流鲢鱼,规格10厘米以上,数量4000尾;(3)放流鳙鱼,规格10厘米以上,数量6000尾。审理中,被告杜某甲、杜某乙、江某均表示愿意通过增殖放流方式修复生态环境。为充分保证增殖放流鱼类的存活,经本院咨询相关渔业专家,每年3月至6月为最佳放流时段。因此,公益诉讼起诉人要求被告杜某甲、杜某乙、江某向嘉陵江流域放流规格10厘米以上的土著鲫鱼2000尾、鲢鱼4000尾和鳙鱼6000尾的诉讼

请求有事实与法律依据，本院予以支持，放流的具体实施时间应在前述期间为宜。

另外，根据最高人民法院《关于审理环境民事公益诉讼案件适用法律若干问题的解释》第20条第2款“人民法院可以在判决被告修复生态环境的同时，确定被告不履行修复义务时应承担的生态环境修复费用；也可以直接判决被告承担生态环境修复费用”的规定，被告杜某甲、杜某乙、江某若不履行前述环境修复义务，应承担生态环境修复费用。本案经鉴定，生态环境修复费用为12,934元。

……

三、余某、张某某等非法捕捞水产品案[(2018)渝0116刑初970号]

【基本案情】

详见本书第118页。

【法院认定的事实】

经审理查明：2018年6月5日21时许，被告人张某某、彭某、余某等相约晚上携带电捕鱼工具到重庆市巴南区麻柳镇梓桐坝长江水域捕鱼。22时许，被告人张某某、彭某、杨某某三人先行携带电捕鱼工具来到该水域，开始电捕鱼活动；23时许，被告人余某驾车赶到，开始一起电捕鱼。电捕鱼过程中，由被告人杨某某操作电捕鱼工具，被告人彭某、张某某、余某三人负责捡鱼、照明。2018年6月6日0时30分许，公安机关在现场将四被告人抓获，并在现场查获非法捕捞的渔获物(净重2.705千克)、电捕鱼工具一套。经查，2018年3月1日至6月30日为禁渔期。其间，重庆市天然水域为禁渔区且禁止电捕鱼。

被告人张某某、彭某、杨某某、余某在归案后各自自愿购买价值人民币1250元的鱼苗用于修复长江渔业生态资源，并如实供述了犯罪事实，自愿签署认罪认罚具结书。

另查明：经重庆市江津区人民检察院委托，中国水产科学研究院长江水产研究所于2018年11月28日作出《关于彭某、杨某某、张某某、余某使用非法渔具捕捞导致生态损失的鉴定报告》，认为：电捕鱼对渔获物没有选择性，电极产生的扩散电流会导致所触及的各类水生动物死亡或受损，危害面广，不分种类和个体大小，对鱼类资源破坏极其严重。侥幸逃脱电击的鱼类，除在生长过程中形体受损导致无法正常生活外，其性腺生理功能会遭受不同程度的损伤，极易导致其无法形成正常的生殖细胞，不能进行繁殖活动，直接影响其种群繁衍，特别是在4～6

月正是鲫鱼、鲇和泥鳅等产黏性鱼卵鱼类繁殖的高峰时间段。强大的电流会直接干扰鱼类的繁殖行为,也会直接破坏鱼卵,阻断鱼卵发育过程。

同时,电捕鱼对环境也会造成危害。被电击致死的部分生物个体的尸体会留在河流中长时间无法浮至水面,导致沉入水底逐渐腐烂变质,从而污染水体。同时,电捕鱼也会对生长在水体中的浮游生物、无脊椎生物、软体动物等造成致命伤害,导致水生生态系统食物链遭受破坏,系统中的物质流动和能量流动受到阻遏,危害水体生态安全。电捕鱼还会造成土著鱼类数量减少,导致生态位空缺,给外来物种入侵提供了可利用的生境,增加了外来物种爆发导致生物入侵的风险。

根据彭某、杨某某、张某某、余某电捕鱼的情况分析,电捕鱼对长江中的成鱼造成的损失,可区分为沉底的鱼(电晕或电死)、上浮的鱼(电晕或电死)以及电伤逃跑的鱼三部分,其中仅上浮的鱼被捞作为渔获物。根据经验数据粗略估算,在水深1米以上有一定流水条件的水域进行电捕作业,所有受到电击影响的成鱼中,仅1/4可以成功被捞起,其余则下沉或顺水流向下游。根据彭某、杨某某、张某某、余某非法捕捞渔获物2.705千克的事实,当天电捕造成成鱼资源潜在总损失量大约为10.82千克。

电捕作业会对作业水体中的鱼卵、鱼苗带来直接危害,特别是在鱼卵、鱼苗的繁殖高峰期。根据渔业资源及水文调查分析,长江水域鱼类繁殖季节始于每年的2月底,而4~6月正是鲫、鳘、鲇、泥鳅等产黏性鱼卵鱼类繁殖的高峰时间段。根据巴南长江水域鱼类密度和粘附基质面积估算,6月该河段鲫、鳘、鲇和泥鳅等卵苗全月平均密度约为38.5粒/平方米。按照电击影响截面宽度约4米计算,彭某、杨某某、张某某、余某四人电捕作业长度按1千米计算,因此总过电水体面积约为4000平方米,受损卵苗总量约为15.4万粒(尾)。卵苗发生量转化为实际成活的幼鱼数量的比例粗略估算约为10%,因此本案实际导致幼鱼直接损失量约为1.54万尾。

此外,电捕带来的间接危害同样较大,主要体现在电击会抑制亲鱼体内的性腺发育,直接导致亲鱼无法正常产卵。根据案件审查报告中对此次电捕渔获物种类记录表明,其电捕渔获物品种为鲫、鳘、鲇、泥鳅等。其中鲫22尾、鳘102尾、鲇鱼2尾、泥鳅2尾。根据平均绝对繁殖力数据和渔获物尾数,鲫鱼受电击死亡导致绝对繁殖力的减少总量为33万粒、鳘51万粒、鲇0.8万粒、泥鳅0.15万粒。在自然条件下鱼类的绝对繁殖力转化为实际受精卵并发育至幼鱼的比例在不同鱼类间差异较大，一般在1% ~2%，针对本案评价粗略估算为1.5%，换算为鲫、鳘、鲇、泥鳅的幼鱼损失量分别为4950尾、7650尾、120尾、22尾，一共12,742尾。

电捕对浮游生物、无脊椎动物、软体动物等同样会造成致命伤害，但该部分损失量估算存在实际困难，因此在本案中不对其进行评估。

……

第三章

建设项目与水下施工类案件办理指引与案例分析

第一节　建设项目与水下施工类公益诉讼案件的基本情况

建设项目与水下施工类公益诉讼案件(以下正文中均简称涉渔工程类案件)是一类与建设施工相关的影响渔业资源和生态环境的案件类型。在所调研的569起涉渔公益诉讼案件中,涉渔工程类案件所占比例较小,仅为22起(见表3-1)。根据对被调研案例的统计,裁判文书显示,涉渔工程类案件的违法行为主要为非法采砂和未批先建两种类型。

表3-1　本章调研建设项目与水下施工类公益诉讼案件

序号	案号	案件发生地	案件类型
1	(2019)皖07民初137号	安徽	民事公益诉讼(检察机关提起)
2	(2018)皖1825民初544号	安徽	民事公益诉讼(检察机关提起)
3	(2019)辽08民初5号	辽宁	民事公益诉讼(检察机关提起)
4	(2019)渝03民初62号	重庆	民事公益诉讼(检察机关提起)
5	(2019)川04民初81号	四川	民事公益诉讼(检察机关提起)
6	(2016)粤09民初122号	广东	民事公益诉讼(社会组织提起)
7	(2019)苏11民初124号	江苏	民事公益诉讼(社会组织提起)
8	(2019)最高法民申5509号	福建	民事公益诉讼(社会组织提起)
9	(2017)苏0508行初98号	江苏	行政公益诉讼
10	(2018)鲁0685行初27号	山东	行政公益诉讼
11	(2019)鲁10行终73号	山东	行政公益诉讼
12	(2017)鄂0106行初4号	湖北	行政公益诉讼
13	(2018)鄂1321行初27号	湖北	行政公益诉讼
14	(2018)鲁0203刑初811号	山东	刑事附带民事公益诉讼
15	(2019)苏1182刑初76号	江苏	刑事附带民事公益诉讼
16	(2019)皖0202刑初240号	安徽	刑事附带民事公益诉讼

续表

序号	案号	案件发生地	案件类型
17	(2019)川1303刑初289号	四川	刑事附带民事公益诉讼
18	(2019)鲁0811刑初503号	山东	刑事附带民事公益诉讼
19	(2020)鄂0822刑初12号	湖北	刑事附带民事公益诉讼
20	(2020)鄂0822刑初13号	湖北	刑事附带民事公益诉讼
21	(2020)鄂0822刑初25号	湖北	刑事附带民事公益诉讼
22	(2020)皖0202刑初72号	安徽	刑事附带民事公益诉讼

鉴于国家对工程领域的严格审批和管理,且工程启动所需的资金、设备等条件要求较高,相对于涉渔公益诉讼案件中的其他类型,此类案件数量较少;然而,涉渔工程类案件案情相对复杂、涉案金额高,同时对生态环境的影响更大。

一、建设项目与水下施工类公益诉讼案件涉案金额普遍较大

鉴于前文所述关于涉渔工程类案件对资金、设备的较高要求,其涉案金额一般也相应更大。此处所称的"涉案金额更大",既指案件中对应水下施工或建设工程的投入资金规模较大,也指公益诉讼起诉人对违法行为人提起的赔偿渔业资源损失、修复生态环境的诉请金额较大。如以"万元"作为标准,22起涉渔工程类案件中公益诉讼起诉人所诉请的金额标准划分如表3-2所示:

表3-2 22起涉渔工程类案件中公益诉讼起诉人诉请的金额标准及对应案件数量

起诉人诉请金额区间(生态环境部分)	案件数量/起
1万元以下	0
1万~10万元	4
10万~50万元	6
50万~100万元	1
100万~500万元	2
500万元以上	1
其他未涉及金额的案件	8

由上述统计情况可知，涉渔工程类案件的诉请金额主要集中在10万～50万元，但也涉及一起超过500万元的案件（诉请金额达到1500万元），较其他非法捕捞等违法行为而言明显金额更大。

二、建设项目与水下施工类违法行为对案发地生态环境的影响巨大

按照具体侵权方式的不同，涉渔工程类案件可分为建设项目和水下施工两类。建设项目，是指经国家审批的在工商业领域内按照规划进行的一个或一系列工程，其一般会建成相应的建筑物或构筑物；水下施工，则指采用技术方式进行工程类作业，并不以建成建筑物或构筑物为结果，如在所调研的22起案件中，水下施工主要包括两类，即非法采砂和爆破工程。

无论是建成建筑物或构筑物，还是进行工程类作业，如未按照相应的生态环境管理规范依法进行施工，则极有可能对工程所在地造成巨大的环境损害。例如，（2019）苏11民初124号案件中，由于项目开发方在未报批环境影响评价的情况下，擅自在案发地进行工程建设，造成省级生态红线区域内存在7000多亩违规农业种植、渔业养殖项目，实际非法占用土地171,309平方米土地，并违法建设19,015平方米的建筑物和其他设施。该案为22起案件中涉案金额最高的一起，足见工程对生态环境影响的范围之广、面积之大，可以预见，其中遭到破坏的渔业资源和生态环境必定巨大。

三、建设项目与水下施工类公益诉讼案件的上诉率较低

在所调研的22起涉渔工程类案件中，由检察机关单独提起的民事公益诉讼的占5起，由社会组织提起的民事公益诉讼占3起，由检察机关提起的行政公益诉讼占5起，由检察机关提起的刑事附带民事公益诉讼案件占9起。在前述案件之中，仅查询到2起案件出现上诉的情形，分别如下：

（1）（2018）闽民终385号案件中，中国生物多样性保护与绿色发展基金会（以下简称中国绿发会）作为环保社会组织，认为福建省平潭县流水镇人民政府、福建省平潭县某翔房地产有限公司损害了海洋生态环境，向厦门海事法院提起了海洋自然资源与生态环境损害赔偿之诉，但厦门海事法院认为中国绿发会不具有对海洋生态提起诉讼的主体资格，从而驳回起诉。中国绿发会上诉至福建省高级人民法院，同样被裁定驳回上诉。中国绿发会随后向最高人民法院提出再审，该案已

于2020年3月被最高人民法院裁定提审；据中国绿发会发布的消息，其已于2021年2月收到最高人民法院的法律文书，裁定厦门海事法院受理该案。

(2)(2019)鲁10行终73号案件中，威海火炬高技术产业开发区人民检察院起诉威海市环翠区海洋发展局，认为环翠区海洋发展局虽对某润置地(威海)有限公司(以下简称某润威海公司)的非法填海行为加以行政处罚，但对某润威海公司未缴纳加处罚款、未恢复海域原状的行为，环翠区海洋发展局既未督促某润威海公司履行行政处罚的义务，亦未向法院申请强制执行。一审法院判决环翠区海洋发展局败诉，环翠区海洋发展局对此不服而提起上诉，最终二审法院裁定驳回上诉，维持原判。

上述案件中，中国绿发会的上诉及再审申请所针对的并非实体法方面，而是关于法院不认可其诉讼主体资格的问题，因此，在22起涉渔工程类案件中，只有威海火炬高技术产业开发区人民检察院诉威海市环翠区海洋发展局行政公益诉讼案为真正针对实体法裁判内容的上诉，其余案件均未出现上诉情况。

四、建设项目与水下施工类公益诉讼案件的案由情况

在22起涉渔工程类案件中，除行政公益诉讼、刑事附带民事公益诉讼以外，尚有9起由检察机关或社会组织提起的民事公益诉讼，其相应案由如表3-3所示：

表3-3　9起由检察机关或社会组织提起的民事公益诉讼对应的案由与数量

案由	数量/起
水污染责任纠纷	1
环境污染责任纠纷	4
生态破坏责任纠纷	3
环境民事公益诉讼	1

上述案由中，水污染责任纠纷是环境污染责任纠纷之下一级的案由，而其余案由则并不属于最高人民法院2011年所发布的案由之列，可归为民事其他案由；在最高人民法院于2020年最新发布的案由之中，上述案件均可归于环境污染民事公益诉讼或生态破坏民事公益诉讼的案由之中。

五、建设项目与水下施工类公益诉讼案件的起诉主体与审判机关

本书在第二章非法捕捞类案件的章节中已详述了民事公益诉讼、行政公益诉讼、刑事附带民事公益诉讼案件起诉主体与审判机关的确立规则，本章在此也对涉渔工程类案件进行分类分析，具体情况如下：

（一）民事公益诉讼的起诉主体与审判机关

由检察机关单独提起民事公益诉讼的涉渔工程类共有5起案件，其中4起案件均由地市级检察机关作为原告，并由中级人民法院受理案件进行第一审审理，但（2018）皖1825民初544号案件由旌德县人民检察院作为公益诉讼起诉人，向旌德县人民法院提起诉讼。《人民检察院提起公益诉讼试点工作实施办法》[①]中已规定有管辖权的检察机关可以将案件移交至下一级检察机关办理；同样，最高人民法院《关于审理环境民事公益诉讼案件适用法律若干问题的解释》亦规定有管辖权的中级人民法院可以指定基层人民法院进行案件审理。（2018）皖1825民初544号案件裁判文书载明，旌德县人民检察院是经安徽省人民检察院批准后，作为该案的公益诉讼起诉人发起诉讼的。

由社会组织提起民事公益诉讼的涉渔工程类案件共有3起，其中2起由中级人民法院受理第一审案件审理，另一起由中国绿发会所提起的第一审诉讼则由厦门海事法院受理。《关于适用〈中华人民共和国民事诉讼法〉的解释》第283条第2款规定，因污染海洋环境提起的公益诉讼，由污染发生地、损害结果地或者采取预防污染措施地海事法院管辖。中国绿发会所起诉的案件发生在福建省平潭县相关海域，根据最高人民法院《关于设立海口、厦门海事法院的决定》，厦门海事法院管辖范围为“南自福建省与广东省交界处、北至福建省与浙江省交界处的延伸海域，其中包括东海南部、台湾省、海上岛屿和福建省所属港口”，因此，该案最终由厦门海事法院进行第一审审理。

（二）刑事附带民事公益诉讼的起诉主体与审判机关

关于涉渔工程类案件的刑事附带民事公益诉讼部分，本书共调研了9起案件，该9起案件均由基层检察机关提起诉讼，并由基层人民法院受理。

---

① 已失效，自2021年7月1日起适用《人民检察院公益诉讼办案规则》。

六、建设项目与水下施工类公益诉讼案件的鉴定、评估情况

涉渔工程类案件中,关于渔业资源损失、生态环境修复等内容的鉴定、评估工作非常重要,是公益诉讼起诉人提起诉讼及法院进行裁判的关键依据。在22起案件中,相关鉴定、评估机构的情况如表3-4所示:

表3-4 22起案件中相关鉴定、评估机构的情况

序号	出具鉴定、评估或其他专业意见的主体	数量/起
1	政府部门或其他渔业事业单位(不包括科研单位)	1
2	科研机构或高校	6
3	专家或专家组	3
4	环境专业机构	4
5	司法鉴定机构	2
6	裁判文书中未明确	7

上述鉴定、评估机构中,(2019)辽08民初5号案件中出现两类鉴定、评估机构,均计入表3-4的统计之中。该案的公益诉讼起诉人即检察机关委托了当地水利局出具了专家意见,认定涉案工程的存在影响河流的河势稳定,危害河岸堤防的安全,妨碍河道行洪,破坏流域水生态环境;同时还委托了当地水利勘测建筑设计院出具工程设计方案,确定对涉案工程进行拆除及修复河堤的费用。

涉渔工程类案件中可能存在对违法建设工程的拆除及相应生态环境的修复,因此,在部分案件中需专业的工程设计单位提供拆除及修复方案,如上述(2019)辽08民初5号案件中,当地水利勘测建筑设计院出具修复工程设计方案,确定相应工程建设支出,且最终被法院认可并作为被告的赔偿组成部分。

除对渔业资源损失、生态环境修复等内容进行鉴定外,涉渔工程类案件中还存在其他比较重要的鉴定内容,如对非法行为与生态环境损害结果之间因果关系的鉴定。《环境损害鉴定评估推荐方法(第Ⅱ版)》第7项即为关于因果关系判定的方法,其包括环境暴露与环境损害间的因果关系、环境污染物从源到受体的暴露路径的建立与验证两部分;《生态环境损害鉴定评估技术指南总纲》第6项也介绍了因果关系分析的具体方法。(2017)苏0508行初98号案件中,环境保护部南京环境科学研究所出具的《江苏省苏州市薛某某等人阳澄湖非法取土事件环境损

害鉴定评估》中，便对薛某某等人非法取土行为与阳澄中湖涉事区域包括渔业生态环境损害和财产损害在内的环境损害存在因果关系进行了鉴定。

此外，涉渔工程类案件还会涉及与工程相关的其他鉴定、评估或认定事项。(2019)川1303刑初289号案件中，对被告进行非法采砂的活动，为查明其行为对生态环境的影响，当地海事处出具了关于涉案船舶的总吨位、净吨位等基本信息，以确认非法采砂数量；(2020)皖0202刑初72号案件中，被告的辩护人提出涉案黄砂品质较低，相关部门对价格的认定过高，遂由公安机关委托当地某工程质量检测中心对涉案砂子的规格进行了鉴定。

七、法院对建设项目与水下施工类公益诉讼案件诉讼请求的支持情况

根据对所调研的涉渔工程类案件进行分析，公益诉讼起诉人所提出的诉求与法院最终判决的匹配情况如表3-5所示：

表3-5　诉求与判决匹配情况

单位：起

类型	法院完全支持	法院部分支持	和解或调解	提前履行	其他
检察机关单独提起的民事公益诉讼	4	0	1	0	0
社会组织提起的民事公益诉讼	0	0	0	0	3
检察机关提起的行政公益诉讼	5	0	0	0	0
检察机关提起的刑事附带民事公益诉讼	7	1	0	1	0

上述数据显示，检察机关单独提起的民事公益诉讼基本都得到了法院的支持，唯一一起经调解结案的案件也是将被告应付的赔偿款作分期支付处理，检察机关的诉请完全得以实现。

社会组织提起的民事公益诉讼共有3起，其中：(1)(2016)粤09民初122号案件中社会组织作为民事公益诉讼起诉人，对未通过环境影响评价审批便擅自开工的房地产开发商提起诉讼，但法院认为社会组织不具有海洋环境公益诉讼的诉讼主体资格，因此驳回起诉；(2)(2018)闽民终385号案件与前述案件相似，即法

院以海洋环境公益诉讼主体资格不适格为由驳回社会组织的起诉，经过上诉及再审申请，据中国绿发会公布的信息，目前该案已被最高人民法院裁定由厦门海事法院立案，尚未有进一步的裁判结果；(3)(2019)苏11民初124号案件，社会组织提出了停止损害、恢复原状、赔偿损失等诉求，由于被告已停止损害并修复生态环境，且考虑到并无证据证明被告应赔偿的具体数额，故社会组织最终撤回了起诉。根据这3起案件的具体情况，社会组织在涉渔工程类案件中发挥的作用较小，即便是第三起案件，社会组织虽提出了高达1500万元的赔偿金额并在诉讼请求中要求被告承担鉴定、检验费用，但裁判文书中未提及任何鉴定、评估或检验结论，且法院认为社会组织未提交有关生态功能损害赔偿金额的证据。社会组织最终撤诉，或许与该案涉及对如此大面积受侵害区域进行鉴定、评估的工作量、费用等因素有一定关系。

检察机关提起的刑事附带民事公益诉讼案件共有9起，其中8起案件的诉请在法院的判决项中全部得到支持，另1起案件由于被告已在审判过程中提前履行而未列入最终的判决项中，因此，所有刑事附带民事公益诉讼案件的诉请均得以实现。

第二节 建设项目与水下施工类公益诉讼案件办理要点

一、关于采砂的相关规定与适用

(一)关于河道采砂的相关管理制度

涉渔工程类案件中最为常见的便是非法采砂问题，根据《水法》第39条之规定，[①]国家实行河道采砂许可制度。未经许可的采砂行为均为非法采砂。早在1988年，国务院便发布了《河道管理条例》，根据该条例第25条的规定，在河道范围内进行采砂、取土等活动的，必须经河道主管机关批准，涉及其他部门的，由河道主管机关会同有关部门批准；该条例第44条则对未经批准或不按河道主管机

① 《水法》第39条第1款规定："国家实行河道采砂许可制度。河道采砂许可制度实施办法，由国务院规定。"

关的规定在河道管理范围内采砂的法律责任进行了规定。《河道管理条例》经历多次修订,2018 年最新修订的条文中仍保留了前述第 25 条和第 44 条的规定。

《矿产资源法实施细则》第 5 条规定国家对矿产资源的勘查、开采实行许可证制度,该细则中的《矿产资源分类细目》在非金属矿产的部分列举了砂岩、天然石英砂等诸多类别;最高人民法院在 1995 年《关于对河道采砂应否缴纳矿产资源补偿费问题的答复》中指出,采砂人凡在《矿产资源补偿费征收管理规定》施行以后在河道采砂的,均应依照该规定缴纳矿产资源补偿费,法律、行政法规另有规定的除外。由前述法律规定可知,河砂也纳入了国家矿产资源管理体系之中。从矿产资源管理的角度,河砂的开采应归口于国土资源行政部门管理;同时,我国关于采砂的管理分为两部分,即领土之内的河道采砂和领海之内的海砂开采,河砂开采由水利行政部门管理,海砂开采由海洋行政部门管理。

关于如何协调不同部门的管理职责,根据全国人民代表大会常务委员会法制工作委员会《关于在河道、航道范围内开采砂石、砂金适用法律问题的再次答复》(法工委发 18 号)中的规定,企业或个体在行洪、排涝河道和航道范围内开采砂石的,应按照《水法》和《矿产资源法》之规定,同时取得河道主管部门和矿产资源主管部门的批准。

鉴于多部法律对砂石开采进行了规定,未经批准或超越批准范围进行采砂的行为,不仅对渔业资源和生态环境造成损害,还侵犯了国家对矿产资源的所有权。因此,在部分非法采砂案件中,公益诉讼起诉人不仅要求被告赔偿生态环境损害费用,还要求赔偿矿产资源损失。

(二)关于长江流域河砂开采的相关管理制度

2001 年,国务院发布了《长江河道采砂管理条例》,专门对长江宜宾以下干流河道内从事开采砂石的活动进行了规定。该条例第 9 条规定,国家对长江采砂实行采砂许可制度,河道采砂许可证由沿江省、直辖市人民政府水行政主管部门审批发放,重点河段由长江水利委员会审批发放,而涉及航道的在审批发放前应当征求长江航务管理局和长江海事机构的意见。

根据《长江河道采砂管理条例》的规定,长江采砂由国务院水利行政主管部门及其所属的长江水利委员会统一管理和监督,并会同沿江省、直辖市政府人民政府水行政主管部门、长江航务管理局和长江海事机构确定禁采区和禁采期。如非法捕捞类案件一样,禁采区与禁采期为判断是否非法采砂的重要标准,各省、直辖市的禁采区和禁采期由相应省一级人民政府公布。

长江流域河砂开采涉及四川省、湖北省、江苏省、重庆市、上海市等多个省、直辖市行政管理区域，各省、直辖市对此颁布了相应的禁采区、禁采期规定。本书调研并汇总了位于长江上、中、下游的重庆市、湖北省、江苏省的河砂管理规定部分内容进行简要比较（见表3－6）：

表3－6　重庆市、湖北省、江苏省河砂管理规定部分内容比较

项目	重庆市	湖北省	江苏省
应列入禁采区或禁采期的地区	(1)河道堤防、桥梁、闸坝、航道筑坝的保护范围； (2)现行的航道范围内，航标周围20米内，埋有航标地下管道和线路的区域，主航道过渡段上下边滩接岸部分，非通航汊道的鞍凹部分，有利于维持山区河流通航条件的石梁、石嘴等； (3)下河引道3米内，电缆线架3米内； (4)船舶停泊和作业区域，车、客渡通道，系舶设施3米内，危险品锚地； (5)外环绕城高速公路以内长江、嘉陵江水域； (6)依法应当禁止采掘的其他区域	(1)饮用水水源保护区、水产种质资源保护区； (2)自然保护区、风景名胜区、国家公园、森林公园、湿地公园、地质公园以及天然林保护范围； (3)河道防洪工程、河道整治工程、航道整治工程、航道构（建）筑物、航道配套设施、水库枢纽、水文监测设施、水环境监测设施、涵闸以及取水、排水、水电站等工程及其附属设施的安全保护范围； (4)桥梁、码头、浮桥、渡口、过河电缆、管道、隧道等工程及其附属设施的安全保护范围； (5)河道险工、险段和浅窄航道附近区域； (6)法律、法规规定禁止采砂的其他区域。 下列时段为禁采期： (1)主汛期； (2)河道达到或者超过警戒水位时； (3)法律、法规规定禁止采砂的其他时段	(1)堤防及护堤地、河道整治工程、水库大坝、水文观测设施、水环境监测设施、涵闸以及取水、排水、水电站等工程及其附属设施安全保护范围； (2)河道顶冲段、险工险段； (3)桥梁、穿河电缆、管道、隧道等工程及其附属设施安全保护范围； (4)饮用水水源保护区。 主汛期、超过警戒水位期间应当确定为禁采期
采砂许可证审批权限	长江干流河道采砂许可证由市水行政主管部门委托沿江区县（自治县）水行政主管部门审查批准；其他河道的河道采砂许可证由所在区县（自治县）水行政主管部门审查批准	县级以上人民政府河道采砂主管部门应当按照河道采砂分级管理权限实施许可。 长江河道采砂许可证由省人民政府水行政主管部门统一审批发放。省际边界重点河段的长江河道采砂许可证，经省人民政府水行政主管部门签署意见后，报长江水利委员会审批发放	在河道管理范围内采砂的单位或者个人，应当经县级以上地方人民政府水行政主管部门批准，并依法申领河道采砂许可证；涉及航道的，水行政主管部门应当征求航道主管部门的意见

续表

项目	重庆市	湖北省	江苏省
			长江河道由省人民政府水行政主管部门发放河道采砂许可证(省际边界重点河段除外)
采砂许可证期限	许可期限不得超过2年	有效期不得超过1年	有效期限不得超过1个可采期
相关规定	《重庆市河道管理条例》《重庆市河道采砂管理办法》	《湖北省长江河道采砂管理实施办法》《湖北省河道采砂管理条例》	《江苏省河道管理条例》《江苏省长江河道采砂管理实施办法》

采砂人未办理采砂许可擅自进行采砂活动的,当然会承担相应的法律责任,而采砂人持有采砂许可证后虽可合法采砂,但并不意味着不会出现违法情形。采砂许可一般规定了可进行采砂作业的地点和时限,如果持证采砂人未依照许可范围采砂的,仍会导致相应的法律后果。《长江河道采砂管理条例》《长江河道采砂管理条例实施办法》及各省、直辖市的采砂规定均制定了相应的行政处罚。例如,《长江河道采砂管理条例实施办法》规定,虽持有河道采砂许可证,但在禁采区、禁采期采砂的,责令停止违法行为,没收违法所得和非法采砂机具,并处10万元以上30万元以下的罚款;情节严重的,扣押或者没收非法采砂船舶,并对没收的非法采砂船舶予以拍卖,拍卖款项全部上缴财政。又如,《重庆市河道管理条例》规定在长江干流以外区域,虽持有河道采砂许可证,但在禁采区、禁采期采砂的,没收违法所得,吊销河道采砂许可证,并处2万元以上10万元以下罚款;情节严重的,并处10万元以上30万元以下罚款。

非法采砂会导致行政处罚的法律后果,如触犯《刑法》相关规定,则违法行为人将被移交公安机关,并为此承担刑事责任。在22起涉渔工程类案件中,有9起案件为刑事附带民事公益诉讼,另有3起检察机关单独提起的民事公益诉讼文书中载明被告已因环境犯罪承担刑事责任,说明对涉及刑事责任的严重非法采砂行为,理应提起民事公益诉讼,否则无法有效地保护渔业资源与生态环境。

(三)关于海砂开采的相关管理制度

1993年,财政部、国家海洋局联合发布了《国家海域使用管理暂行规定》(〔93〕财综字第73号,目前该规定已失效),规定我国海域实行有偿海域使用审批制度,在海域从事生产经营活动的主体应办理海域使用权证,国家根据海洋政策、海洋功能区划和海洋开发规划,统一安排海域的各种使用;1999年,国土资源部发布《关于加强海砂开采管理的通知》,载明对于开采海砂的管理,应严格遵守《矿产资源法》及配套法规,同时必须符合国家海洋功能区划、海域使用规划、海洋开发规划的总体原则;2001年,全国人大常委会颁布《海域使用管理法》正式规定了海域使用权管理制度,其中矿业用海的最高期限为30年;2007年,国土资源部再次发布《关于加强海砂开采管理的通知》(国土资发〔2007〕190号,该规定现已失效),对海砂采矿权的数量、期限等进行规定,并划定海砂(砾)可开采区、限制开采区和禁止开采区;2019年,自然资源部发布《关于实施海砂采矿权和海域使用权"两权合一"招拍挂出让的通知》(自然资规〔2019〕5号),规定全面实施海砂采矿权和海域使用权"两权合一"招标拍卖挂牌出让制度,海砂开采采矿权和海域使用权出让应当确定为同一位置和同一期限,期限一般不超过3年。

根据上述规定,海砂开采活动也同时适用两套法律制度,即国家矿产资源管理制度和海域使用管理制度,进行海砂开采需取得矿产资源开采许可和海域使用许可。2018年国家机构改革前,矿产资源管理与海域使用管理分属国土资源主管部门及其下属的海洋主管部门,现前述职能均由自然资源部行使,因此,自然资源部将对两证的管理进行衔接。

与河砂的管理情况类似,对于是否非法开采海砂的判断,仍需关注是否办理相应的采砂许可证和海域使用权证,以及是否处于禁采区、禁采期等重点问题。在合法采砂的情况下,相关部门一般会在许可前进行相应的环境影响评价,如采砂主体严格在许可范围内进行采砂,正常情况下不会导致渔业资源和生态环境的损害。

二、关于建设项目环境保护的相关规定与适用

我国对于建设项目的环境保护问题极为重视,规定了较为全面的法律制定,其中最为核心的是"建设项目环评审批"、"建设项目环保验收"以及"三同时"制度,这三项环保制度以法律强制力为保障实施,确保建设项目符合生态环境保护

的要求。

早在1979年发布的《环境保护法(试行)》中即规定了关于“建设项目环评审批”和“三同时”的内容。“建设项目环评审批”的规定指,在进行新建、改建和扩建工程时,必须提出对环境影响的报告书,经环境保护部门和其他有关部门审查批准后才能进行设计;“三同时”的规定指,新建、改建和扩建工程的防止污染和其他公害的设施,必须与主体工程同时设计、同时施工、同时投产。1984年,国务院发布《关于环境保护工作的决定》(国发〔1984〕64号)规定,新建、扩建、改建项目(包括小型建设项目)和技术改造项目,以及一切可能对环境造成污染和破坏的工程建设和自然开发项目,都必须严格执行防治污染和生态破坏的措施与主体工程同时设计、施工、投产的规定,进一步强调了建设项目“三同时”的要求。

1998年,国务院发布了《建设项目环境保护管理条例》,明确规定国家实行建设项目环境影响评价制度,即根据建设项目对环境的影响程度,要求建设单位分别编制环境影响报告书或环境影响报告表,或填写环境影响登记表,交由相应审批权的环境行政主管部门批准,未经批准的不得开工建设;同时,规定建设项目需要配套建设的环境保护设施,必须与主体工程同时设计、同时施工、同时投产使用;项目竣工后,建设单位应当向开工前审批环评文件的环境保护行政主管部门申请环境保护设施竣工验收,未经验收的,建设项目不得投入生产或使用。①《建设项目环境保护管理条例》对“建设项目环评审批”、“建设项目环保验收”以及“三同时”三项制度进行了具体规定,并规定了相关违法行为的法律后果,包括开工前未报批环评文件的“未批先建”,配套环境保护设施未验收或验收不合格即投入生产或者使用的“未验先投”等。《建设项目环境保护管理条例》经多次修订,最新一次修订为2017年,这三项制度一直予以保留并作为建设项目环境保护的框架性制度。

为保障这些制度的实施,国家环境保护总局于2001年发布了《建设项目竣工环境保护验收管理办法》(该办法现已失效),对建设项目如何进行建设项目竣工环境保护验收进行了详细规定;2002年,全国人大常委会发布了《环境影响评价法》(最新修订版本发布于2018年),对有关部门进行规划时、建设项目开展时进

① 2017年修订的《建设项目环境保护管理条例》第17条第1款规定:“……建设单位应当按照国务院环境保护行政主管部门规定的标准和程序,对配套建设的环境保护设施进行验收,编制验收报告。”因此,目前建设单位已实行自主环保验收制度。

行环境影响评价的类型、内容、实施主体等进行了具体规定，并引入了“环境影响后评价”制度，即在项目建设、运行过程中产生不符合经审批的环境影响评价文件的情形，建设单位自行或被环境影响评价文件审批部门责成组织环境影响的后评价，采取改进措施。①

2017 年修订的《建设项目环境保护管理条例》规定，海洋工程建设项目的环境保护管理按照国务院关于海洋工程环境保护管理的规定执行。随着建设项目环境保护制度的建立和完善，海洋领域建设项目环境保护制度也逐步建立。1990 年，国务院发布了《防治海岸工程建设项目污染损害海洋环境管理条例》，用于规范海岸或者与海岸连接，工程主体位于海岸线向陆一侧，对海洋环境产生影响的新建、改建、扩建工程项目；2006 年，国务院再次发布了《防治海洋工程建设项目污染损害海洋环境管理条例》（该规定最新修订时间为 2018 年），该条例则是针对工程主体位于海岸线向海一侧的，关于开发、利用、保护、恢复海洋资源为目的的新建、改建、扩建工程。这两项关于海洋领域建设项目环境保护的法规与《建设项目环境保护管理条例》保持一致，均规定了“建设项目环评审批”、“建设项目环保验收”以及“三同时”制度，并增加了诸如围填海工程等海洋领域特有的内容。

关于建设项目方面的涉渔违法、犯罪情形，主要为如前所述的“未批先建”或“未验先投”。本次调研的 22 起涉渔工程类案件中，有 6 起是由于未经环评影响评价审批便擅自开工建设的“未批先建”情形，其中 2 起由社会组织作为原告提起民事公益诉讼，而另 4 起则由检察机关提起行政公益诉讼。由于建设项目一般在主管部门的严格管理之下，而“未批先建”或“未验先投”情况的出现往往有一定的客观因素，如审批期限较长可能增加建设项目的成本而令建设单位选择提前开工建设等。即便如此，建设单位大多会采取措施补正；而且，按照《环境影响评价法》第 31 条之规定，建设单位出现“未批先建”情形的，环境行政主管部门可根据违法情节和危害后果，处建设项目总投资额 1% 以上 5% 以下的罚款，相对于投资额一般较大的建设项目而言，此等额度的罚款力度已是非常大了。在实践中，建设项目的环境违法行为一般通过行政机关的责令改正、罚款等方式进行处理。

---

① 环境保护部于 2015 年发布的《建设项目环境影响后评价管理办法（试行）》第 2 条对“环境影响后评价”的定义为：指编制环境影响报告书的建设项目在通过环境保护设施竣工验收且稳定运行一定时期后，对其实际产生的环境影响以及污染防治、生态保护和风险防范措施的有效性进行跟踪监测和验证评价，并提出补救方案或者改进措施，提高环境影响评价有效性的方法与制度。

三、关于鉴(认)定、评估机构及相应标准的规定

关于涉渔工程类案件的鉴定、评估及认定的情况,因此类案件并不涉及渔获物的问题,其主要侧重于对生态环境损害及相应修复情况的鉴定、评估,对应的鉴定、评估机构或对涉案事项进行认定的机构与本书之前章节所述情况基本一致。

除与其他涉渔公益诉讼案件具备共性的鉴定、评估或认定事项外,涉渔工程类案件还会涉及其他事项,主要为两类:第一类是对非法采砂案件中所开采砂石类型、采集地等事项的认定,如(2018)鲁0203刑初811号案件中,国土资源部海洋地质实验检测中心检测对涉案采砂船上取得砂样进行认定,确定其取样区域应为20~50米水深的正常浅海环境;第二类是对涉案工程拆除、恢复案发地原状等费用的鉴定、评估事宜,如(2019)辽08民初5号案件中,营口市水利勘测建筑设计院对涉案工程出具修复工程设计方案,确定修复工程所需的总费用。

关于违法行为人所采砂石的鉴定、评估问题,由于大多数案件为刑事附带民事公益诉讼,刑事调查或审理的结果会作为民事部分审判依据,最高人民法院、最高人民检察院于2016年发布的《关于办理非法采矿、破坏性采矿刑事案件适用法律若干问题的解释》(以下简称《采矿刑事司法解释》)中对矿产品价值及其他专门性问题的鉴定、评估和认定规定被部分适用:

1.《采矿刑事司法解释》规定,对于行为人所非法开采的矿产品价值,首先应根据销赃数额认定,如果没有销赃或销赃数额难以认定的其他情形,则根据矿产品的价格和数量认定。若是矿产品价值难以确定,《采矿刑事司法解释》提出了三类机构的报告作为认定的依据,其包括:(1)价格认证机构出具的报告;(2)省级以上人民政府国土资源、水行政、海洋等主管部门出具的报告;(3)国务院水行政主管部门在国家确定的重要江河、湖泊设立的流域管理机构出具的报告。在非法采砂的15起案件中,有6起案件的裁判文书载明价格认证中心的参与,其余案件虽未明确,但并不能说明价格认证中心未开展工作,因此,以价格认证中心来确定矿产品价值是主要方式之一。

2.关于非法采砂的其他专门性问题,《采矿刑事司法解释》也规定了相应的鉴定、评估或认定机构,包括:(1)司法鉴定机构就生态环境损害出具的鉴定意见;(2)省级以上人民政府国土资源主管部门就造成矿产资源破坏的价值、是否属于破坏性开采方法出具的报告;(3)省级以上人民政府水行政主管部门或者国务院

水行政主管部门在国家确定的重要江河、湖泊设立的流域管理机构就是否危害防洪安全出具的报告;(4)省级以上人民政府海洋主管部门就是否造成海岸线严重破坏出具的报告。在司法实践中,民事案件审理时专门性问题出具意见的机构与《采矿刑事司法解释》的规定并不完全一致,如(2019)川04民初81号案件中,对于非法采砂行为人所造成的生态环境影响和损失,便是由四川省攀枝花市水利局3名专家出具评估意见书予以确定。

关于建设工程的相关鉴定、评估,住房和城乡建设部于2006年发布《工程造价咨询企业管理办法》(该办法最新修订时间为2020年)对工程造价咨询进行规定,将其分为甲、乙两个资质等级,具备相应资质的机构可对建设项目的概预算编制审核、工程结算,工程造价纠纷的鉴定等事项提供咨询服务。具备前述工程造价鉴定资质的机构,经司法部门批准,可以从事工程造价司法鉴定的工作;同时,工程造价咨询业务发展多年,其已具备比较成熟的鉴定、评估标准,如住房和城乡建设部于2017年发布新版《建设工程造价鉴定规范》,对工程造价鉴定的程序、流程、依据等进行了规定。

由于司法实践出现的情况较为多样,如需对本书未列举的其他专门性问题进行鉴定、评估或认定涉案相关事项时,首先应确定是否有关于处理该专门性问题或事项的资质要求,再确定法律或司法机关是否对处理纠纷时的机构选择进行限定(如要求具备一定等级的资质),避免所委托机构不符合要求而被对方借此进行有效抗辩。

四、赔偿费用的类型

根据所调研的案例情况,涉渔工程类案件所赔偿的内容主要为三个方面:

第一类为建设项目或水下施工所造成的常规性渔业资源损失或生态环境修复费用,这类赔偿金额的确定与其他涉渔公益诉讼案件相同,如(2018)皖1825民初544号案件中,安徽省环境科学研究院对爆破工程所造成的淤泥与污染物对环境损害进行了鉴定、评估,确定了生态环境修复费用、生态环境损失费用等。

第二类为建设项目或水下施工所产生的矿产资源损失,如(2019)川04民初81号案件中,被告被索赔的费用主要包括两项,除采用增值放流的方式进行生态补偿外,另一项则为赔偿非法开采河砂所造成的12余万元的资源损失赔偿金,这种赔偿可类比为非法捕捞类案件中违法行为人直接获取的渔获物,视为非法开采河砂所造成的直接资源损失。

第三类赔偿名目虽然名为生态修复费用，但与前述第一类赔偿方式不相同，其不涉及增殖放流、设置人工鱼礁等通常渔业赔偿方式，而是以工程施工方式的方法进行生态修复，包括对违建工程进行拆除、将案发地恢复至工程建设前的形态等等，如(2019)辽08民初5号案件中，被告修建的三处方塘的存在势必影响碧流河及其北支流的河势稳定，危害河岸堤防安全，妨碍河道行洪，破坏碧流河及其北支流流域水生态环境，最终被法院判决将河道恢复原状。

五、非法采砂罪的刑事责任认定

根据分析所调研的涉渔工程类案件，其相关的刑事罪名为非法采矿罪，此外还可能涉及破坏性采矿罪。前述两罪见于《刑法》第343条，非法采矿罪主要为未取得国家许可的情况下擅自开采具有价值或实行保护性开采的矿产资源，并达到情节严重的程度，其法定刑依照情节轻重，包括3年以下和3年以上7年以下两个有期徒刑的量刑幅度，以及可以并处或单处罚金；破坏性采矿罪的情形则为采取破坏性方式开采矿产资源并造成矿产资源严重破坏的后果，其法定刑为5年以下的有期徒刑或拘役，并处罚金。

《刑法》中规定了两罪的基本情形及法律后果，如何进一步确定两罪的定罪量刑标准还应参照最高人民法院、最高人民检察院《关于办理非法采矿、破坏性采矿刑事案件适用法律若干问题的解释》，最高人民检察院、公安部《刑事立案追诉标准(一)》《关于公安机关管辖的刑事案件立案追诉标准的规定(一)的补充规定》等对此进行了细致规定：

1. 关于非法采矿罪，其具体规定如表3－7所示：

表3－7　关于非法采矿罪的具体规定

项目	具体规定
适用刑责的基本前提	未经许可擅自开采 【未取得采矿许可证、擅自进入国家规划矿区、对国民经济具有重要价值的矿区和他人矿区范围采矿、擅自开采国家规定实行保护性开采的特定矿种】 未取得采矿许可证的情形包括： ①无许可证的； ②许可证被注销、吊销、撤销的； ③超越许可证规定的矿区范围或者开采范围的； ④超出许可证规定的矿种的(共生、伴生矿种除外)； ⑤其他未取得许可证的情形

续表

项目	具体规定
适用刑责应同时具备的条件之一	情节严重的认定： ①开采的矿产品价值或者造成矿产资源破坏的价值在 10 万元至 30 万元以上的； ②在国家规划矿区、对国民经济具有重要价值的矿区采矿，开采国家规定实行保护性开采的特定矿种，或者在禁采区、禁采期内采矿，开采的矿产品价值或者造成矿产资源破坏的价值在 5 万元至 15 万元以上的； ③2 年内曾因非法采矿受过两次以上行政处罚，又实施非法采矿行为的； ④造成生态环境严重损害的； ⑤其他情节严重的情形。 造成矿产资源严重破坏的认定：造成矿产资源破坏的价值在五十万元至一百万元以上，或者造成国家规划矿区、对国民经济具有重要价值的矿区和国家规定实行保护性开采的特定矿种资源破坏的价值在二十五万元至五十万元以上的。 【达到上述第①、②项标准 5 倍以上或造成生态环境特别严重损害的为“情节特别严重”，应适用 3 年以上 7 年以下的量刑幅度】 【各省、自治区、直辖市高级人民法院、人民检察院，可以根据本地区实际情况，针对非法采矿行为的情节严重、情节特别严重、造成矿产资源严重破坏的认定，在司法解释规定的数额幅度内，确定本地区执行的具体执行标准。】
河砂管理的特别规定	应当办理河道采砂许可证而未取得河道采砂许可证，或者应当办理河道采砂许可证和采矿许可证，既未取得河道采砂许可证又未取得采矿许可证，具有上述应同时具备条件之一的，或者严重影响河势稳定危害防洪安全的，应予立案追诉
海砂管理的特别规定	未取得海砂开采海域使用权证且未取得采矿许可证，具有上述应同时具备条件之一，或者造成海岸线严重破坏的，应予立案追诉
关于矿产品价值的认定	非法开采的矿产品价值，根据销赃数额认定；无销赃数额，销赃数额难以查证，或者根据销赃数额认定明显不合理的，根据矿产品价格和数量认定。 矿产品价值难以确定的，依据价格认证机构，省级以上人民政府国土资源、水行政、海洋等主管部门，或者国务院水行政主管部门在国家确定的重要江河、湖泊设立的流域管理机构出具的报告，结合其他证据作出认定

2. 关于破坏性采矿罪，违法行为人违反地质矿产主管部门审查批准的矿产资源开发利用方案开采矿产资源，并造成矿产资源严重破坏，也即触犯破坏性采矿罪的违法行为人是已取得采矿许可的主体。破坏性采矿罪的立案标准是造成矿产资源破坏的价值在 50 万元至 100 万元以上，或者造成国家规划矿区、对国民经济具有重要价值的矿区和国家规定实行保护性开采的特定矿种资源破坏的价值在 25 万元至 50 万元以上，而该价值的认定应由省级以上地质矿产主管部门出具鉴定结论。

第三节 涉渔工程类典型案例分析

一、绩溪县某桥水力发电总站水污染责任纠纷案[(2018)皖1825民初544号]

(一)基本案情

2016年11月28日,绩溪县某桥水利发电总站(以下简称绩溪县发电总站)为疏通被石头堵住的隐塘水库底涵洞口,委托安徽某南爆破工程有限公司(以下简称某南公司)对隐塘水库排洪口实施爆破疏通工程。2016年12月上旬某南公司实施爆破后,隐塘水库底涵外的连接管道及闸阀因冲击力被冲毁,水库底淤积多年的淤泥等污染物随水流冲至下游,至2017年1月12日、13日前后,绩溪县发电总站方才将底涵封堵完成。

2016年12月19日,旌德县环保局接到举报称白沙水库水质异常,该局与旌德县水务局实地查看现场,发现污染源系白沙水库上游绩溪县境内隐塘水库清淤所排出的大量泥浆。旌德县环保局分别对绩—旌交界(隐塘桥)、白沙水库入库口、水库取水点等3个断面水质采样,送宣城市环境监测中心进行监测分析,监测报告显示各监测点位的水质类别均低于《地表水质量标准》(GB 3838—2002)Ⅴ类标准,属于劣Ⅴ类水质。

旌德县白沙河发源于绩溪县庙山,经绩溪县板桥头乡上田村经回马桥水库流入隐塘电站库区,再流入旌德县版书镇白沙村入境,系白沙水库上游唯一的水系。绩溪县发电总站共有两座水库,即上游回马桥水库和下游隐塘水库,均位于旌德县白沙水库上游,旌德县白沙水库系旌德县县城唯一在用的饮用水源地。宣城市环境监测中心对旌德县环保局送检的(采样时间分别为2016年1月4日、4月5日、7月4日、10月8日)白沙水库水质进行数据监测及汇总,监测结果均为达标,水质类别为Ⅲ类。旌德县人民检察院根据调查所知污染事故的情况,向旌德县人民法院提起了民事公益诉讼,提出了3项诉讼请求:第一项要求被告绩溪县发电总站恢复被污染的白沙河河段及白沙河水库的生态环境原状,否则承担生态环境修复费用52.16万元;第二项要求判令绩溪县发电总站承担环境污染事故产生的应急处置费用4.7万元,生态环境损失费用19.3万元,事务性费用12.8万元;第三项要求判令绩溪县发电总站在旌德县级报纸上赔礼道歉。

前述诉讼请求将应急处置费用、生态环境损失费用、事务性费用、生态环境修复费用分别予以列明，是较为清晰明了的诉请方式，具有比较典型的代表性。

该案的专门性问题主要包括四个方面，相应的鉴定、评估或认定工作如下：

(1)关于白沙河的流向及流域的事实证明，该专门性问题由旌德县水务局出具关于白沙河的说明，绩溪县水系分布图及绩溪县等高线图等资料予以证明。

(2)关于白沙河在爆破作业前后的水质情况，该专门性问题由宣城市环境监测中心提供2016年1～12月县级以上集中式饮用水源地水质达标情况表、2016年旌德县集中式饮用水水源地水质监测数据、旌德县环境监测站关于2016年12月19日旌德县饮用水源地白沙河上游污染事件监测情况的说明、2016年11月7日旌德县环境监测站的监测报告等文件予以证明。

(3)关于白沙河中淤泥的数量问题，该专门性问题由具有测绘资质证书的旌德金土地信息技术有限公司对位于旌德县版书乡白沙村段白沙河上游(隐塘水库以下1.3公里河床)淤泥量进行测量，证明清淤量为15,872方；由安徽旭日工程咨询有限公司对白沙河河道清淤工程编制了工程造价，总造价合计为88.71万元。

(4)最为核心和关键的是关于生态环境损害的鉴定、评估问题，由安徽省环境科学研究院完成。安徽省环境科学研究院为《环境损害鉴定评估推荐机构名录(第一批)》中的环境损害鉴定评估机构，同时拥有国家发展和改革委员会颁发的工程咨询单位资格证书，具备生态建设和环境工程专业规划咨询、评估咨询、工程项目管理等资质。该院通过现场踏勘、资料收集、部门走访等方式，编制了《旌德县白沙河上游污染事件环境损害鉴定评估报告》(以下简称《白沙河污染评估报告》)。《白沙河污染评估报告》对应急处置费用采用直接市场价值法评估，按照实际发生的费用计算；对污染事件造成饮用水水源水质受损所产生的处置费用采用直接市场价值法计算；生态环境损害恢复费用的评估，按照国家工程投资估算的规定，列出工程费、设备及材料购置费及其他费用，采用概算定额法与类比工程预算法估算工程费用；此外，《白沙河污染评估报告》还对环境污染事件与生态环境损害结果之间的因果关系进行了分析。《白沙河污染评估报告》得出结论，白沙河上游污染事件(隐塘水库实施水库清理)造成了旌德县白沙河流域的生态环境损害，生态环境损害价值经量化总计为88.96万元。

该案中，旌德县人民检察院提供了7组证据，除绩溪县发电总站主体信息、程序性文件等证据外，还包括证明污染事实的多项证据：旌德县水务局、安徽省环境科学研究院等机构的说明；白沙河的水文资料；某南公司关于爆破作业的询问笔录、工程档案、爆破工程协议书等文件；旌德县环境监测站的监测报告；《白沙河污染评估报告》及专家意见等。这些证据均用于证明绩溪县发电总站的爆破作业对白沙河造成污染，以及相应环境损害的具体情况。

作为被告，绩溪县发电总站提供了《白沙水库上游污水处理情况汇报》、向绩溪县水务局递交的关于所属隐塘水电站水库存在安全隐患的申请等文件证明、爆破施工设计施工方案、《关于合福高铁施工淤积河道和水库的情况证明》等作为其主要证据，用于证明其对环境侵权不具备主观故意、淤泥另有源头等事项，但法院对前述证据均不予认可。

该案中，被告对于原告的抗辩具有类案的代表性，虽进行了大量的陈述，但始终未就此提供相反证据推翻，因此所有抗辩理由均不被法院采纳。具体如表3－8所示：

表3－8　绩溪县发电总站主要抗辩理由

序号	原告提供证据	被告提出抗辩
1	旌德县水务局关于白沙河的说明、绩溪县水系分布图及绩溪县等高线图、安徽省环保厅关于印发安徽省城市集中式饮用水水源保护区划分方案的通知	认为白沙河水库上游不仅包括白沙河，还有其他支流，如还有蜀马河、尚田河等；且在每年不同的季节，水质状况不一样，并非都能达到Ⅱ类
2	安徽省环境科学研究院对于旌德县白沙河上游污染事件损害评估报告引用环保部门相关材料的说明、关于2016年12月20日旌德县白沙河上游饮用水源地污染事件监测情况的报告	评估意见的数据采集、提供均是单方面的，未经双方封存提交共同认可的第三方评估机构确认评估，程序上不合法
3	某南公司、绩溪县发电总站职工的询问笔录	绩溪县发电总站是因大坝存在安全隐患迫不得已采取必要的爆破行为，并非故意损毁水坝底涵，被告委托某南爆破公司的目的是将底涵被堵的石头震碎，在爆破施工方案中，明确约定爆破应避免损坏排洪管，并非泄洪排放污水，涵洞口是之后被水压冲开的

续表

序号	原告提供证据	被告提出抗辩
4	环境污染导致环境损害的量化评估专家意见(态环境损害价值量化总计为 88.96 万元)	认为相关数据采集是单方面的、不合法,数据虚高,且没有取样前的水质监测报告,缺乏对比性
5	安徽省环境科学研究院专家意见,证明爆破作业与污染结果之间的因果关系	认为专家证明评估报告采集的数据不是原始数据,由其他单位提供,且从评估意见中未看到白沙水库 2016 年 12 月 19 日之前 12 个月的检测数据(后法院已调取),白沙河上游除了隐塘水库外还有蜀马河上面的两个水电站,评估意见作出的因果关系确认依据不充分,同时该评估意见中有对其他单位的询证,但未提供其他单位的相关资质

(二)审理结果及案例分析

法院在审理后认为绩溪县发电总站的爆破作业确实导致了水库底淤积多年的淤泥等污染物冲至白沙河下游;从各类水质监测数据来看,污泥等污染物确实造成了水质的恶化。在采纳并考虑各专家和机构的意见后,法院认定绩溪县发电总站的爆破作业造成了污染,应对此承认责任。法院最终对旌德县人民检察院的诉请予以全部支持,要求其赔偿共计 88.96 万元,并在旌德县级报纸上进行赔礼道歉。

该案是发电站进行作业造成的环境污染纠纷案件,其中并没有直接体现出与渔业资源相关的内容,而之所以将该案件列入涉渔工程类案件,是因为该案虽在法律层面未涉及渔业资源的损害情况,但当河水水质发生恶化时,必然会令水域中的渔业资源遭受损失,只是未有相关机构就渔业资源的损害情况进行调查及举证;同时,根据农业部发布的《第三批国家级水产种质资源保护区的面积范围和功能分区》,白沙河部分水域属于徽水河特有鱼类国家级水产种质资源保护区,可以认为白沙河水域的渔业资源是较为丰富的。因此,本书认为,该案理应对渔业资源的损失情况进行调查,同时,此类水下施工及与水域相关的建设工程案件理应列入涉渔类案件之中进行分析。

此外,该案虽没有直接对渔业资源的相关问题提出法律上的诉请,但该案所涉侵权方式(施工作业)、环境损害的证据收集(包括鉴定、评估及其他认定情况)均对以后发电站所导致的渔业资源损害案件具有较大的参考价值。

二、中国绿发会侵权责任纠纷案[(2018)闽民终385号、(2019)最高法民申5509号]

(一)基本案情

2001年,平潭县流水镇人民政府与平潭县某翔房地产开发有限公司(以下简称某翔公司)签订山门湾滩涂3500亩围垦合同,开工建设平潭县流水镇山门湾围垦工程,总工期为2年。2002年8月,福建省海洋与渔业局经调查,认为该工程存在违法违规情况,并向流水镇人民政府发出责令平潭县流水镇人民政府停止海洋违法行为通知,指出流水镇政府、某翔公司所施工的海域未经批准,也未经海洋环境评估,属于"未批先建"。然而,某翔公司的围垦行为一直未被停止。2018年,中国绿发会向厦门海事法院提起环境民事公益诉讼,被裁定不予受理,中国绿发会遂向福建省高级人民法院提出上诉。①

该案由中国绿发会作为民事公益诉讼起诉人进行起诉,第一审受理法院为厦门海事法院,第二审受理法院为福建省高级人民法院。中国绿发会已提出再审申请,由最高人民法院受理。

(二)审理结果及案例分析

福建省高级人民法院认为,《海洋环境保护法》第89条第2款规定:"对破坏海洋生态、海洋水产资源、海洋保护区,给国家造成重大损失的,由依照本法规定行使海洋环境监督管理权的部门代表国家对责任者提出损害赔偿要求。"最高人民法院《关于审理海洋自然资源与生态环境损害赔偿纠纷案件若干问题的规定》第3条规定:"海洋环境保护法第五条规定的行使海洋环境监督管理权的机关,根据其职能分工提起海洋自然资源与生态环境损害赔偿诉讼,人民法院应予受理。"既然前述法律已对海洋自然资源与生态环境损害赔偿纠纷案件的审理作出专门规定,则应予以优先适用,由行使海洋环境监督管理权的部门进行索赔。据此,福建省高级人民法院驳回中国绿发会的上诉,并维持原判。

---

① 《社会组织提起海洋公益诉讼不予受理》,载中国生物多样性保护与绿色发展基金会网,http://www.cbcgdf.org/NewsShow/4854/12341.html,2020年5月6日发布。

中国绿发会认为，作为主体进行起诉的依据为《民事诉讼法》第 58 条，[①]《环境保护法》第 3 条、第 58 条，[②]最高人民法院《关于〈审理环境民事公益诉讼案件适用法律若干问题的解释〉》第 1 条[③]之规定，并认为福建地区两审法院均混淆了国家重大损失和社会公共利益之间的关系，中国绿发会有权提起针对海洋生态损害的公益诉讼。而对于福建地区两审法院的判决结果，中国绿发会并不认可，并在网络平台列举海口海事法院在 2020 年所判决的首例海洋环境公益诉讼及另一起经调解结案的海洋环境民事公益诉讼，该两起案件均由检察机关提起。[④] 如果根据同样的法律依据，检察机关可以提起海洋环境民事公益诉讼，则理论上社会组织也应有作为诉讼主体的资格。除该案外，重庆两江志愿服务发展中心、广东省环境保护基金会对广东世纪青山镍业有限公司等提起的海洋环境民事公益诉讼也被法院以同样的理由驳回。

厦门海事法院、福建省高级人民法院所引用的《海洋环境保护法》、最高人民法院《关于审理海洋自然资源与生态环境损害赔偿纠纷案件若干问题的规定》确实对海洋自然资源相关案件的索赔主体进行了规定，但该法律条文并未明确是否排斥社会组织提起民事公益诉讼。中国绿发会向最高人民法院提起再审后，最高人民法院认为中国绿发会的再审申请符合《民事诉讼法》第 200 条第 2 项、第 6

---

① 《民事诉讼法》第 58 条规定："对污染环境、侵害众多消费者合法权益等损害社会公共利益的行为，法律规定的机关和有关组织可以向人民法院提起诉讼。人民检察院在履行职责中发现破坏生态环境和资源保护、食品药品安全领域侵害众多消费者合法权益等损害社会公共利益的行为，在没有前款规定的机关和组织或者前款规定的机关和组织不提起诉讼的情况下，可以向人民法院提起诉讼。前款规定的机关或者组织提起诉讼的，人民检察院可以支持起诉。"

② 《环境保护法》第 3 条规定："本法适用于中华人民共和国领域和中华人民共和国管辖的其他海域。"第 58 条规定："对污染环境、破坏生态，损害社会公共利益的行为，符合下列条件的社会公益组织可以向人民法院提起诉讼：(一)依法在设区的市级以上人民政府民政部门登记；(二)专门从事环境保护公益活动连续五年以上且无违法记录。符合前款规定的社会公益组织向人民法院提起诉讼，人民法院应当依法受理。提起诉讼的社会公益组织不得通过诉讼牟取经济利益。"

③ 最高人民法院《关于〈审理环境民事公益诉讼案件适用法律若干问题的解释〉》第 1 条规定："法律规定的机关和有关组织依据民事诉讼法第五十五条、环境保护法第五十八条等法律的规定，对已经损害社会公共利益或者具有损害社会公共利益重大风险的污染环境、破坏生态的行为提起诉讼，符合民事诉讼法第一百一十九条第二项、第三项、第四项规定的，人民法院应予受理。"

④ 经查询，海南首例海洋行政公益诉讼案件为 2020 年 3 月 26 日由海口海事法院公开宣判，该案由海南省海口市人民检察院提起民事公益诉讼，要求海南中汇疏浚工程有限公司、陈锶、海口浏源土石方工程有限公司对其将工程土方和垃圾倾倒入海中承担连带赔偿责任，最终，海口海事法院支持海口市人民检察院所提出的 860 余万元赔偿。

项[1]的情形（现行法第207条），故裁定提审该案。据中国绿发会发布的消息，最高人民法院已对该案进行裁判，撤销了福建省高级人民法院（2018）闽民终385号民事裁定和厦门海事法院（2018）闽72民初152号民事裁定，并裁定由厦门海事法院立案受理。至此，关于公益组织是否可以涉足海洋环境民事公益诉讼已有定论，即公益组织有权提起海洋民事公益诉讼。最高人民法院对该案的裁判结果具有重大指导作用，可以预见，会有更多公益组织参与的海洋民事公益诉讼案件出现。

三、王某、张某某等人非法采矿案[（2018）鲁0203刑初811号]

（一）基本案情

2013年以来，王某、张某某等人购买未登记的内河砂石运输船，在未取得海砂开采海域使用权证和采矿许可证的情况下，雇用他人驾船多次到青岛前海锚地、青岛大珠山、日照岚山等海域盗采海砂，并将所采海砂在响水县开发区东方沙石站进行销售，其中王某负责销售并负责分配利润，张某某负责安排采砂船外出非法开采海砂具体事项。

2013年11月，该采砂船曾被山东省公安边防总队海警第二支队查获，张某某等人被处以行政处罚，但其后王某、张某某等人继续雇用他人进行非法采砂。2018年5月，该采砂船再次被海警查获，扣押采砂设备、海砂一宗（经估算为567.06吨）及账本44本。海警于次日将响水县开发区东方沙石站的王某抓获，张某某其后自动投案。经查，2018年2月至5月，涉案采砂船先后11次到青岛前海锚地（位于青岛市文昌鱼水生野生动物市级自然保护区内）、大珠山海域盗采海砂1万余吨；而涉案矿砂销售明细显示，违法行为人在2018年销售的海砂单价在67～69元。

该案由青岛市市北区人民检察院办理，并由青岛市市北区人民法院受理。市北区人民检察院认为，王某、张某某等人违反矿产资源法律，未经许可擅自开采海砂，情节特别严重，应当以非法采矿罪追究刑事责任；在附带民事公益诉讼部分，市北区人民检察院提出了3项诉讼请求，分别为由被告赔偿：（1）海洋生态损失人民币120.22万元；（2）盗采海洋资源海砂的损失人民币687,100元；（3）承担评估

---

[1] 《民事诉讼法》第200条规定："当事人的申请符合下列情形之一的，人民法院应当再审：……（二）原判决、裁定认定的基本事实缺乏证据证明的……（六）原判决、裁定适用法律确有错误的……"

费用人民币 8 万元。

本书前文已分析了非法采砂行为的刑事责任构成，王某、张某某等人未办理海域使用权证及采矿许可证，其采砂行为未经海洋主管部门批准，当然也不符合海洋主管部门对海洋资源开发与生态环境保护的规划。

该案对于专门性问题的鉴定、评估或认定包括以下内容：

(1) 国土资源部海洋地质实验检测中心对山东省公安边防总队海警第二支队送检的涉案砂样进行了检测，认定取样区域为 20～50 米水深的正常浅海环境。

(2) 尤尼泰振青会计师事务所有限公司对涉案 44 本账本进行整理统计，计算其销售总额、卸船数量、收入、支出等情况。

(3) 青岛海源资产评估有限公司对涉案采砂船船舱内现存海砂重量进行鉴定。

(4) 青岛市价格认证中心出具关于非法采砂船 567.06 吨海砂的价格。

(5) 山东海事司法鉴定中心对非法采砂所造成的海洋生态损害进行评估，认定该案非法采砂行为造成的海洋生态损失为人民币 120.22 万元，海砂价值损失为人民币 687,100 元。

上述鉴定、评估或认定工作共同确定了违法行为人所应承担的法律责任。关于非法采砂的危害，山东海事司法鉴定中心列出了四方面的内容：(1) 非法采砂会造成水中悬浮物含量增加，影响周围功能区域水质环境，影响水生物的栖息和繁殖，破坏海水水质，造成临近海域污染；(2) 改变海洋自然条件从而引起环境状态的失衡，破坏海洋生物栖息的场所和捕食资源，进而影响其生存和繁殖，影响鱼类资源的补充，且这些破坏难以恢复；(3) 改变海底构造，改变断面形态，将使大陆坡、海岸带、沙滩失去天然保护，进而容易引发海岸后退、坍塌等地质灾害，且过水断面增大，航道深槽的流速下降，可能改变航道的冲淤速率，带来一系列生态环境影响；(4) 破坏了文昌鱼的栖息环境（该地区为文昌鱼水生野生动物市级自然保护区）。

市北区人民检察院所提供的证据材料较为繁多，其中刑事部分所调查的证据也为刑事附带民事部分所采用，如王某、张某某等人非法采砂的事实，包括其采砂地点、工具、次数、数量、收益等事项，主要通过人口与工商信息查询、银行流水、执法部门行政处罚和刑事调查的相关资料、被告人自述和证人陈述、现场照片、账本、微信聊天记录等多份证据予以证明。其中，对于确定被告承担责任的重要证据,便是上述内容中所列的鉴定、评估或认定文件。

对于市北区人民检察院所提出的诉请及理由,王某、张某某等人对其涉及非法采砂的次数、总量、价值等内容予以抗辩,提出检察机关证明前述内容的证据并不充分、鉴定过程存在瑕疵等意见,其中,王某、张某某等人的辩护人曾提出涉案海砂估价过高与实际销售价格不符。但是,王某、张某某等人并未提供相反证据推翻市北区人民检察院的证据。

(二)审理结果及案例分析

法院经审理后,最终认定王某、张某某等人犯非法采矿罪并判处相应刑罚,同时支持了市北区人民检察院关于刑事附带民事公益诉讼的全部诉请,即王某、张某某赔偿海洋生态损失费、海砂损失费、鉴定费共计人民币1,969,300元。

该案为具有代表性的涉及非法采砂罪的刑事附带民事公益诉讼案件,其中对于非法采砂行为所涉及的鉴定、评估或认定工作较为全面,且诉讼请求中对于各类金额的区分也较为明确。值得注意的是,该案中大量证据是在刑事案件办理过程中取得的,如无刑事程序中公安机关对王某、张某某等人进行抓获并及时扣押相关账本、通信设备等重要证据,仅仅依靠民事诉讼程序中的调查取证力度,可能难以查清违法行为人所实际采砂的情况,包括其在2018年已先后进行11次非法采砂的事实,海洋生态环境所遭受的损失可能无法得到有效弥补。因此,从保护生态环境的角度来说,将案件以刑事方式介入或许是最具有效率的。

四、虞某某非法采矿案[(2020)皖0202刑初72号]

(一)基本案情

2019年4月24日,虞某某在未取得采砂许可证的情况下,伙同他人在长江铜陵段221号红浮附近禁采区水域非法盗采江砂共计约1722吨,并于次日被公安机关抓获。

该案为刑事附带民事公益诉讼,由芜湖市镜湖区人民检察院作为公诉机关及公益诉讼起诉人,并由芜湖市镜湖区人民法院受理该案。镜湖区人民检察院认为虞某某在长江河道禁采区非法采砂,应以非法采砂罪追究刑事责任,同时对其提出了3项民事公益诉讼请求:(1)赔偿因非法采砂1722吨造成的生态环境修复费用87,151元;(2)在安徽省省级新闻媒体上向社会公开赔礼道歉;(3)赔偿环境损害评估费用10,000元。

与前述非法开采海砂的案件类似，该案关于非法开采河砂的违法事项也进行了多项鉴定、评估或认定工作，包括：

（1）芜湖市建昌工程质量检测中心有限公司对涉案河砂的规格进行了鉴定。

（2）芜湖市价格认证中心对所查获的河砂进行鉴定，认为涉案河砂价值为45元/吨，共计价值77,490元。

（3）安徽师达环保科技有限公司对非法采砂导致的生态环境损害进行评估，认定非法采矿活动造成河床原始结构受损957.47立方米，水源涵养量减少515.58立方米，对河床的稳定性和安全造成威胁，恢复河床原始结构及水源涵养量约需86,603元；同时造成渔业资源损失，恢复渔业资源费用为548元，合计产生生态环境修复费用87,151元。

由于违法行为人尚未将所采河砂进行售卖，无法确定其销售价格，故依照相关法律规定，对其价格的认定需委托相关机构进行认定。

镜湖区人民检察院提交了大量证据以证明相关事实，包括采砂许可证发放统计表、国家级自然保护区名单、涉案船江砂过载吨位记录、通话记录、刑事照片及砂子物理性能检测报告、价格认定结论书、生态环境损害评估报告等相关证据。

除刑事部分关于量刑方面的抗辩以后，虞某某的辩护人针对非法开采的河砂品质及价格提出异议，其认为涉案河砂为品质较低的黄砂，价格认定部门的定价略高，但其未提出相反的证据予以证明，故抗辩未得到法院支持。

（二）审理结果及案例分析

法院认定虞某某在未取得采砂许可证的情况，在长江禁采区非法开采河砂的事实，最终以非法采矿罪追究其刑事责任，同时支持了镜湖区人民检察院刑事附带民事部分的全部诉讼请求，判决虞某某赔偿生态环境修复费用87,151元、环境损害评估费用10,000元并在省级媒体上公开赔礼道歉。

该案为涉及长江流域非法采砂的刑事附带民事公益诉讼案件，其不仅造成国家矿产资源的损失，也造成渔业资源损失。该案中涉案河砂的价格的认定，由于违法行为人尚未进行售卖，相关价格认证机构的意见便作为最终裁判依据；被告虽对涉案河砂的价格也提出异议，但始终没有拿出更有力的证据，如其能够证明涉案河砂存在其他更为合理的价格，则其被判令赔偿的金额或将有所不同。此外，该案案情较为清晰，具备大多数在河道非法采砂案件的要素，对办理此类案件具有一定的参考价值。

第四节　重要案例判决书节选

绩溪县某桥水力发电总站水污染责任纠纷案[(2018)皖 1825 民初 544 号]判决书节选

【基本案情】

详见本书第 155 页。

【检察机关所列事实及理由】

……

绩溪县某桥水力发电总站为个体工商户,经营者为王某。该发电站共有两座水库,上游“回马桥水库”及下游“隐塘水库”。2016 年 11 月中旬前后,隐塘水库排水洞口被石块堵塞。绩溪县某桥水力发电总站聘请了安徽某南爆破工程有限公司对排水口处进行爆破作业。2016 年 12 月上旬,经安徽某南爆破工程有限公司两次爆破作业后,隐塘水库底涵洞口被炸开,底涵闸阀及水管等也随之被水流冲毁。水库底淤积多年的淤泥及污染物随水流一并冲至下游。另查明,白沙河发源于绩溪县庙山,经绩溪县某桥头乡上田村经回马桥水库流入隐塘水库,再流入旌德县版书镇白沙村入境,系白沙水库上游唯一水系。白沙水库目前为安徽省城市集中式饮用水源保护区。绩溪县某桥水力发电总站曾就隐塘水库维修底涵事宜向绩溪县水务局和旌德县水务局请示,但因可能影响下游白沙水库的饮用水源,未获同意。隐塘水库库底泥沙淤积层约有 4 米多高,包含泥沙、垃圾、树枝等。隐塘水库底涵洞口被炸开,水库底淤积多年的淤泥及污染物随水流一并冲至下游白沙河,最终流入白沙水库,造成污染饮用水源地水质事件。2016 年 12 月 19 日,旌德县环保局接群众举报,对白沙水库水源水质异常事件进行调查,经旌德县环保局和水务局实地查看,发现污染源系绩溪县隐塘水库清淤排出大量泥浆所致。当日,旌德县环保局分别在白沙河绩溪旌德交界、白沙水库入库口、白沙水库取水口 3 个点位提取水样后送宣城市环境监测中心。2016 年 12 月 27 日,宣城市环境监测中心作出环监[水]字 2016 第 275 号监测报告。水质监测结果显示,3 个取样点水质类别均低于《地表水质量标准》(GB3838—2002) V 类标准,属劣 V 类水质。而根据《地表水质量标准》的要求,白沙水库取水口作为集中式生活饮用水水源地一级保护区，水质标准为Ⅱ类，白沙水库入水口作为集中式生活饮用水水源地二级保护区，水质标准为Ⅲ类，Ⅴ类水质主要适用于农业用水区及一般景观要求水域。旌德县人民检察院委托安徽省环境科学研究院环境保护专家对该起环境污染事件造成的环境损害进行评估。专家组评估意见为，该起环境污染事件造成的损害费用为88.96万元（包括应急处置费用4.70万元，生态环境损失费用约19.3万元，生态修复费用52.16万元，事务性费用12.8万元）。

……

【法院裁判理由】

本院认为，本案性质为水污染责任纠纷，系特殊侵权，适用无过错责任原则。因污染环境造成损害的，污染者应当承担侵权责任。因污染环境发生纠纷，权利人应就侵权行为和损害事实承担举证责任，污染者应当就法律规定的不承担责任或者减轻责任的情形及其行为与损害之间不存在因果关系承担举证责任。(1)本案被告是否存在侵权行为。被告委托安徽某南爆破工程有限公司对隐塘水库排洪口实施爆破疏通工程，造成隐塘水库底涵洞口被炸开，底涵外的连接管道及闸阀因冲击力被冲毁，水库底淤积多年的淤泥等污染物随水流冲至下游。被告事后仅修补了洞口，未对排至下游的淤泥进行清理。(2)本案是否存在损害事实。虽然环境具有自净能力，但是环境容量是有限的，排放的淤泥必然对下游水质、水体动植物以及地下水、土壤造成严重破坏。如不及时修复，污染的累积必然会超出环境承载能力，最终造成不可逆转的环境损害，且实际已造成白沙水库水质的恶化，从宣城市环境监测中心调取的2016年1～2月县级以上集中式饮用水源地水质达标情况表、2016年旌德县集中式饮用水水源地水质监测数据表可以看出，2016年度白沙水库的水质在10月8日之前类别均为Ⅲ类，虽然不是公益诉讼起诉人主张的Ⅱ类水质，但亦为达标水质；而污染事件发生后，白沙水库水质为劣Ⅴ类，远远达不到水质考核标准。根据《地表水质量标准》(GB3838—2002)记载，地表水质量分为Ⅰ、Ⅱ、Ⅲ、Ⅳ、Ⅴ五类，其中Ⅲ类水质经过处理后也能供生活饮用，Ⅳ、Ⅴ类水质恶劣，不能作为饮用水源。而劣Ⅴ类水，就是指污染程度已经超过Ⅴ类的水，更不能作为饮用水源。且污染事件发生前后，对比2016年11月1日及12月19日两次采样监测的数据，白沙河取水口水质中的化学需氧量由12毫克/升升为18毫克/升，总磷由0.05毫克/升升为0.68毫克/升，浓度均超过20%。专家意见亦认为“根据《生态环境损害鉴定评估技术指南总纲》，生态环境确认需要满足的条件之一：评估区域空气、地表水、沉积物、土壤、地下水等环境介质中的特征污染物浓度超过基线20%。白沙河上游污染事件发生后，白沙河河道及白沙水库水质指标化学需氧量浓度超出环境基线均在20%以上，最高达1120%，总磷浓度超出环境基线也均在20%以上，最高达330%。此外，白沙河河床淤泥淹没痕迹及下游河道堆积的淤泥也符合造成生态环境损害的其他情形。可以得出结论：白沙河上游污染事件（隐塘水库实施水库清理）确定造成了旌德县白沙河流域的生态环境损害”。(3)关于案涉环境损害修复费用问题。污染事件发生后，旌德金土地信息技术有限公司接受委托对位于旌德县版书乡白沙村段白沙河上游（隐塘水库以下1.3公里河床）淤泥量进行测量，测量出清淤量为15,872立方米。专家意见认为金土地公司测算的淤泥量对应的是含水率较高的流动性状态，应对其进行修正，经过修正后的清淤量为5676立方米，在金土地公司测算的清淤量基础上，安徽旭日工程咨询有限公司受委托对白沙河河道清淤工程编制了工程造价，总造价合计为88.71万元，包括清淤费用，河道基底和岸坡种植合适的沉水植物、浮水植物、挺水植物及湿生植物等费用及环境损害鉴定评估等事务性费用。上述费用并非将白沙水库水质恢复至Ⅲ类或Ⅱ类，所以污染事件发生前水质的类别对专家出具的修复费用意见并无影响。《人民检察院提起公益诉讼试点工作实施办法》第6条明确规定：“人民检察院可以采取以下方式调查核实污染环境、侵害众多消费者合法权益等违法行为、损害后果涉及的相关证据及有关情况：……咨询专业人员、相关部门或者行业协会等对专门问题的意见……”本案中，两位专家出具的意见属于专业人员对专门问题的意见，具有客观性、公正性、权威性。(4)被告是否应承担民事责任及应承担何种民事责任。被告辩称其委托疏通行为系迫不得已，且非故意造成水库淤泥向下游排放的后果，均不属于减轻其相应民事责任的理由；被告辩称存在其他污染源，但提供的证据不能证明其他污染源发生于同一时间段，造成白沙水库由一直的合格水质很快变为不合格水质；且被告提供的证据不能证明其行为与损害之间不存在因果关系。在民事公益诉讼中，检察机关可以提出要求被告停止侵害、排除妨碍、消除危险、恢复原状、赔偿损失、赔礼道歉等诉讼请求。

综上所述，被告造成公共环境损害的事实清楚，应依法承担侵权的民事责任。旌德县人民检察院作为公益诉讼起诉人起诉要求判令被告恢复被污染的白沙河河段及白沙水库的生态环境原状；若被告不履行修复义务，则判令被告承担生态环境修复费用52.16万元;赔偿本起环境污染事故产生的应急处置费用4.7万元,生态环境损失费用19.3万元,事务性费用12.8万元;被告在旌德县级报纸上赔礼道歉的诉讼请求,本院予以支持。

第四章

非法倾排类案件办理指引与案例分析

第一节　非法倾排类公益诉讼案件基本情况

本章取名为“非法倾排”，是因为本章案例主要类型为使用倾倒、排放的方式非法处置污染物。非法倾排类公益诉讼案件（以下简称非法倾排类案件）是最为常见的污染环境行为之一，如其排放、倾倒的地点为水域，则必定造成渔业资源的损失。本书所选取作为调研对象的非法倾排类案件共计 11 起（见表 4 – 1），包括 4 起检察机关单独提起的民事公益诉讼、2 起由政府机关提起的生态环境损害赔偿之诉、3 起有社会组织提起的民事公益诉讼，以及检察机关提起的 2 起刑事附带民事公益诉讼。

表 4 – 1　本章调研非法倾排类公益诉讼案件

序号	案号	案件发生地	案件类型
1	（2017）粤 72 民初 431 号	广东	民事公益诉讼（检察机关提起）
2	（2017）粤 72 民初 432 号	广东	民事公益诉讼（检察机关提起）
3	（2018）粤民终 2466 号	广东	民事公益诉讼（检察机关提起）
4	（2019）浙 11 民初 84 号	浙江	民事公益诉讼（检察机关提起）
5	（2015）武海法立字第 00001 号	江苏	生态环境损害赔偿之诉（政府机关提起）
6	（2017）苏 12 民初 51 号	江苏	生态环境损害赔偿之诉（政府机关提起）
7	（2015）穗中法民一终字第 3804 号	广东	民事公益诉讼（社会组织提起）
8	（2017）粤 01 民初 201 号	广东	民事公益诉讼（社会组织提起）
9	（2017）粤 72 民初 541 号	广东	民事公益诉讼（社会组织提起）
10	（2018）桂 0403 刑初 210 号	广西	刑事附带民事公益诉讼（检察机关提起）
11	（2019）苏 01 刑终 525 号	江苏	刑事附带民事公益诉讼（检察机关提起）

一、非法倾排类公益诉讼案件涉案金额较大

非法倾排类案件所涉污染物包括建筑垃圾、工业废水、生活垃圾等多种类型,其所倾倒、排放的量往往较大,其中致害污染物质成分复杂,对渔业资源和生态环境的危害巨大,因而公益诉讼起诉人在提出诉请时索赔的金额也较大。根据所调研案例的分析,索赔金额如表4-2所示:

表4-2 所涉调研案例索赔金额

公益诉讼原告诉请金额区间	数量/起
100万元以下	2
100万~500万元	3
500万~1000万元	1
1000万~5000万元	1
5000万元以上	1
未明确	3

表4-2显示的案件中,原告诉请金额最少的也已超过20万元,在全部涉渔公益诉讼案件中,非法倾排类案件的平均涉案金额是最高的,也说明此类案件对环境的负面影响最为突出。

二、非法倾排类违法行为对案发地生态环境的影响较大

非法倾排类案件中公益诉讼人所诉请的金额较大,超过其他涉渔公益诉讼案件类型。究其原因,首先是污染物的形态多样,不仅包括固态、液态、气态以及其他混合形态,而且其物质组成成分一般较为多样化,大大增加了污染物的扩散和处理难度,如(2019)浙11民初84号案件中,非法倾排人所排出的工业废水中便包含氰、铜、铬、镍等成分。即便知晓污染物的成分,若倾排后发生其他变化(如与其他物质结合发生化学反应),治理方案则会更加复杂,治理难度可能会进一步增加。

其次,非法倾排类案件的违法行为模式不同于其他案件,无论是倾倒或排放,都可通过隐蔽倾排口的方式,持续性地向案发地水域输入污染物,环境监管机关往往难以在第一时间察觉;而一旦污染物进入水域,其可随着水流扩散,浓度越高或数量越多,水流的稀释能力便相应削弱,非法倾排的危害性和扩散范围便会增

加。例如,(2018)苏0102刑初68号案件中,违法行为人使用暗管偷排工业废水的时间超过2年,其造成的污染情况令人难以想象。

最后,除了海洋、河流这类可见的被污染水域以外,污染物还可能渗入地下水域、土壤或挥发到空气之中,其造成的环境破坏情况难以追踪和确定,大大增加了此类违法行为的危险性。例如,(2016)粤01民初107号案件中,违法行为人向水塘倾倒各类污染物,鉴定机构认为经过治理后,即便水塘水体达到标准,但对底泥和地下水的影响,仍需根据采取其他措施进行后续的控制、观测。

本书认为,在非法倾排案件中,违法行为人所造成的渔业资源损失和生态环境破坏可能实际上是难以被准确量化的,即使公益诉讼人提出了巨额的赔偿金额,仍可能无法弥补渔业资源和生态环境损害的实际情况。因此,只能通过有效的监管方式,预先阻止非法倾排违法行为产生,避免全社会为非法倾排人的行为承担巨大的环境代价。

三、非法倾排类公益诉讼案件的上诉率相对较高

本书调研的非法倾排类案件共11起,除去刑事附带民事公益诉讼案件中民事部分尚未判决的2起案件、因主体不适格被驳回起诉而未进入法律实体部分审理的1起案件以外,余下8起案件中,2起案件的当事人提起上诉,占比为25%,相较于其他类案件而言,上诉率相对较高。

四、非法倾排类公益诉讼案件的案由情况

根据对所调研11起案件的案由统计,除2起刑事附带民事公益诉讼外,其余9起案件的情况如4-3所示:

表4-3 所涉调研9起案件的案由

案由	数量/起
污染海洋责任纠纷	3
水污染责任纠纷	2
环境污染责任纠纷	2
环境民事公益诉讼	1
生态环境损害赔偿	1

上述案由中，只有环境污染责任纠纷和水污染责任纠纷列入最高人民法院2011年发布的民事案由之中，其余案由均被归于其他案由之中。前文已述，2020年新的民事案由规定颁布后，此类案件应可找到更准确相应的民事案由。

五、非法倾排类公益诉讼案件的起诉主体与审判机关

与其他涉渔公益诉讼案件类型有所不同，非法倾排类案件包含四种案件类型，其对应的起诉主体与审判机关如下：

(1)检察机关单独提起的民事公益诉讼案件。该类案件共有4起，除(2019)浙11民初84号案件以缙云县人民检察院作为起诉主体外，其余案件均由地市级检察机关作为公益诉讼起诉人。该4起案件也均由中级法院作为第一审审判机关。

(2)政府及政府部门提起的生态环境损害赔偿之诉。最高人民法院《关于审理生态环境损害赔偿案件的若干规定(试行)》规定，省级、市地级人民政府及其指定的相关部门、机构，或者受国务院委托行使全民所有自然资源资产所有权的部门可以提起生态环境损害赔偿之诉。该类案件共有2起，(2015)武海法立字第00001号案件由镇江市渔政监督支队作为起诉人(但因诉讼主体不适格被法院裁定不予受理)，(2017)苏12民初51号案件由江苏省人民政府作为起诉人。

(3)社会组织或有权机关提起的民事公益诉讼。[①] 该类案件共有3起，由环保社会组织或海洋行政主管部门作为起诉人、检察机关作为支持起诉机构。关于审判机关级别，(2017)粤01民初201号由中级法院作为第一审审判机关，(2017)粤72民初541号案件以海事法院作为第一审审判机关，而(2015)穗中法民一终字第3804号案件则由基层法院作为第一审审判机关。(2015)穗中法民一终字第3804号第一审起诉时间为2014年，早于相关司法解释对级别管辖的规定，故该案的管辖情况与目前的规定不一致。

(4)检察机关提起的刑事附带民事公益诉讼。该类案件共有2起，均由基层检察机关作为原告，并有基层人民法院作为第一审审判机关。

---

① (2017)粤72民初541号案件中，中山市海洋与渔业局提起民事公益诉讼的依据为《海洋环境保护法》第89条，该条规定："造成海洋环境污染损害的责任者，应当排除危害，并赔偿损失；完全由于第三者的故意或者过失，造成海洋环境污染损害的，由第三者排除危害，并承担赔偿责任。对破坏海洋生态、海洋水产资源、海洋保护区，给国家造成重大损失的，由依照本法规定行使海洋环境监督管理权的部门代表国家对责任者提出损害赔偿要求。"

六、非法倾排类公益诉讼案件的鉴(认)定、评估情况

非法倾排类案件中生态环境损害的鉴定、评估一般具有较强的专业性,根据调研相应案例,其鉴定、评估机构如表4-4所示:

表4-4　所涉调研案例鉴定、评估机构

序号	出具鉴定、评估或其他专业意见的主体	数量/起
1	政府部门或其他渔业事业单位(不包括科研单位)	0
2	科研机构或高校	7
3	专家或专家组	0
4	环境专业机构	2
5	司法鉴定机构	0
6	裁判文书中未明确	2

根据上述数据,科研机构承担了非法倾排类案件中大多数的鉴定、评估工作。实际上,在较为复杂的非法倾排类案件中,除了对环境损害相关情况的鉴定、评估以外,还涉及其他事项的专业性判断,其中一项较为重要的是对所倾排污染物的鉴定或认定,这关系到后续对被告应承担责任认定、环境损害鉴定评估、生态修复方案等一系列工作的开展,是案件办理的基础性工作。如(2017)粤72民初541号案件中,违法行为人违法倾倒垃圾,事件发生后,当地环境主管部门随即委托专业检测服务机构对涉案垃圾进行检测,以确定其成分与属性。

此外,由于污染物被倾排之后一般具有较强的扩散性,对环境影响的范围也需进行一定的鉴定、评估或认定工作,如上述(2017)粤72民初541号案件中,为确定案发地周边的土壤、空气等是否被涉案垃圾污染,当地环境主管部门委托专业检测服务机构对倾倒场地周边进行检测,并作出关于土壤、底泥、空气的污染物检测报告。

七、法院对非法倾倒类案件诉讼请求的支持情况

根据对所调研案例的分析,法院对公益诉讼起诉人诉请的支持情况如表4-5所示:

表 4-5 所涉案例中法院对公益诉讼起诉人诉请的支持情况

单位:起

类型	法院完全支持	法院部分支持	和解或调解	提前履行	其他
检察机关单独提起的民事公益诉讼	2	2	0	0	0
政府部门提起的生态环境损害赔偿之诉	1	0	0	0	1
社会组织提起的民事公益诉讼	1	2	0	0	0
检察机关提起的刑事附带民事公益诉讼	0	0	0	0	2

非法倾倒类案件总体金额较大,且案情一般比较复杂,尤其是污染物倾排相关事实、污染物造成的影响、如何进行修复等问题,可能会存在一定争议。数据显示,11 起案件中,有 4 起案件的原告诉请全部得到法院支持,而同样有 4 起案件的原告诉请仅部分得到支持。

第二节 非法倾排类公益诉讼案件办理要点

一、关于垃圾处理的相关规定与适用

本书调研的 11 起非法倾倒类案件中,至少有 5 起案件明确涉及垃圾违法处理,结合我国经济、社会日益发展带来巨量垃圾的现实,对垃圾倾倒引发渔业资源和生态环境破坏的行为应严格追究法律责任。我国对垃圾管理已建立一整套的制度体系,目前已包括污水、固体垃圾、城市生活垃圾、建筑垃圾、海洋垃圾等多个方面,且该制度体系仍在不断完善中。

(一)关于污水处理的相关管理制度

工商业发展与日常生活均会产生大量污水,对污水的处理应遵守相应的法律规定。我国污水防治相关的法律规定为《水污染防治法》《城镇排水与污水处理条例》等相关法律法规。《水污染防治法》规定了工业、城镇、农业农村、船舶等方面的水污染防治规定,由于污水不同于部分固体废物可在陆地上长期堆放,其产生

后无论是直接偷排入水域还是灌入其他场地(如进入土壤),都可能以各种方式渗透或汇集至地表/地下江河、湖泊或海洋中,对渔业资资源和生态环境造成影响。故《水污染防治法》第9条规定,水污染防治由县级以上人民政府环境保护主管部门统一监督管理,同时县级以上人民政府其他部门,包括渔业、水务等部门以及重要江河、湖泊的流域水资源保护机构,都应在各自的职责范围内对有关水污染防治实施监督管理。

除后文将要提及的排污许可证制度外,《水污染防治法》规定,应建立水环境质量监测和水污染物排放监测制度,由国家环境保护主管部门负责制定规范、发布信息、组织监测网络、布置监测站点等工作;而对于被许可排放污水的企业或其他经营主体,对其所排放的水污染物应自行监测并保留记录,重点排污单位还应当安装水污染物排放自动监测设备并与环保主管部门的监控设备联网。在非法倾排案件中,使用各种方式避开水质监测是部分违法行为人逃避监管的措施,如(2018)苏0102刑初68号案件中,违法行为人人为篡改在线监测仪器的数据,以掩盖其长期超标排放污水的事实。

对于各种类型的污水处理,《水污染防治法》均制定了防治措施,如对工业污水、城镇污水、农业农村污水都提出了集中处理方案。此外,《水污染防治法》还要求建立饮用水水源保护区制度,划分一级和二级保护区,分别对其中的建设项目、网箱养殖、旅游等采取限制或禁止措施,并赋予县级以上政府权力以对风景名胜区水体、重要渔业水体或其他特殊经济文化价值的水体划定保护区,其中,"渔业水体"为划定的鱼虾类的产卵场、索饵场、越冬场、洄游通道和鱼虾贝藻类的养殖场的水体。前文已述国家划定的水生生物保护区和水产种质保护区,也可视为一种重要渔业水体的保护区。

同时,《渔业法》第36条第2款规定,渔业水域生态环境的监督管理和渔业污染事故的调查处理,依照《海洋环境保护法》和《水污染防治法》的有关规定执行;《渔业法》第47条规定,造成渔业水域生态环境破坏或者渔业污染事故的,依照《海洋环境保护法》和《水污染防治法》的规定追究法律责任。从《渔业法》的相关规定来看,排放水污染所造成的内陆水质恶化或海洋水体污染问题,理应根据《水污染防治法》规定,对造成渔业污染事故或者渔业船舶造成水污染事故的,向事故发生地的渔业主管部门报告。在其后的法律责任部分,对于船舶未配备防污染设备和器材或船舶进行涉及污染物排放的涉海作业,规定由海事管理部门和渔业管理部门按照职责划分行使职权；对于水污染引起的损害赔偿责任和赔偿金额的纠纷，也可以根据当事人请求，由环保主管部门、海事主管部门或渔业主管部门按照职责分工调解处理。从《水污染防治法》的安排来看，水污染事件一般会造成渔业资源的损害，渔业主管部门应当参与相关事务的处理。

（二）关于固体垃圾（废物）处理的相关管理制度

我国关于固体垃圾（废物）的规定主要见于《固体废物污染环境防治法》，该法律于1995年在全国人民代表大会常务委员会通过，期间经过多次修订，最新修订时间为2020年。《固体废物污染环境防治法》是一部对各类固体废物处理相关的综合性规定，其中包含了工业固体废物、生活垃圾、建筑垃圾、农业固体废物、危险废物等几个方面的内容，同时也涉及生态环境主管部门、标准化主管部门、海关、地方各级政府等多个实体机关。

《固体废物污染环境防治法》第5条规定，固体废物污染环境防治坚持污染担责的原则。产生、收集、贮存、运输、利用、处置固体废物的单位和个人，应当采取措施，防止或者减少固体废物对环境的污染，对所造成的环境污染依法承担责任。这也即“谁污染，谁负责”的原则，因此，固体废物防治的核心主体还是从产生到最终处理这个链条上的每一环节的责任方。我国的固体废物链条一般包括产生（大多同时包括贮存）、运输、处理（利用）三个环节，固体废物处理（利用）为该环节的终端，其主要以填埋、焚烧、综合利用等多种方式完成对固废的无害化处理或再利用，而前述三个环节中的每个环节都可能出现污染事故，如固废产生端擅自处理固体废物、固体废物运输端出现泄露等情形。

《固体废物污染环境防治法》第20条第2款规定，禁止任何单位或者个人向江河、湖泊、运河、渠道、水库及其最高水位线以下的滩地和岸坡以及法律法规规定的其他地点倾倒、堆放、贮存固体废物；该法第21条规定，在生态保护红线区域、永久基本农田集中区域和其他需要特别保护的区域内，禁止建设工业固体废物、危险废物集中贮存、利用、处置的设施、场所和生活垃圾填埋场。根据前述法律规定，我国内陆地区的水域中是不允许进行固体废物的倾倒、堆放、贮存，在生态保护红线区域、永久基本农田等地区甚至不允许建立与固体废物、危废相关的产业和设施。本次调研的非法倾排类案件中，违法行为人大多是擅自将污染物直接向江河、湖泊等水域进行排放，从而对渔业资源和生态环境造成严重损害，而其中危害性最大的便是工业固体废物的非法倾排行为。

《固体废物污染环境防治法》第三章是关于工业固体废物的相关规定，其中规定了固体废物链条中相关主体的责任和义务。对于固体废物产生端，其需建立相应污染防治制度、管理台账，申办排污许可证，核查并委托具备资质和能力的运输、处理（利用）主体开展固废的后续活动；对于固体废物运输端和处理（利用）端，其应按照法律法规和委托合同开展工作，并向固体废物产生端反馈固废办理情况。固废运输端或处理（利用）端出现污染事故，其应承担相应的责任，而如固体废物产生端没有履行好其相应义务，则会与固体废物运输端或处理（利用）端承担连带责任。实际上，固体废物产生端既是固体废物处置链条的发起人，也是该链条上责任最大的主体，其对于固体废物后续的去向和处理情况具有审查、报告等义务，甚至在其终止经营时也应对固体废物的相关设施、场所及未处置的固体废物进行妥善处理。

（三）关于生活垃圾处理的相关管理制度

关于生活垃圾的管理制度见于《固体废物污染环境防治法》第四章、住房和城乡建设部2015年发布的《城市生活垃圾管理办法》等规定之中。与工业固废相比，生活垃圾的处理方式为另一套不同的运行模式。生活垃圾产生于分散的城乡居民生活地点或单位办公地点，通过市政系统将其归拢之后再行统一处置，其需要公权力部门进行规划和主导。因此，在生活垃圾产生地的城市里，由城市中的单位和居民向相应政府部门缴纳生活垃圾处理费，而该费用被专项用于城市生活垃圾的收集、运输和处置。

《固体废物污染环境防治法》《城市生活垃圾管理办法》中均对生活垃圾的收集、运输、处理主体进行规定。《固体废物污染环境防治法》第48条规定，县级以上地方人民政府环境卫生等主管部门应当组织对城乡生活垃圾进行清扫、收集、运输和处理，可以通过招标等方式选择具备条件的单位从事生活垃圾的清扫、收集、运输和处理。因此，各地参与生活垃圾处理的主体均存在一定差异。《城市生活垃圾管理办法》第17条、第18条、第26条规定，从事城市生活垃圾经营性清扫、收集、运输、处置的企业，应当取得城市生活垃圾经营性清扫、收集、运输、处置服务许可证，直辖市、市、县建设（环境卫生）主管部门应当与前述中标企业签订城市生活垃圾清扫、收集、运输、处置经营协议。在将城市生活垃圾的所有环节委托相应企业办理后，相应政府部门应当对前述事务进行监督和管理，确保其合法合规地开展工作。

以广州市为例，广州市城市管理委员会（以下简称广州市城管委）于2018年发布了《广州市城市生活垃圾经营性清扫、收集、运输和处置服务行政许可实施办法》，规定广州市城管委负责对各区城市生活垃圾经营性清扫（清捞）、收集、运输和处置经营性服务行政许可的统筹指导管理工作；广州市下辖区城市管理局（以下简称区城管委）负责对“城市生活垃圾经营性清扫、收集、运输服务许可证”“城市生活垃圾经营性处置服务许可证”的审批和监督管理工作。前述许可证具有一定的有效期，有效期届满之后持证主体需重新提出申请，而在受托企业开展前述生活垃圾清扫（清捞）、收集、运输、处置服务过程中，区城管委制定监督管理制度，定期对服务企业进行检查并查阅企业台账等相关资料。由于城市会不断产生生活垃圾，对生活垃圾的最终处理企业便尤为重要，为此，广州市城管委还在2018年发布了《广州市生活垃圾终端处理设施运营监管办法》，对广州市生活垃圾集中处理的设施运营监督管理进行了进一步的规定。

对城市居民和单位而言，其应对产生的生活垃圾负责，遵守关于垃圾分类规定，将垃圾投放至指定的垃圾收纳地点，但在广大农村地区，可能存在生活垃圾配套处理机构和设施不足的情况，《固体废物污染环境防治法》第五章中虽规定县级以上人民政府农业农村主管部门负责指导农业固体废物回收利用体系建设，鼓励和引导有关单位和其他生产经营者依法收集、贮存、运输、利用、处置农业固体废物，但并未进行更为具体的规定。为解决农村生活垃圾问题，环境保护部于2013年发布了《农村生活污水处理项目建设与投资指南》《农村生活垃圾分类、收运和处理项目建设与投资指南》《农村饮用水水源地环境保护项目建设与投资指南》《农村小型畜禽养殖污染防治项目建设与投资指南》等4项规定，用于指导农村生活垃圾配套建设。2015年，住房和城乡建设部等多个部门发布《关于全面推进农村垃圾治理的指导意见》，要求因地制宜建立“村收集、镇转运、县处理”的模式，有效治理农业生产生活垃圾、建筑垃圾、农村工业垃圾等，主要通过建立村庄保洁制度、推行农业生产废弃物资源化利用等措施。2016年，住房和城乡建设部发布通知，要求在各地推广浙江省金华市农村生活垃圾分类和资源化利用经验，其中包括层层考核制度、垃圾保洁员评优制度、垃圾收费制度等。2017年，住房和城乡建设部发布通知，要求确定100个县（市、区）开展农村生活垃圾分类和资源化利用示范工作，试点地区需在两年内实现农村生活垃圾分类覆盖所有乡镇和80%以上的行政村，并在经费筹集、日常管理、宣传教育等方面建立长效机制。由此可见，我国农村地区的生活垃圾处理配套建设也在逐步推进之中,随着2020年小康社会的全面建成,农村生活垃圾处理问题也会得到有效治理。

(四)关于建筑垃圾处理的相关管理制度

《固体废物污染环境防治法》第五章包含了建筑垃圾、农业固体废物等多项内容,其中规定县级以上地方人民政府环境卫生主管部门负责建筑垃圾污染环境防治工作,同时,工程施工单位应当编制建筑垃圾处理方案,并报县级以上地方人民政府环境卫生主管部门备案;对于建筑垃圾更具体的规定,则由建设部于2005年发布的《城市建筑垃圾管理规定》予以明确。

《城市建筑垃圾管理规定》对建筑垃圾进行了定义,其包括建设单位、施工单位新建、改建、扩建和拆除各类建筑物、构筑物、管网等以及居民装饰装修房屋过程中所产生的弃土、弃料及其他废弃物;同时,该管理规定还规定处置建筑垃圾的单位应当向城市市容环境卫生主管部门提出申请,经批准后方可处置。理论上来说,建筑垃圾可能具有一定的资源回收价值,因此《城市建筑垃圾管理规定》鼓励建设单位、施工单位优先采用建筑垃圾综合利用产品。

建筑垃圾与其他固体废物一样,需遵循法律规定的方式进行处理,否则将会承担法律责任。例如,(2017)粤72民初431号案件中,违法行为人擅自向海洋倾倒建筑余泥,最终被检察机关提起民事公益诉讼,并被法院判令赔偿环境污染损失。

(五)关于海洋倾排处理的相关管理制度

关于海洋倾排的相关规定,主要包括《海洋环境保护法》、国土资源部于2017年发布的《海洋倾废管理条例实施办法》(以下简称《海洋倾倒办法》)等。《海洋环境保护法》对涉及海洋环境保护的主管部门分别进行了规定:(1)国家环保主管部门负责管理全国防治陆源污染物和海岸工程建设项目对海洋污染损害;(2)国家海洋主管部门负责管理全国防治海洋工程建设项目和海洋倾倒废弃物对海洋污染损害案件;(3)国家海事主管部门管理所辖港区水域内非军事船舶和港区水域外非渔业、非军事船舶污染海洋环境案件,以及国家海域内航行、停泊和作业的外国籍船舶造成的污染事故登轮检查处理,如船舶污染给渔业造成损失,则应吸收渔业主管部门参与调查处理;(4)国家渔业主管部门则如前所述,负责渔港水域内非军事船舶和渔港水域外渔业船舶污染海洋环境案件,以及渔业水域生态环境保护和其他渔业污染事故;(5)军事环境主管部门负责军事船舶污染海洋环境案件。由此可见,涉及海洋的环境管理机关比较复杂,且其职能相互间还存在交叉部分。2018 年机构改革后,非法倾排事务的主管机关更加不明确,下一步如何调整,还有待法律的进一步修订。

《海洋环境保护法》规定了几类污染的处理方式,其中包括陆源污染、倾倒废弃物污染、船舶及有关作业活动污染,以及前文已述的海岸工程建设项目污染和海洋工程建设项目污染等。在调研案例中主要的违法行为是陆源污染和倾倒废弃物,陆源污染指来自陆地的污染物所造成的环境污染,存在非法排放各类污水,在岸滩弃置、堆放和处理固废,向海洋转移危废等多种情况;而倾倒废弃物一般指通过船舶等载具在内海、领海、大陆架和其他管辖海域倾倒各类废弃物、弃置构造物等行为。陆源污染排放由相应的法定管理制度进行规制,如排污许可证制度;而对于倾倒废弃物的行为,国土资源部发布的《海洋倾废管理条例》(以下简称《海洋倾废管理条例》)及《海洋倾废管理条例实施办法》(以下简称《海洋倾废实施办法》)进行了具体的规定。前述规定将废弃物分为三类,其中"一类废弃物"的危害性最大,"三类废弃物"基本为低毒、无害的物质,"二类废弃物"介于两者之间;同时,《海洋倾废管理条例》划定了对应的一、二、三类海洋倾倒区以及试验倾倒区和临时倾倒区,并实行海洋倾废许可证制度,未办理许可而进行倾倒的行为将面临警告或罚款,情形严重的还会涉及刑事责任。《海洋倾废实施办法》中提及非法倾倒的民事责任,故对于造成他人损失的严重倾倒行为,相关主体可以依法提起民事公益诉讼。

二、关于排污许可与危废处置的相关规定与适用

2016 年,国务院办公厅发布《控制污染物排放许可制实施方案》,要求将排污许可制度建设成为固定污染源环境管理的核心制度,提出了到 2020 年完成覆盖所有固定污染源的排污许可证核发工作,全国排污许可证管理信息平台有效运转等任务目标,并规定了制定排污许可管理目录、规范排污许可证核发等工作内容。同年,环境保护部发布《排污许可证管理暂行规定》(该规定现已失效),对排污许可证的申请、核发、实施、监管等都做了细致规定,以通过排污许可分类管理名录的差异化管理方式,配合信息公开、自行监测、台账记录、执行报告等方式,推进全国排污许可证制度的建设。2018 年,生态环境部发布《排污许可管理办法(试行)》,并于 2019 年修正,将排污许可制度进行了进一步的完善。环境保护部、生

态环境部还通过发布一系列针对各工业领域的排污许可证申请与核发技术规范，设立了围绕排污许可证的一整套制度。

关于排污许可制度，其是对已纳入固定污染源排污许可分类管理名录的排污单位的环境监管制度。前述排污单位应在取得排污许可之后才可以开展产生污染物的生产、经营活动，而在申办排污许可证时，排污单位应当详细报告其生产设备、产品、产能、原料、产排污环节、污染防治设施等信息。环境主管部门针对排污单位所排污染物的产生量、危害性等实行分类管理，并在全国排污许可管理信息平台上对排污许可证的申请、受理、审核等情况进行管理；排污单位则应对排污活动进行自行监测，并将监测情况、执行排污管理的报告在全国排污许可证信息平台上公开，同时，环境主管部门的监管执法情况也会在该平台上公开。其中，排污单位应当安装或使用监测设备来完成自行监测的活动，而按规定实行重点排污管理的单位还应将自动监测设备与环境主管部门的监控设备联网。排污许可制度是一种将全国排污单位以系统化、数字化方式进行管理的制度，该制度可以对环境污染情况进行持续性的及时监管，有效防止污染情况的发生。

除了排污许可证制度，对于环境污染管理比较重要的另一项制度是危险废物（以下简称危废）管理制度。相比排污许可证制度的广泛性，危险废物管理制度的范围更小，但其所规制的排污单位对环境的影响更为重大。早在 2004 年，国务院便发布了《危险废物经营许可证管理办法》，该办法最近一次修订为 2016 年，规定对危废经营实行许可制度。

按照《危险废物经营许可证管理办法》的相关规定，国家依照危废管理名录，对被许可从事危废经营的单位审核其条件和能力后颁发危废经营许可证。危废经营许可证分为“危废收集、贮存、处置综合经营许可证”和“危废收集经营许可证”两类，分别匹配其可从事的业务范围。与其他的许可证类似，危废经营许可证会载明经营主体的基本信息、经营期限及经营范围，危废经营单位只能在前述期限及范围内开展经营活动。除领取危废收集经营许可证的主体依法只能从事机动车维修活动中产生的废矿物油和居民日常生活中产生的废镉镍电池的危险废物收集经营活动外，其他领取危废综合经营许可证的单位一般为相应危废类别的处理终端，若其不依法进行危废的处置，将会造成严重的法律后果，如行政处罚、民事诉讼或刑事追责。

排污许可证制度与危废管理制度是同时运行的两套环保制度，其对渔业资源和生态保护的意义在于事前防范，如能确保这些制度的有效运行，将会大大减少非法倾排行为的发生。

三、关于鉴定、评估机构及相应标准的规定

本书在非法捕捞类案件的章节中介绍了关于环境损害鉴定、评估的机构（如环境保护部、生态环境部推荐的环境损害鉴定、评估单位）、标准（如环境保护部发布的《环境损害鉴定评估推荐方法（第Ⅱ版）》）等内容，亦适用于非法倾排类案件。由于非法倾排行为具有污染物易扩散、复杂多样的特点，此类案件涉及的鉴定内容较为繁杂，从所调研案例可知，其所涉及的鉴定标准主要包括三类：

（1）关于涉案污染物的鉴定标准，如（2017）粤72民初432号案件中对违法行为人所倾倒垃圾适用的《危险废物鉴别标准浸出毒性鉴别GB 5085.3—2007》。

（2）关于受污染物影响的环境标准，如（2016）粤01民初107号案件违法行为人作为水塘承包人，擅自接收各类垃圾向水塘倾倒，导致周边环境受损，故该案在鉴定过程中参照了大量标准，包括《地表水环境质量标准》《农田灌溉水质标准》《渔业水质标准》《地下水质量标准》《环境空气质量标准》等。

（3）关于环境管理的相关标准，同样用于判断环境损害的严重程度，如（2015）穗中法民一终字第3804号案件中，违法行为人向鱼塘倾倒污染物，其涉及污泥对农用地的污染情况，故参照了《农用污泥中污染物控制标准》。

对上述标准的适用，关系到违法行为人对环境损害情况所承担责任的大小，是非法倾排类案件中重点关注的内容之一，往往会成为争议焦点。例如，在（2016）粤01民初107号案件中，关于涉案水塘是否应恢复至地表水质量标准中的第Ⅴ类水标准的问题，即作为了庭审的争议焦点之一。因此，在办理非法倾排类案件时，对于应该适合何种标准，需要公益诉讼人进行充分论证及举证。

四、赔偿费用的类型

综合分析11起非法倾排类案件的赔偿情况，公益诉讼人诉请并得到审判机关最终支持的赔偿有以下三类：

（1）渔业资源损失。渔业资源损失为污染物所直接导致的水生生物死亡情况，如（2019）浙11民初84号案件中，违法行为人的偷排行为造成圆吻鲴、黄颡鱼等20余种鱼类共14,000余公斤及螺贝（蚬）等底栖动物6000余公斤死亡，当地

渔业环境监测站所出具的评估报告中认为污染引起大量死鱼现象，造成渔业资源直接损失为 685, 200 元。

(2)生态环境修复费用。一般涉渔案件都会存在生态环境修复费用，在非法倾排类案件中则为消除污染物的影响、令生态环境恢复至污染发生前的状态的费用，如在(2017)苏 12 民初 51 号案件中，法院要求违法行为人赔偿环境修复费用 3637.90 万元，该费用在专业机构的评估中被认为是净化靖江市和兴化市两地水域中导致 PH 值变化的酸碱污染，令水质恢复固有条件的费用。

(3)生态环境服务功能损失。《民法典》第 1235 条规定生态环境损害侵权人应承担“生态环境受到损害至修复完成期间服务功能丧失导致的损失”;《关于审理环境民事公益诉讼案件适用法律若干问题的解释》第 21 条规定:“原告请求被告赔偿生态环境受到损害至恢复原状期间服务功能损失的，人民法院可以依法予以支持”;《环境损害鉴定评估推荐方法(第Ⅱ版)》中将生态系统服务定义为“指人类或其他生态系统直接或间接地从生态系统获取的收益”，且认为“生态系统的物理、化学或生物特性是生态系统服务的基础”。非法倾排行为对水域的影响较大，势必造成案发地生态环境变化，从而导致其相应服务功能的减弱或丧失。如在上述提及的(2017)苏 12 民初 51 号案件中，法院在支持违法行为人赔偿环境修复费用的同时，也要求其赔偿生态环境服务功能损失。

在所调研的案例中，公益诉讼人均会选择在诉请中提出生态环境修复费用，但只有部分案件中提及渔业资源损失和生态环境服务功能损失。公益诉讼人忽略渔业资源损失，通常是因为无法确认水生生物的损失情况，(2019)浙 11 民初 84 号案件的特殊之处在于其打捞和回收了因污染造成的大量死鱼，从而确定了渔业资源损失情况;至于生态环境服务功能损失，非法倾排类案件在理论上都可能存在此类损失情况，不过实践中仅在部分案件中将其列入诉请。

五、关于污染环境罪的刑事责任认定

《刑法》第 338 条为污染环境罪的条文，其具体内容为:“违反国家规定，排放、倾倒或者处置有放射性的废物、含传染病病原体的废物、有毒物质或者其他有害物质，严重污染环境的，处三年以下有期徒刑或者拘役，并处或者单处罚金;情节严重的，处三年以上七年以下有期徒刑，并处罚金……”

该条款包括三种行为，分别是“排放、倾倒、处置”，如前所述，污染产生单位及后续的运输、处置单位均可能出现前述违法行为，继而被处以施以刑事责任；而条款所列明的对象为“放射性的废物”“含传染病病原体的废物”“有毒物质”“其他有害物质”，本书调研案例所涉非法倾排工业污染物自然可以归于前述有毒物质或其他有害物质之中；刑事责任方面，除了罚金作为附加刑以外，其刑期主要分为两档，即“三年以下有期徒刑或者拘役”和“三年以上七年以下有期徒刑”，其所对应的情形分别为“严重污染环境”和“情节严重”。

至于如何细化前述条文中的内容，最高人民法院、最高人民检察院《关于办理环境污染刑事案件适用法律若干问题的解释》（以下简称《环境污染刑事司法解释》）予以非常详尽的说明，其中第1条列举了18种应认定为“严重污染环境”的情形（包括兜底条款）：

（1）在饮用水水源一级保护区、自然保护区核心区排放、倾倒、处置有放射性的废物、含传染病病原体的废物、有毒物质的；

（2）非法排放、倾倒、处置危险废物3吨以上的；

（3）排放、倾倒、处置含铅、汞、镉、铬、砷、铊、锑的污染物，超过国家或者地方污染物排放标准3倍以上的；

（4）排放、倾倒、处置含镍、铜、锌、银、钒、锰、钴的污染物，超过国家或者地方污染物排放标准10倍以上的；

（5）通过暗管、渗井、渗坑、裂隙、溶洞、灌注等逃避监管的方式排放、倾倒、处置有放射性的废物、含传染病病原体的废物、有毒物质的；

（6）2年内曾因违反国家规定，排放、倾倒、处置有放射性的废物、含传染病病原体的废物、有毒物质受过2次以上行政处罚，又实施前列行为的；

（7）重点排污单位篡改、伪造自动监测数据或者干扰自动监测设施，排放化学需氧量、氨氮、二氧化硫、氮氧化物等污染物的；

（8）违法减少防治污染设施运行支出100万元以上的；

（9）违法所得或者致使公私财产损失30万元以上的；

（10）造成生态环境严重损害的；

（11）致使乡镇以上集中式饮用水水源取水中断12小时以上的；

（12）致使基本农田、防护林地、特种用途林地5亩以上，其他农用地10亩以上，其他土地20亩以上基本功能丧失或者遭受永久性破坏的；

（13）致使森林或者其他林木死亡50立方米以上，或者幼树死亡2500株以上的；

(14)致使疏散、转移群众5000人以上的；

(15)致使30人以上中毒的；

(16)致使3人以上轻伤、轻度残疾或者器官组织损伤导致一般功能障碍的；

(17)致使1人以上重伤、中度残疾或者器官组织损伤导致严重功能障碍的；

(18)其他严重污染环境的情形。

而对于“后果特别严重”,前述司法解释也予以说明：

(1)致使县级以上城区集中式饮用水水源取水中断12小时以上的；

(2)非法排放、倾倒、处置危险废物100吨以上的；

(3)致使基本农田、防护林地、特种用途林地15亩以上,其他农用地30亩以上,其他土地60亩以上基本功能丧失或者遭受永久性破坏的；

(4)致使森林或者其他林木死亡150立方米以上,或者幼树死亡7500株以上的；

(5)致使公私财产损失100万元以上的；

(6)造成生态环境特别严重损害的；

(7)致使疏散、转移群众15,000人以上的；

(8)致使100人以上中毒的；

(9)致使10人以上轻伤、轻度残疾或者器官组织损伤导致一般功能障碍的；

(10)致使3人以上重伤、中度残疾或者器官组织损伤导致严重功能障碍的；

(11)致使1人以上重伤、中度残疾或者器官组织损伤导致严重功能障碍,并致使5人以上轻伤、轻度残疾或者器官组织损伤导致一般功能障碍的；

(12)致使1人以上死亡或者重度残疾的；

(13)其他后果特别严重的情形。

需要说明的是,上述“严重污染环境”“后果特别严重”是为刑事责任判断的初步条件,《环境污染刑事司法解释》还规定了其他判定条件,如第5条规定,违法行为人刚达到应当追究刑事责任的标准,但其具有及时采取措施,防止损失扩大,消除污染等情节,同时系初犯且确有悔罪表现的,可以认定为情节轻微,不起诉或者免于刑事责任,如确有必要判处刑罚的,也应当从宽处。因此,对于刑事责任的判定,还应当结合《环境污染刑事司法解释》的其他规定及具体案情予以判定。

最高人民检察院、公安部《刑事立案追诉标准(一)》第60条规定了予以立案追诉的几种情形，其后，最高人民检察院、公安部《关于公安机关管辖的刑事案件立案追诉标准的规定（一）的补充规定》第 10 条对其进行了修订，其所列出的情形与《环境污染刑事司法解释》基本一致，本书在此不再赘述。

第三节　非法倾排类公益诉讼典型案例分析

一、李某某非法倾倒案［（2017）粤 72 民初 431 号］

（一）基本案情

2016 年 8 月，中国海监广东省执法部门在珠江口洪奇沥水道海域巡查时查获一艘正在倾倒建筑余泥的轮船。该涉案轮船由李某某驾驶，其通过船上装载的钩机进行非法倾倒作业，至其被查获时已倾倒了 100 立方米建筑余泥，同时船舱中仍装有约 400 立方米的泥土。广州市南沙区海洋与渔业局向李某某出具《行政处罚决定书》，认为李某某在未取得海洋倾倒许可证的情况下向海洋倾倒废弃物，责令其改正并罚款 7 万元。经鉴定，涉案船只上残存的建筑余泥为有害物质，检察机关经诉前程序后对李某某提起民事公益诉讼。

该案由广州市南沙区人民检察院作为民事公益诉讼起诉人进行起诉，因案发地为海域，故由广州海事法院受理进行审判。南沙区人民检察院首先向广州市南沙区海洋与渔业局出具《督促起诉意见书》，建议由该局进行提起海洋环境民事公益诉讼，而该局认为其不具有相关知识和能力的专职人员，复函请南沙区人民检察院进行起诉。其后，南沙区人民检察院通过在《广州日报》和中国涉外商事海事审判网发布公告履行诉前程序，并提起民事环境公益诉讼。

南沙区人民检察院仅提出一项诉讼请求，即要求李某某赔偿因其倾废行为造成的相关损失 251,678 元，前述金额包括委托鉴定评估的事务性费用、对建筑余泥清理打捞费用、对建筑余泥的运输处置费用等。

该案关于专门性问题的鉴定、评估或认定工作主要分为两部分，分别由中国广州分析测试中心和环境保护部华南环境科学研究所完成。广州分析测试中心具有固体废物毒性物的浸出、腐蚀性以及砷、汞等重金属测定的检验资质，受广州市南沙区环保水务局委托，分两次对涉案船只上残留的建筑余泥进行分析检测，均出具《环境监测报告》。第一份《环境监测报告》认为涉案建筑余泥不具有浸出毒性特征和腐蚀性特征;第二份《环境监测报告》则认为涉案建筑余泥样品中含有铜、锌、铅、铬、汞、砷、镍等重金属元素,根据现场情况和样本虽可单向判断其不具有腐蚀性特征和浸出毒性特征,但不能证明建筑余泥无害。

南沙区人民检察院则委托华南环境科学研究所对李某某非法倾倒行为对环境造成的损害进行鉴定评估。华南环境科学研究所作出《环境损害鉴定评估报告》,该报告认为由于涉案建筑余泥中含有铜、锌、铅、铬、汞、砷、镍等重金属元素,应被认定为有毒物质,故该倾倒行为破坏水道中丰富的渔业资源和威胁航行船舶安全。报告对环境损害进行量化,其金额包括:(1)对船舶建筑余泥的金属含量及浸出物检测分析费用 29,478 元以及环境损害鉴定评估费用 175,000 元;(2)建筑余泥倾倒后并未及时启动监测调查,缺乏污染物浓度、影响面积及倾倒后该区域游泳生物资源的变化情况,且环境污染具有潜在性与渐进性,渔业资源损失难以量化;(3)清理河道建筑余泥约需 200 元每立方米,因此,100 立方米的建筑余泥的清理打捞费用为 2 万元;(4)将建筑余泥运输至建筑垃圾填埋场进行处置的运输处置费用为 27,200 元。最终,《环境损害鉴定评估报告》得出结论非法倾倒行为造成经济损失共计约 251, 678 元。

该案裁判文书并未指明公益诉讼起诉人所提交的证据,但前期所做《行政处罚决定书》《环境监测报告》《环境损害鉴定评估报告》等书面证据,足以证明李某某的违法行为及应承担的责任。李某某在该案中主要提出两项抗辩理由:第一项抗辩理由中,李某某认为其为受中山市三角镇高坪村民委员会同意对围堤进行土石方修补加固,具有免责事由,并出具村民委员会的证明,但并无原件进行核对;第二项抗辩理由中,李某某认为《环境损害鉴定评估报告》确定的损害赔偿金额过高,其中事务性费用过高,打捞费用的认定缺乏依据,且按全部 500 立方建筑余泥进行计算(未扣除未倾倒的 400 立方建筑余泥)与事实不符。

(二)审理结果及案例分析

法院认为,李某某所称村委会同意其进行河堤加固的说法无法得到证实,其他关于损害赔偿金额过高的理由也难以成立,但认同其所称涉案船只上未倾倒的剩余 400 立方建筑余泥的金额应予以扣除,故最终判决李某某赔偿环境损害的损失 229,918 元。

该案是涉及非法倾倒建筑垃圾的案例,且涉案建筑垃圾中还含有重金属,使该案具备一定的代表性。该案中两项对专门性问题的鉴定评估工作有着层次性和逻辑性，即先确定建筑垃圾是否具有毒性，再确定相应的环境损害赔偿金额，实际上现场涉案建筑余泥并无刺激性气味，且第一次检测也未得出有毒有害的结论，但环境执法机构仍要求进行二次鉴定，并最终得到重金属超标的结论，由此可见，对此类倾排物应持有更为谨慎的态度，在某些情况下，进行多次检测和排查是有必要的。至于李某某所称事务性费用过高的问题，则是错误认识了事务性费用的性质，无论最终确定的损害赔偿金额费用多少，都不影响鉴定、评估机构按照规范的流程开展工作，因此，较小赔偿金额的事务性费用占比高具有合理性。

二、缙云县某电镀厂、王某甲等水污染责任纠纷案[（2019）浙 11 民初 84 号]

（一）基本案情

2018 年 5 月，某电镀厂负责处理工业废水的员工王某丙按照该厂投资人王某甲的指示，将厂内未经净化处理的含有氰、铜、铬、镍等成分的工业废水，用水泵抽出并通过暗管直接排入好溪水域。经缙云县水利局调查，此次污染事故造成好溪缙云兰口至莲都水东大桥段 4300 余亩水域受到污染，圆吻鲴、黄颡鱼等 20 余种鱼类共 14，000 余公斤及螺贝（蚬）等底栖动物 6000 余公斤死亡，缙云、莲都两地打捞和回收死鱼共计 13，001.9 斤。

经查，某电镀厂工商登记为个人独资企业，登记的投资人为王某甲；而根据该厂之前的所有人楼某某与王某甲、王某乙、胡某某签订的《关于履行〈独资企业转让合同〉的补充协议》，某电镀厂为王某甲、王某乙、胡某某共同所有。

该案由缙云县人民检察院作为起诉人提起民事公益诉讼，浙江省丽水市中级人民法院受理。缙云县人民检察院提出了多达 5 项的诉讼请求，分别为：

（1）某电镀厂承担受污染水资源损失费用 48，259.75 元（在庭审过程中，缙云县人民检察院将诉请金额“48，259.75”元变更为“48，130”元），并承担渔业资源直接经济损失 685，200 元，渔业资源恢复费用 2，055，600 元，共 2，789，059.75 元；

（2）某电镀厂承担死鱼回收应急处置费用 78，093 元，排除暗管处置费用 132，250 元，共 210，343 元；

（3）某电镀厂承担渔业事件污染评估费用 25，000 元、鱼样检验费用 1000 元、生态损害鉴定评估费用 120，000 元，共计 146，000 元；

（4）王某甲、王某乙、胡某某、王某丙对前述 3 项诉讼请求承担相应部分的连带赔偿责任；

（5）某电镀厂、王某丙在省级媒体上公开赔礼道歉。

上述五被告所共同赔偿的金额超过300万元，其中渔业资源直接损失便达近70万元，可见其非法倾排行为对环境的损害之大。

该案关于专门性问题的鉴定、评估或认定包括3项内容：第一项为作为专业机构的丽水蓝城农科检测技术有限公司对案发地鱼样品进行检测，发现其中含有氰化物0.14毫克/千克、铜0.1毫克/千克、镉0.0043毫克/千克；第二项为浙江省淡水渔业环境监测站所作出的《渔业污染事故评估报告》，该报告分析认为好溪缙云兰口至丽水出现大量死鱼现象，主要是受到氰化物严重污染引起，而该污染事故造成的渔业资源直接经济损失为685,200元，天然渔业资源恢复费用为2,055,600元，共2,740,800元；第三项为浙江省环境保护科学设计研究院《某电镀厂非法排污致突发环境事件生态环境损害鉴定评估报告》（以下简称《某电镀厂排污鉴定评估报告》），某电镀厂实际排污量70余吨，受污染水资源损失为48,259.75元，政府为查找和移除排污暗管支付了处置费用132,250元，政府为打捞和回收死鱼支付费用78,093元，以及相关的鉴定、评估、检测费用共计146,000元。

由于该案涉及涉案企业的经营问题，故缙云县人民检察院将提交3类证据，第一类为证明违法行为人非法排放事实的证据，其中包括王某甲与王某丙的供述与辨认笔录，公安机关对相关人员所作的笔录，其他现场勘查或侦查笔录、水质监测报告等；第二类为生态环境危害事实的证据，主要包括前述各类监测报告、检验报告、事故评估报告，《某电镀厂排污鉴定评估报告》等，此外还有死鱼打捞、查找拆除暗管的相关证据；第三类为王某甲、王某乙、胡某某合伙经营某电镀厂的证据。

对缙云县人民检察院的诉请及证据，五位被告提出了抗辩意见，在环境损害方面主要对死鱼数量和价格提出质疑，但更多的是关于对被告之间责任承担的问题，即某电镀厂的所有权和经营人问题，如胡某某认为其并未参与偷排污水，王某甲、王某乙认为其受让楼某某个人独资企业的协议无效等。

（二）审理结果及案例分析

法院认为，检察机关所主张的各项费用包括渔业资源直接损失、渔业资源恢复费用、其他应急费用、鉴定评估费用等均具有相应依据，予以支持；此外，王某甲、王某乙、胡某某等三人作为某电镀厂的投资人,应对某电镀厂债务不足部分承担赔偿责任,故支持了缙云县人民检察院的全部诉请。

该案共有5个被告,侵权人为某电镀厂和实际操作人王某丙,其余被告是作为某电镀厂的实际投资人被判令对某电镀厂的债务承担连带责任,因此,该案同时存在环境侵权责任与企业经营责任的问题。该案是非法倾排类案件中较少可以明确确定渔业资源直接损失的案件,其他同类案件虽实际也造成了渔业资源损失,但较难取得渔业资源直接损失的证据;同时,该案还涉及各类应急处置费用且均得到了法院的支持,应急处置费用在非法倾排案件中较常出现,这与此类案件对环境影响巨大且具有紧迫性有关,违法行为人理应予以承担。

此外,关于该案偷排污染的数量,公益诉讼起诉人所提出的排污量为70吨。浙江省环科院则认为应按照排污量80吨计,不应排除这些污染物属于疑似含高浓度氰化物的危险废物的可能性;在审判中,法院也认为缙云县人民检察院的诉请可能不足以保护社会公共利益,向其释明调整诉讼请求,但缙云县人民检察院认为某电镀厂的排污量应与刑事部分保持一致,故仍按照70吨认定其排污量。这说明了非法倾排类案件中刑事部分与民事部分的紧密关联,两者之间具有相互支持和影响的效果。

三、江苏省人民政府与安徽某化工科技有限公司生态环境损害赔偿案[(2017)苏12民初51号]

(一)基本案情

杨某为安徽某化工科技有限公司的营销部经理,其于2014年4月将公司生产过程中产生的废碱液29.1吨以处置费每吨1300元的价格交给没有危废处置资格的李某某等人,而李某某等人又将前述废碱液以500元的价格交给同样没有处置资质的孙某某等人,其后孙某某等人将废碱液排入靖江市长江段,造成严重污染。

2014年5月,杨某将废碱液20吨以前述方式处理,最终孙某某等人将废碱液再次排入长江,造成严重水体污染,还造成长江下游的江苏省泰州市下辖靖江市城区集中式饮用水源中断取水40多个小时。同年同月,杨某以相同价格将53.34吨废碱液交于李某某等人处理,李某某以600元每吨的价格找到没有处理资质的丁某进行处理,丁某等人随后将废碱液排入江苏省泰州市境内的新通扬运河,造成严重污染，且泰州市下辖兴化市城区集中式饮水源中断取水超过14小时。为解决水污染事件，靖江市有关部门、兴化市自来水厂、兴化市戴南镇自来水厂、兴化市张郭镇自来水厂等单位均采取了紧急处置措施。

最高人民法院《关于审理生态环境损害赔偿案件的若干规定（试行）》第1条规定，省级、市地级人民政府及其指定的相关部门、机构，或者受国务院委托行使全民所有自然资源资产所有权的部门有权作为原告提起生态环境损害赔偿诉讼，故该案由江苏省人民政府作为生态环境损害赔偿之诉的起诉人进行起诉，并由江苏省泰州市中级人民法院受理第一审程序。

江苏省人民政府对安徽某化工科技有限公司提出了5项诉讼请求，分别为：(1)赔偿生态环境修复费用3637.90万元；(2)赔偿生态环境服务功能损失费用1818.95万元[按照第(1)项诉请的50%计算]；(3)承担评估费用26万元；(4)承担律师费24万元；(5)承担案件全部诉讼费用。

该案关于生态环境损害专门性问题的鉴定、评估工作由江苏省环境科学学会承担，该学会经调查评估后作出了《靖江市饮用水源地污染事件环境污染损害评估报告》，认为靖江市长江段发生的3次水污染事件共造成环境损害1731.26万元，其中：非法倾倒废碱液29.1吨污染事件造成生态环境损害费用1024.38万元，非法倾倒废碱液18吨污染事件造成环境损害742.63万元（包括应急投料费4.2万元、应急监测费62.13万元、备用水源启动费16.4万元、生态环境损害费用633.9万元、事务性费用26万元即评估费），非法倾倒2吨废碱液污染事件造成环境损害19.55万元（包括应急投料费3.85万元、应急监测费7.99万元、备用水源启动费7.71万元）。

关于泰州市53.34吨废碱液排放所造成的损失，江苏省人民政府直接类比上述靖江市的计算方式，以靖江市排放废碱液每吨损失金额乘以泰州市排放量，得出应赔偿费用为1877.64万元。关于生态环境修复期间服务功能的损失费用，江苏省政府按照前述计算的生态环境损害修复费用3637.90万元的50%计算，总计为1818.95万元。

此外，江苏省人民政府对泰州市内生态环境损害修复费用的起诉金额起初为769.92万元，但法院认为泰州市内案发地兴化市地处里下河腹地，是苏北地区河水排泄入海的最低洼河网地区，历史上兴化就是“锅底洼”的中心，地势较低，水流速度比长江要慢得多，环境容量远不及长江，污染物一旦进入不易扩散。因此，同等数量的危废物排入长江与排入兴化地段的河流,就对当地水环境所产生的损害而言,兴化地段河流要远大于长江,故法院向江苏省人民政府进行释明。江苏省人民政府后将泰州市内的生态环境损害修复费用由769.92万元增加到1877.64万元,以前述费用为计算基数的生态环境服务功能修复期间损失费也得以相应增加。

该案的侵权事实基本由刑事部分判决书和讯问笔录等证据予以证实,而损害赔偿部分则由《靖江市饮用水源地污染事件环境污染损害评估报告》予以证明。

对于江苏省人民政府的诉请,安徽某化工科技有限公司在进行抗辩时,提交了江苏省高级人民法院(2014)苏环公民终字第00001号民事判决书、最高人民法院(2015)民申字第1366号民事裁定,证明该案评估机构对环境修复费用的评估方法不当,其评估的环境损害费用明显高于最高人民法院公布的指导案例标准,应采用虚拟治理成本法进行评估鉴定。①

(二)审理结果及案例分析

法院对于应由安徽某化工科技有限公司承担责任的诉请予以认可,而关于评估机构采用资源等值分析法评估该案生态环境损害费用的问题,法院认为:根据《环境损害鉴定评估推荐方法(第Ⅱ版)》,生态环境损害评估方法的选择原则为优先选择替代等值分析方法中的资源等值分析方法和服务等值分析方法;如果受损的环境以提供资源为主,则采用资源等值分析方法,而该案受污染的是长江水体,长江虽有众多功能,但为流域人民生产、生活提供水资源和鱼类等水产资源应是其最主要的功能;同时,相关专家陈述,该案污染事件因发现及时,实际也对被污染水体实施了投放活性炭、调用备用水源等应急处置措施,并产生了费用,应当优先选择资源等值分析法。此外,法院也认可江苏省人民政府采用类比方式确定泰州市内生态环境损害修复费用,以及按照生态环境损害修复费的50%计算生态环境修复期间服务功能的损失费用。最终,法院支持了江苏省人民政府的全部诉讼请求。

---

① 安徽某化工科技有限公司所提及的(2014)苏环公民终字第00001号为泰州市环保联合会等主体对江苏常隆农化有限公司等主体所提起的环境污染侵权赔偿纠纷,该案中被告将废盐酸、废硫酸等危险废物总计25,934.795吨交给不具处置资质的主体处理,最终未经处理偷排入高港区古马干河,而江苏省环境科学学会也为该案出具评估报告,以虚拟治理成本法计算污染修复费用,且得到法院支持;(2015)民申字第1366号则是前述案件中被告之一所提出的再审,最高人民法院也认可了对水环境的污染行为以虚拟治理成本法来计算环境修复费用。

该案是由省级政府作为起诉主体的生态环境损害赔偿之诉，其最终涉及的赔偿金额超过5000万元，是具有重大影响的案件。该案的违法行为人无视国家对危险废物的管理制度，导致具有高度危害性的废碱液排放入长江及其他河道，严重威胁河道及河道沿岸的生态环境和群众的生命健康安全，理应得到法律的严惩。审理该案的泰州市中级人民法院在判决书中写道："经过几千年的开发建设，长江流域已成为我国农业、工业、商业、文化教育和科学技术等方面最发达的地区之一，养育着超过全国三分之一的人口，长江流域也是我国重要的生态宝库和生态安全屏障区……为此，人民法院必须以最严格的司法保护措施，以最严厉的法律手段，对向长江水体非法排放污染物、危废物的单位和个人，施以严厉的法律制裁，保护长江的生态安全，切实维护人民群众生命健康，建设美丽中国，为中华民族子孙后代永享优美宜居的生活空间、山清水秀的生态空间提供坚实的司法保障，为中华民族的永续发展提供不竭的动力。"该案的意义不仅在于解决安徽某化工科技有限公司的污染问题，还在于展现出政府、司法机关严厉打击环境污染行为的坚决态度。

四、中山市海洋与渔业局与彭某某、冯某某污染海洋环境责任纠纷案［(2017)粤72民初541号］

（一）基本案情

2016年8月，中山市海洋与渔业局工作人员在辖区海域巡查时发现有船舶在中山市民众镇横门东出海航道12号灯标堤围处倾倒废弃垃圾，遂向中山市公安机关报案，经公安机关调查，认定彭某某、冯某某等5人为谋取非法利益，以加高加固堤围为借口，从东莞市中堂镇码头将造纸厂的垃圾废胶纸运往中山市民众镇横门东出海航道12号灯标堤围处进行倾倒，对周围海域造成极大的环境污染。

该案由中山市海洋与渔业局作为起诉人提起涉海民事公益诉讼，广东省中山市人民检察院支持起诉，广州海事法院作为第一审审判机关。对于管辖的问题，法院已在裁判文书中说明，该案废胶纸等垃圾虽然倾倒在中山市××东××航道××号灯标堤围，没有直接倾倒入海，但该堤围东边是海域，南边是横门水道，北边是河道，该堤围及其周边海域属于重要河口生态系统，该案倾倒的垃圾直接污染了海域和河道，破坏了河口生态系统，造成海洋环境污染损害，给国家造成了重大损失，依据《海洋环境保护法》第89条第2款及《民事诉讼法》第55条第1款，中山市海洋与渔业局为适格的民事公益诉讼起诉主体。

中山市海洋与渔业局提出了4项诉讼请求,分别为:

(1)被告彭某某、冯某某、何某甲、何某乙连带赔偿生态修复费用3,725,589.78元,另一被告袁某某在904,979.29元的范围内承担连带赔偿责任;

(2)被告彭某某、冯某某、何某甲、何某乙连带赔偿因环境污染产生的各项经济损失3,531,748.50元,另一被告袁某某在857,893.50元的范围内承担连带赔偿责任;

(3)被告彭某某、冯某某、何某甲、何某乙连带赔偿因该案诉讼产生的鉴定评估费35万元、检测费192,800元、律师代理费2万元,被告袁某某在136,709.19元的范围内承担连带赔偿责任;

(4)五被告共同承担该案诉讼费用。

上述被告中,由于袁某某仅参与倾倒其中的部分垃圾,故仅在该部分垃圾的范围内承担责任。

关于该案专门性问题的鉴定、评估或认定工作分为三部分:

第一部分为对污染物的检测,由中山市环境保护局委托广州中科检测技术服务有限公司进行,该公司检测后出具了《废物属性鉴别报告》,确定违法行为人倾倒的垃圾为含有害有毒物质的混合废弃物。

第二部分为倾倒场地周边环境的检测工作,由中山市环境保护局委托佛山量源环境与安全检测有限公司进行,该公司随后作出了《土壤、底泥检测报告》和《地表水、废气检测报告》。

第三部分为对环境损害的鉴定、评估工作,由中山市环境保护局委托华南环境科学研究所进行,华南环境科学研究所对此出具《中山市××东××航道××号灯标堤围垃圾倾倒污染事件环境损害鉴定评估报告》(以下简称《堤围垃圾鉴定评估报告》),该报告载明被告所倾倒垃圾造成环境损害:(1)经过采样分析,垃圾倾倒对土壤、周边地表水都造成了严重污染,对水道断面底泥也造成了一定程度的污染,镉等毒性物质超标表明倾倒垃圾中含有一定的有毒有害物质;(2)垃圾中含有大量病原微生物,在腐败过程中会产生大量的酸性、碱性有机污染物,并会溶出垃圾中含有的重金属等有害物质,包括汞、铅、镉等,使鱼类易于得病和死亡,给渔业造成重大损失,同时也令人体食用此类受污染的水产品后产生健康风险;(3)垃圾露天堆置时,受雨水淋溶会产生垃圾渗滤液,渗滤液进入受纳海水后将会对海水造成严重污染,引起海水的富营养化,同时大量消耗海水中的溶解氧,最终造成海水污染,海洋生态系统被打乱等严重后果。《堤围垃圾鉴定评估报告》最终得出结论,使用虚拟治理成本法计算出该环境污染事件造成的相关经济损失为3,862,716.50元,其中包括事务性费用330,968元;而挖掘清理、垃圾分选、垃圾收集转运、垃圾处理等项目在内的生态修复费用为3,751,941.78元。

裁判文书提及法院根据中山市海洋与渔业局的申请向广东省中山市第一人民法院调取彭某某、冯某某、何某甲、何某乙的刑事案卷,故结合前述专门性问题的鉴定、评估或认定文书,可以认为该案仍是以刑事调查结果作为基础,对非法倾倒行为的损害后果进行进一步的论证。

五被告对中山市海洋与渔业局的诉请及证据均提出了抗辩,除对相互之间具体分工导致责任划分的异议之外,其主要的抗辩为对非法倾倒与损害结果之间因果关系的质疑,因《堤围垃圾鉴定评估报告》载明垃圾倾倒处上游存在其他污染源,故部分被告认为存在"一果多因"情形或彻底否认其非法倾倒造成损害后果。此外,被告袁某某提出其所运输的废胶纸为200立方米,其仅应对该部分承担责任。

(二)审理结果及案例分析

法院经多次调查后认为,彭某某等被告虽提出了抗辩意见,但这些意见已在刑事案件审理中提出,而当时审理的法院均不予以采纳,故法院采纳刑事部分的审判结果;同时,法院认为,彭某某等人提出承担按份责任的抗辩缺乏依据,仍应依照《侵权责任法》第8条承担连带责任;对于袁某某的抗辩,法院确认其应在参与运输和倾倒的该部分即200立方米废胶纸造成的损害范围内与其他四被告承担连带赔偿责任,根据比例计算低于中山市海洋与渔业局的数值,故最终法院支持了中山市海洋与渔业局的其他诉请,并调整了袁某某应承担的责任。

该案是由海洋主管部门所提起的民事公益诉讼。《关于审理生态环境损害赔偿案件的若干规定(试行)》第2条规定,因海洋生态环境损害要求赔偿的,适用海洋环境保护法等法律及相关规定,因此,海洋主管部门虽然是政府机关,但该案并不适用生态环境损害赔偿之诉,而是依据《海洋环境保护法》及《民事诉讼法》被界定为民事公益诉讼。除起诉主体及案件性质较为特别之外,该案的审理法院还明确对被告参与倾倒行为的具体数量进行了分析,并由此调整了其中一名被告的赔偿金额,维护了该被告的合法权益。

五、韦某某污染环境案[(2018)桂0403刑初210号]

(一)基本案情

韦某某是梧州市某锌水厂的经营者,2017年7月4日,梧州市环境监察支队对该厂进行现场检查时发现厂区内废水池及储罐内残留大量含锌废水,厂房破损严重,遂要求韦某某加快处理厂区内含锌废水,加药处理后抽至储罐内运至指定的单位暂存,并将厂区内含重金属废物处置后归堆用石灰覆盖。同日,韦某某指使他人用水泵将厂内沉淀池、置换池内的废水直接排放到厂旁大冲溪。次日,被害人陈某甲、聂某承包的高旺村上榄鱼塘、下榄鱼塘、三佰窖鱼塘出现大量养殖鱼死亡。

该案为刑事附带民事公益诉讼,法院为防止刑事案件审判过分迟延,先对刑事案件作出审判,故该案是为对刑事部分的先行判决。刑事部分对案件事实进行认定包括:

(1)污染物排放区域的影响。梧州市环境保护监测站对某锌水厂进行采样监测并出具监测报告,认为沉淀池的总铅、总镉、总锌分别为9.89毫克/升(国家污水综合排放标准1.0毫克/升)、17.3毫克/升(排放标准0.1毫克/升)、7.72×103毫克/升(排放标准2.0毫克/升),分别超过国家污染物排放标准的8.89倍、172倍、3859倍;置换池的总铅、总镉、总锌、总镍分别为27毫克/升、223毫克/升、6.90×103毫克/升、43.7毫克/升(排放标准1.0毫克/升),分别超过国家污染物排放标准的26倍、2229倍、3449倍、42.7倍。

同时,梧州市环境保护监测站采样人员对受污染物影响的高旺村上榄池塘水、下榄池塘水、三佰窖池塘水、村委背后池塘水、教冲汇入西江前地表水、大冲(梧州市某锌水厂旧址旁下游150米)地表水、大冲(梧州市某锌水厂旧址旁下游100米)地表水、大冲(梧州市某锌水厂旧址旁)地表水以及华佳锌水厂内置换池、沉淀池进行现场勘察、取证、采样监测,且某锌水厂投放示踪剂跟踪水体走向及排放去向的情况。

梧州市环境保护监测站在上述监测中参照了《渔业水质标准》《地表水环境质量标准》《污水综合排放标准》等标准,以此认定锌水厂内及被排放地的受污染严重程度。

(2)对渔业资源损失的调查情况。关于鱼塘死鱼的污染后果,由梧州市水产技术推广站出具情况分析，并由梧州市农业委员会出具关于龙湖镇高旺村鱼塘死鱼事件相关认定意见的复函，证实梧州市水产技术推广站和梧州市农业委员会派员到死鱼现场开展调查工作，综合分析认为，死鱼事故可排除因鱼病引起死鱼，排除水体环境缺氧死鱼，排除藻类、硫化氢、氨氮、余氯、亚硝酸盐中毒死鱼；同时，分析认为，鱼塘死鱼属于非正常死鱼，与水体中某种外来物质突然增加有关系，并建议对鱼塘死鱼进行无害化深埋处理。

（二）审理结果及案例分析

法院对相关污染事实予以确认，刑事部分最终判决韦某某犯污染环境罪，判处有期徒刑1年，缓刑1年3个月，并处罚金人民币30万元。

该案是刑事附带民事公益诉讼的非法倾倒类案件，其造成了案发地的渔业资源直接损失，虽然尚未涉及民事部分的裁判结果，但从该案的刑事部分可以了解非法倾排案件对渔业资源的影响及相关采样、监测的过程。该案中，环境监测机构对污染源某锌水厂、受污染的鱼塘及周边的土壤、地表水等环境均进行了监测，而这些数据将作为民事部分认定渔业资源损失和生态环境损害的重要依据；对于直接造成的鱼死亡的后果，该案没有体现出进行证据保存的细节，但韦某某为争取减轻刑事责任的考虑而主动对被害鱼塘所有人进行了经济赔偿，确认了被害人的损失，该赔偿相关的书面文件也可考虑作为未来认定渔业资源损失的依据。

第四节　重要案例判决书节选

缙云县某电镀厂、王某甲水污染责任纠纷案[（2019）浙11民初84号]判决书节选

【基本案情】

详见本书第190页。

【法院裁判理由】

……

本案的争议焦点为：(1)污染造成的损失该如何确定。(2)某电镀厂及其投资人的责任应如何认定。(3)王某甲的责任应如何认定。

关于争议焦点一，某电镀厂工业废水排入好溪水域造成渔业资源死亡的事实

并无异议，此间的因果关系有鉴定评估报告认定，各被告对此不持异议，但对污染造成的损失持有异议。公益诉讼起诉人主张的损失包括受污染水资源损失费用、渔业资源直接经济损失、渔业资源恢复费用、死鱼回收应急处置费用、排除暗管处置费用以及检验、评估费用，均有相应的证据证实。其中，受污染水资源损失费用有鉴定评估报告证实，且本案公益诉讼起诉人主张工业废水的排放量系按现有证据证实的最低值70吨计算，受污染水资源损失费用亦按鉴定评估报告确定的最低值确定，被告方认为该费用不合理，缺乏依据，公益诉讼起诉人主张的受污染水资源损失费用可予以确认。渔业资源直接经济损失、渔业资源恢复费用，由具有相应监督管理职责的行政机关出具的调查（询问）笔录、调查报告、评估报告等证据证实，虽然被告方认为相应的基础数据留痕不够完整，但应急处置过程形成的材料未能面面俱到在所难免，而本案中死鱼回收数量基本有据可循；而打捞率、受损渔业资源品种的确定系长期从事渔业执法的渔业部门工作人员依工作经验结合打捞情况、过往投放情况、调查走访得出，其虽非持有专业证书的专家，但其证言仍具有较高可信度，故渔业资源损失数量的确定，并无不合理之处；而受损渔业资源定价亦系渔业部门工作人员通过市场调查采集而来，故依此确定的渔业资源损失，并无不当之处，可予确认。渔业资源恢复费用则是根据渔业资源损失，按照GB/T 21678—2008《渔业污染事故经济损失计算方法》计算得出，亦于法有据，可予以确认。对于死鱼回收应急处置费用、排除暗管处置费用，有相应的收支凭证证实，无关费用已被剔除，可予以确认。而检验评估费用，有相应的合同、票据等证实，符合法律规定，亦可予以确认。故本院对公益诉讼起诉人主张受污染水资源损失费用48,130元，渔业资源直接经济损失685,200元，渔业资源恢复费用2,055,600元，死鱼回收应急处置费用78,093元，排除暗管处置费用132,250元，渔业事件污染评估费用25,000元，鱼样检验费用1000元，生态损害鉴定评估费用120,000元，均予以确认。

关于争议焦点二，《民事诉讼法》第48条第1款规定："公民、法人和其他组织可以作为民事诉讼的当事人。"根据最高人民法院《关于适用〈中华人民共和国民事诉讼法〉的解释》第52条的规定，"其他组织是指合法成立、有一定的组织机构和财产，但又不具备法人资格的组织，包括……依法登记领取营业执照的个人独资企业"。某电镀厂作为个人独资企业应确认为本案的责任承担主体。《个人独资企业法》第31条规定："个人独资企业财产不足以清偿债务的，投资人应当以其个人的其他财产予以清偿。”某电镀厂登记的投资人虽然只有王某丙，但《独资企业转让合同》及《关于履行〈独资企业转让合同〉的补充协议》可以证实王某乙、胡某某亦系某电镀厂的实际投资人。虽王某乙、胡某某对协议的效力提出异议，但二人并未否认其系某电镀厂实际投资人的事实，仅否认未参与污水处理部分的事务管理和分红。各投资人对企业事务即使存在内部约定，亦不影响对外责任的承担。胡某某另主张某电镀厂还存在其他的隐名投资人，但现有证据不足以证实该隐名投资人在本案诉讼前已被其他的投资人和不特定的相对人知悉。故结合本案的实际情况，应确认某电镀厂的所有投资人即王某丙、王某乙、胡某某在某电镀厂的财产不足以清偿债务时，应以其个人的其他财产予以清偿，三人之间的权利义务关系，可以按照彼此之间的约定，另行解决。

关于争议焦点三，王某甲作为某电镀厂负责处理工业废水的员工，明知厂内的工业废水未经净化，仍接受该厂投资人王某丙的违法指示，将未经处理的含有氰、铜、铬、镍等成分的工业废水，用水泵抽出并通过暗管直接排入好溪水域。应认定其对于损害后果的发生存在故意，应与某电镀厂承担连带责任，二者内部责任分担可另行解决。

第五章

水生野生动物保护类案件办理指引与案例分析

第一节　水生野生动物保护类公益诉讼案件的基本情况

水生野生动物保护类公益诉讼案件（以下正文中均简称水野保护类案件）与非法捕捞类案件在作案方式、责任认定等方面具有一定的相似性，但由于其保护客体不同、适用法律差异而将其单独分类。根据《野生动物保护法》第2条的定义，[①]珍贵、濒危水生野生动物适用《野生动物保护法》，而除前述定义以外的其他水生野生动物则适用《渔业法》。因此，本章所定义的水野保护类案件，是非法捕获《野生动物保护法》所定义的珍贵、濒危水生野生动物保护规定的违法、犯罪行为。

本书调研的水野保护类案件共计6起（见表5－1），包括1起由检察机关单独提起的民事公益诉讼、1起由社会组织提起的民事公益诉讼，以及4起刑事附带民事公益诉讼。

表5－1　本章调研水生野生动物保护类公益诉讼案件

序号	案号	案件发生地	案件类型
1	（2019）浙72民初808号	浙江	民事公益诉讼（检察机关提起）
2	（2020）湘06民初31号	湖南	民事公益诉讼（社会组织提起）
3	（2018）鄂2826刑初33号	湖北	刑事附带民事公益诉讼
4	（2019）黑0833刑初51号	黑龙江	刑事附带民事公益诉讼
5	（2020）沪0151刑初144号	上海	刑事附带民事公益诉讼
6	（2020）黑0833刑初31号	黑龙江	刑事附带民事公益诉讼

① 《野生动物保护法》第2条规定："在中华人民共和国领域及管辖的其他海域，从事野生动物保护及相关活动，适用本法。本法规定保护的野生动物，是指珍贵、濒危的陆生、水生野生动物和有重要生态、科学、社会价值的陆生野生动物。本法规定的野生动物及其制品，是指野生动物的整体（含卵、蛋）、部分及其衍生物。珍贵、濒危的水生野生动物以外的其他水生野生动物的保护，适用《中华人民共和国渔业法》等有关法律的规定。"

一、水生野生动物保护类公益诉讼案件的特点

本书调研的6起水野保护类案件中，进行非法捕获的主体均为自然人。违法行为人猎捕、杀害珍贵、濒危水生野生动物，其行为所涉金额一般较小，具体如表5-2所示：

表5-2 6起水野保护类案件中公益诉讼原告诉请金额

公益诉讼原告诉请金额区间	数量/起
1万~5万元	4
5万~10万元	1
100万~200万元	1

由于涉案水生野生动物在维持生物多样性方面具有重要价值，故捕获水生野生动物的违法行为人具有较大危害性，严重损害国家和社会公共利益。正因如此，农业农村部所发布的《水生野生动物及其制品价值评估办法》中，对国家一级、二级重点保护水生野生动物规定了10倍和5倍的赔偿系数，用以弥补生态环境损失及惩戒违法行为人。

二、水生野生动物相关违法行为对生态环境的危害

本书所调研的水野保护类案件中，违法行为人使用了电击、非法网具（包括使用机械化的拖网作业）等捕获方式。本书已在非法捕捞类案件的章节中对前述渔法渔具的危害性进行了解析，而对于原本就数量稀少的水生野生动物而言，违法行为人的捕获方式加剧了物种的消亡，可能对整个生态环境造成不可挽回的损失，甚至可能直接造成濒危物种的灭绝。因此，全部水野保护类案件均涉及刑事责任，违法行为人受到刑罚的同时赔偿公益损失。

三、水生野生动物保护类公益诉讼案件的上诉率极低

本书所调研的6起水野保护案件均为一审判决，未发现被告提起上诉的情形。关于水野保护案件无一上诉的情形，本书认为，可能是因为水野保护案件的违法行为人均被追究刑事责任，刑事侦查的调查力度使得公益起诉人的证据较为充分明确，并无进行上诉的空间；另一原因可能是因为违法行为人意欲以民事赔

偿主动争取刑事部分的从轻处罚。

四、水生野生动物保护类公益诉讼案件的案由情况

根据对水野保护案件的案由统计，除刑事附带民事公益诉讼案件外，其余 2 起民事公益诉讼的案由如表 5－3 所示：

表 5－3　其余 2 起民事公益诉讼案由

案由	数量/起
海事海商纠纷公益诉讼	1
民事公益诉讼侵权责任纠纷	1

上述 2 起案件分别为舟山市人民检察院对刘某等多人提起的关于非法捕获、买卖海龟的案件，以及岳阳市江豚保护协会对谢某某等多人提起的非法捕获、买卖水獭的案件。

舟山市人民检察院所起诉的捕获、买卖海龟案为涉海案件，其案由被列为海事海商纠纷公益诉讼。根据最高人民法院于 2011 年发布的《民事案件案由规定》，海事海商纠纷为第七部分，其项下包括 55 项更低一级的案由，但并无可与该案直接对应的案由，故舟山市人民检察院选取海事海商纠纷公益诉讼作为其案由。

岳阳市江豚保护协会所起诉的非法捕获、买卖水獭案的案由为民事公益诉讼侵权责任纠纷，在最高人民法院 2011 年版的《民事案件案由规定》中并无此项案由，不过 2020 年最新修订的《民事案件案由规定》之中已单独规定了公益诉讼的系列案由，之后的新案件应依据新的案由进行诉讼。

五、水生野生动物保护类公益诉讼案件的起诉主体与审判机关

水野保护类案件包含三种案件类型，其对应的起诉主体与审判机关如下：

检察机关单独提起的 1 起民事公益诉讼案件，依照检察机关提起民事公益诉讼的一般原则，由地市级检察机关即舟山市人民检察院提起诉讼；同时，由于该案涉及海域中的非法捕获行为，由宁波海事法院作为第一审审判机关。

社会组织提起的 1 起民事公益诉讼案件，由岳阳市江豚保护协会作为起诉人，按照民事公益诉讼管辖的一般原则，由岳阳市中级人民法院作为第一审审判

机关。

关于由检察机关所提起的4起刑事附带民事公益诉讼，其中（2020）沪0151刑初144号案件虽发生于崇明县并由崇明县人民法院进行审理，但由于上海铁路运输检察院对上海市内环境资源刑事案件进行集中管辖，故由其提起刑事附带民事公益诉讼；其他案件则由相应基层检察机关作为公益诉讼起诉人，并由基层人民法院作为第一审审判机关。

六、水生野生动物保护类公益诉讼案件的鉴（认）定、评估情况

关于水野保护案件中水生野生动物物种鉴定及资源损失生态环境修复等内容的鉴定、评估工作情况如表5－4所示①：

表5－4　出具鉴定、评估或其他专业意见的主体

序号	出具鉴定、评估或其他专业意见的主体	数量/起
1	政府部门或其他渔业事业单位（不包括科研单位）	1
2	科研机构或高校	3
3	专家或专家组	1
4	环境专业机构	0
5	司法鉴定机构	3
6	裁判文书中未明确	0

上述鉴（认）定、评估事项中，除了对水生野生动物资源损失、生态环境修复等内容的鉴定、评估工作外，对涉案野生动物物种及属于何种保护级别的鉴定或认定显得尤为重要，而这项鉴定或认定工作可以认为是水野保护案件的前提和基础。例如，（2020）沪0151刑初144号案件中，上海野生动植物鉴定中心便对被非法捕获的生物进行鉴定并出具《野生动植物物种鉴定证书》，以此确定违法行为人侵犯客体确实为法律所规定的珍贵、濒危野生保护动物。

七、法院对水生野生动物保护类公益诉讼案件诉讼请求的支持情况

根据本书所调研案例的数据显示，法院对公益诉讼起诉人诉请的均予以支

① （2020）沪0151刑初144号案件、（2019）浙72民初808号案件中同时引用科研机构/高校和司法鉴定机构意见，故表格中数量8案件数量没有对应。

持,具体如表 5 –5 所示:

表 5 –5 法院对公益诉讼起诉人诉请的支持情况

单位:起

类型	法院完全支持	法院部分支持	和解或调解	提前履行	其他
检察机关单独提起的民事公益诉讼	1	0	0	0	0
社会组织提起的民事公益诉讼	1	0	0	0	0
检察机关提起的刑事附带民事公益诉讼	4	0	0	0	0

第二节 水生野生动物保护类公益诉讼案件的办案要点

一、关于水生野生动物保护的相关规定与适用

水生野生动物保护相关管理制度在 2020 年发生了较为重大的变化,虽本书所调研案例中与之相关案件数量不多,但鉴于目前日趋严格的管理力度,可预见此类公益诉讼案件数量在未来或有一定增幅。

根据《野生动物保护法》第 2 条第 2 款的规定,该法保护的野生动物,是指珍贵、濒危的陆生、水生野生动物和有重要生态、科学、社会价值的陆生野生动物;第 4 款规定,珍贵、濒危的水生野生动物以外的其他水生野生动物的保护,适用《渔业法》等有关法律的规定。因此,对于水生生物,首先应判断的便是其适用《野生动物保护法》还是《渔业法》。

《野生动物保护法》规定,对应保护的野生动物实行名录制度,列入国家保护名录的作为国家重点保护动物,并依其重要性分为一级保护野生动物和二级保护野生动物;同时,省、自治区、直辖市还可确定地方重点保护野生动物的名录。1989 年,当时的林业部、农业部发布了《国家重点保护野生动物名录》,名录中确定了重点保护的 4 类水生野生动物共计 44 种,由渔业行政主管部门管理,其中包括本书调研的水野保护案件所涉小爪水獭、蠵龟、绿海龟、大鲵、中华鲟等生物。

2021 年 2 月，国家林业和草原局、农业农村部发布新调整的《国家重点保护野生动物名录》，调整后的名录列入 8 类野生动物共计 980 种，其中水生野生动物共计 236 类，且其中多为《濒危野生动物国际贸易公约》下保护品种。在最新的《国家重点保护野生动物名录》中，一级水生野生保护动物主要包括：斑鳖、多种鲵（安吉小鲵、中国小鲵、挂榜山小鲵、猫儿山小鲵、普雄原鲵、辽宁爪鲵）、鳇、鲥、北方铜鱼和长丝𫚔 11 种，所新增二级水生野生保护动物则包括了大量龟类、海蛇类、鲵、螈、蛙类、螅及多种海洋哺乳动物等。

对于重点保护的野生动物，国家相关部门会依法组织开展野生动物收容救护工作，打击野生动物的非法捕获、杀害，野生动物及其制品的买卖、运输、收购等。根据《野生动物保护法》第 21 条第 2 款的规定，因科学研究、种群调控、疫源疫病监测或者其他特殊情况，需要猎捕国家一级保护野生动物的，应当向国务院野生动物保护主管部门申请特许猎捕证；需要猎捕国家二级保护野生动物的，应当向省、自治区、直辖市人民政府野生动物保护主管部门申请特许猎捕证。《野生动物保护法》第 22 条规定，猎捕非国家重点保护野生动物的，应当依法取得县级以上地方人民政府野生动物保护主管部门核发的狩猎证，并且服从猎捕量限额管理。

我国目前对野生保护动物的人工繁育实行许可制度。根据《野生动物保护法》第 25 条第 2 款的规定，"人工繁育国家重点保护野生动物的，应当经省、自治区、直辖市人民政府野生动物保护主管部门批准，取得人工繁育许可证，但国务院对批准机关另有规定的除外"。对于水生野生动物，人工繁育应当取得《水生野生动物人工繁育许可证》；如需要进行出售、收购、利用水生野生动物或其制品的，还需经省级人民政府渔业主管部门或其授权的渔业主管部门审核批准，取得《水生野生动物经营利用许可证》，并按规定取得和使用专用标识。目前农业农村部针对人工繁育品种，分别于 2017 年和 2019 年颁布了两批名录，规定将人工繁育技术成熟的 25 种水生野生动物（包括三线闭壳龟、大鲵、胭脂鱼、山瑞鳖、松江鲈、金线鲃、黄喉拟水龟、花龟、黑颈乌龟、安南龟、黄缘闭壳龟、平胸龟、黑池龟、暹罗鳄、尼罗鳄、湾鳄、施氏鲟、西伯利亚鲟、俄罗斯鲟、小体鲟、鳇、匙吻鲟、唐鱼、大头鲤、大珠母贝）纳入《人工繁育国家重点保护水生野生动物名录》，不再按照国家重点野生动物保护。

全国人民代表大会常务委员会于 2020 年发布《关于全面禁止非法野生动物

交易、革除滥食野生动物陋习、切实保障人民群众生命健康安全的决定》,标志着国家依法对于食用陆生野生动物采取了全面禁止食用的严厉措施。《刑法修正案(十一)》通过增设一款的方式明确了前述要求,规定以食用为目的非法猎捕、收购、运输、出售在野外环境自然生长繁殖的陆生野生动物,情节严重的按照刑事犯罪处理。由于对陆生野生动物的保护力度很强,其与水生野生动物的划分界限问题一时成为焦点。农业农村部随后发布了《关于贯彻落实全国人大常委会革除滥食野生动物决定的通知》,其中规定:"对于列入《国家重点保护经济水生动植物资源名录》的物种和我部公告的水产新品种,要按照《渔业法》等法律法规严格管理。中华鳖、乌龟等列入上述水生动物相关名录的两栖爬行类动物,按照水生动物管理。"然而,由于该文件效力等级较低,仍有待《野生动物保护法》的修订以明确禁止食用陆生野生动物的范围。

除对具体物种进行保护外,《野生动物保护法》还通过划定自然保护区域或划定禁猎(渔)区、规定禁猎(渔)期等形式对野生动物的栖息地进行保护。在非法捕捞类案件的章节中,本书已介绍了禁渔区、禁渔期的相关规定,故本章节着重介绍自然保护区的相关情况。1994 年,国务院发布了《自然保护区条例》(该条例最新一次修订时间为 2017 年),对自然保护区进行细致规定。

《自然保护区条例》第 2 条对自然保护区进行了定义,即"对有代表性的自然生态系统、珍贵濒危野生动植物物种的天然集中分布区、有特殊意义的自然遗迹等保护对象所在的陆地、陆地水体或者海域,依法划出一定面积予以特殊保护和管理的区域"。自然保护区分为国家级自然保护区和地方级自然保护区,在自然保护区内,禁止进行砍伐、放牧、狩猎、捕捞、采药、开垦、烧荒、开矿、采石、挖沙等活动。同时,自然保护区内依据保护力度的不同分为核心区、缓冲区和实验区,其中核心区管理最为严格,除经批准外,核心区禁止任何人进入(包括未经批准的科学研究活动);缓冲区建在核心区外围,只准进入从事科学研究观测活动;实验区位于缓冲区外围,可以进入从事科学试验、教学实习、参观考察、旅游以及驯化、繁殖珍贵、濒危野生动植物等活动;而在自然保护区的外围,还可以划定一定面积的外围保护地带加强保护。对于水生野生动物栖息地,原农业部在 2018 年公布了《国家重点保护水生野生动物重要栖息地名录(第一批)》33 处水生野生动物重要栖息地。

二、关于鉴（认）定、评估机构及相应标准的规定

关于水野保护类案件的鉴定、评估及认定，除非法捕捞类案件章节所分析的相关内容外，还主要涉及两方面的内容：一是关于涉案水生野生动物物种类别的鉴定或认定；二是关于涉案水生野生动物价值的确定。

（一）关于水生野生动物物种类别的鉴定或认定

国家林业和草原局、农业农村部颁布的《国家重点保护野生动物名录》（2021年）划定了需重点保护的水生野生动物的范围；同时，由于我国已加入《濒危野生动植物种国际贸易公约》，对于该公约中所列明的野生水生动物，我国也有相应的保护义务。因此，是否可以按照水生野生动物保护的法律依据提起公益诉讼，最重要的一点在于通过渔业主管部门认定或第三方机构鉴定涉案水生生物是否为法律所规定的保护物种。例如，（2020）湘06民初31号案件中，对于违法行为人所捕获的生物，便由湖南省野生动物专家出具鉴定意见书，证明其为国家二级重点保护野生动物小爪水獭。

关于究竟由认定还是鉴定的方式辨别涉案水生生物，《非法捕捞认（鉴）定评估办法》规定对于非法的捕捞渔获物，渔政执法机关可以辨识或直接确定的渔获物品种，由县级以上渔政执法机关出具认定意见，作为执法办案依据；而对于难以确定涉案渔获物是否属于保护物种的，则可以委托鉴定评估机构进行鉴定或评估。关于何种鉴定评估机构为从事前述工作的适格主体，《非法捕捞认（鉴）定评估办法》第6条进行了规定。① 另外，原农业部曾在2017年发布了一批《农业部濒危水生野生动植物种鉴定单位名单》，规定了具有相应鉴定资质的单位及其鉴定范围，具体如表5-6所示：

---

① 《非法捕捞认（鉴）定评估办法》第6条规定："渔业行政处罚机关委托开展鉴定评估的，应当选择具有环境司法鉴定资质的机构、省级以上渔业主管部门推荐的具备水生生物或水域生态环境研究能力和实验条件的高校、科研院所和其他机构。"

表 5-6 具有鉴定资质的单位及鉴定范围

编号	鉴定单位	推荐鉴定类群
1	中国科学院动物研究所	淡水鱼类，板鳃亚纲
2	中国科学院水生生物研究所	鲸目，淡水鱼类，医蛭科，贻贝科，蚌科
3	中国科学院深海科学与工程研究所	鲸目，海豹科、海狮科、海象科，儒艮
4	中国科学院海洋研究所	无脊椎动物（国家重点保护名录物种）
5	中国科学院水利部水工程生态研究所	鲟形目，淡水鱼类（国家重点保护名录物种）
6	中国科学院南海海洋研究所	海洋鱼类（国家重点保护名录物种），珊瑚虫纲
7	中国科学院成都生物研究所	爬行纲（国家重点保护名录物种），两栖纲（国家重点保护名录物种）
8	中国科学院昆明动物研究所	淡水鱼类（国家重点保护名录物种）
9	中国水产科学研究院	鱼类（国家重点保护名录物种），双壳纲（国家重点保护名录物种），腹足纲（国家重点保护名录物种）
10	中国水产科学研究院南海水产研究所	鱼类（国家重点保护名录物种），头足纲（国家重点保护名录物种），双壳纲（国家重点保护名录物种），腹足纲（国家重点保护名录物种），中华白海豚，波纹唇鱼
11	中国水产科学研究院黄海水产研究所	海豹科、海狮科、海象科，鱼类（国家重点保护名录物种），双壳纲（国家重点保护名录物种）
12	中国水产科学研究院淡水渔业研究中心	淡水鱼类（国家重点保护名录物种）
13	中国水产科学研究院珠江水产研究所	淡水鱼类（国家重点保护名录物种）
14	中国水产科学研究院黑龙江水产研究所	淡水鱼类（国家重点保护名录物种）
15	中国水产科学研究院东海水产研究所	海洋生物（国家重点保护名录物种）
16	中国水产科学研究院长江水产研究所	两栖纲（国家重点保护名录物种），淡水鱼类（国家重点保护名录物种）

续表

编号	鉴定单位	推荐鉴定类群
17	国家海洋局第三海洋研究所	鲸目,海龟科,棱皮龟,鲸鲨,石珊瑚目
18	上海海洋大学	鲸目,鱼类,砗磲科,头足纲(国家重点保护名录物种),双壳纲(国家重点保护名录物种),腹足纲(国家重点保护名录物种)
19	西南大学	淡水龟鳖,大鲵,鲟形目,头足纲(国家重点保护名录物种),双壳纲(国家重点保护名录物种),腹足纲(国家重点保护名录物种)
20	浙江海洋大学	鲸目,海龟科,棱皮龟,板鳃亚纲,鲟形目所有种,鱼类(国家重点保护名录物种),头足纲(国家重点保护名录物种),双壳纲(国家重点保护名录物种),腹足纲(国家重点保护名录物种)
21	钦州学院	海洋鱼类(国家重点保护名录物种),头足纲(国家重点保护名录物种),双壳纲(国家重点保护名录物种),腹足纲(国家重点保护名录物种),砗磲科
22	汕头大学	鲸目,海龟科,棱皮龟
23	四川大学	鲟形目,淡水鱼类(国家重点保护名录物种)
24	复旦大学	鱼类(国家重点保护名录物种)
25	南京师范大学	鲸目(国家重点保护名录物种)、爬行纲(国家重点保护名录物种)、两栖纲(国家重点保护名录物种)
26	武汉大学	水生植物
27	海南师范大学	哺乳纲(国家重点保护名录物种),爬行纲(国家重点保护名录物种),两栖纲(国家重点保护名录物种)
28	江西省科学院生物资源研究所	长江江豚,淡水龟科,爬行纲(国家重点保护名录物种),两栖纲(国家重点保护名录物种),淡水鱼类(国家重点保护名录物种)
29	湖南省水产科学研究所	鲥科(国家重点保护名录物种),长江江豚,两栖纲(国家重点保护名录物种),淡水鱼类(国家重点保护名录物种),双壳纲(国家重点保护名录物种)
30	广东省生物资源应用研究所(华南野生动物物种鉴定中心)	淡水龟鳖,鱼类(国家重点保护名录物种),头足纲(国家重点保护名录物种),双壳纲(国家重点保护名录物种),腹足纲(国家重点保护名录物种)

续表

编号	鉴定单位	推荐鉴定类群
31	海南省海洋与渔业科学院	鱼类(国家重点保护名录物种),双壳纲(国家重点保护名录物种),砗磲科,石珊瑚目
32	辽宁省海洋水产科学研究院	鲸目、海豹科、海狮科,海象科、儒艮

(二)关于涉案水生野生动物价值的确定

在明确涉案水生野生动物物种种类的基础上,便可计算其对应的价值,以明确违法行为人所应承担的责任。2002 年,农业部颁布了《关于确定野生动物案件中水生野生动物及其产品价值有关问题的通知》,规定了野生动物案件中水生野生动物及其产品价值的计算方式;2019 年,农业农村部发布了《水生野生动物及其制品价值评估办法》,对水生野生动物及其产品的价值计算方式进行了调整,目前司法实践中也适用该办法中的计算方式。

按照《水生野生动物及其制品价值评估办法》的规定,水生野生动物包括了国家重点保护水生野生动物及《濒危野生动植物种国际贸易公约》附录水生物种的整体(含卵),而水生野生动物制品指水生野生动物的部分及其衍生物。计算水生野生动物价值的方式为以该物种的基准价值乘以相应的系数,基准价值依据农业农村部公布的《水生野生动物基准价值标准目录》,系数则包括保护级别系数、发育阶段系数、繁殖力系数、涉案部分系数、物种来源系数等,其中对价值影响最大的为保护级别系数,《水生野生动物及其制品价值评估办法》规定国家一级重点保护水生野生动物的保护级别系数为 10,国家二级重点保护水生野生动物的保护级别系数为 5,未被农业农村部核准为国家重点保护野生动物的保护级别系数为 1(见表 5 –7)。

表 5 –7 水生野生动物及其制品价值评估相关参数

影响因子	系数值范围	说明
物种基准价值标准	10 ~ 600000	需要查询《水生野生动物及其制品价值评估办法》附录水生野生动物基准价值标准名录确定
保护级别系数	1 ~ 10	与水生野生动物保护级别有关,一级为 10,二级为 5,其他为 1,公约中物种按照农业农村部核准的对应级别计算

续表

影响因子	系数值范围	说明
发育阶段系数	<1	对于幼体,综合考虑该物种繁殖力、成活率、发育阶段等实际情况确定
繁殖能力系数	爬行类=1/10 两栖类=1/1000 无脊椎、鱼类系数综合考虑物种繁殖力、成活率	有单独基准价值的,按照其基准价值乘以保护级别系数计算;没有单独基准价值的,按照该物种成年整体价值乘以繁殖力系数计算
涉案部分系数	<1(物种整体价值×涉案部分)	系该物种主要利用部分的,涉案部分系数不应低于0.7,综合考虑该制品利用部分、对动物伤害程度等因素确定
物种来源系数	0.25或0.5	仅针对人工繁育物种及其制品,列入人工繁育国家重点保护水生野生动物名录物种的人工繁育个体及其制品,物种来源系数为0.25;其他物种的人工繁育个体及其制品,物种来源系数为0.5

举例来说,(2020)黑0833刑初31号案中,对于涉案达氏鳇鱼价值的计算方式,检察机关提出的计算方式即为物种基准价值标准×保护级别系数×发育阶段系数/繁殖能力系数×涉案部分系数×物种来源系数×数量,由于达氏鳇鱼属于国家二级重点保护动物,基准价值为5000,保护级别系数为5,成年鱼发育阶段系数/繁殖能力系数为1,涉案数量为1条,物种来源系数为1,则一条达氏鳇鱼的金额为基准价值标准的5倍,计为25,000元。

此外,《水生野生动物及其制品价值评估办法》还规定,水生野生动物及其制品有实际交易价格,且实际交易价格高于按照本办法评估价值的,按照实际交易价格执行。故如在水野保护类案件中,违法行为人存在以高于前述评估价值的价格进行交易的事实,则违法行为人最终应按照该交易价格认定法律责任。

三、赔偿费用的类型

与非法捕捞类案件的赔偿方式类似,水野保护类案件也包括赔偿渔业资源损失和生态环境修复费用。本书所调研的6起案件均涉及生态环境修复费用,如(2019)黑0833刑初51号案件中,违法行为人违法捕捞1条雌性鳇鱼,检察机关要求放流达氏鳇鱼苗,相应赔偿金额为生态修复费25,174元;此外,对于违法行为人对特定物种所造成的资源损失,也应予以赔偿,如(2020)沪0151刑初144号案件中,违法行为人非法猎捕、杀害珍贵、濒危野生动物中华鲟,检察机关要求其赔偿国家野生动物资源损失共计40,000元。

四、关于野生动物罪的刑事责任认定

根据客体的不同,水野保护类案件和非法捕捞类案件所涉及的罪名并不相同。水野保护案件中,违法行为人捕获国家重点保护动物,其所侵害的是国家对珍贵、濒危野生动物的管理制度,其对应的法律规定为《刑法》第341条的"非法猎捕、杀害珍贵、濒危野生动物罪""非法收购、运输、出售珍贵、濒危野生动物、珍贵、濒危野生动物制品罪"。应当注意,根据最高人民法院、最高人民检察院《关于执行〈中华人民共和国刑法〉确定罪名的补充规定(七)》,上述规定统一罪名为"危害珍贵、濒危野生动物罪"。

《刑法》第341条规定了3档刑事责任,分别为5年以下有期徒刑或者拘役(并处罚金)、5年以上10年以下有期徒刑(并处罚金)、10年以上有期徒刑(并处罚金或者没收财产),其中后两档所对应的情形为"情节严重"和"情节特别严重"。

关于如何定义《刑法》第341条中的"情节严重"和"情节特别严重",最高人民法院于2022年颁布了《关于办理破坏野生动物资源刑事案件适用法律若干问题的解释》列出了各类物种"情节严重""情节特别严重"数量认定标准,并制定了其他的认定标准。根据最高人民检察院、公安部发布的《刑事立案追诉标准(一)》第64条的规定,"珍贵、濒危野生动物",包括列入《国家重点保护野生动物名录》的国家一、二级保护野生动物,列入《濒危野生动植物种国际贸易公约》附录一、附录二的野生动物以及驯养繁殖的上述物种,也即只要出现非法猎捕、杀害前述范围内物种的情形,均应追究法律责任。根据第65条的规定,对于非法收购、运输、出售珍贵、濒危动物及动物制品的行为,其"收购",包括以营利、自用等为目的的购买行为;"运输",包括采用携带、邮寄、利用他人、使用交通工具等方法进行运送的行为;"出售",包括出卖和以营利为目的的加工利用行为。

第三节　水生野生动物保护类公益诉讼典型案例分析

一、刘某等海事海商纠纷案[(2019)浙72民初808号]

(一)基本案情

2018年10月下旬,张某某将其收购的4只海龟(蠵龟亲体3只、绿海龟亲体1只)以500元/只的价格出售给刘某。吴某乙驾驶小舢板船为刘某将5只海龟(蠵龟亲体4只、绿海龟亲体1只)从舟渔公司码头运输至中心渔港码头,并收取运费200元。同年10月底,刘某电话联系詹某某,约定将刘某收购的67只海龟(蠵龟亲体57只、绿海龟亲体6只、海龟幼体4只)出售詹某某,后刘某与吴某甲联系运输海龟事宜,约定运费15,000元,刘某预付运费5000元,吴某甲指派驾驶员姜某驾驶厢式货车赴舟山装货,将67只海龟运至广东省惠来县指定地点并称重卸货,詹某某支付姜某剩余运费10,000元,并要求姜某按照其书写的交易清单誊抄,姜某誊抄完毕将交易清单拍照发送吴某甲,再由吴某甲转发刘某。2018年11月1日,詹某某将货款24万元汇入刘某名下的银行账户。

针对上述违法事实,舟山市人民检察院作为起诉人提起民事公益诉讼,因案发地为海域,故由宁波海事法院受理进行审判。舟山市人民检察院向本院提出诉讼请求:(1)判令五被告公开赔礼道歉。(2)判令被告刘某、詹某某、吴某甲对1,909,200元生态修复补偿金承担连带赔偿责任;张某某对其中的120,000元承担连带赔偿责任;吴某乙对其中的150,000元承担连带赔偿责任。审理中,舟山市人民检察院将第2项诉讼请求变更为:请求判令被告刘某、詹某某、吴某甲对1,801,200元生态修复补偿金承担连带赔偿责任;张某某对其中的102,000元承担连带赔偿责任;吴某乙对其中的132,000元承担连带赔偿责任。

该案关于专门性问题的鉴定、评估或认定工作,因未取得海龟实物,无法进行物种和保护级别鉴定及检验鉴定,故对该案亲体、幼体的认定以另两起同批查获案件("沈某某案"和"杨某某案",两案均为关联案件)中的鉴定结论作为参考,相关鉴定文件包括沈某某案、杨某某案中南京师范大学司法鉴定中心鉴定意见书和浙江海洋大学检验鉴定证书。沈某某、杨某某案鉴定意见书中128只海龟中以

45.2 公斤为界分,推定体重大于45.2 公斤的海龟为亲体,体重小于45.2 公斤的为幼体,由此推定该案所涉海龟中4 只为幼体;而对于该案海龟物种的区分,则综合各被告和相关人员陈述及沈某某案、杨某某案的鉴定结果予以认定。

该案中,舟山市人民检察院提供了沈某某案、杨某某案中南京师范大学司法鉴定中心鉴定意见书、浙江海洋大学检验鉴定证书,赵盛龙主编《东海区珍稀水生动物图鉴》中海龟物种特征介绍以及近10 年舟山办理刑事案件中海龟样本鉴定记录等文件,用以证明各被告侵权行为及损害后果。由于本案中并未查获海龟实物,被告刘某、詹某某认为涉案交易清单中关于海龟的物种、数量无法确定,同时清单中所列的9 只活海龟是卖给他人放生,对海洋环境资源无影响,并对所引用沈某某、杨某某案中的四份鉴定报告不予认可;被告吴某甲认为其并未从事捕捞活动,仅从事了运输活动,具体情况是不清楚的,不存在与他人的共同侵权行为;被告张某某认为,涉及其买卖4 只海龟的事实,海龟物种、大小均无法证明;被告吴某乙则认为,其仅驾驶船舶替刘某运输了5 只海龟,不存在共同侵权,无法证明其承担连带责任。

(二)审理结果及案例分析

法院认为,该案违法行为人的行为破坏了国家重点保护野生动物资源和海洋生态环境,对社会公共利益造成了损害,就其相应环节的共同侵权行为所造成的损害应承担连带责任,最终判决刘某等五人在舟山市市级媒体上公开赔礼道歉;刘某、詹某某、吴某甲对1,801,200 元生态修复补偿金承担连带赔偿责任;张某某对1,801,200 元生态修复补偿金中的102,000 元承担连带赔偿责任;吴某乙对1,801,200 元生态修复补偿金中的132,000 元承担连带赔偿责任。

该案为水野保护案件中金额最大的一起,所涉野生动物为国家二级保护动物的蠵龟、绿海龟,根据《水生野生动物及其制品价值评估办法》之相关规定,其适用了5 倍于基础价值的赔偿计算方式。相较于违法行为人20 余万的非法交易价格而言,虽其被判决赔偿金额高出数倍,但由于其明知故犯且对海洋生态系统造成的严重破坏,各违法行为人理应承担此等高额的赔偿。

该案的另一重要情节在于未取得涉案海龟实物,对于案中相关问题,如亲体和幼体的认定是参照类似案件的区分标准并结合涉案人员的陈述推定得出,海龟品种的认定是结合涉案人员的供述并按照有利于被告的原则进行推定。本书认为,该案为民事案件的审理,既已通过刑事调查确定违法行为人存在非法买卖水生野生动物的事实,而检察机关所提供的涉案人员陈述及供述已具备一定的证明效果,法院认可以推定方式确定涉案海龟品种和亲幼并无不妥。此外,检察机关阐述了“有利于被告”的思路,以相对较低的标准计算违法行为人的赔偿金额,此举虽在民事审判中并无明确法律依据,但在缺乏涉案海龟实物证据的情况下,体现了一定的合理性。

二、岳阳市江豚保护协会与谢某某等侵权责任纠纷案[(2020)湘06民初31号]

(一)基本案情

2019年10月,为谋取非法利益和满足个人爱好,谢某某在明知水獭是国家二级野生保护动物的情况下,与荆某某、周某某联系购买水獭事宜。2019年10月17日,谢某某支付3000元向周某某购买一只水獭,并于同年10月29日自行驾车前往武汉市蔡甸区某宠物店取走水獭。同年10月22日,谢某某从荆某某处购买6只公水獭,其中2只小水獭7500元/只,另4只水獭5000元/只,并于广西防城港某民宿酒店附近交付货物,谢某某当即转账35,000元至荆某某的支付宝账户。同年11月9日,谢某某将所购买的一只小水獭(公)以15,000元的价格出售给岳某某,并从岳阳驾车前往湖北荆门市交付了水獭,岳某某当即向谢某某微信账户转账15,000元。2020年1月15日,谢某某在岳阳市岳阳楼区某公寓天台准备以16,000元将一只水獭出售给微信昵称为“小穆”的长沙买家时,被岳阳市森林公安局现场抓获,并当场缴获3只疑似水獭活体动物。

该案由岳阳市江豚保护协会作为民事公益诉讼起诉人进行起诉,并由岳阳市中级人民法院受理第一审案件。岳阳市江豚保护协会提出了5项诉讼请求,分别为:(1)判令谢某某赔偿国家野生动物资源损失30,000元;(2)判令谢某某、周某某和岳某某在各自交易的水獭数量范围内共同承担生态环境损害赔偿费用。其中,谢某某对70,000元损失承担全部责任,周某某与谢某某在10,000元范围内承担连带赔偿责任,岳某某与谢某某在10,000元范围内承担连带赔偿责任;(3)判令谢某某、周某某和岳某某通过全国发行的媒体向社会公众公开赔礼道歉;(4)判令谢某某、周某某和岳某某共同承担该案专家鉴定费7000元;(5)判令谢某某、周某某和岳某某共同承担该案诉讼费用。

湖南省野生动物专家开展该案的鉴定工作,并出具《湖南省野生动物专家鉴定意见书》，其结论为：涉案小爪水獭属食肉目、鼬科、水獭亚科，为国家二级重点保护水生野生动物，在长期进化中，每只小爪水獭都携带着本种群的基础基因以及个体的特殊基因，由此构成该种群的遗传多样性，其复杂的基因结构是世上独一无二的，一旦消失，将无法挽回，故非法收购、出售小爪水獭，对生态环境有不良影响，会破坏生态系统功能和平衡，造成生态环境等社会公共利益的损害；根据《水生野生动物及其制品价值评估办法》（农业农村部令 2019 年第 5 号）及其附件，水生野生动物基准价值价格标准目录，建议修复受损生态环境费用为每只小爪水獭 10,000 元，该价值已考虑了特种濒危程度、生态作用、科研价值等因素。

《水生野生动物损害专家评估意见》得出如下结论：根据《水生野生动物及其制品价值评估办法》之规定，水生野生动物成年整体的价值按照对应物种的基准价值乘以保护级别系数计算，国家二级重点保护水生野生动物的保护级别系数为 5，涉案小爪水獭的基准价值为每只 2000 元，因此建议涉案水獭因离开其栖息地对当地生态环境造成的损害价值可参照 10,000 元的价格执行；另外，该案中死亡小爪水獭系野生动物资源损失，其可参照上述每只 10,000 元核定；对现存 3 只小爪水獭应放回原栖息地予以保护，其损害的修复采取替代性方式修复生态。

为证明主张，岳阳市江豚保护协会提供了关于社会公共利益受损的证据以及岳阳市岳阳楼区人民法院（2020）湘 0602 刑初 164 号刑事判决书，拟证明谢某某、周某某非法收购、出售水獭的违法行为已经生效刑事判决确认。

（二）审理结果及案例分析

法院认定岳阳市江豚保护协会诉讼主体资格适格，并解释野生动物资源损失 30,000 元是 3 只小爪水獭死亡的直接物质损失，生态环境替代性修复费用 70,000 元是违法行为导致小爪水獭离开栖息地，造成当地生物链破坏，给整体生态环境造成的损失，两者并不重复；此外，法院还对各违法行为人之间的侵权责任进行了分析，认为其构成共同侵权，应当分别就各自侵权行为承担连带责任。

由此，法院最终判决谢某某赔偿国家野生动物资源损失 30,000 元和赔偿生态环境赔偿费用 70,000 元，其中周某某与谢某某在赔偿生态环境赔偿费用中 10,000 元范围内承担连带赔偿责任，岳某某与谢某某在赔偿生态环境赔偿费用 10,000 元范围内承担连带赔偿责任；谢某某、周某某、岳某某共同承担该案专家鉴定费 7000 元，并在《人民法院报》向社会公众公开赔礼道歉。

该案为社会组织提起的水野保护案件，公益诉讼起诉人为岳阳市江豚保护协会,按照《关于审理环境民事公益诉讼案件适用法律若干问题的解释》第4条之规定,①社会组织就社会公共利益提起诉讼的,应与其宗旨和业务范围具有关联性,法律规定中并未明确何为"关联性"。该案中,岳阳市江豚保护协会是否为适格原告为庭审的一个争议焦点,岳阳市江豚保护协会的宗旨应为保护江豚,其能否为保护小爪水獭启动诉讼?对此焦点问题,法院认为涉案小爪水獭与江豚均为国家二级重点保护的珍惜、濒危水生野生动物,具有关联性。虽然该案中社会组织被认为有权提起诉讼,但目前仍未有明确的标准对前述"关联性"进行界定,社会组织在起诉之前需对案件与其自身业务范围进行对比、考量,避免因此被法院驳回起诉。

三、王某某、蒋某非法猎捕、杀害珍贵、濒危野生动物公益诉讼案[(2018)鄂2826刑初33号]

(一)基本案情

2017年8月10日18时,周某甲邀约王某某、周某乙、蒋某用电击的方式去捕鱼,由周某甲驾驶五菱牌轻型普通货车载王某某、周某乙、蒋某以及自制电鱼设备欲前往马河电鱼,四人在途中决定到咸丰县忠堡镇庙梁子村展马河上游河道电鱼。

当车行至展马河上游道路时,四人见河道两旁均安装有防护网,便将车停在展马河上游河道一水泥桥头处,蒋某因看见路边的"核心区"标志牌,便找借口待在车上,周某乙背负自制电鱼设备,周某甲持手电和网兜,王某某持手电和口袋,从此处下河,在湖北咸丰忠建河大鲵国家级自然保护区核心区8号界牌至12号界牌之间的河道内电鱼约一小时,捕获"娃娃鱼"(大鲵)2尾及其他野生鱼若干。电鱼结束后,四被告人在驾车返回途中被咸丰县公安局忠堡派出所民警查获。

经称量,四人捕获的2尾"娃娃鱼",其中1尾长45厘米、重0.7公斤(已死亡),另1尾长38厘米、重0.4公斤;其他野生鱼类重1.75公斤(已死亡)。后经农业部淡水鱼类种质监督检验测试中心检验,四被告人捕获的2尾"娃娃鱼"实为

① 《关于审理环境民事公益诉讼案件适用法律若干问题的解释》第4条规定:"社会组织章程确定的宗旨和主要业务范围是维护社会公共利益,且从事环境保护公益活动的,可以认定为环境保护法第五十八条规定的'专门从事环境保护公益活动'。社会组织提起的诉讼所涉及的社会公共利益,应与其宗旨和业务范围具有关联性。"

大鲵,属国家二级重点保护野生动物。

根据上述调查事实,咸丰县人民检察院向咸丰县人民法院提起刑事附带民事公益诉讼。咸丰县人民检察院提出如下诉讼请求:(1)周某甲、周某乙、王某某、蒋某四人共同承担电击捕鱼水域生态环境的修复责任,即在该水域放流20~30厘米子二代大鲵苗142尾以及3~5厘米饵料鱼6.3万尾,如不能放流,则赔偿生态资源环境损害修复费用人民币23,480元;(2)周某甲、周某乙、王某某、蒋某在咸丰县县级新闻媒体上公开赔礼道歉。

该案的鉴定、评估工作由两家机构完成,其中前文已经提到的农业部淡水鱼类种质监督检验测试中心鉴定涉案水生生物为大鲵,另湖北晟明科技司法鉴定所对咸丰忠建河大鲵自然保护区核心区展马河电鱼现场区段大鲵及其生态资源损害和修复费用作出鉴定意见,认为修复该区段生态资源,需放流子二代大鲵苗142尾,价值14,200元;放流饵料鱼苗种6.3万尾,价值3780元;需子二代大鲵苗检验检疫费用5000元;大鲵苗和饵料鱼苗种放流交通运输费500元;共计人民币23,480元。

(二)审理结果及案例分析

法院认为,涉案4名违法行为人构成非法猎捕、杀害珍贵、濒危野生动物罪,其用电击方式捕杀大鲵的行为破坏了国家珍贵、濒危野生动物资源,致使国家财产遭受损失,应当对生态资源环境造成的损害承担连带赔偿责任。因此,法院最终判决四名违法行为人承担非法猎捕、杀害珍贵、濒危野生动物罪的刑事责任,没收违法所得及作案工作,并连带赔偿生态资源环境损害修复费用人民币23,480元用于放流大鲵苗和饵料鱼苗种,且在咸丰县县级新闻媒体上公开赔礼道歉。

根据案情,该案违法行为人中的蒋某在作案过程中看到自然保护区所树立的“核心区”标志牌及防护网,便找借口待在车上,未直接进行捕获大鲵的活动,虽未知蒋某是否劝阻其他三人,但其在仅有初中文化的情况下尚且知道自身行为违法,而另一违法行为人王某某作为退休教师,却枉顾国家法律规定实施犯罪行为,主观故意明显。王某某知法犯法的行为说明,对于水生野生动物的保护,仍应继续加大宣传力度,尤其应强调非法猎捕水生野生动物的法律后果,用以震慑潜在的违法行为人。

四、田某某非法捕捞水产品、非法猎捕、杀害珍贵、濒危野生动物案［（2019）湘1224刑初247号］

（一）基本案情

2019年9月14日20时至22时，田某某带着电鱼设备（盛放电瓶塑料箱1个、电瓶1台、头灯1个、带电线竹竿1支、带网兜竹竿1支、鱼篓1只），骑电动车到溆浦县大江口镇立新村斯文溪天然水域电鱼，捕捞鳜鱼、鲶鱼、马口鱼、船丁鱼共计2088克；2019年9月14日21时，田某某在非法捕鱼时发现溪里河滩上有一只虎纹蛙，遂采用夜间照明行猎的方式将其捕获。

基于上述事实，溆浦县人民检察院向溆浦县人民法院提起刑事附带民事公益诉讼。溆浦县人民检察院认为田某某非法捕捞水产品，侵犯了社会公共利益，要求法院判令田某某在溆浦县斯文溪天然水域以放流鱼种3000尾的方式对渔业资源和水域生态环境进行修复，并在市级报刊上向公众赔礼道歉。

与前述其他非法捕捞类、水野保护案件类似，该案涉及鉴定、评估及认定工作，主要包括溆浦县农业农村局、溆浦县畜牧水产事务中心对涉案区域是否属于禁渔区、田某某是否采用禁渔方法捕鱼等问题进行鉴定，结论为涉案斯文溪系溆水河支流、天然水域，为溆浦县人民政府划定的禁渔区，而田某某所采用的捕鱼方式亦为法律所禁止的渔法；怀化学院生物与食品工程学院生物工程师对田某某所捕捉的蛙类进行鉴定，结论为该生物为国家二级保护动物虎纹蛙。

（二）审理结果及案例分析

法院认为，田某某在禁渔区电鱼和捕获虎纹蛙的行为构成非法捕捞水产品罪及非法猎捕珍贵、濒危野生动物罪，其非法捕捞水产品，影响斯文溪水域鱼类休养繁殖，对当地水资源造成相应的损害，但由于田某某已主动在电捕鱼水域以放流鱼种3000尾的方式对渔业资源和水域生态环境进行修复，系确有悔罪表现，且所猎捕的虎纹蛙数量少并已放生，存在从轻处罚的情节。最终，法院判决田某某犯非法捕捞水产品罪和非法猎捕珍贵、濒危野生动物罪，没收其作案工具，并责令田某某在溆浦县斯文溪天然水域放流3000尾3寸以上青、草、鲢、鳙鱼种（已执行）及在市级报刊上向公众赔礼道歉。

该案的违法行为人田某某同时存在非法捕捞和非法捕猎珍惜、濒危野生动物的行为，故其最终被同时判处两个罪名。按照本书的分类，该案应属于非法捕捞类案件,但该案涉及一个重要问题,即如何从法律上分辨水生野生动物和其他野生动物,故将该案置于本章的案例分析部分。我国农业主管部门和林业主管部门分别管理水生野生动物和其他野生动物,该案所涉野生动物为虎纹蛙,其属于当时林业部、农业部所发布的《国家重点保护野生动物名录》,但该名录并未区分水生野生动物和陆生野生动物;如将农业农村部所发布的《水生野生动物及其制品价值评估办法》所附名单作为区分依据,则该名单中包括了之前案件中蠵龟、绿海龟、小爪水獭等生物,却未包含虎纹蛙。因此,本书认为,虽然虎纹蛙为两栖动物且常栖息在水边,但并不应归于“水生野生保护动物”的范畴。对此,执法人员及司法人员在办案中应当予以注意。

五、王某某、刘某某非法猎捕、杀害珍贵、濒危野生动物,非法收购、运输、出售珍贵、濒危野生动物、珍贵、濒危野生动物制品案[(2020)黑0833刑初31号]

(一)基本案情

王某某为抚春渔九龙滩90132挂机船船主,雇用刘某某、程某某为其打鱼。2019年5月22日11时左右,王某某、刘某某、程某某驾驶该挂机船,使用渔网在黑龙江抚远水域九龙滩地附近江面捕获一条总重140斤的雄性鳇鱼,三人驾驶挂机船返回九龙滩地后,遇见鲍某某。王某某以每斤55元的价格将该鳇鱼出售给鲍某某,总价7900元人民币,鲍某某当场预付王某某人民币900元,约定第二日支付剩余的7000元。鲍某某将该鳇鱼运到九龙滩地下滩南300米处一坑中存放。后王某某、刘某某、程某某于2019年5月22日被抚远市公安局传唤到案,被告人鲍某某于2019年5月23日到公安机关投案。

基于上述事实,抚远市人民检察院向抚远县人民法院提起刑事附带民事公益诉讼。经查询,抚远县曾于2016年撤县改市,故虽然裁判文书上出现“抚远县”“抚远市”使用不一致的地方,但应所指为同一行政区域。抚远市人民检察院在刑事附带民事部分所提出的诉请为要求王某某、刘某某、程某某、鲍某某共同赔偿渔业生态修复费25,000元。

该案中被告的犯罪事实已在刑事调查时予以确定,而鉴定工作主要针对涉案水生野生动物物种种类,由东北林业大学司法鉴定所出具司法鉴定意见书,确认物种种类为被列入《濒危野生动植物种国际贸易公约》附录二的鲟形目鲟科达氏鳇。

（二）审理结果及案例分析

法院认为，王某某、刘某某、程某某非法猎捕的行为已构成非法猎捕珍贵、濒危野生动物罪，鲍某某非法收购的行为已构成非法收购珍贵、濒危野生动物罪；同时前述四人破坏野生动物资源和生态环境，损害了社会公共利益，亦应承担相应的民事责任，故最终法院判决四人承担相应的刑事责任，并赔偿环境损害赔偿金25,000元。

该案中，检察机关明确适用《水生野生动物及其制品价值评估办法》中对水生野生动物的法定价值评估方式，即认定涉案达氏鳇鱼总价值 = 物种基准价值标准（5000）× 保护级别系数（5）× 发育阶段系数/繁殖能力系数（1）× 涉案部分系数（1）× 物种来源系数（1）× 数量（1），最终确定金额为25,000元，而违法行为人对涉案水生野生动物的交易价格为7900元，低于按照法定价值评估办法所计算的金额，故仍应按照25,000元计算。如前所述，违法行为人捕获国家规定的保护动物会对生态环境不可逆的损失，即便按照法定价值评估办法所计算得出的金额远远高于现实的市场价格，但违法行为人仍应予以赔偿，作为其违反法律所付出的代价。

第四节　重要案例判决书节选

刘某等海事海商纠纷案[（2019）浙72民初808号]判决书节选

【基本案情】

见本书第218页。

【检察机关提供证据及证明内容】

……

3-5　陈某甲询问笔录（2019年1月11日、6月26日）；

3-6　赵盛龙主编《东海区珍稀水生动物图鉴》中海龟物种特征介绍；

3-7　近10年舟山办理刑事案件中海龟样本鉴定记录；

3-8　定海区人民法院（2010）舟定刑初字第80号刑事判决书、（2010）舟定刑初字第226号刑事判决书、（2013）舟定刑初字第341号刑事判决书、岱山县人民法院（2012）舟岱刑初字第56号刑事判决书、普陀区人民法院（2016）浙0903刑初238号刑事判决书。

用以证明:(1)所有海龟均系国家二级保护动物。(2)在舟山历年发现的海龟案中主要是蠵龟和绿海龟,从10年以来的统计样本看,348只海龟样本中,蠵龟有329只,绿海龟有16只,蠵龟占比94.54%,5个刑事案件中每个案子的蠵龟占比在90%以上。根据刘某供述所涉交易海龟全部为蠵龟,詹某某供述所涉交易海龟中有个别几只绿海龟,本案中将涉案的67只海龟,90%定为蠵龟共60只,10%定为绿海龟共7只,具有科学依据。同时,因蠵龟价值大于绿海龟,所以将蠵龟比例定为90%,适当扩大绿海龟比例有利于被告。根据此计算原则,将张某某所涉4只海龟中,1只定为绿海龟;吴某乙所涉5只海龟中,1只定为绿海龟。(3)关于亲体、幼体的问题,参照浙江海洋大学在杨某某、沈某某案件检验鉴定证书中对亲体、幼体的认定来看,杨某某案中被扣押的21只海龟中重39.8公斤的被认定为幼体,高于45.2公斤的被认定为亲体;沈某某案中被扣押的107只海龟中重39.2公斤、37.5公斤的被认定为幼体,高于45.4公斤的被认定为亲体。将上述两案的128只海龟作为数据样本,可以推论出,在海龟中重量重于45.2公斤、45.4公斤的海龟均为亲体,而重量低于39.8公斤、39.2公斤、37.5公斤的则可能为幼体。本案清单中显示的67只海龟中,有74斤、82斤、83斤、84斤共4只海龟低于90斤(45公斤)。由于在128只经鉴定的海龟中没有80~90斤重的海龟,但根据上述推论高于45.2公斤的均为亲体,低于39.8公斤的均为幼体,因此,体重为74斤的海龟应为幼体,而体重为82斤、83斤、84斤的海龟可能为幼体,也可能为亲体,按照有利于被告的原则,将此3只海龟认定为幼体。故本案中将重量为74斤、82斤、83斤、84斤的4只海龟推定为幼体,其余63只为亲体,其中蠵龟占90%,为57只,绿海龟占10%为6只,张某某和吴某乙所涉海龟中,两人均供述每只海龟有100多斤,所以均认定为亲体。

第四组:2014年10月21日施行的《海洋生态损害国家损失索赔办法》《野生动物保护法》,用以证明各被告侵权行为与损害后果之间具有因果关系。

本院根据舟山市人民检察院的申请,准许鉴定人员陈某甲到庭接受质询,其在庭审中陈述:农业部第2607号公告批准了包括浙江海洋大学在内的32家科研教学单位承担《国家重点保护野生动物名录》《国家重点保护野生植物名录(第一批)》《〈濒危野生动植物种国际贸易公约〉附录》中水生野生动植物种及其制品的鉴定工作,我本人是由浙江海洋大学依据个人的相关科研及鉴定经历聘任的鉴定人员。我和赵盛龙教授接受学校的委派负责涉案海龟物种及价值的鉴定工作。我是2018年11月6日接到舟山市公安局普陀区分局通知,我和赵盛龙接受学校的委派作为沈某某、杨某某两案鉴定主要负责人,同年11月13日对128只海龟进行物种、价值鉴定,海龟案件中涉及只有蠵龟、绿海龟。我们对形态进行观察、测量,杨某某案中有21只海龟,都是蠵龟,其中20只是亲体,1只是幼体,蠵龟鉴定标准是甲长,小于79厘米是幼体,大于等于70厘米是亲体,数据标准是依据*SEA TURTLES OF THE WORLD*书中资料显示。关于海龟价值的认定,我们是依据农业部《关于确定野生动物案件中水生野生动物及其产品价值有关问题的通知》(农渔发〔2002〕22号)第1条规定,国家二级保护水生野生动物的价值标准,按照该种动物资源保护费的6倍执行,而资源保护费是依据国家计委、财政部《关于水生野生动物资源保护费收费标准及其有关事项的通知》(计价格〔2000〕393号),该通知后有个附录,其中关于海龟科的蠵龟动物资源保护费标准是亲体5000元/只、幼体800元/只,绿海龟亲体2000元/只、幼体800元/只,再乘以6倍系数,即是鉴定海龟的价值标准。亲幼体也是鉴定范围,我们是科研单位,亲幼体是专业性研究。关于鉴定依据的计价格〔2000〕393号文件废止问题,据我们了解,濒危野生动物的价格标准2018年之前仅仅只有这个文件,现阶段情况下,这个标准是可以参考的,海龟的价值实际上也是考虑了包括海龟个体经济价值、生态价值、科研价值及文化价值在内的综合认定。从近几年的案件情况以及新闻媒体的报道来看,西北太平洋海域以蠵龟为主,大概比例占到百分之八九十。

……

【法院查明的内容】

经审查认为,对当事人无异议的证据,本院予以确认并在卷佐证。对有争议的证据,本院认定如下:(1)关于第二组证据中的各被告及其他相关人员的笔录,均系有权机关在履行职责过程中作出,且有被询问人签字,笔录制作程序合法,均予以认定;(2)关于第二组证据中提取自刘某手机的交易清单,刘某及詹某某均异议认为其中包含部分渔货重量,詹某某所汇刘某账号62×××63的24万元亦包括渔货款项,本院就交易清单的真实性予以认定,关于交易清单所载内容涉及的海龟数量,将在事实争议部分归纳;(3)关于第三组证据的两份鉴定意见书、两份检验鉴定证书,系本院另案审理的沈某某、杨某某两案中的鉴定材料,两份鉴定意见书系南京师范大学司法鉴定中心作出,涉及关联案件海龟物种及保护级别鉴定，予以认定；两份检验鉴定证书系由浙江海洋大学作出，该单位属于中华人民共和国农业部批准的承担《国家重点保护野生动物名录》《〈濒危野生动植物种国际贸易公约〉附录》中水生野生动植物种及其制品鉴定工作的科研教学单位（农业部第2607号公告），推荐鉴定类群包含“海龟科”，故对海龟物种及价值鉴定属于浙江海洋大学鉴定范围；该单位接受委托后，组织专家团队赵盛龙、陈某甲进行现场鉴定，鉴定人员系由浙江海洋大学考量鉴定人员的科研经历、专业知识等因素，通过正规程序选任，故鉴定机构及鉴定人员资质应予以认定；被告吴某甲关于两份检验鉴定证书所依据文件已废止的抗辩，本院认为，检验鉴定证书判断海龟价值的依据文件是国家计委、财政部《关于水生野生动物资源保护费收费标准及其有关事项的通知》（计价格〔2000〕393号）、农业部《关于确定野生动物案件中水生野生动物及其产品价值有关问题的通知》（农渔发〔2002〕22号），计价格〔2000〕393号文件确定的蠵龟幼体的资源保护费为800元/只，亲体为5000元/只，绿海龟幼体为800元/只，亲体为2000元/只；而农渔发〔2002〕22号文件则明确规定了“国家二级保护水生野生动物的价值标准，按照该种动物资源保护费的6倍执行”，现计价格〔2000〕393号文件虽已废止，但在农业农村部回函海关总署的答复意见中也明确在新的相关规定出台前，仍然可以沿用计价格〔2000〕393号文件规定的核算办法对水生野生动物及其制品的价值进行核算，浙江海洋大学依据上述两个文件认定海龟价值合法有据，故两份检验鉴定证书系具有鉴定资质的鉴定人员和鉴定机构依据合法有效的文件作出，其虽系另案审理的两案鉴定材料，亦可作为本案中蠵龟及绿海龟价值判断标准等予以参考，据此，本院对浙江海洋大学出具的两份检验鉴定证书予以认定，对鉴定人陈某乙当庭陈述均予以采信。

根据上述证据认定，结合法庭调查，本院对本案各方争议的主要事实具体分析认定如下：

（1）关于交易清单记载海龟交易数量问题。

关于海龟的交易数量，舟山市人民检察院主张交易清单所记载的67个数据均为海龟重量，该交易清单可印证双方交易67只海龟的事实，而刘某及詹某某在多次的询问笔录中陈述均不一致，并辩称交易清单包含渔货数量。

本院经审查认为，刘某及詹某某关于交易清单中海龟数量、购买价格的陈述均不一致，亦无法合理说明24万元款项构成。经核算，交易清单左侧“活”字一栏记载的重量总计为1176斤，右侧记载的重量总计为8041斤，依据刘某所述“死的

20元一斤，活的50元一斤”核算，约22万余元，与双方交易金额相当。其次，刘某关于交易数量亦有陈述“活的有9个”。其他都是死的，总共大致在“四五十只、五六十只”，与吴某甲所派遣运输的驾驶员姜某陈述的“我抄的那份账单隐约记得有五六十只的样子”（2018年11月30日供述）相印证。最后，詹某某亦陈述“先把海龟放进去，然后再用红头鱼把海龟挡住，假装是海鲜，逃过路上的检查”，即渔货系为掩盖海龟交易而装载运输。据此，本院认定公益诉讼起诉人主张有理，交易清单记载内容均为67只海龟重量。

（2）本案争议的海龟中是否包含了张某某出售给刘某的4只海龟问题。

张某某辩称，其出售刘某的4只海龟与本案公益诉讼起诉人主张的67只海龟关联性不足，不应据此追究张某某的连带责任。本院认为，涉案67只海龟交易时间为2018年10月底，结合张某某于讯问笔录中关于2018年10月底分两次出售给刘某共计4只海龟的陈述，以及张某某、刘某2018年10月15日至30日多达19次的通话记录来看，均可与刘某出售詹某某海龟时间相吻合，张某某虽有异议但未提供反证，应承担举证不能的法律后果，本院据此认定张某某出售刘某的4只海龟与本案争议的67只海龟有关，应于本案中处理。

（3）涉案海龟物种、亲幼体认定问题。

本案中海龟实物均已由詹某某处置完毕，现涉案的海龟物种、亲幼体均已无法通过实物得出，询问笔录中刘某供述所涉交易海龟全部为蠵龟。舟山市人民检察院通过近10年舟山地区的5件已生效的涉及海龟刑事案件及本院另案审理的沈某某、杨某某案件中实际查获得海龟数量，海龟中蠵龟比例均为90%以上，故从有利于被告角度主张涉案海龟按照蠵龟占比90%、绿海龟占比10%。本院认为，在缺乏实物样本的情况下，公益诉讼起诉人依据已生效判决所涉及的海龟物种统计数据得出的蠵龟比例应为合理，且亦与鉴定人陈某甲庭审中陈述的西太平洋以蠵龟为主的陈述相符，据此认定海龟物种为蠵龟占比90%、绿海龟占比10%。

关于亲幼体认定问题，结合浙江海洋大学检验鉴定证书依据亲幼体鉴定标准*SEA TURTLES OF THE WORLD*，通常依据海龟甲长区分海龟亲幼体，而本案仅能依据交易清单数据统计各海龟重量，舟山市人民检察院依据本院另案审理的两案中实际查获得128只海龟作为数据样本，推定重于45.2公斤、45.4公斤的海龟均为亲体，而重量低于39.8公斤、39.2公斤、37.5公斤的则可能为幼体，并据此从利于被告角度将交易清单中重量为74斤、82斤、83斤、84斤的4只海龟定为幼体，其余63只为亲体，结合前述海龟物种比例认定，63只亲体中，蠵龟占90%为57只，绿海龟占10%为6只，其中张某某所涉4只海龟中，1只定为绿海龟；吴某乙所涉5只海龟中，1只定为绿海龟，另因张某某、吴某乙均有陈述其所涉海龟重百余斤，故主张该两被告涉及海龟均为亲体。本院认为，因五被告收购、销售、运输海龟行为导致海龟实物灭失，以致无法通过甲长鉴定亲幼体，从海龟重量角度判定亲幼体标准亦属合理，符合民事诉讼中对待证事实高度盖然性标准，五被告虽有异议但未提供任何证据，应承担举证不能法律后果，据此认定公益诉讼起诉人前述关于涉案海龟物种、亲幼体的主张合理，故认定刘某、詹某某、吴某甲收购、出售、运输海龟67只（蠵龟亲体57只、绿海龟亲体6只、海龟幼体4只）；张某某出售海龟4只（蠵龟亲体3只、绿海龟亲体1只）；吴某乙运输海龟5只（蠵龟亲体4只、绿海龟亲体1只）。

……

【法院认为】

(1)各被告在被追究刑事责任情况下，本案是否仍适用公开赔礼道歉。

本案系舟山市人民检察院为追究责任者造成的生态环境损坏而代为提起的公益诉讼案件，依据《侵权责任法》第4条第1款的规定，“侵权人因同一行为应当承担行政责任或者刑事责任的，不影响依法承担侵权责任”，结合最高人民法院《关于审理环境民事公益诉讼案件适用法律若干问题的解释》第18条，“对污染环境、破坏生态，已经损害社会公共利益或者具有损害社会公共利益重大风险的行为，原告可以请求被告承担停止侵害、排除妨碍、消除危险、恢复原状、赔偿损失、赔礼道歉等民事责任”，各被告在承担相应刑事责任的同时，不影响其侵权责任的承担，舟山市人民检察院关于要求各被告公开赔礼道歉的诉请有理，本院予以支持。

(2)涉案生态修复补偿金的认定问题。

关于舟山市人民检察院直接按照海龟的价值来确定各被告需承担的生态修复补偿金的数额的主张，本院认为，首先，农业部出台的关于水生野生动物价值标准的认定是综合考虑了水生野生动物物种经济、研究、生态、社会、遗传资源等各方面的价值而得出的计算方法，国家二级保护动物的价值分别按该动物物种资源保护费的6倍计算。舟山市人民检察院主张的生态修复补偿金，系野生动物资源和海洋生态环境修复所需的费用，本案中所认定的海龟价值均应归属于此，故舟山市人民检察院按照海龟的价值来确定生态修复补偿金的金额应属合理。其次，农渔发〔2002〕22号文件制定的目的是保护野生动物，严厉打击违法犯罪行为，合理确定野生动物案件中水生野生动物及其产品的价值，该文件并未明确表明所涉及的计算标准只适用于刑事案件，对违法犯罪行为人追究民事赔偿责任也是打击违法犯罪行为的具体举措，故本案中五被告赔偿金额的认定可以按照农渔发〔2002〕22号文件中关于二级保护水生野生动物价值的计算标准予以认定。

(3)五被告承担民事赔偿责任的请求权基础及责任承担方式。

舟山市人民检察院主张五被告非法收购、运输、出售海龟的行为，破坏了国家重点保护野生动物资源和海洋生态环境，损害了国家利益和社会公共利益，应连带承担相应的民事赔偿责任。五被告抗辩称，五被告并非捕捞者，不是损害结果发生的责任人，且五被告从事不同的环节，并非共同侵权，承担连带责任的依据不足。本院认为，根据本案诉讼请求和理由，五被告承担赔偿责任的请求权基础为侵权，应适用《侵权责任法》关于侵权责任的构成要件进行分析。首先，海龟属于国家二级保护动物，而捕捞、收购、出售、运输海龟等侵权行为均对珍贵野生动物造成损害，破坏生物多样性及生态平衡，刘某出售给詹某某67只海龟，吴某甲受刘某委托从事67只海龟运输事宜，张某某出售给刘某4只海龟，吴某乙为刘某运输5只海龟，五被告出售、运输、收购海龟的侵权行为事实清楚，其行为也违反了《野生动物保护法》第3条第1款、第27条第1款的规定，具有违法性。其次，海龟是水生野生动物资源库和海洋生态环境的重要组成部分，本案损害后果应为各被告侵权行为对野生动物资源和海洋生态环境的损害，各被告行为也已形成产业链条，因各被告的收购、出售、运输海龟行为，造成当地渔民从误捕海龟放生到作为财物出卖，五被告收购、运输、出售海龟的行为与野生动物资源和海洋生态环境的损害存在因果关系。再次，五被告受利益驱动，明知收购、运输、出售海龟的行为为法律所禁止仍有意为之，主观上具有共同故意。综上所述，五被告破坏野生动物资源和海洋生态环境的行为，造成国家资源损失，损害了社会公共利益，理应就自己的侵权行为承担相应的民事侵权责任。刘某、詹某某关于部分海龟为活体且已放生，并不存在损害后果的抗辩，未提供证据印证其抗辩的事实，应承担举证不能的法律后果，本院不予采信。

关于五被告的具体责任承担方式，五被告在各环节的侵权行为均有不同，其中，刘某、詹某某、吴某甲有从事出售、收购、运输海龟行为，张某某有出售海龟给刘某、吴某乙有为刘某运输海龟等行为，各被告在各环节的侵权行为中均有意促成交易，存在主观上的共同故意，依据《侵权责任法》第8条的规定，就各环节侵权行为应由相应的共同侵权行为人承担连带责任，关于本案中存在的捕捞者或其他共同侵权人无法查实的情况，舟山市人民检察院也有权根据《侵权责任法》第13条的规定，要求部分侵权者承担全部责任。结合前述认定的蠵龟幼体资源保护费800元/只，亲体5000元/只，绿海龟幼体800元/只，亲体2000元/只，按该动物资源保护费6倍计算，刘某、詹某某、吴某甲就其共同侵权行为所涉67只海龟（蠵龟亲体57只、绿海龟亲体6只、海龟幼体4只），应就生态修复补偿金180.12万元承担连带赔偿责任，张某某、刘某就其共同侵权行为所涉的4只海龟（蠵龟亲体3只、绿海龟亲体1只），应就生态修复补偿金10.2万元承担连带赔偿责任，吴某乙、刘某就其共同侵权行为所涉的5只海龟（蠵龟亲体4只、绿海龟亲体1只），应就生态修复补偿金13.2万元承担连带赔偿责任。

本院认为，本案为海事海商纠纷公益诉讼，舟山市人民检察院已履行诉前公告程序，在法定公告期满后没有适格主体提起诉讼，根据《民事诉讼法》第55条，最高人民法院、最高人民检察院《关于检察公益诉讼案件适用法律若干问题的解释》第13条的规定，舟山市人民检察院可以向人民法院提起诉讼。本案系因非法收购、运输、出售海龟引发的民事公益诉讼纠纷，属于海洋自然资源与生态环境损害赔偿纠纷，根据《关于检察公益诉讼案件适用法律若干问题的解释》第5条的规定，市（分、州）人民检察院提起的第一审民事公益诉讼案件，由侵权行为地或者被告住所地中级人民法院管辖。根据最高人民法院《关于审理海洋自然资源与生态环境损害赔偿纠纷案件若干问题的规定》第2条的规定，此类案件应由海事法院管辖，故本院依法具有管辖权。五被告明知海龟受国家保护，为谋取利益，仍进行非法收购、运输、出售，其行为违反了《野生动物保护法》第3条第1款、第27条第1款的规定，破坏了国家重点保护野生动物资源和海洋生态环境，对社会公共利益造成了损害，已构成侵权，应承担赔偿损失、赔礼道歉等侵权责任。五被告就其相应环节的共同侵权行为所造成的损害，应承担连带责任。关于已被刑事追诉却未被提起公益诉讼的其他侵权人，经本院释明，舟山市人民检察表示未放弃追诉的权利。在证据材料充分确凿、条件合适的情况下，舟山市人民检察院可另案提起公益诉讼。

第六章

环境行政公益诉讼类案件办理指引与案例分析

第一节 环境行政公益诉讼类案件的基本情况

根据最高人民检察院工作报告，环境行政公益诉讼类案件的数量在2019年、2020年快速增长，目前已超过10万件；然而，从本章调研的99起案件来看，所公开案件中涉渔行政公益诉讼案件并不多，案件数量仅百起左右，且其中87起为同一检察院提起的系列案件（见表6－1）。虽然涉渔行政公益诉讼案件数量较少，但存在大量未进入诉讼程序的案件，这些案件或仍处于诉前程序阶段，或在此阶段已经解决并结案。

表6－1 本章调研环境行政公益诉讼案件

序号	案号	案件发生地	案件类型
1	（2016）鄂0111行初112号	湖北	环境行政公益诉讼
2	（2016）鄂0111行初113号	湖北	环境行政公益诉讼
3	（2017）闽0582行初3号	福建	环境行政公益诉讼
4	（2017）鲁0634行初4号	山东	环境行政公益诉讼
5	（2017）鄂0106行初4号	湖北	环境行政公益诉讼
6	（2018）鄂1321行初27号	湖北	环境行政公益诉讼
7	（2017）苏0508行初98号	江苏	环境行政公益诉讼
8	（2018）鲁0786行初21号	山东	环境行政公益诉讼
9	（2018）鲁0685行初27号	山东	环境行政公益诉讼
10	（2019）琼72行初20号	海南	环境行政公益诉讼
11	（2019）闽0503行初1号	福建	环境行政公益诉讼
12	（2019）鲁10行终73号	山东	环境行政公益诉讼
13	（2020）云0802行初50号	云南	环境行政公益诉讼
14	（2020）云0802行初51号	云南	环境行政公益诉讼
15	（2020）云0802行初52号	云南	环境行政公益诉讼

续表

序号	案号	案件发生地	案件类型
16	(2020)云0802行初53号	云南	环境行政公益诉讼
17	(2020)云0802行初54号	云南	环境行政公益诉讼
18	(2020)云0802行初55号	云南	环境行政公益诉讼
19	(2020)云0802行初56号	云南	环境行政公益诉讼
20	(2020)云0802行初57号	云南	环境行政公益诉讼
21	(2020)云0802行初58号	云南	环境行政公益诉讼
22	(2020)云0802行初59号	云南	环境行政公益诉讼
23	(2020)云0802行初60号	云南	环境行政公益诉讼
24	(2020)云0802行初61号	云南	环境行政公益诉讼
25	(2020)云0802行初62号	云南	环境行政公益诉讼
26	(2020)云0802行初63号	云南	环境行政公益诉讼
27	(2020)云0802行初64号	云南	环境行政公益诉讼
28	(2020)云0802行初65号	云南	环境行政公益诉讼
29	(2020)云0802行初66号	云南	环境行政公益诉讼
30	(2020)云0802行初67号	云南	环境行政公益诉讼
31	(2020)云0802行初68号	云南	环境行政公益诉讼
32	(2020)云0802行初69号	云南	环境行政公益诉讼
33	(2020)云0802行初70号	云南	环境行政公益诉讼
34	(2020)云0802行初71号	云南	环境行政公益诉讼
35	(2020)云0802行初72号	云南	环境行政公益诉讼
36	(2020)云0802行初73号	云南	环境行政公益诉讼
37	(2020)云0802行初74号	云南	环境行政公益诉讼
38	(2020)云0802行初75号	云南	环境行政公益诉讼
39	(2020)云0802行初76号	云南	环境行政公益诉讼
40	(2020)云0802行初77号	云南	环境行政公益诉讼
41	(2020)云0802行初78号	云南	环境行政公益诉讼
42	(2020)云0802行初79号	云南	环境行政公益诉讼

续表

序号	案号	案件发生地	案件类型
43	(2020)云0802行初80号	云南	环境行政公益诉讼
44	(2020)云0802行初81号	云南	环境行政公益诉讼
45	(2020)云0802行初82号	云南	环境行政公益诉讼
46	(2020)云0802行初83号	云南	环境行政公益诉讼
47	(2020)云0802行初84号	云南	环境行政公益诉讼
48	(2020)云0802行初85号	云南	环境行政公益诉讼
49	(2020)云0802行初86号	云南	环境行政公益诉讼
50	(2020)云0802行初87号	云南	环境行政公益诉讼
51	(2020)云0802行初88号	云南	环境行政公益诉讼
52	(2020)云0802行初89号	云南	环境行政公益诉讼
53	(2020)云0802行初90号	云南	环境行政公益诉讼
54	(2020)云0802行初91号	云南	环境行政公益诉讼
55	(2020)云0802行初92号	云南	环境行政公益诉讼
56	(2020)云0802行初93号	云南	环境行政公益诉讼
57	(2020)云0802行初94号	云南	环境行政公益诉讼
58	(2020)云0802行初95号	云南	环境行政公益诉讼
59	(2020)云0802行初96号	云南	环境行政公益诉讼
60	(2020)云0802行初97号	云南	环境行政公益诉讼
61	(2020)云0802行初98号	云南	环境行政公益诉讼
62	(2020)云0802行初99号	云南	环境行政公益诉讼
63	(2020)云0802行初100号	云南	环境行政公益诉讼
64	(2020)云0802行初101号	云南	环境行政公益诉讼
65	(2020)云0802行初102号	云南	环境行政公益诉讼
66	(2020)云0802行初103号	云南	环境行政公益诉讼
67	(2020)云0802行初104号	云南	环境行政公益诉讼
68	(2020)云0802行初105号	云南	环境行政公益诉讼
69	(2020)云0802行初106号	云南	环境行政公益诉讼

续表

序号	案号	案件发生地	案件类型
70	(2020)云0802行初107号	云南	环境行政公益诉讼
71	(2020)云0802行初108号	云南	环境行政公益诉讼
72	(2020)云0802行初109号	云南	环境行政公益诉讼
73	(2020)云0802行初110号	云南	环境行政公益诉讼
74	(2020)云0802行初111号	云南	环境行政公益诉讼
75	(2020)云0802行初112号	云南	环境行政公益诉讼
76	(2020)云0802行初113号	云南	环境行政公益诉讼
77	(2020)云0802行初114号	云南	环境行政公益诉讼
78	(2020)云0802行初115号	云南	环境行政公益诉讼
79	(2020)云0802行初116号	云南	环境行政公益诉讼
80	(2020)云0802行初117号	云南	环境行政公益诉讼
81	(2020)云0802行初118号	云南	环境行政公益诉讼
82	(2020)云0802行初119号	云南	环境行政公益诉讼
83	(2020)云0802行初120号	云南	环境行政公益诉讼
84	(2020)云0802行初121号	云南	环境行政公益诉讼
85	(2020)云0802行初122号	云南	环境行政公益诉讼
86	(2020)云0802行初123号	云南	环境行政公益诉讼
87	(2020)云0802行初124号	云南	环境行政公益诉讼
88	(2020)云0802行初125号	云南	环境行政公益诉讼
89	(2020)云0802行初126号	云南	环境行政公益诉讼
90	(2020)云0802行初127号	云南	环境行政公益诉讼
91	(2020)云0802行初128号	云南	环境行政公益诉讼
92	(2020)云0802行初129号	云南	环境行政公益诉讼
93	(2020)云0802行初130号	云南	环境行政公益诉讼
94	(2020)云0802行初131号	云南	环境行政公益诉讼
95	(2020)云0802行初132号	云南	环境行政公益诉讼
96	(2020)云0802行初133号	云南	环境行政公益诉讼

续表

序号	案号	案件发生地	案件类型
97	(2020)云 0802 行初 134 号	云南	环境行政公益诉讼
98	(2020)云 0802 行初 135 号	云南	环境行政公益诉讼
99	(2020)云 0802 行初 136 号	云南	环境行政公益诉讼

根据《人民检察院提起公益诉讼试点工作实施办法》《关于检察公益诉讼案件适用法律若干问题的解释》等相关规定,检察机关在提起环境行政公益诉讼之前,还需履行发出检察建议的诉前程序;最新发布的《人民检察院公益诉讼办案规则》中,发送检察建议之前,检察机关可在立案后与行政机关进行磋商,内容包括是否存在违法行使职权或者不作为、国家利益或者社会公共利益受到侵害的后果、整改方案等核心问题。检察机关提起环境行政公益诉讼的条件是“行政机关拒不纠正违法行为或者不履行法定职责,国家和社会公共利益仍处于受侵害状态”,而经诉前程序之后,接收检察建议的行政机关一般会采取相应的行政措施,并书面回复检察机关。因此,相较于检察机关发出检察建议的数量,检察机关最终提起环境行政公益诉讼案件的情况极少。

一、环境行政公益诉讼类案件的诉请为依法履职

《行政诉讼法》第 25 条规定,检察机关针对行政机关违法行使职权或不作为的情形提出检察建议及提起诉讼,要求行政机关依法履职。在所调研的 99 起案件中,涉案行政机关出现的未依法履职情形如表 6 – 2 所示:

表 6 – 2　涉案行政机关未依法履职情况

未依法履职情形	数量/起
怠于履行职责	96
擅自审批	1
违规发放补贴	2

环境行政公益诉讼案件中,绝大多数行政机关未依法履职的情形为怠于行使职责,主要为未能制止、处罚破坏渔业资源和生态环境的违法行为,致使该违法行为一直持续,从而损害了国家和公共利益。99 起环境行政公益诉讼案件中,有 90

起案件所涉违法行为是“非法养殖”，占全部案件的90.91%；其余案件则分别涉及水下施工与建设工程、非法捕捞及其他渔业相关事务。

二、环境行政公益诉讼类中的违法行为对案发地生态环境影响相对较为分散

本书所调研的案件中，(2017)苏0508行初98号案件中对违法行为人擅自挖去大量湖泊底土用于填土工程的损失进行鉴定，确认违法行为人造成底土损失及生态环境损害共计1100余万元；除此之外，其他案件中并未明确违法行为人所造成的生态环境损失金额。

根据上述案例分析，环境行政公益诉讼类案件所涉违法行为大多为非法养殖，相较于“电、毒、炸”非法捕捞、非法倾排或破坏渔业生态环境的建设工程项目与水下施工，非法养殖行为对环境的负面影响相对较小，且由于此类案件以自然人所开办的养殖场所为主，违法行为发生的地点具有分散的特点。例如，思茅区人民检察院所办理的系列案件，其中涉及87名违法行为人，皆为采用网箱进行非法养殖活动，行政机关对至少87处网箱分别进行了查处。

三、环境行政公益诉讼类案件的上诉率极低

本次数据分析所调研的99起行政公益诉讼案件中，仅发现1起案件的行政机关对第一审判决结果提起上诉，且二审法院最终维持原判。由于检察机关不仅具备较强的法律专业能力，还依法行使相应的调查取证权，同时可经过履行诉前程序进一步核查案件事实及相应法律问题，故检察机关的起诉一般具有较为充分的证据及理由，被告提起上诉及上诉得到支持的空间较小。

四、环境行政公益诉讼类案件的起诉主体与审判机关

本书在其他章节中已详细介绍了行政公益诉讼案件中起诉主体与审判机关的确立规则。根据本次调研的案例数据分析，99起行政公益诉讼案件的相关情况如表6－3所示：

表 6－3　起诉主体与审判机关相关案件数量

起诉主体与审判机关	案件数量/起
第一审由基层检察机关起诉	99
第一审由地市级检察机关起诉	0
第一审由基层人民法院审判	98
第一审由中级人民法院审判	1

上述案件中，唯一一起涉海案件依法由相应的海事法院进行管辖，由于海事审判实行“三级两审终审制”，即海事法院审理第一审案件后便由高级人民法院进行二审，故本书将海事法院视作中级人民法院同等级别进行划分。

五、法院对环境行政公益诉讼类案件诉讼请求的支持情况

调研案例的数据显示，法院对检察机关所提起的 99 起环境行政公益诉讼案件的诉请均予以支持。

第二节　环境行政公益诉讼类案件办理要点

一、如何确定环境行政公益诉讼的被告

根据《行政诉讼法》第 25 条的规定，检察机关提起检察建议及相应诉讼的对象为对生态环境和资源保护领域负有监督管理职责的行政机关。根据《地方各级人民代表大会和地方各级人民政府组织法》第 79 条第 1 款、第 4 款的规定，地方各级人民政府根据工作需要和精干的原则，设立必要的工作部门；省、自治区、直辖市的人民政府的厅、局、委员会等工作部门和自治州、县、自治县、市、市辖区的人民政府的局、科等工作部门的设立、增加、减少或者合并，按照规定程序报请批准，并报本级人民代表大会常务委员会备案。

检察机关如要督促行政机关依法履行职责，首先需确定何种行政机关对涉渔违法行为具有行政管理职能。根据上述法律规定，基层地方政府有权设立相应的工作部门，并需经上一级政府批准，因此，各地政府部门及职权可能会有一些差异，但在实践中，各地政府部门的总体框架与主要职能应是基本一致的。

在我国中央政府的机构设置中,渔业监督管理为农业农村部下属渔业渔政管理局的职责,该局所公布的职责如下:“起草渔业发展政策、规划。保护和合理开发利用渔业资源,指导水产健康养殖和水产品加工流通,组织水生动植物病害防控。承担重大涉外渔事纠纷处理工作。按分工维护国家海洋和淡水管辖水域渔业权益。组织渔业水域生态环境及水生野生动植物保护。监督执行国际渔业条约,监督管理远洋渔业和渔政渔港。指导渔业安全生产”。

本书所列涉渔公益诉讼案件的几类违法行为主要涉及渔业资源和相应生态环境损害,其中如非法捕捞、非法养殖、捕杀水生野生动物等行为,其所对应的地方主管部门一般为当地的农业主管部门;如涉及海洋渔业的,则相应的地方主管部门一般为当地的海洋渔业主管部门。除此之外,涉渔工程类案件、非法倾排类涉渔案件则主要由建设工程主管部门、水利主管部门或生态环境主管部门进行管理。关于如何明确相关行政主管部门的职责,可通过获取当地政府关于该部门职责的相关文件进行确认,同时,行政主管部门的具体行政行为也可予以印证;检察机关作为司法监督部门,有能力对涉及行政部门职责、具体行政行为的相关文件进行调取。故在环境行政公益诉讼案件中,关于确定涉渔违法行为所负监督管理职责的行政主管部门,对检察机关而言并无障碍。

二、环境行政公益诉讼的调查、取证

根据《关于检察公益诉讼案件适用法律若干问题的解释》第 6 条的规定,人民检察院办理公益诉讼案件,可以向有关行政机关以及其他组织、公民调查收集证据材料;有关行政机关以及其他组织、公民应当配合。最高人民检察院发布的《检察机关行政公益诉讼案件办案指南(试行)》(以下简称《行政公益诉讼办案指南》)中规定检察机关可采取的调查方式包括:查阅、摘抄、复制有关行政执法卷宗材料;询问行政机关相关人员以及行政相对人、利害关系人、证人等;收集书证、物证、视听资料、电子证据等;咨询专业人员、相关部门或者行业协会等对专门问题的意见;委托鉴定、评估、审计;勘验、检查物证、现场等。

从上述关于调查、取证的规定来看,检察机关所拥有的调查、取证权限是比较大的,例如,调阅和复制行政执法机关的卷宗材料,可令检察机关了解行政执法过程中的具体详情;采用询问违法行为人、证人等调查方式,检察机关可对违法行为的现状以及国家和公共利益是否持续受损进行确认;又如,检察机关可咨询专业人员和机构，并委托鉴定、评估或审计，此调查手段可为检察机关提供强有力的技术支持，保障检察机关对涉渔违法行为所造成的损失及相应生态环境的现状进行评估，以判断如何发出检察建议及是否需要提起环境行政公益诉讼。

《行政公益诉讼办案指南》中对检察机关的调查、取证的具体要求进行了说明，如采用“询问”进行调查时，应制作《询问提纲》，由2名以上办案人员在出示工作证后共同进行，并应当当场制作《询问笔录》，且要求被调查人签字或盖章。《行政公益诉讼办案指南》所提供的调查、取证方式是规范化的操作程序，可确保所取得证据的合法、有效性；此外，《行政公益诉讼办案指南》还对如何保障检察机关的调查、取证工作进行了规定，如检察机关经风险评估或现场观察后认为可能发生妨碍调查行为的，应当由司法警察协助调查，而对出现威胁、报复陷害等严重行为的，可依照《保护司法人员依法履行法定职责规定》第17条[①]进行惩处。

综上所述，检察机关在针对涉案行政机关进行调查、取证时，具有完善的工作程序进行参照，并有相应的法律规定和制度予以保障，故检察机关可以持续推进诉前检察意见及环境行政公益诉讼的工作。

三、诉前检察建议

《人民检察院公益诉讼办案规则》第37条规定，检察机关针对内部审查总结的行政公益诉讼案件，应当区分情况终结审查、提出检察建议或提起行政公益诉讼；第14条规定，检察机关在提起行政公益诉讼之前，应先行向涉案行政机关提出检察建议。根据《关于检察公益诉讼案件适用法律若干问题的解释》第21条第2款的规定，行政机关应当在收到检察建议书之日起2个月内依法履行职责，并书面回复人民检察院；如情况紧急需要行政机关尽快依法履职的，行政机关应在15日内书面答复。

《行政公益诉讼办案指南》对检察建议应载明的内容进行说明，其主要包括：(1)案件来源及监督目的；(2)检察机关查明的案件基本情况；(3)检察机关认为相关行政机关违法行使职权或不作为的事实；(4)行政机构构成违法行使职权或

---

① 《保护司法人员依法履行法定职责规定》第17条规定：“对干扰阻碍司法活动，威胁、报复陷害、侮辱诽谤、暴力伤害司法人员及其近亲属的行为，应当依法从严惩处。对以恐吓威胁、滋事骚扰、跟踪尾随、攻击辱骂、损毁财物及其他方式妨害司法人员及其近亲属人身自由和正常生活的，公安机关接警后应当快速出警、有效制止；对正在实施违法犯罪行为的，应当依法果断处置、从严惩处。对实施暴力行为危害司法人员及其近亲属人身安全的精神病人，在人民法院决定强制医疗之前，经县级以上公安机关负责人批准，公安机关可以采取临时保护性约束措施，必要时可以将其送精神病医院接受治疗。”

不作为的理由和法律依据;(5)检察建议的依据和建议内容;(6)检察机关要求行政机关答复及履职的期限等。当行政机关书面答复检察机关后,检察机关应对行政机关依法履职情况及相关的效果进行跟进调查,如发现行政机关没有纠正违法行为或没有依法全面履职、国家利益或者社会公共利益持续处于受侵害状态,检察机关则会相应提起环境行政公益诉讼。

根据上述规定可知,发送检察建议是检察机关提起环境行政公益诉讼之前必须履行的程序,未经该程序,检察机关不能直接提起环境行政公益诉讼。检察机关发送检察建议的目的在于督促相关行政机关依法履行其职责,其对于相关行政机关而言是一份严肃的文件,如相关行政机关没有妥善处理其中所列明的问题,则可能导致后续的环境行政公益诉讼。

作为收到检察建议的行政机关,需注意以下问题:

(1)关于时间期限的问题。法律规定,一般情况下行政机关需在收到检察建议后应在2个月内履行职责并回复检察机关,因此,该期限既是予以回复的期限也是依法履职的期限,行政机关应严格遵守该时间期限。但如确有客观原因不能全部整改到位的,行政机关可与检察机关沟通相关情况,以确定是否可中止审查。

(2)关于回复内容的问题。法律并未规定行政机关应如何对检察意见进行回复,根据相关实践情况,行政机关可从依法履职的具体工作措施、效果、后续工作方案等多方面进行答复。

(3)关于依法履职的情况。行政机关根据检察建议对履职情况进行整改,同时应保存关于整改的相关证据,如书面文件、执法录像等,以证明确已经实施了整改,否则可能因无法举证而承担不利的法律后果。司法实践中,存在行政机关主张其已依法履行职责,相关涉渔违法行为前述履行行为之后新出现的,但行政机关无法证明该事实,最终被法院认定未依法履职。

四、检察机关启动环境行政公益诉讼的相关问题

《行政诉讼法》第25条、《人民检察院公益诉讼办案规则》第81条均规定了检察机关提起环境行政公益诉讼的条件,即经过诉前程序,行政机关经检察建议督促仍然没有依法履行职责,国家和社会公共利益仍处于受侵害状态的,人民检察院应当依法提起行政公益诉讼。

根据上述法律规定,环境行政公益诉讼的启动包含了两个实质性条件:(1)行

政机关未依法履职,包括违法实施行政行为和不履行法定职责两种情形;(2)国家和社会公共利益仍处于受侵害状态。经检察机关采用诉前程序进行督促后,如行政机关依法履职,一般而言,国家和社会公共利益受侵害的状态应该停止。因此,两者具备一定程度的因果关系,检察机关根据行政机关未依法履职的情形提起环境行政公益诉讼理所当然。

《行政公益诉讼办案指南》列举了未依法履行职责的几种情形,包括但不限于:(1)行政机关收到检察建议后明确表示不整改的;(2)行政机关虽回复采纳检察建议并采取整改措施,但实际上行动迟缓、敷衍应付、没有作为的;(3)行政机关仅部分纠正行政违法行为的;(4)行政机关虽采取了履职措施,但履职仍不完全、不充分,无法达到监管目的,且没有进一步行使其他监管职权。

《人民检察院公益诉讼办案规则》第82条更加明确列举了几类未依法履职的情形,包括:(1)逾期不回复检察建议,也没有采取有效整改措施的;(2)已经制定整改措施,但没有实质性执行的;(3)虽按期回复,但未采取整改措施或者仅采取部分整改措施的;(4)违法行为人已经被追究刑事责任或者案件已经移送刑事司法机关处理,但行政机关仍应当继续依法履行职责的;(5)因客观障碍导致整改方案难以按期执行,但客观障碍消除后未及时恢复整改的;(6)整改措施违反法律法规规定的;(7)其他没有依法履行职责的情形。与《行政公益诉讼办案指南》相比,《人民检察院公益诉讼办案规则》新增了刑事追责后续和客观障碍消失的情形,更加全面和完善。

根据上述规定,并非行政机关未完成整改的全部情形,一概会被检察机关认定为未依法履行职责,如行政机关履行职责确存在客观障碍,且回复检察机关其将采取明确可行的措施、制订详细的计划和目标、积极准备前期工作的,检察机关经审查后可暂不提起行政公益诉讼;但其后如行政机关未在合理期限内整改到位,符合环境行政公益诉讼起诉条件的,检察机关仍将进行起诉。检察机关对于是否提起环境行政公益诉讼的判断,具有一定的灵活性,但一旦启动诉前程序,检察机关必定会关注行政机关的整改情况,在完成整改之前,相关行政机关仍可能存在被起诉的风险。

倘若行政机关依法履职,但国家和社会公共利益受侵害的状态仍在继续,此时关于检察机关是否还应提起环境行政公益诉讼存在争议。有观点认为,关于环境行政公益诉讼存在例外情形,即行政机关穷尽行政手段或已经没有继续履职整改空间,即使受侵害公益还未得到以有效保护或恢复,也不宜再提起行政公益诉讼。[①] 鉴于渔业资源和生态环境损害的救济渠道,除了环境行政公益诉讼,尚有社会组织或检察机关提起的民事公益诉讼,以及相关政府部门提起生态环境损害之诉,如确已无法通过行政手段弥补、修复被损害的渔业资源和生态环境,则可考虑由检察机关另行启动民事公益诉讼或督促有关政府部门提起生态环境损害之诉。

第三节 环境行政公益诉讼典型案例分析

一、苏州市阳澄湖渔业管理委员会办公室行政诉讼案[(2017)苏 0508 行初 98 号]

(一)基本案情

2008 年 4 月 16 日,案外人薛某某以苏州工业园区圣汉市政工程有限公司(以下简称圣汉公司)的名义向苏州市阳澄湖渔业管理委员会办公室(该单位还挂牌苏州市阳澄湖渔政监督支队,以下对该单位简称阳澄湖渔业管委会办公室)申请在阳澄中湖荡浪村附近水域临时卸土码头并对码头局部加深;同年 5 月 9 日,阳澄湖渔业管委会出具同意的审核意见,并与圣汉公司签订《阳澄湖水工建设施工协议》。其后,薛某某等人严重超出协议规定的施工区域,在阳澄中湖东南部面积达 66 万余平方米的水域范围内大量挖取湖泊底土。

2016 年 12 月 22 日,苏州工业园区人民检察院向阳澄湖渔业管委会办公室发送了检察建议书,认为其越权审批和不履行监管职责的行为违反了《河道管理条例》第 11 条,[②]《渔业法》第 7 条第 3 款、第 36 条、第 47 条、第 48 条第 1

---

① 赵煜亮、陈刚:《行政公益诉讼案件起诉标准研究》,载《中国检察官》2019 年第 21 期。

② 《河道管理条例》曾于 2011 年、2017 年、2018 年进行修订,由于检察建议书的发送时间为 2016 年,故当时所适用的应为 2011 年版的条文。其第 11 条第 1 款规定:"修建开发水利、防治水害、整治河道的各类工程和跨河、穿河、穿堤、临河的桥梁、码头、道路、渡口、管道、缆线等建筑物及设施,建设单位必须按照河道管理权限,将工程建设方案报送河道主管机关审查同意后,方可按照基本建设程序履行审批手续。"

款，[①]并提出了3项检察建议：(1)依法提出水工建设项目征询意见，检查施工单位是否至水利主管部门办理水工建设项目审批手续；(2)加强阳澄渔业监督管理工作，依法处理违法行为；(3)认真检查阳澄渔业法律法规的执行情况，落实渔业资源和渔业生态环境保护工作。

针对检察建议书，阳澄湖渔业管委会办公室的答复为：其对水工建设既无行政许可审批权，也无处罚权；按照苏州市农业委员会的要求，该单位已于2012年9月撤销了2004年对外公示的《阳澄湖水工建设项目审批工作程序》，明确凡在湖区的涉渔水工建设项目，必须经水利部门审批许可后方可实施，对已经许可的涉渔水工建设项目，支队将配合水利部门进行现场勘查和放样，并邀请相关专家对项目施工造成湖区生态环境和渔业资源损害的程度进行专项评估，提出防止或减少损害的征询意见，确定损失量后依法追究施工单位的赔偿责任；同时，该单位将继续推进阳澄湖生态优化行动，开展渔业资源增殖放流、科学养蟹培训、健全水质监测体系等活动，保护湖区渔业生态环境。

然而，对上述回复，苏州工业园区人民检察院依然认为，阳澄湖渔业管委会办公室并未履行法定职责，国家和社会公共利益仍处于受侵害状态，故于发出检察建议后向法院提起行政公益诉讼，请求依法确认阳澄湖渔业管委会办公室擅自审批水工建设项目行为以及对薛某某等人破坏渔业生态环境怠于履行监督管理职责行为违法，并判令其依法履行阳澄湖渔业生态环境保护职责。2017年3月13日，苏州市姑苏区人民法院受理案件。该案被诉行政机关为阳澄湖渔业管委会办公室，其位于苏州工业园区内，理应由苏州工业园区人民法院管辖，但姑苏区人民法院集中管辖太湖流域中苏锡常12个区、县(市)的环境资源案件及虎丘区、工业园区、吴中区、相城区、吴江区、常熟市的行政诉讼案件，因此，该案由姑苏区人民法院进行案件的第一审审理工作。

---

① 《渔业法》第7条第3款规定："江河、湖泊等水域的渔业，按照行政区划由有关县级以上人民政府渔业行政主管部门监督管理；跨行政区域的，由有关县级以上地方人民政府协商制定管理办法，或者由上一级人民政府渔业行政主管部门及其所属的渔政监督管理机构监督管理。"第36条规定："各级人民政府应当采取措施，保护和改善渔业水域的生态环境，防治污染。渔业水域生态环境的监督管理和渔业污染事故的调查处理，依照《中华人民共和国海洋环境保护法》和《中华人民共和国水污染防治法》的有关规定执行。"第47条规定："造成渔业水域生态环境破坏或者渔业污染事故的，依照《中华人民共和国海洋环境保护法》和《中华人民共和国水污染防治法》的规定追究法律责任。"第48条第1款规定："本法规定的行政处罚，由县级以上人民政府渔业行政主管部门或者其所属的渔政监督管理机构决定。但是，本法已对处罚机关作出规定的除外。"

该案是少有的涉及鉴定、评估或认定的环境行政公益诉讼案件，相关具体情况如下：

(1)关于违法行为人的挖土行为所造成的渔业资源和生态环境损害，农业部长江下游渔业生态环境监测中心、中国水产科学研究院淡水渔业研究中心于2013年1月出具了鉴定报告，该报告认为违法行为改变了原有生态环境，虾蟹等湖区特色品种在该区域失去了生存条件，造成渔业生态环境破坏严重，鱼类、虾类、底栖动物、水草等损失1,579,953元。

(2)对于违法行为人非法挖取湖底泥土所造成的矿产资源损失，则由苏州市价格认证中心出具《关于阳澄湖泥土的价格鉴证结论书》(苏价证刑鉴〔2012〕1239号)，认定涉案湖底泥土的单价为5元/平方米；同时，苏州市价格认证中心对渔业资源的价值出具《关于鲫鱼等的价格鉴证结论书》。

(3)环境保护部南京环境科学研究所出具了《江苏省苏州市薛某某等人阳澄湖非法取土事件环境损害鉴定评估》，证明违法行为人非法取土行为与阳澄湖涉事区域包括渔业生态环境损害和财产损害在内的环境损害存在因果关系，非法取土造成湖泊底土损失8,275,378.55元，渔业生态环境损害估值为3,434,431元。

苏州工业园区人民检察院在该案中提交了11组证据，除了前述关于鉴定、评估或认定的证据外，其他证据主要包括三部分：

第一部分为阳澄湖渔业管委会办公室职责的相关证据，包括苏州市机构编制委员会办公室《市编委办关于印发苏州市阳澄湖渔业管理委员会办公室主要职责内设机构和人员编制使用规定的通知》(苏编办通〔2015〕85号)、苏州市机构编制委员会《关于建立苏州市阳澄湖渔业管理委员会办公室的批复》(苏编发〔2001〕15号)等，以证明阳澄湖渔业管委会办公室的审批权限及渔业生态环保职能；第二部分为证明案件事实部分的证据，主要包括涉案违法行为人的刑事判决书，以确认其当时申报工程的审批内容和违法挖取湖底泥土的具体情形；第三部则分为检察建议书和相应回函，证明苏州工业园区人民检察院已履行相应的诉前程序，以及阳澄湖渔业管委会办公室不履行职责的事实。

阳澄湖渔业管委会办公室主要提出了4个方面的抗辩意见：一是认为该办公室对水工建设项目的审核意见并非行政许可，因此不存在擅自审批的情形；二是审核意见仅涉及水工建设项目，与违法行为人的非法取土行为无关，故审核行为并非检察机关行政公益诉讼的范畴；三是该办公室认为违法行为人造成渔业资源损失、破坏渔业生态环境的事实依据不充分，难以追究其法律责任；四是该办公室按时完成网围压缩整治任务，积极开展渔业资源增殖放流等工作，履行了对阳澄湖生态环境的保护职责。同时，阳澄湖渔业管委会办公室提交了其主体信息、职责权限等相关文件资料，其中较为重要的证据为《专家论证意见书》，拟证明南京环境科学研究所鉴定评估报告缺乏足够的原始数据，未充分考虑取土区域实际情况，不足以支撑报告结论。

关于苏州工业园区人民检察院所提交的证据，阳澄湖渔业管委会办公室对鉴定文件中关于渔业资源和矿产资源损失、生态环境损害的计算依据和计算方式，以及相应生态环境修复方案的准确性提出异议，如认为“南京环境科学研究所鉴定报告运用渔业生态环境损害价值评估标准错误，‘生态环境调节与维护功能价值数据’引用不当，不能客观反映阳澄湖实际生态情况，更不能替代2008年涉案水域真实功能价值，以此作为计算渔业生态环境损害的方法错误”。

（二）审理结果及案例分析

法院认为，根据法律规定，临河码头等水工建设项目的审批机关为各级人民政府水行政主管部门，而阳澄湖渔业管委会办公室对涉案水工工程进行了审批、监管、竣工验收等工作，超出其职责范围；对于薛某某等人的非法取土行为，阳澄湖渔业管委会办公室的相关工作人员玩忽职守，未予以监管和制止，存在不履职的情形。法院最终判决，阳澄湖渔业管委会办公室对涉案水工工程的审核意见违法，且应在判决生效起60日内对薛某某等人超协议范围取土行为造成的渔业资源和渔业生态环境损害调查处理。

该案是较为典型的行政机关未依法履职的案例，涉案行政机关未依法履职的情形体现在两个方面，即超越权限审批和未依法制止违法行为。由于该案涉及行政机关人员玩忽职守的刑事责任，导致该行政机关发生了严重的未依法履职行为，在此种情形下难以进行有力的抗辩。

二、武汉市洪山区城乡统筹发展局不履行法定职责案[（2016）鄂0111行初112号]

（一）基本案情

2011年12月6日，武汉市洪山区人民政府向武汉市洪山区青菱街渔业村颁发“水域滩涂养殖证”，核准水域面积为11,730亩，养殖方式为大水面放养，其中渔业村村民承包经营青菱湖西面8730亩水面,武汉炳林生态农业发展有限公司(以下简称炳林公司)租用青菱湖北面3000亩水面用于经营。

2014年6月17日,湖北省水产局向各市、州、县(区)水产渔业行政等主管部门作出《省水产局关于推进湖泊拆违工作的意见》,同年8月21日至10月8日,武汉市洪山区城乡统筹发展局向洪山区人民政府作出《关于洪山区湖泊拆围工作的汇报》《关于洪山区湖泊拆围工作的报告》,在上述报告中载明青菱街渔业村在青菱湖存在"三网"①养殖行为。2016年5月5日,洪山区城乡统筹发展局对洪山区人民政府青菱街办事处作出《对第八届区政协五次会议第76号委员提案的会办工作意见》,载明了对青菱湖投放饲料的三点处理意见:一是立即停止投放饲料行为;二是收回承包权,重新发包,约定实行生态养殖,禁止在湖泊水域养殖珍珠和投放化肥养殖;三是加强巡查力度,及时制止处理投放饲料行为。2016年6月2日,武汉市洪山区水务局对青菱街办事处作出《对第八届区政协五次会议第76号委员提案的协办工作意见》,该意见中载明:建议区城乡统筹部门查处向湖泊投肥(粪)的违规行为。2016年7月15日,洪山区城乡统筹发展局作出的《武汉市洪山区养殖湖泊"三网"调查登记表》中载明:青菱街渔业村在青菱湖围栏网养殖面积为11,730亩,围栏网方式2层,围栏网长度为34.56万米,网箱15口,网箱总面积为450平方米。

2016年9月11日,武汉市人民政府对各区人民政府及市政府各部门作出《市人民政府关于批转武汉市拆除湖泊渔业三网设施实施方案的通知》,要求2016年9月底前制订方案,2016年10月至2017年1月开展拆除工作并完成重点湖泊渔业"三网"设施拆除工作,至2017年12月前全面完成"三网"设施拆除任务。洪山区人民政府于2016年9月26日作出《洪山区养殖湖泊拆除围栏网箱设施方案》,要求各街道办事处、乡人民政府及各相关部门于2016年10月底前完成调查、审计、公示,制订方案并上报,2016年12月底前完成补偿准备工作;2017年1月20日前,组织湖泊业主自行拆除;2017年1月底前,对养殖湖泊未拆除的"三网"实施依法拆除。

根据2012年10月1日正式实施的《湖北省湖泊保护条例》及2014年7月1日正式实施的《湖北省水污染防治条例》,湖泊水域围网、围栏养殖、投肥(粪)养

① "三网"指围栏、围网、网箱。

殖行为应予以禁止,行政职能部门对湖泊水域围栏围网应予以限期拆除。2016年10月28日,武汉市洪山区人民检察院调查发现青菱湖的违法养殖行为仍然存在,遂向洪山区城乡统筹发展局所发送的《检察建议书》,要求其对青菱湖围栏、围网、网箱、投肥养殖行为及时履行监管职责,并在1个月内回复处理结果。《检察建议书》发送的日期为2016年10月28日,2016年11月10日,洪山区人民检察院对青菱街渔业村相关人员进行了调查,发现炳林公司所租赁的青菱湖北面3000亩水面仍然存在投肥养殖行为。

2016年11月17日,洪山区城乡统筹发展局作出了《关于对检察建议书有关青菱湖湖泊"三网"拆除工作情况的回复》,认为青菱湖的"三网"养殖设施建成于2000年以前,属于历史遗留问题,没有文件或细则就该历史问题的处理作出相关规定,其正在积极履行市、区人民政府关于拆除"三网"设施的文件规定,按时圆满完成青菱湖的"三网"设施拆除工作。后洪山区人民检察院认为青菱湖中"三网"设施仍有部分未拆除,便于2016年12月16日向武汉市洪山区人民法院提起行政公益诉讼。

该案由相关行政机关所在地检察机关即洪山区人民检察院作为原告进行起诉,并由对应的洪山区人民法院受理案件第一审。洪山区人民检察院起诉时,提出了两项诉讼请求,分别为:(1)确认被告洪山区城乡统筹发展局怠于履行职责违法;(2)判令被告洪山区城乡统筹发展局依法履行职责。因洪山区城乡统筹发展局随后对青菱湖的"三网"设施全部拆除完毕,洪山区人民检察院撤回要求其依法履行职责的诉讼请求。

为支持其诉请,洪山区人民检察院提交了5组证据:第一组证据用于证明青菱街渔业村及炳林公司在青菱湖中从事渔业养殖、设置网箱及投放肥料的事实,包括相关渔业承包的合同、洪山区城乡统筹发展局的执法报告、对涉案人员的询问笔录等;第二组证据用以证明相关人员和企业设置网箱、投肥养殖行为的生态环境破坏事实,包括青菱湖功能区分类、相关环境科技专业人士所出具的专家意见等;第三组证据用以证明洪山区城乡统筹发展局对涉案地区具有行政管理的职责,包括洪山区机关单位所发布的关于洪山区城乡统发局职责的文件等;第四组证据用以证明洪山区人民检察院履行了诉前程序,包括检察建议书及签收资料;第五组证据用以证明洪山区城乡统筹发展局未依法履职,包括洪山区城乡统筹发展局对检察建议书的回复、洪山区人民检察院于2016年11月28日对涉案现场进行取证的照片和视频资料等。上述证据形成完整的证据链条,每一环节均具有重要的证明作用,共同说明洪山区城乡统筹发展局是否应当履职及实际是否作为的相关事实。

洪山区城乡统筹发展局则认为其并非怠于履职:一为青菱湖的网箱养殖均为《湖北省湖泊保护条例》实施之前的行为,而根据《湖北省湖泊保护条例》之规定,该条例实施之前的行为不视为违法养殖,由政府部门限期拆除;二为当地政府所规定的清理期限为2017年12月之前,洪山区城乡统筹发展局全部拆除网箱的时间为2016年12月13日,符合当地政府规定的期限,且洪山区人民检察院也未证明条例实施后出现新的违法养殖行为,也未证明存在投肥养殖情形;三为洪山区城乡统筹发展局的履职达成了良好的效果,阻止了围栏、围网养殖的继续扩大;其四为洪山区城乡统筹发展局收到检察建议后,除拆除原有围栏围箱,还加强了监管力度,对违法养殖行为严格监管。

为证明其抗辩主张,洪山区城乡统筹发展局提供了当地政府部门关于拆除湖泊围栏围网工作的相关整体政策、实施方案等文件,证明洪山区城乡统筹发展局开展了拆除工作;同时,洪山区城乡统筹发展局还进行了如下举证:(1)提供洪山区城乡统筹发展局针对检察建议的回复,用于证明其积极回复,并继续加强监督工作;(2)提供围栏围网拆除进度的相关文件,证明青菱湖的网箱和围网已全部拆除;(3)提供渔业相关调研报告和文章,证明渔业养殖不是湖泊污染的主要原因,适度养殖反而会利于湖泊水体环境;(4)提供青菱湖的水样监测报告,证明湖泊渔业养殖污染得到了控制;(5)提供武汉相关政府部门发布的通知,要求在2017年12月底完成湖泊渔业"三网"设施拆除任务;(6)提供当地政府于2017年3月10日对青菱湖"三网"拆除工作进行验收,证明洪山区城乡统筹发展局已经完成了拆除工作。

(二)审理结果及案件分析

法院首先确认了洪山区城乡统筹发展局对青菱湖的违法养殖行为负有履行查处的法定职责,并认为即便是《湖北省湖泊保护条例》发布之前的违法养殖行为,洪山区城乡统筹发展局也应进行查处;其次,法院认为洪山区城乡统筹发展局在《湖北省湖泊保护条例》施行前便发现青菱湖存在"三网"养殖行为,虽然武汉市政府规定2017年12月底为最后拆除期限,但该期限并非洪山区城乡统筹发展局履行职责的法定期限,该局其后的拆除行为已经超过了必要的合理期限。

由此可见,法院认为洪山区城乡统筹发展局怠于行使职责,因洪山区人民检察院撤回要求被告继续履行查处职责的诉讼请求，法院最后判决确认被告武汉市洪山区城乡统筹发展局对青菱湖的围网、围栏、网箱及投肥违法养殖行为没有及时、全面履行查处职责的行为违法。

该案是较为常规的关于处理非法养殖的行政公益诉讼案件，其中比较特殊的是行政机关以当地政府发布的地方工作文件作为履职期限的抗辩理由。诉讼过程中，作为被诉行政机关的洪山区城乡统筹发展局所抗辩的依据为武汉市政府于2016年9月所出具的《武汉市拆除湖泊渔业“三网”设施实施方案》(以下简称《拆除三网实施方案》)，该方案第三条对拆除“三网”工作制定了三个时间节点，即2016年9月之前为制定方案阶段；2016年10月至2017年1月为重点突破阶段，要求全面开展拆除工作并指定了部分重点湖泊；2016年10月至2017年12月为全面推进阶段，要求在此期间内全面完成湖泊渔业“三网”设施拆除任务，并建立长效管理机制。

对此抗辩，法院陈述的理由是，行政机关应当遵循高效便民原则，洪山区城乡统筹发展局早已知晓青菱湖“三网”设施的问题，也未在《检察建议书》要求的期限内完成履职，而武汉市政府的《拆除三网实施方案》并非法定期限，故仍判决洪山区城乡统筹发展局未依法履职。《拆除三网实施方案》的效力等级为地方工作文件，而《行政诉讼法》、最高人民法院、最高人民检察院《关于检察公益诉讼案件适用法律若干问题的解释》等法律规定均要求行政机关在一定期限内完成履职。洪山区人民检察院在《检察建议书》中指定的履职期限为1个月，虽较相关法律规定最长2个月的期限更短，但考虑到青菱湖区的“三网”养殖情况在《湖北省湖泊保护条例》颁布之前就已存在，相关证据显示洪山区城乡统筹发展局对此也知情，故法院仍认定洪山区城乡统筹发展局未在合理期限内履职。

从该案可看出，行政机关应重视检察机关所发送的检察建议，对于其提出的履职要求应尽量达成，如因客观情况难以履职的，也应与检察机关充分沟通，避免检察机关由此提起行政公益诉讼。

三、昌邑市海洋与渔业局不履行法定职责案[(2018)鲁0786行初21号]

(一)基本案情

2010~2012年，昌邑市海洋与渔业局安排昌邑市渔政站对船籍为昌邑市下营港的机动渔船进行年度渔业油价补助资金的初核、发放工作。由于该渔业站时任站长王某某在鲁昌渔1009号和鲁昌渔1010号(后改为鲁昌渔61009号和鲁昌渔61010号)两艘海洋捕捞渔船没有合法有效渔业船舶证书且两艘渔船补助年度的生产作业情况不明,不符合补助条件的情况下,安排该渔政站时任副站长张某某对该两艘渔船的申报材料进行审核,并向该两艘渔船的船主李某发放了2010年度和2011年度的渔业油价补助资金共计1,217,234元。在相关刑事案件办理过程中,前述船主李某已退还2010年度油价补助资金511,754元,但尚有2011年度油价补助资金705,480元未追回。

昌邑市人民检察院于2017年5月12日发出的检察建议书要求昌邑市海洋与渔业局积极履行职责,依法追回发放给涉案船主李某的2011年度油价补助资金。2017年6月9日,昌邑市海洋与渔业局进行了回复:一为该单位已经成立领导小组研究制定追缴方案;二为该局于2017年5月26日约见涉案船主李某并向其发送催款通知书,但李某拒绝退还;三为该局下一步将与公安机关沟通,证据尽快追回违规发放资金。

昌邑市人民检察院认为,昌邑市海洋与渔业局虽在收到检察建议后制定了追缴方案并开展追缴工作,但仍未追回涉案款项,造成国有财产损失。因此,昌邑市人民检察院向法院起诉,要求:(1)判决确认昌邑市海洋与渔业局向鲁昌渔61009号和鲁昌渔61010号两艘海洋捕捞渔船发放2010年度和2011年度渔业油价补助资金的行为违法;(2)判令昌邑市海洋与渔业局继续履行法定职责,依法追回鲁昌渔61009号和鲁昌渔61010号两艘渔船船主违规领取的2011年度渔业油价补助资金705,480元。

该案被诉主体为昌邑市海洋与渔业局,昌邑市为山东省潍坊市下辖的县级市,故该案由昌邑市人民检察院作为原告,向昌邑市人民法院提起环境行政公益诉讼。该案所涉情形为违法发放补贴,并不涉及关于渔业资源和生态环境情况的鉴定、评估或认定。昌邑市人民检察院提交了8项证据以证明其诉请,除检察建议书、行政机关回复等诉前程序的相关证据外,其余证据主要集中证明昌邑市海洋与渔业局相关人员违法发放补贴以及相关款项尚未追回的事实,包括与该案相关的刑事判决书、行政机关内部关于违法发放补贴的资料、关于发放补贴的相关法律法规,以及相关人员的询问笔录。

昌邑市海洋与渔业局在该案中提出的主要抗辩理由为,该局在发现船主李某非法获得渔业油价补助资金后，该局相关工作人员即向公安机关报案，且该局也在之后再次向公安机关申请立案；收到检察建议后，该局多次召开党委会议，专题研究山资金的追讨，并成立工作组到李某家中索要渔船渔业油价补助资金。由此，昌邑市海洋与渔业局认为其已经按照《渔业法》的规定履行了法定职责。为证明其履职行为，昌邑市海洋与渔业局提交了两份会议纪要，拟证明其已召开专题党委会并成立工作组向船主李某追缴渔业油价补助资金。

（二）审理结果及案件分析

法院认为，昌邑市海洋与渔业局在发放渔船渔业油价补助资金过程中未尽审核义务，其违规发放行为造成了国家利益的损害，而山东省海洋与渔业厅《关于做好 2011 年度渔业油价补助工作的通知》第 4 条规定："渔业油价补助资金核发工作完成后发现误发或冒领的，一律由具体核发部门负责追回并上缴当地财政部门。"昌邑市海洋与渔业局负有追回相应渔船渔业油价补助资金的职责，因此法院认为该案的审理标准为"昌邑市海洋与渔业局在违规发放相关财政资金后，是否已经履行其收回资金的法定职责"。法院最终认定，昌邑市海洋与渔业局怠于履行收回其违法发放的渔业油价补助资金的行政不作为行为违法，判令该局于判决生效之日起 60 日内履行法定职责，采取有效措施追回违规发放给鲁昌渔 61009 号、鲁昌渔 61010 号两艘渔船的 2011 年度渔业油价补助资金 705,480 元。

该案并非常见的非法养殖或违规建设工程项目的案件，而是涉及渔业补贴发放的问题，为与渔业相关的具体行政行为。本书经调研共选取两起相关案例，均涉及违规发放渔船渔业油价补贴资金。该案发生时所适用的《渔业成品油价格补助专项资金管理暂行办法》规定，渔业油价补助资金多发放的对象需符合一定条件，如具有合法有效的渔业船舶证书，且纳入全国数据库管理。渔船渔业油价补贴实际代表了国家对进行合法渔业捕捞行为的鼓励，若是违规获取补贴，实则破坏了国家的渔业管理秩序，阻碍国家通过油价补贴加强对渔船的船数和功率总量控制的效果，让财政资金补贴了不符合国家渔业管理政策的船只，因此，涉渔补贴案件也与渔业资源和生态环境的保护息息相关。

四、文昌市农业农村局其他行政行为案[（2019）琼 72 行初 20 号]

（一）基本案情

2013～2017 年，新闻媒体多次报道文昌海域渔民使用违规渔具捕捞的现象。

2016年7月22日,海南省文昌市人民检察院向文昌市海洋与渔业局发出检察建议书,要求其履行渔业监管职责。2018年4月3日,文昌市人民检察院通过实地寻访发现,文昌市冯家湾海域存在大量定置网,因此,文昌市人民检察院委托海南省海洋与渔业科学院对其中部分网具进行检测鉴定,确认其为非法渔具。

2018年4月25日,文昌市人民检察院再次向文昌市海洋与渔业局发送检察建议书,要求文昌市海洋与渔业局清除非法定置网及无证捕捞。文昌市海洋与渔业局于2018年6月25日作出回复,认为其已开展了清除工作。2018年8~12月,文昌市人民检察院在巡查文昌市部分地区时仍发现定置网,故于2019年1月9日向海口海事法院提起环境行政公益诉讼。

该案被诉主体应为文昌市海洋与渔业局,因机构改革,文昌市于2019年组建文昌市农业农村局,并将文昌市海洋与渔业局的渔业管理等职责划入该局,被诉主体遂在诉讼过程中变更为文昌市农业农村局(下文所列文昌市海洋与渔业局也即前文被诉主体文昌市农业农村局)。由于案发地为海域,其属于文昌市农业农村局的职责范围内,故由该局所在地的文昌市人民检察院提起诉讼,并由负有海洋案件管辖权的海口海事法院受理第一审案件审理。

该案中,文昌市人民检察院曾两次向文昌市海洋与渔业局发送检察建议书,分别为2016年7月22日和2018年4月25日。该案裁判文书说明了文昌市人民检察院第二次提出检察建议书的内容,其中提出了两项要求:一为要求文昌市海洋与渔业局对文昌市辖区内近海海域所有使用小于最小网目尺寸的定置网依法进行清理,并对违法捕捞行为依法进行处罚,确保行政执法效果,消除执法死角和盲区;二为对未经批准跨区设置定制网及无证捕捞等严重破坏渔业资源的行为,进一步加大日常检查监管和专项整治相结合,保持执法高压态势,把违法行为消灭在萌芽状态。

文昌市人民检察院要求文昌市海洋与渔业局在2个月内函复办理情况,于是2018年6月25日,文昌市海洋与渔业局出具了《文昌市海洋与渔业局关于检察建议书落实情况的报告》,认为经调查共发现101张违规定置网,该局劝导渔民自行拆除67张,强行清理31张,查获使用违规网具作业的渔船3艘及相应的3张违规网具。

其后,文昌市人民检察院认为其在2018年的后续跟进监督中发现文昌市海域仍有部分违法定置网存在问题如下:一为该局要求当事人自行拆除67张定置网的行政行为不符合《渔业法》第38条第1款之规定；①二为该局未依法调查取证，也未保存可能灭失的证据，不符合《行政处罚法》第37条第2款、第38条第1款第1项之规定；②三为违法行为人在禁渔期使用禁用渔具的捕捞行为可能涉嫌刑事犯罪，该局的执法行为不符合《行政处罚法》第22条及《行政执法机关移送涉嫌犯罪案件的规定》第3条、第4条之规定；③此外，文昌市人民检察院在该局专项清理行动结束后又多次到相关海域查看，仍存在使用定置网捕捞的情况，危害社会公共利益的行为仍在持续。故文昌市人民检察院于2019年1月9日提起行政公益诉讼，要求确认文昌市海洋与渔业局对辖区内大量存在的违法定置网怠于履行职责的行政行为违法，并要求判令该局在6个月内继续履行法定职责。

该案所涉违法情形为使用禁用渔具定置网，故文昌市人民检察院委托海南省海洋与渔业科学院对文昌市冯家湾海域的定置网进行现场勘查测量，并由该院出具鉴定结论。鉴定结论认为，涉案渔具为导陷建网陷阱，其最小网目尺寸为20毫米，不符合农业部《关于实施海洋捕捞准用渔具和过渡渔具最小网目尺寸制度的通告》中关于南海区导陷建网陷阱最小网目尺寸35毫米的规定。文昌市人民检察院认为涉案渔具违反了《渔业法》第30条第1款、第38条第1款之规定，文昌市海洋与渔业局应对违法行为人作出行政处罚。

为支持其诉请，文昌市人民检察院收到检察建议后仍未依法履行职责、违法

① 《渔业法》第38条第1款规定："使用炸鱼、毒鱼、电鱼等破坏渔业资源方法进行捕捞的，违反关于禁渔区、禁渔期的规定进行捕捞的，或者使用禁用的渔具、捕捞方法和小于最小网目尺寸的网具进行捕捞或者渔获物中幼鱼超过规定比例的，没收渔获物和违法所得，处五万元以下的罚款；情节严重的，没收渔具，吊销捕捞许可证；情节特别严重的，可以没收渔船；构成犯罪的，依法追究刑事责任。"

② 《行政处罚法》（2017年）第37条第2款规定："行政机关在收集证据时，可以采取抽样取证的方法；在证据可能灭失或者以后难以取得的情况下，经行政机关负责人批准，可以先行登记保存，并应当在七日内及时作出处理决定……"第38条第1款第1项规定："调查终结，行政机关负责人应对调查结果进行审查……确有应受行政处罚的违法行为的，根据情节轻重及具体情况，作出行政处罚决定……"

③ 《行政处罚法》（2017年）第22条规定："违法行为构成犯罪的，行政机关必须将案件移送司法机关，依法追究刑事责任。"《行政执法机关移送涉嫌犯罪案件的规定》（2001年）第3条规定："行政执法机关在依法查处违法行为过程中，发现违法事实涉及的金额、违法事实的情节、违法事实造成的后果等，根据刑法关于破坏社会主义市场经济秩序罪、妨害社会管理秩序罪等罪的规定和最高人民法院、最高人民检察院关于破坏社会主义市场经济秩序罪、妨害社会管理秩序罪等罪的司法解释以及最高人民检察院、公安部关于经济犯罪案件的追诉标准等规定，涉嫌构成犯罪，依法需要追究刑事责任的，必须依照本规定向公安机关移送。"第4条规定："行政执法机关在查处违法行为过程中，必须妥善保存所收集的与违法行为有关的证据。行政执法机关对查获的涉案物品，应当如实填写涉案物品清单，并按照国家有关规定予以处理。对易腐烂、变质等不宜或者不易保管的涉案物品，应当采取必要措施，留取证据；对需要进行检验、鉴定的涉案物品，应当由法定检验、鉴定机构进行检验、鉴定，并出具检验报告或者鉴定结论。"

状态仍在持续的证据，主要为2018年8月、9月及12月的勘验检查笔录及照片、视频资料、现场渔网物证、询问笔录等，以及2019年5月和6月关于涉案现场仍存在违法定置网的询问笔录、渔网物证等。

文昌市人民检察院认为已按检察建议严格履行法定职责，其要求当事人自行拆除67张定置网并无不当，不存在未依法调查取证、未保存可能灭失证据的问题，也未发现构成非法捕捞水产品犯罪的情形。另外，该局认为，其为查处、打击在本市海域内的非法捕捞行为，办理了多起行政处罚及移送公安的案件，进行了多次巡查并在媒体上进行宣传，已经依法履行法定职责。

为此，文昌市海洋与渔业局提交了多达21项证据，包括该局打击、清理定置网行动的卷宗、简报、报告、照片，其中部分当庭提交的证据为该局在诉讼期间立案、移送公安机关、请求其他部门协助调查、执法日志以及应法院要求提交的工作日志、定置网登记文件、渔政船只航海日志等与其工作相关的文件。

（二）审理结果及案件分析

法院认为，文昌市海洋与渔业局发现渔民在禁渔期内使用定置网捕捞作业时，应依法采取清理定置网的强制措施、依法调查取证、在查明违法行为主体的情况下应依法作出行政处罚，对构成犯罪的还要追究违法行为人的法律责任，而不是在无法确定定置网所有权人的情况下，仅以悬挂告示牌的方式要求渔民自行拆除定置网，且该局并未举证证明其要求涉案渔民自行拆除的67张定置网已实际清理完毕，而对该局所称强制清理的31张定置网和查处3艘渔船的行政行为，并未有完善的证据予以证明，因此，法院最终判决，文昌市农业农村局在判决生效之日起6个月内履行查处其辖区海域内违法定置网的法定职责。

非法设置定置网的行为在涉案地区存在屡禁不止的情形，如当地渔业执法部门确未采取任何行动或执法不到位，都会导致国家和社会公共利益持续受损。该案中，被告文昌市海洋与渔业局在回复检察意见书时，称其已经清除101张定置网，然而其对于要求渔民自行清理的67张定置网的后续核查工作、强制清理的31张定置网的具体执法过程及后续情况、查获3艘渔船非法渔具的证物等情况，均无法举证说明。行政机关是否有能力在现实中完全杜绝所有的非法设置定置网行为尚且不论，但行政机关无法举证证明其已完成的执法行为，便已令其陷入被动局面。此案于行政机关具有较强的借鉴意义，充分说明严格依照程序执法、保存行政行为痕迹的重要性，否则即便确已依法履职，仍可能出现败诉的局面。

五、普洱市思茅区农业农村局行政诉讼案［（2020）云 0802 行初 61 号］

（一）基本案情

云南省普洱市思茅区人民检察院在履职中发现，吴某某在未取得养殖许可证的情况下，自 2015 年起擅自在普洱市思茅区设置 9 口网箱进行非法养殖，总面积达 25,296 平方米。思茅区人民检察院于 2018 年 3 月 6 日发出检察建议书，向思茅区农业农村局提出了两项检察建议：一为要求该局积极全面履行渔业监管职责，对造成糯扎渡库区生态环境和资源遭受破坏的非法网箱养殖、非法捕捞等违法行为进行查处，以此保护受到侵害的国家利益和社会公共利益；二为要求该局与其他相关政府职能部门密切配合，共同做好糯扎渡库区综合整治行动工作。此外，检察建议书要求思茅区农业农村局自收到之日起 2 个月内履行职责并回复思茅区人民检察院，如出现紧急情形应在 15 日内书面回复。

2018 年 5 月 4 日，思茅区农业农村局向思茅区人民检察院进行书面回复，告知其已对吴某某的非法网箱养殖行为作出行政处罚决定，责令其在 10 日内拆除网箱及其他养殖设施，并将全力推进拆除工作，计划用 1 个月左右的时间拆除思茅区辖区范围内的所有捕捞网具和部分网箱，并督促养殖户拆除非法网箱养殖。

思茅区人民检察院在跟进调查时发现，行政相对人吴某某收到处罚决定后，未在规定时间内申请行政复议，亦未提起行政诉讼，且也未自行拆除非法养殖网箱的情况下，思茅区农业农村局未采取有效措施，致使吴某某的非法网箱养殖行为未得到及时有效制止，国家利益和社会公共利益处于持续被侵害的状态。故思茅区人民检察院提起环境行政公益诉讼，要求判令思茅区农业农村局继续依法履行监督管理职责。

该案被诉机关为思茅区农业农村局，故由思茅区人民检察院作为原告，并由普洱市思茅区人民法院作为第一审审理机关。思茅区人民检察院未委托专业机构对渔业资源和生态环境损害情况进行鉴定、评估或认定，但普洱市环境保护局于 2018 年 5 月 28 日向思茅区人民检察院发送普洱市环境保护局《关于糯扎渡库区网箱养殖行为环境影响测算方法说明的函》，其中载明环境主管部门从专业角度对糯扎渡库区网箱养殖的污染环境因子进行了分析说明，养殖过程中，对环境造成影响的因子主要是氮、磷，而网箱养殖过程中投放的残饵和产生的排泄物中存在氮、磷等物质，会对水体造成污染。

思茅区农业农村局认为，非法网箱养殖行为具有复杂性、长期性和隐蔽性等特点，当地共涉及非法网箱养殖户151户，在执法过程中容易受到当地民众干扰，且执法人员和经费均不足，工作难以开展。同时，思茅区农业农村局列出其执法过程，其中召开专项会议合计65场，出动车辆512台次、船只261艘次、工作人员2384人次；且截至2020年1月20日，累计拆除非法养殖网箱609个，合计424.02亩，并拆除非法捕捞渔具1242个，对不配合的户主完成询问笔录127份，立案调查127户，发出行政处罚决定书111份。思茅区农业农村局还认为，养殖户投入较大，开展工作难度大，社会不稳定因素多，该局已联合多部门协调解决养殖户大量存栏问题，降低其损失，结尾工作因种种原因难以开展完成，一方面，该局履行了行政处罚职责，采用多种方式主动履职，及时向检察机关汇报相关情况；另一方面，将履职过程中的客观困难以书面形式向检察机关进行充分披露、说明。

思茅区农业农村局提交了两项证据：一为《关于糯扎渡库区非法养殖网箱和非法捕捞渔具自行拆除的通知》，用于证明进入诉讼后，该局一直未停止履行职责，仍然在要求养殖户拆除非法养殖网箱；二为该局在履行职责时的现场照片，用于证明该局在履行职责时的现场情况。

（二）审理结果及案件分析

法院认为，思茅区农业农村局提供的证据证明，其已就拆除非法网箱和非法捕捞渔具做出了大量的工作，但尚存对包含行政相对人吴某某在内部分非法网箱养殖违法行为未有效履职的情形，且这些违法状态至起诉前依然存在，且该局拆除网箱是为对行政相对人进行代履行，[①]与其监管职责并不冲突，故法院最终判决思茅区农业农村局于判决生效之日起依法继续履行法定职责。

该案为思茅区人民检察院针对思茅区农业农村局所提起的八十多起系列案件中的一起。从该案中思茅区农业农村局的陈述及举证来看，该局确为解决非法网箱养殖行为开展了大量的工作，而且存在难以解决的客观困难。就如思茅区农业农村局在诉讼过程中所言，该局一直在于情于理于法中不停摸索着进行工作，其希望通过该案的审理，通过法院依法判决，对依法行政、保护环境起到司法助推作用，进而能够找出一些推进生态修复的有效机制。在此情况下，思茅区人民检

① 《行政强制法》第50条规定："行政机关依法作出要求当事人履行排除妨碍、恢复原状等义务的行政决定，当事人逾期不履行，经催告仍不履行，其后果已经或者将危害交通安全、造成环境污染或者破坏自然资源的，行政机关可以代履行，或者委托没有利害关系的第三人代履行。"

察院发出检察建议书及提起行政公益诉讼均是履行其作为司法监督部门的法定职责，不过考虑到行政机关在执法过程中的窘境，是否可以考虑在立法中给予检察机关更加多样的监督机制，如前文所述的赋予检察机关权限以调整行政机关收到检察建议后的履职期限，以达成在督促行政机关依法履职和现实环境下的平衡。

六、招远市人民检察院与招远市海洋与渔业局公益诉讼案[(2018)鲁0685行初27号]

(一)基本案情

招远市某渔业有限公司开发人工鱼礁建设项目，其于2009年取得山东省海洋渔业厅《招远市某渔业有限公司人工鱼礁建设项目可行性研究报告》(鲁海渔函〔2009〕295号)，其中载明："项目建设地点为烟台招远市汪家山海域，海域面积为71.9579公顷，在项目建设区采取投放石料、混凝土构件等形式构筑人工鱼礁19.5万空立方，项目核准建设年限3年(2010~2012年)"；2015年，该项目再次取得山东省海洋与渔业厅《关于调整招远市人工鱼礁建设内容的批复》(鲁海渔函〔2015〕82号)，其中载明："同意招远市某渔业有限公司在原建设规模基础上，增加投资并新增钢制预制构件，项目建设期限延长24个月。"

2017年，招远市海洋与渔业局执法人员在岸线巡查时发现招远市辛庄镇海埠村海边以北海域有一处小码头，该局随即向招远市某渔业有限公司下达了《责令停止违法行为通知书》，责令其立即停止违法建设小码头的行为。该局在其后制作的案件调查终结报告中认定：招远市某渔业有限公司在未取得"海域使用证书"情况下，于2012年9月30日开始，擅自在碧海仙庄度假村西侧招远市辛庄镇海埠村北海域进行填海施工，经测定非法占用海域0.739公顷。

2018年4月，招远市人民检察院向招远市海洋与渔业局发出检察建议书，建议其依法全面履行职责，对招远市某渔业有限公司未批先建的违法行为进行行政处罚，并监督管理处罚决定执行到位。2018年6月，招远市海洋与渔业局回函称已经制定下一步工作措施。2018年7月，招远市人民检察院认为，虽招远市海洋与渔业局已作出《责令停止违法行为通知书》，但并未依法作出相应行政处罚，在收到检察建议之后仍未全面履行职责，故提起了行政环境公益诉讼。

根据行政公益诉讼的一般规则，该案由涉案行政机关所在地的招远市人民检察院作为原告，并由招远市人民法院受理。根据《域使用管理法》第42条的规定，对未经批准或者骗取批准，进行围海、填海活动的，并处非法占用海域期间内该海域面积应缴纳的海域使用金10倍以上20倍以下的罚款。招远市海洋与渔业局并没有对违建码头行为人招远市某渔业有限公司进行任何行政处罚，且违建码头也未被拆除，因而招远市人民检察院认为其没有全面履行职责，起诉要求其全面履行职责，对招远市某渔业有限公司未经批准实施填海施工建设小码头的违法行为依法作出行政处罚。

该案为行政公益诉讼案，其针对的为行政机关的具体行政行为，不涉及对专门性问题的鉴定、评估或认定。在招远市人民检察院的证据中，最主要的部分为证明涉案工程的违法性和行政机关未依法履行职责的事实，这些内容是行政公益诉讼的核心。该案与工程建设相关，故在证明涉案工程具有违法性的情况下，才可得出行政机关未依法行政的结论。根据海洋主管机关的批文、涉案行政机关的《责令停止违法行为通知书》、案件调查终结报告等资料，足以予以证明涉案工程未批先建及应当受到行政处罚；关于行政机关未全面履行职责的情形，则根据法律规定、涉案工程的现状证明、检察建议及相应回函予以证明。

招远市海洋与渔业局认为，该局已发出《责令停止违法行为通知书》《限期拆除通知书》，并就行政处罚事项向相关部门报送立案审批表，但由于招远市某渔业有限公司对违法主体提出异议，而该局尚未查明违法主体，故难以做出行政处罚决定；同时，该局积极应对检察机关发送的检察建议，并制定了整改措施：一是倒排工期，按照整改工作时间表和路线图完成每天的施工计划；二是现场办公，由主要领导、分管领导带队每天到现场督促当事人加快拆除进度、限期完工；三是加强巡查，加大日常巡查力度，强化围填海日常监管，坚决防止出现新的违法填海案件。

（二）审理结果及案例分析

法院认为，招远市海洋与渔业局对涉案海域具有法定的监督、管理职责，虽作出《责令停止违法行为通知书》，但至招远市人民检察院起诉之日仍未作出行政处罚决定，也不能就此提供合理理由，故判决招远市海洋与渔业局履行法定职责，依法对招远市某渔业有限公司未经批准实施填海施工建设码头的违法行为作出行政处罚。

该案是涉渔工程类案件的行政公益诉讼案件，行政机关虽列出理由对其未能作出行政处罚的情况予以辩解，但并不能构成阻却行政机关履行职务的合理理由。招远市海洋与渔业局对涉案工程查处并立案的时间为 2017 年 8 月，检察机关起诉的时间为 2018 年 7 月，《行政处罚法》虽未明确规定案件办理期限，但涉案工程继续存在、非法行为人未受任何惩处的状态一直持续近一年，即便工程类案件具有一定的复杂性，行政机关也很难说明其已积极履行法定职责；而且，该案中招远市海洋与渔业局自收到检察建议后，未能在指定期限内作出具有法律效力的行政行为，导致了后续的行政诉讼，败诉亦难以避免。

第四节　重要案例判决书节选

苏州市阳澄湖渔业管理委员会办公室行政诉讼案［（2017）苏 0508 行初 98 号］判决书节选

【基本案情】

详见本书第 248 页。

【法院裁判理由】

……

本院认为，本案争议焦点在于被告出具案涉水工建设项目审核意见是否构成违法审批，其对薛某某等人的取土行为是否存在怠于履行监管职责并造成渔业资源、渔业生态环境损害之情形。

关于被告出具水工建设项目审核意见是否构成违法审批。根据《河道管理条例》（2011 年）第 11 条第 1 款的规定，“修建开发水利、防治水害、整治河道的各类工程和跨河、穿河、穿堤、临河的桥梁、码头、道路、渡口、管道、缆线等建筑物及设施，建设单位必须按照河道管理权限，将工程建设方案报送河道主管机关审查同意”。未经河道主管机关审查同意的，建设单位不得开工建设。根据《江苏省河道管理实施办法》（1996 年）（已失效）第 3 条的规定：“省、市、县（含县级市、区，下同）人民政府水行政主管部门是本行政区域内的河道主管机关”；第 11 条规定：“确需在河道管理范围内新建、扩建、改建的各类工程建设项目，包括开发水利（水电）、防治水害、整治河道的各类工程，跨河、穿河、穿堤、临河的桥梁、码头、道路、渡口、管道、缆线、取水口、排水口等建筑物及设施，厂房、仓库、工业和民用建筑以及其他公共设施，建设单位在按照基本建设程序履行审批手续前，必须先经河道主管机关审查同意；涉及航道、渔港等范围的，还需事先经交通、渔业等有关主管部门审查同意”。由此可见，临河码头等水工建设项目的审批机关为各级人民政府水行政主管部门。本案中，因薛某某等人申请设立的临时码头处于阳澄湖水域范围内，故应按上述规定事先由阳澄湖渔业主管部门即本案被告审查同意，再经水行政主管部门批准方可开工建设，苏州市水利局出具的《关于阳澄湖相关管理情况的说明》亦与该审批流程一致。而事实上，被告在出具审核意见后即与薛某某（圣汉公司）签订了施工协议，一方面确认同意其建设行为；另一方面责令下属分站进行现场放样、监管，并规定由被告进行竣工验收，客观上已实际行使了对该水工项目的审查、批准、验收等职权，超出法律法规规定的职责范围，构成越权审批。被告以审核意见根据市政府通告作出、不属于行政许可为由，主张其行为的合法性，缺乏事实和法律依据，本院不予支持。鉴于案涉水工建设项目已经完成，被诉行政行为已无可撤销内容，故本院对被告出具审核意见行为的违法性予以确认。

关于被告对薛某某等人的取土行为是否构成怠于履行环保监管职责。根据《渔业法》第 7 条第 3 款的规定，“江河、湖泊等水域的渔业，按照行政区划由有关县级以上人民政府渔业行政主管部门监督管理”；《江苏省渔业管理条例》第 23 条第 2 款规定：“因水工建设、疏航、勘探、兴建锚地、爆破、排污、倾废等行为对渔业资源造成损失的，应当予以赔偿；对渔业生态环境造成损害的，应当采取补救措施，并依法予以补偿，对依法从事渔业生产的单位或者个人造成损失的，应当承担赔偿责任”。本案中，被告作为阳澄湖渔业行政执法机构，对阳澄渔业资源和渔业生态环境负有监管及保护职责。在对薛某某等人的水工建设项目申请出具审核意见时，被告即要求其下属的阳澄湖渔政二分站进行现场放样并做好日常监管工作，而经生效刑事判决确认，阳澄湖渔政二分站负责人谢军“发现他人违反协议进行作业而不制止，不履行监管职权”，即被告明知薛某某等人超协议范围取土，但未予监管和制止，现经南京环科所鉴定，薛某某等人的取土行为已造成阳澄湖渔业资源及渔业生态环境损害，故被告的行为构成不履行渔业监管法定职责。被告认为取土行为并非审核意见内容，对渔业资源和生态环境的损害并不明显，其对取土行为既无监管权也无处罚权，故不存在不履职的情形。一方面，被告并未提供有效证据对南京环科所的专业鉴定意见予以反驳；另一方面，其关于“未对取土行为进行审核”的陈述，系割裂审核意见、施工协议与薛某某等人超协议范围取土之间的内在因果联系，正是由于被告对水工建设项目的越权审批，加之审批后的监管不力，导致薛某某等人大肆挖取湖底泥土、严重损害案涉湖区的渔业资源和渔业生境，对此被告应承担相应法律责任。经检察机关书面建议，被告既不认可审核意见属于违法审批，也未采取措施使取土行为人承担相应的损害补偿及环境修复责任，园区检察院提起环保行政公益诉讼，符合《人民法院审理人民检察院提起公益诉讼案件试点工作实施办法》及《人民检察院提起公益诉讼试点工作实施办法》的规定，其诉请本院予以支持。

附录

附一：涉渔环保案件相关法律、法规及其他文件目录①

一、法律法规、部门规章、部门规范性文件

附表1－1 法律法规、部门规章、部门规范性文件

序号	名称	效力层级	发布单位	实施日期
1	中华人民共和国民法典	法律	全国人大	2021.01.01
2	中华人民共和国刑法	法律	全国人大	2021.03.01
3	中华人民共和国行政处罚法	法律	全国人大常委会	2021.07.15
4	中华人民共和国民事诉讼法	法律	全国人大常委会	2022.01.01
5	中华人民共和国刑事诉讼法	法律	全国人大常委会	2018.10.26
6	中华人民共和国行政诉讼法	法律	全国人大常委会	2017.07.01
7	中华人民共和国渔业法	法律	全国人大常委会	2013.12.28
8	中华人民共和国环境保护法	法律	全国人大常委会	2015.01.01
9	中华人民共和国长江保护法	法律	全国人大常委会	2021.03.01
10	中华人民共和国水法	法律	全国人大常委会	2016.07.02
11	中华人民共和国海洋环境保护法	法律	全国人大常委会	2017.11.05
12	中华人民共和国矿产资源法	法律	全国人大常委会	2009.08.27
13	中华人民共和国海域使用管理法	法律	全国人大常委会	2002.01.01
14	中华人民共和国环境影响评价法	法律	全国人大常委会	2018.12.29
15	中华人民共和国固体废物污染环境防治法	法律	全国人大常委会	2020.09.01
16	中华人民共和国水污染防治法	法律	全国人大常委会	2018.01.01

① 附一“实施日期”栏，如该法律规定未进行修订（或修正），则该栏所列时间为第一次实施日期；如该法律规定已被修订（或修正），则该栏所列时间为最新修订（或修正）后的实施日期；如该法律规定已失效，则该栏所列为“失效”。

续表

序号	名称	效力层级	发布单位	实施日期
17	中华人民共和国野生动物保护法	法律	全国人大常委会	2018.10.26
18	中华人民共和国矿产资源法实施细则	行政法规	国务院	1994.03.26
19	矿产资源补偿费征收管理规定	行政法规	国务院	1997.07.03
20	长江河道采砂管理条例	行政法规	国务院	2002.01.01
21	中华人民共和国海洋倾废管理条例	行政法规	国务院	2017.03.01
22	中华人民共和国自然保护区条例	行政法规	国务院	2017.10.07
23	规划环境影响评价条例	行政法规	国务院	2009.10.01
24	危险化学品安全管理条例	行政法规	国务院	2013.12.07
25	中华人民共和国水生野生动物保护实施条例	行政法规	国务院	2013.12.07
26	城镇排水与污水处理条例	行政法规	国务院	2014.01.01
27	矿产资源开采登记管理办法	行政法规	国务院	2014.07.29
28	危险废物经营许可证管理办法	行政法规	国务院	2016.02.06
29	建设项目环境保护管理条例	行政法规	国务院	2017.10.01
30	中华人民共和国河道管理条例	行政法规	国务院	2018.03.19
31	防治海洋工程建设项目污染损害海洋环境管理条例	行政法规	国务院	2018.03.19
32	中华人民共和国防治海岸工程建设项目污染损害海洋环境管理条例	行政法规	国务院	2018.03.19
33	行政执法机关移送涉嫌犯罪案件的规定	行政法规	国务院	2020.08.07
34	海砂开采使用海域论证管理暂行办法	部门规章	原国家海洋局	失效
35	海洋行政处罚实施办法	部门规章	原国土资源部	2003.03.01
36	国家海域使用管理暂行规定	部门规章	财政部、原国家海洋局	失效
37	城市建筑垃圾管理规定	部门规章	原建设部	2005.06.01
38	司法鉴定机构登记管理办法	部门规章	司法部	2005.09.30

续表

序号	名称	效力层级	发布单位	实施日期
39	司法鉴定人登记管理办法	部门规章	司法部	2005.09.30
40	建设项目竣工环境保护验收管理办法	部门规章	原国家环境保护总局	失效
41	水产种质资源保护区管理暂行办法	部门规章	原农业部	2016.06.01
42	城市生活垃圾管理办法	部门规章	住房和城乡建设部	2015.05.04
43	长江河道采砂管理条例实施办法	部门规章	水利部	2016.08.01
44	国家危险废物名录	部门规章	生态环境部、国家发展和改革委员会(含原国家发展计划委员会、原国家计划委员会)、公安部、交通运输部、国家卫生健康委员会	2021.01.01
45	危险化学品安全使用许可证实施办法	部门规章	国家安全生产监督管理总局(原国家安全生产监督管理局)(已撤销)	2017.03.06
46	中华人民共和国海洋倾废管理条例实施办法	部门规章	原国土资源部	2017.12.29
47	排污许可管理办法(试行)	部门规章	生态环境部	2019.08.22
48	水生野生动物及其制品价值评估办法	部门规章	农业农村部	2019.10.01
49	固定污染源排污许可分类管理名录	部门规章	生态环境部	2019.12.20
50	农业行政处罚程序规定	部门规章	农业农村部	2022.02.01
51	渔业捕捞许可管理规定	部门规章	农业农村部	2022.01.07
52	非法捕捞案件涉案物品认(鉴)定和水生生物资源损害评估及修复办法(试行)	部门规章	农业农村部	2021.01.22
53	关于促进海洋渔业持续健康发展的若干意见	规范性文件	国务院	2013.03.08
54	控制污染物排放许可制实施方案	规范性文件	国务院办公厅	2016.11.10

续表

序号	名称	效力层级	发布单位	实施日期
55	关于加强长江水生生物保护工作的意见	规范性文件	国务院办公厅	2018.09.24
56	关于加强海砂开采管理的通知(国土资发52号)	规范性文件	原国土资源部	1999.02.23
57	海洋生态损害评估技术指南(试行)	规范性文件	原国家海洋局	2013.08.21
58	关于禁止使用双船单片多囊拖网等十三种渔具的通告	规范性文件	原农业部	2014.01.01
59	关于做好海洋捕捞渔具最小网目尺寸制度和禁用渔具目录贯彻落实工作的通知	规范性文件	原农业部	2014.01.23
60	关于印发建设项目对国家级水产种质资源保护区影响专题论证报告编制指南的通知	规范性文件	农业部办公厅	2014.02.17
61	关于实施海洋捕捞准用渔具和过渡渔具最小网目尺寸制度的通告	规范性文件	原农业部	2014.06.01
62	海洋生态损害国家损失索赔办法	规范性文件	原国家海洋局	2014.10.21
63	长江水域涉渔违法犯罪案件移送暂行规定	规范性文件	农业部长江流域渔政监督办公室、长江航运公安局	2015.11.17
64	关于规范环境损害司法鉴定管理工作的通知	规范性文件	司法部、原环境保护部	2015.12.21
65	关于全面实施以市场化方式出让海砂开采海域使用权的通知	规范性文件	原国家海洋局	2016.06.23
66	关于建设项目执行环境影响评价和“三同时”制度有关问题意见的复函	规范性文件	最高人民法院	2017.01.20
67	关于推动落实长江流域水生生物保护区全面禁捕工作的意见	规范性文件	原农业部	2017.02.27
68	关于长江干流实施捕捞准用渔具和过渡渔具最小网目尺寸制度的通告(试行)	规范性文件	原农业部	2017.07.01

续表

序号	名称	效力层级	发布单位	实施日期
69	农业农村部关于发布长江流域重点水域禁用渔具名录的通告	规范性文件	农业农村部	2021.12.01
70	关于进一步规范水生生物增殖放流工作的通知	规范性文件	原农业部	2017.07.10
71	环境损害司法鉴定执业分类规定	规范性文件	司法部、生态环境部	2019.05.06
72	关于实施海砂采矿权和海域使用权“两权合一”招拍挂出让的通知	规范性文件	自然资源部	2019.12.17
73	关于长江流域重点水域禁捕范围和时间的通告	规范性文件	农业农村部	2020.01.01
74	关于做好2020年违规渔具清理整治工作有关事项的通知	规范性文件	农业农村部	2020.08.24
75	关于推进建筑垃圾减量化的指导意见	规范性文件	住房和城乡建设部	2020.05.08
76	生态环境损害赔偿管理规定	规范性文件	生态环境部、最高人民法院等十四部门	2022.04.26
77	关于推进生态环境损害赔偿制度改革若干具体问题的意见	规范性文件	生态环境部、司法部等十一部门	2020.08.31
78	关于印发《环境损害司法鉴定机构登记评审办法》《环境损害司法鉴定机构登记评审专家库管理办法》的通知	规范性文件	司法部、原环境保护部	2016.12.01
79	关于公安机关管辖的刑事案件立案追诉标准的规定(一)	规范性文件	最高人民检察院、公安部	2008.06.25
80	关于公安机关管辖的刑事案件立案追诉标准的规定(二)	规范性文件	最高人民检察院、公安部	2022.05.15
81	关于公安机关管辖的刑事案件立案追诉标准的规定(三)	规范性文件	最高人民检察院、公安部	2012.05.16
82	关于公安机关管辖的刑事案件立案追诉标准的规定(一)的补充规定	规范性文件	最高人民检察院、公安部	2017.04.27

续表

序号	名称	效力层级	发布单位	实施日期
83	依法惩治长江流域非法捕捞等违法犯罪的意见	规范性文件	最高人民法院、最高人民检察院、公安部、农业农村部	2020.12.17
84	环境损害鉴定评估推荐机构名录（第一批）	规范性文件	原环境保护部	2014.01.03
85	环境损害鉴定评估推荐机构名录（第二批）	规范性文件	原环境保护部	2016.02.04
86	生态环境损害鉴定评估推荐机构名录（第三批）	规范性文件	生态环境部	2020.04.29
87	关于印发《环境损害鉴定评估推荐方法（第Ⅱ版）》的通知	规范性文件	原环境保护部	2014.10.24
88	生态环境部关于发布《生态环境损害鉴定评估技术指南总纲和关键环节第1部分：总纲》等六项标准的公告	规范性文件	生态环境部	2021.01.01
89	濒危水生野生动植物种鉴定单位名单（农业部公告第2607号）	规范性文件	原农业部	2017.11.13
90	关于公布率先全面禁捕长江流域水生生物保护区名录的通告	规范性文件	原农业部	2017.11.23
91	关于发布《排污单位环境管理台账及排污许可证执行报告技术规范总则（试行）》国家环境保护标准的公告	规范性文件	生态环境部	2018.03.27
92	关于发布《排污许可证申请与核发技术规范　水处理（试行）》国家环境保护标准的公告	规范性文件	生态环境部	2018.11.12
93	关于发布《排污许可证申请与核发技术规范　生活垃圾焚烧》国家环境保护标准的公告	规范性文件	生态环境部	2019.10.24
94	关于做好“三磷”建设项目环境影响评价与排污许可管理工作的通知	规范性文件	生态环境部	2019.12.31
95	关于实行海河、辽河、松花江和钱塘江等4个流域禁渔期制度的通告	规范性文件	农业部	2019.03.01

续表

序号	名称	效力层级	发布单位	实施日期
96	关于发布珠江、闽江及海南省内陆水域禁渔期制度的通告	规范性文件	农业部	2017.03.01
97	渔业水质标准(GB11607－89)	规范性文件	国家环境保护局	1990.03.01
98	《濒危野生动植物种国际贸易公约》中文版	规范性文件	国家濒管办	2019.11.28

二、其他文件

附表1－2 其他文件

序号	名称	发布单位	实施日期
1	关于如何理解和执行法律若干问题的解答(五)	全国人民代表大会常务委员会法制工作委员会	1992.07.01
2	关于加强行政执法与刑事司法衔接工作的意见	中共中央办公厅、国务院办公厅	2011.02.09
3	关于司法鉴定管理问题的决定	全国人民代表大会常务委员会	2015.04.24
4	关于将环境损害司法鉴定纳入统一登记管理范围的通知	最高人民法院、最高人民检察院、司法部	2015.12.21
5	关于为长江经济带发展提供司法服务和保障的意见	最高人民法院	2016.02.24
6	生态环境损害赔偿制度改革方案	中共中央办公厅、国务院办公厅	2018.01.01
7	第十三届全国人民代表大会第一次会议关于国务院机构改革方案的决定	全国人民代表大会	2018.03.17
8	关于深入学习贯彻习近平生态文明思想为新时代生态环境保护提供司法服务和保障的意见	最高人民法院	2018.05.30
9	关于在检察公益诉讼中加强协作配合依法打好污染防治攻坚战的意见	最高人民检察院、生态环境部、国家发展和改革委员会(含原国家发展计划委员会、原国家计划委员会)	2019.01.02

三、各级法院、检察院司法解释及司法解释类文件

附表1－3　各级法院、检察院司法解释及司法解释类文件

序号	名称	效力层级	发布单位	实施日期
1	关于对河道采砂应否缴纳矿产资源补偿费问题的答复	司法解释类文件	最高人民法院	1995.09.06
2	关于行政诉讼证据若干问题的规定	司法解释	最高人民法院	2002.10.01
3	关于审理环境民事公益诉讼案件适用法律若干问题的解释	司法解释	最高人民法院	2021.01.01
4	关于适用《中华人民共和国民事诉讼法》的解释	司法解释	最高人民法院	2022.04.01
5	关于审理环境侵权责任纠纷案件适用法律若干问题的解释	司法解释	最高人民法院	2021.01.01
6	关于办理破坏野生动物资源刑事案件适用法律若干问题的解释	司法解释	最高人民法院、最高人民检察院	2022.04.09
7	关于海事法院受理案件范围的规定	司法解释	最高人民法院	2016.03.01
8	人民法院审理人民检察院提起公益诉讼案件试点工作实施办法	司法解释类文件	最高人民法院	2016.03.01
9	关于审理发生在我国管辖海域相关案件若干问题的规定（一）	司法解释	最高人民法院	2016.08.02
10	关于审理发生在我国管辖海域相关案件若干问题的规定（二）	司法解释	最高人民法院	2016.08.02
11	关于办理非法采矿、破坏性采矿刑事案件适用法律若干问题的解释	司法解释	最高人民法院、最高人民检察院	2016.12.01
12	关于办理环境污染刑事案件适用法律若干问题的解释	司法解释	最高人民法院、最高人民检察院	2017.01.01
13	关于审理环境公益诉讼案件的工作规范（试行）	司法解释类文件	最高人民法院	2017.04.01
14	关于全面加强长江流域生态文明建设与绿色发展司法保障的意见	司法解释类文件	最高人民法院	2017.12.01
15	关于审理海洋自然资源与生态环境损害赔偿纠纷案件若干问题的规定	司法解释	最高人民法院	2018.01.15

续表

序号	名称	效力层级	发布单位	实施日期
16	关于办理海洋自然资源与生态环境公益诉讼案件若干问题的规定	司法解释	最高人民法院、最高人民检察院	2022.05.10
17	关于适用《中华人民共和国行政诉讼法》的解释	司法解释	最高人民法院	2018.02.08
18	检察机关民事公益诉讼案件办案指南(试行)	司法解释类文件	最高人民检察院	2018.03.12
19	检察机关行政公益诉讼案件办案指南(试行)	司法解释类文件	最高人民检察院	2018.03.12
20	关于生态环境损害赔偿诉讼案件的审理指南(一)	地方司法文件	江苏省高级人民法院	2018.07.18
21	关于设立环境资源法庭并跨区域管辖环境资源案件的通知	地方司法文件	江苏省高级人民法院	2019.01.15
22	关于办理环境污染刑事案件有关问题座谈会纪要	司法解释类文件	最高人民法院、最高人民检察院、公安部、司法部、生态环境部	2019.02.20
23	人民检察院检察建议工作规定	司法解释	最高人民检察院	2019.02.26
24	关于审理生态环境损害赔偿案件的若干规定(试行)	司法解释	最高人民法院	2021.01.01
25	关于民事诉讼证据的若干规定	司法解释	最高人民法院	2020.05.01
26	关于检察公益诉讼案件适用法律若干问题的解释	司法解释	最高人民法院、最高人民检察院	2021.01.01
27	人民检察院刑事诉讼规则	司法解释	最高人民检察院	2019.12.30
28	人民检察院公益诉讼办案规则	司法解释	最高人民检察院	2021.07.01

附二:涉渔环保案件重要法律法规及司法解释摘要

一、中华人民共和国民法典

第一千二百二十九条 因污染环境、破坏生态造成他人损害的,侵权人应当承担侵权责任。

第一千二百三十条 因污染环境、破坏生态发生纠纷,行为人应当就法律规定的不承担责任或者减轻责任的情形及其行为与损害之间不存在因果关系承担举证责任。

第一千二百三十二条 侵权人违反法律规定故意污染环境、破坏生态造成严重后果的,被侵权人有权请求相应的惩罚性赔偿。

第一千二百三十四条 违反国家规定造成生态环境损害,生态环境能够修复的,国家规定的机关或者法律规定的组织有权请求侵权人在合理期限内承担修复责任。侵权人在期限内未修复的,国家规定的机关或者法律规定的组织可以自行或者委托他人进行修复,所需费用由侵权人负担。

第一千二百三十五条 违反国家规定造成生态环境损害的,国家规定的机关或者法律规定的组织有权请求侵权人赔偿下列损失和费用:

(一)生态环境受到损害至修复完成期间服务功能丧失导致的损失;

(二)生态环境功能永久性损害造成的损失;

(三)生态环境损害调查、鉴定评估等费用;

(四)清除污染、修复生态环境费用;

(五)防止损害的发生和扩大所支出的合理费用。

二、中华人民共和国刑法

第一百一十四条 【放火罪】【决水罪】【爆炸罪】【投放危险物质罪】【以危险方法危害公共安全罪】放火、决水、爆炸以及投放毒害性、放射性、传染病病原体等物质或者以其他危险方法危害公共安全,尚未造成严重后果的,处三年以上十年以下有期徒刑。

第一百一十五条 【放火罪】【决水罪】【爆炸罪】【投放危险物质罪】【以危险方法危害公共安全罪】放火、决水、爆炸以及投放毒害性、放射性、传染病病原体等物质或者以其他危险方法致人重伤、死亡或者使公私财产遭受重大损失的,处十年以上有期徒刑、无期徒刑或者死刑。

第三百一十二条 【掩饰、隐瞒犯罪所得、犯罪所得收益罪】明知是犯罪所得及其产生的收益而予以窝藏、转移、收购、代为销售或者以其他方法掩饰、隐瞒的,处三年以下有期徒刑、拘役或者管制,并处或者单处罚金;情节严重的,处三年以上七年以下有期徒刑,并处罚金。

单位犯前款罪的，对单位判处罚金，并对其直接负责的主管人员和其他直接责任人员，依照前款的规定处罚。

第三百三十八条　【污染环境罪】违反国家规定，排放、倾倒或者处置有放射性的废物、含传染病病原体的废物、有毒物质或者其他有害物质，严重污染环境的，处三年以下有期徒刑或者拘役，并处或者单处罚金；情节严重的，处三年以上七年以下有期徒刑，并处罚金；有下列情形之一的，处七年以上有期徒刑，并处罚金：

（一）在饮用水水源保护区、自然保护地核心保护区等依法确定的重点保护区域排放、倾倒、处置有放射性的废物、含传染病病原体的废物、有毒物质，情节特别严重的；

（二）向国家确定的重要江河、湖泊水域排放、倾倒、处置有放射性的废物、含传染病病原体的废物、有毒物质，情节特别严重的；

（三）致使大量永久基本农田基本功能丧失或者遭受永久性破坏的；

（四）致使多人重伤、严重疾病，或者致人严重残疾、死亡的。

有前款行为，同时构成其他犯罪的，依照处罚较重的规定定罪处罚。

第三百四十条　【非法捕捞水产品罪】违反保护水产资源法规，在禁渔区、禁渔期或者使用禁用的工具、方法捕捞水产品，情节严重的，处三年以下有期徒刑、拘役、管制或者罚金。

第三百四十一条　【危害珍贵、濒危野生动物最】非法猎捕、杀害国家重点保护的珍贵、濒危野生动物的，或者非法收购、运输、出售国家重点保护的珍贵、濒危野生动物及其制品的，处五年以下有期徒刑或者拘役，并处罚金；情节严重的，处五年以上十年以下有期徒刑，并处罚金；情节特别严重的，处十年以上有期徒刑，并处罚金或者没收财产。

【非法狩猎罪】违反狩猎法规，在禁猎区、禁猎期或者使用禁用的工具、方法进行狩猎，破坏野生动物资源，情节严重的，处三年以下有期徒刑、拘役、管制或者罚金。

……

第三百四十三条　【非法采矿罪】违反矿产资源法的规定，未取得采矿许可证擅自采矿，擅自进入国家规划矿区、对国民经济具有重要价值的矿区和他人矿区范围采矿，或者擅自开采国家规定实行保护性开采的特定矿种，情节严重的，处三年以下有期徒刑、拘役或者管制,并处或者单处罚金;情节特别严重的,处三年以上七年以下有期徒刑,并处罚金。

【破坏性采矿罪】违反矿产资源法的规定,采取破坏性的开采方法开采矿产资源,造成矿产资源严重破坏的,处五年以下有期徒刑或者拘役,并处罚金。

三、中华人民共和国民事诉讼法

第五十八条 对污染环境、侵害众多消费者合法权益等损害社会公共利益的行为,法律规定的机关和有关组织可以向人民法院提起诉讼。

人民检察院在履行职责中发现破坏生态环境和资源保护、食品药品安全领域侵害众多消费者合法权益等损害社会公共利益的行为,在没有前款规定的机关和组织或者前款规定的机关和组织不提起诉讼的情况下,可以向人民法院提起诉讼。前款规定的机关或者组织提起诉讼的,人民检察院可以支持起诉。

四、中华人民共和国渔业法

第二条 在中华人民共和国的内水、滩涂、领海、专属经济区以及中华人民共和国管辖的一切其他海域从事养殖和捕捞水生动物、水生植物等渔业生产活动,都必须遵守本法。

第二十三条 国家对捕捞业实行捕捞许可证制度。

到中华人民共和国与有关国家缔结的协定确定的共同管理的渔区或者公海从事捕捞作业的捕捞许可证,由国务院渔业行政主管部门批准发放。海洋大型拖网、围网作业的捕捞许可证,由省、自治区、直辖市人民政府渔业行政主管部门批准发放。其他作业的捕捞许可证,由县级以上地方人民政府渔业行政主管部门批准发放;但是,批准发放海洋作业的捕捞许可证不得超过国家下达的船网工具控制指标,具体办法由省、自治区、直辖市人民政府规定。

捕捞许可证不得买卖、出租和以其他形式转让,不得涂改、伪造、变造。

到他国管辖海域从事捕捞作业的,应当经国务院渔业行政主管部门批准,并遵守中华人民共和国缔结的或者参加的有关条约、协定和有关国家的法律。

第三十条 禁止使用炸鱼、毒鱼、电鱼等破坏渔业资源的方法进行捕捞。禁止制造、销售、使用禁用的渔具。禁止在禁渔区、禁渔期进行捕捞。禁止使用小于最小网目尺寸的网具进行捕捞。捕捞的渔获物中幼鱼不得超过规定的比例。在禁渔区或者禁渔期内禁止销售非法捕捞的渔获物。

重点保护的渔业资源品种及其可捕捞标准，禁渔区和禁渔期，禁止使用或者限制使用的渔具和捕捞方法，最小网目尺寸以及其他保护渔业资源的措施，由国务院渔业行政主管部门或者省、自治区、直辖市人民政府渔业行政主管部门规定。

第三十五条　进行水下爆破、勘探、施工作业，对渔业资源有严重影响的，作业单位应当事先同有关县级以上人民政府渔业行政主管部门协商，采取措施，防止或者减少对渔业资源的损害；造成渔业资源损失的，由有关县级以上人民政府责令赔偿。

第三十八条　使用炸鱼、毒鱼、电鱼等破坏渔业资源方法进行捕捞的，违反关于禁渔区、禁渔期的规定进行捕捞的，或者使用禁用的渔具、捕捞方法和小于最小网目尺寸的网具进行捕捞或者渔获物中幼鱼超过规定比例的，没收渔获物和违法所得，处五万元以下的罚款；情节严重的，没收渔具，吊销捕捞许可证；情节特别严重的，可以没收渔船；构成犯罪的，依法追究刑事责任。

在禁渔区或者禁渔期内销售非法捕捞的渔获物的，县级以上地方人民政府渔业行政主管部门应当及时进行调查处理。

制造、销售禁用的渔具的，没收非法制造、销售的渔具和违法所得，并处一万元以下的罚款。

五、中华人民共和国环境保护法

第十七条　国家建立、健全环境监测制度。国务院环境保护主管部门制定监测规范，会同有关部门组织监测网络，统一规划国家环境质量监测站（点）的设置，建立监测数据共享机制，加强对环境监测的管理。

……

第十九条　编制有关开发利用规划，建设对环境有影响的项目，应当依法进行环境影响评价。

未依法进行环境影响评价的开发利用规划，不得组织实施；未依法进行环境影响评价的建设项目，不得开工建设。

第二十九条　国家在重点生态功能区、生态环境敏感区和脆弱区等区域划定生态保护红线，实行严格保护。

……

第三十四条 国务院和沿海地方各级人民政府应当加强对海洋环境的保护。向海洋排放污染物、倾倒废弃物,进行海岸工程和海洋工程建设,应当符合法律法规规定和有关标准,防止和减少对海洋环境的污染损害。

第四十一条 建设项目中防治污染的设施,应当与主体工程同时设计、同时施工、同时投产使用。防治污染的设施应当符合经批准的环境影响评价文件的要求,不得擅自拆除或者闲置。

第四十二条 排放污染物的企业事业单位和其他生产经营者,应当采取措施,防治在生产建设或者其他活动中产生的废气、废水、废渣、医疗废物、粉尘、恶臭气体、放射性物质以及噪声、振动、光辐射、电磁辐射等对环境的污染和危害。

排放污染物的企业事业单位,应当建立环境保护责任制度,明确单位负责人和相关人员的责任。

重点排污单位应当按照国家有关规定和监测规范安装使用监测设备,保证监测设备正常运行,保存原始监测记录。

严禁通过暗管、渗井、渗坑、灌注或者篡改、伪造监测数据,或者不正常运行防治污染设施等逃避监管的方式违法排放污染物。

第四十五条 国家依照法律规定实行排污许可管理制度。

实行排污许可管理的企业事业单位和其他生产经营者应当按照排污许可证的要求排放污染物;未取得排污许可证的,不得排放污染物。

第五十八条 对污染环境、破坏生态,损害社会公共利益的行为,符合下列条件的社会组织可以向人民法院提起诉讼:

(一)依法在设区的市级以上人民政府民政部门登记;

(二)专门从事环境保护公益活动连续五年以上且无违法记录。

符合前款规定的社会组织向人民法院提起诉讼,人民法院应当依法受理。

提起诉讼的社会组织不得通过诉讼牟取经济利益。

六、中华人民共和国海洋环境保护法

第三条 国家在重点海洋生态功能区、生态环境敏感区和脆弱区等海域划定生态保护红线,实行严格保护。

……

第二十九条 向海域排放陆源污染物,必须严格执行国家或者地方规定的标准和有关规定。

第四十三条 海岸工程建设项目单位，必须对海洋环境进行科学调查，根据自然条件和社会条件，合理选址，编制环境影响报告书（表）。在建设项目开工前，将环境影响报告书（表）报环境保护行政主管部门审查批准。

……

第四十四条 海岸工程建设项目的环境保护设施，必须与主体工程同时设计、同时施工、同时投产使用。环境保护设施应当符合经批准的环境影响评价报告书（表）的要求。

第四十七条 海洋工程建设项目必须符合全国海洋主体功能区规划、海洋功能区划、海洋环境保护规划和国家有关环境保护标准。海洋工程建设项目单位应当对海洋环境进行科学调查，编制海洋环境影响报告书（表），并在建设项目开工前，报海洋行政主管部门审查批准。

……

第四十八条 海洋工程建设项目的环境保护设施，必须与主体工程同时设计、同时施工、同时投产使用。环境保护设施未经海洋行政主管部门验收，或者经验收不合格的，建设项目不得投入生产或者使用。

……

第五十五条 任何单位未经国家海洋行政主管部门批准，不得向中华人民共和国管辖海域倾倒任何废弃物。

需要倾倒废弃物的单位，必须向国家海洋行政主管部门提出书面申请，经国家海洋行政主管部门审查批准，发给许可证后，方可倾倒。

……

第八十九条 造成海洋环境污染损害的责任者，应当排除危害，并赔偿损失；完全由于第三者的故意或者过失，造成海洋环境污染损害的，由第三者排除危害，并承担赔偿责任。

对破坏海洋生态、海洋水产资源、海洋保护区，给国家造成重大损失的，由依照本法规定行使海洋环境监督管理权的部门代表国家对责任者提出损害赔偿要求。

七、中华人民共和国野生动物保护法

第二十一条 禁止猎捕、杀害国家重点保护野生动物。

因科学研究、种群调控、疫源疫病监测或者其他特殊情况,需要猎捕国家一级保护野生动物的,应当向国务院野生动物保护主管部门申请特许猎捕证;需要猎捕国家二级保护野生动物的,应当向省、自治区、直辖市人民政府野生动物保护主管部门申请特许猎捕证。

第二十二条 猎捕非国家重点保护野生动物的,应当依法取得县级以上地方人民政府野生动物保护主管部门核发的狩猎证,并且服从猎捕量限额管理。

第二十五条 国家支持有关科学研究机构因物种保护目的人工繁育国家重点保护野生动物。

前款规定以外的人工繁育国家重点保护野生动物实行许可制度。人工繁育国家重点保护野生动物的,应当经省、自治区、直辖市人民政府野生动物保护主管部门批准,取得人工繁育许可证,但国务院对批准机关另有规定的除外。

……

第二十七条 禁止出售、购买、利用国家重点保护野生动物及其制品。

……

八、中华人民共和国长江保护法

第二条 在长江流域开展生态环境保护和修复以及长江流域各类生产生活、开发建设活动,应当遵守本法。

本法所称长江流域,是指由长江干流、支流和湖泊形成的集水区域所涉及的青海省、四川省、西藏自治区、云南省、重庆市、湖北省、湖南省、江西省、安徽省、江苏省、上海市,以及甘肃省、陕西省、河南省、贵州省、广西壮族自治区、广东省、浙江省、福建省的相关县级行政区域。

第五条 国务院有关部门和长江流域省级人民政府负责落实国家长江流域协调机制的决策,按照职责分工负责长江保护相关工作。

长江流域地方各级人民政府应当落实本行政区域的生态环境保护和修复、促进资源合理高效利用、优化产业结构和布局、维护长江流域生态安全的责任。

长江流域各级河湖长负责长江保护相关工作。

第二十条 国家对长江流域国土空间实施用途管制。长江流域县级以上地方人民政府自然资源主管部门依照国土空间规划,对所辖长江流域国土空间实施分区、分类用途管制。

长江流域国土空间开发利用活动应当符合国土空间用途管制要求，并依法取得规划许可。对不符合国土空间用途管制要求的，县级以上人民政府自然资源主管部门不得办理规划许可。

第二十二条 长江流域省级人民政府根据本行政区域的生态环境和资源利用状况，制定生态环境分区管控方案和生态环境准入清单，报国务院生态环境主管部门备案后实施。生态环境分区管控方案和生态环境准入清单应当与国土空间规划相衔接。

长江流域产业结构和布局应当与长江流域生态系统和资源环境承载能力相适应。禁止在长江流域重点生态功能区布局对生态系统有严重影响的产业。禁止重污染企业和项目向长江中上游转移。

第二十三条 国家加强对长江流域水能资源开发利用的管理。因国家发展战略和国计民生需要，在长江流域新建大中型水电工程，应当经科学论证，并报国务院或者国务院授权的部门批准。

对长江流域已建小水电工程，不符合生态保护要求的，县级以上地方人民政府应当组织分类整改或者采取措施逐步退出。

第二十八条 国家建立长江流域河道采砂规划和许可制度。长江流域河道采砂应当依法取得国务院水行政主管部门有关流域管理机构或者县级以上地方人民政府水行政主管部门的许可。

国务院水行政主管部门有关流域管理机构和长江流域县级以上地方人民政府依法划定禁止采砂区和禁止采砂期，严格控制采砂区域、采砂总量和采砂区域内的采砂船舶数量。禁止在长江流域禁止采砂区和禁止采砂期从事采砂活动。

国务院水行政主管部门会同国务院有关部门组织长江流域有关地方人民政府及其有关部门开展长江流域河道非法采砂联合执法工作。

第四十一条 国务院农业农村主管部门会同国务院有关部门和长江流域省级人民政府建立长江流域水生生物完整性指数评价体系，组织开展长江流域水生生物完整性评价，并将结果作为评估长江流域生态系统总体状况的重要依据。长江流域水生生物完整性指数应当与长江流域水环境质量标准相衔接。

第四十二条 国务院农业农村主管部门和长江流域县级以上地方人民政府应当制定长江流域珍贵、濒危水生野生动植物保护计划，对长江流域珍贵、濒危水生野生动植物实行重点保护。

国家鼓励有条件的单位开展对长江流域江豚、白鱀豚、白鲟、中华鲟、长江鲟、鯮、鲥、四川白甲鱼、川陕哲罗鲑、胭脂鱼、鳤、圆口铜鱼、多鳞白甲鱼、华鲮、鲈鲤和葛仙米、弧形藻、眼子菜、水菜花等水生野生动植物生境特征和种群动态的研究，建设人工繁育和科普教育基地，组织开展水生生物救护。

禁止在长江流域开放水域养殖、投放外来物种或者其他非本地物种种质资源。

第四十五条 长江流域省级人民政府应当对没有国家水污染物排放标准的特色产业、特有污染物，或者国家有明确要求的特定水污染源或者水污染物，补充制定地方水污染物排放标准，报国务院生态环境主管部门备案。

有下列情形之一的，长江流域省级人民政府应当制定严于国家水污染物排放标准的地方水污染物排放标准，报国务院生态环境主管部门备案：

（一）产业密集、水环境问题突出的；

（二）现有水污染物排放标准不能满足所辖长江流域水环境质量要求的；

（三）流域或者区域水环境形势复杂，无法适用统一的水污染物排放标准的。

第四十九条 禁止在长江流域河湖管理范围内倾倒、填埋、堆放、弃置、处理固体废物。长江流域县级以上地方人民政府应当加强对固体废物非法转移和倾倒的联防联控。

第五十二条 国家对长江流域生态系统实行自然恢复为主、自然恢复与人工修复相结合的系统治理。国务院自然资源主管部门会同国务院有关部门编制长江流域生态环境修复规划，组织实施重大生态环境修复工程，统筹推进长江流域各项生态环境修复工作。

第五十三条 国家对长江流域重点水域实行严格捕捞管理。在长江流域水生生物保护区全面禁止生产性捕捞；在国家规定的期限内，长江干流和重要支流、大型通江湖泊、长江河口规定区域等重点水域全面禁止天然渔业资源的生产性捕捞。具体办法由国务院农业农村主管部门会同国务院有关部门制定。

国务院农业农村主管部门会同国务院有关部门和长江流域省级人民政府加强长江流域禁捕执法工作，严厉查处电鱼、毒鱼、炸鱼等破坏渔业资源和生态环境的捕捞行为。

长江流域县级以上地方人民政府应当按照国家有关规定做好长江流域重点水域退捕渔民的补偿、转产和社会保障工作。

长江流域其他水域禁捕、限捕管理办法由县级以上地方人民政府制定。

第八十六条　违反本法规定，在长江流域水生生物保护区内从事生产性捕捞，或者在长江干流和重要支流、大型通江湖泊、长江河口规定区域等重点水域禁捕期间从事天然渔业资源的生产性捕捞的，由县级以上人民政府农业农村主管部门没收渔获物、违法所得以及用于违法活动的渔船、渔具和其他工具，并处一万元以上五万元以下罚款；采取电鱼、毒鱼、炸鱼等方式捕捞，或者有其他严重情节的，并处五万元以上五十万元以下罚款。

收购、加工、销售前款规定的渔获物的，由县级以上人民政府农业农村、市场监督管理等部门按照职责分工，没收渔获物及其制品和违法所得，并处货值金额十倍以上二十倍以下罚款；情节严重的，吊销相关生产经营许可证或者责令关闭。

第九十三条　因污染长江流域环境、破坏长江流域生态造成他人损害的，侵权人应当承担侵权责任。

违反国家规定造成长江流域生态环境损害的，国家规定的机关或者法律规定的组织有权请求侵权人承担修复责任、赔偿损失和有关费用。

九、非法捕捞案件涉案物品认（鉴）定和水生生物资源损害评估及修复办法（试行）

第一条　为依法惩治非法捕捞、破坏水生生物资源的违法行为，规范非法捕捞水生生物资源鉴定及损害评估工作，保障渔政执法与刑事司法有机衔接，根据党中央、国务院关于生态环境损害赔偿制度改革精神和《中华人民共和国渔业法》《中华人民共和国环境保护法》《中华人民共和国海洋环境保护法》等法律规定和《国务院办公厅关于切实做好长江流域禁捕有关工作的通知》（国办发明电〔2020〕21号），制定本办法。

第二条　本办法适用于非法捕捞案件中涉案物品认（鉴）定和非法捕捞造成的水生生物资源损害评估与修复工作。

第三条　本办法所称的涉案物品认（鉴）定，是指对非法捕捞涉案捕捞工具、捕捞方法和涉案渔获物的认定、鉴定。

第四条　涉案物品认（鉴）定工作实行认定为主，鉴定为辅的原则。

对于涉案的非法捕捞工具、捕捞方法、渔获物品种以及对水生生物资源的危害程度等问题，原则上由渔业行政处罚机关两个工作日以内作出认定；难以确定的，可以委托专家或鉴定评估机构进行鉴定或评估。

第五条 有下列情形之一的，渔业行政处罚机关可以委托专家或鉴定评估机构进行鉴定或评估：

（一）难以确定涉案捕捞工具、捕捞方法是否属于禁止使用或限制使用的捕捞工具、捕捞方法的；

（二）难以确定涉案渔获物是否属于保护物种的；

（三）难以确定水生生物资源损害程度的；

（四）难以确定水生生物资源修复措施的。

第六条 渔业行政处罚机关委托开展鉴定评估的，应当选择具有环境司法鉴定资质的机构、省级以上渔业主管部门推荐的具备水生生物或水域生态环境研究能力和实验条件的高校、科研院所和其他机构。

第七条 渔业行政处罚机关应当与鉴定评估机构签订鉴定评估委托协议，明确鉴定评估事项、时限和要求等内容。鉴定评估费用，可参照有关司法鉴定收费规定执行。

第八条 渔业行政处罚机关应当按照渔业违法案件取证规范要求做好案件相关证据的收集和固定，并协助鉴定评估机构做好鉴定、评估等工作。

第九条 鉴定评估机构认为鉴定材料不完整、不充分，不能满足鉴定需要的，渔业行政处罚机关应当及时补充。

第十条 鉴定评估专业技术人员提取鉴定材料的，渔业行政处罚机关应当派两名具备执法资格的执法人员到场见证并在提取记录上签字。

经渔业行政处罚机关主要负责人批准，可以向委托鉴定评估的人员提供与鉴定评估相关的案情资料；必要时，可允许相关鉴定评估人员旁听对当事人的询问。

第十一条 鉴定评估应当采用国家、行业、地方标准和技术规范。尚未制定标准、规范的，应当采用普遍认可、广泛采用的鉴定评估方法。

第十二条 委托鉴定评估一般应在三十日内完成。情况复杂的，可以适当延长鉴定评估时限。鉴定评估机构出具的鉴定评估报告应由主要负责同志审核签字并加盖单位公章。专家出具的鉴定评估报告应由专家本人签字。

第十三条 认（鉴）定涉案捕捞工具应当依据《渔具分类、命名及代号》（GB/T 5147）确定其名称，并结合农业农村部或相关省级渔业主管部门公布的、禁止或限制使用的捕捞工具名录及相关规定，判定其是否属于禁止或限制使用的捕捞工具。

认(鉴)定涉案电鱼工具应当综合考虑其结构或组成、工作原理等因素。

第十四条 认(鉴)定涉案渔获物物种应当确定其科学名称、保护级别、发育程度、物种来源等相关事项。

第十五条 水生生物资源损害评估分为直接损害评估和间接损害评估。

第十六条 直接损害评估主要是评估非法捕捞渔获物的价值。

属于国家重点保护水生野生动物、《濒危野生动植物种国际贸易公约》附录水生物种、未列入《濒危野生动植物种国际贸易公约》附录水生物种的地方重点保护水生野生动物,其价值评估按照《水生野生动物及其制品价值评估办法》执行。

其他渔获物的价值,根据销售金额进行认定;无销售金额、销售金额难以查证或者根据销售金额认定明显偏低的,根据市场价格进行认定;仍无法认定的,由渔业行政处罚机关认定或者由有关价格认证机构作出认证并出具报告。

对于电鱼、毒鱼、炸鱼等严重非法捕捞行为,直接损害还应综合当地渔业资源状况,评估已致死但未被捕获的水生生物的价值,其价值可按照实际查获渔获物价值的三至五倍计算。

第十七条 使用电、毒、炸等严重破坏资源环境的方式,或者禁用渔具从事非法捕捞的,应同时开展间接损害评估。

间接损害评估应结合非法捕捞作业类型、时段、时长、区域、当地渔业资源状况等因素确定,主要评估水生生物生长发育受阻、繁殖终止和栖息地破坏等方面损害量。水生生物生长发育受阻和繁殖终止的损害量,原则上按照不低于水生生物资源直接损害三倍计算。水生生物栖息地破坏的损害量,原则上按照不低于水生生物资源直接损害两倍计算。

对于电鱼、毒鱼、炸鱼、拖曳泵吸耙刺、拖曳水冲齿耙耙刺、拖曳齿耙耙刺以及在禁止使用拖网作业的水域、期间内使用拖网作业等非法捕捞行为,间接损害按照不低于水生生物资源直接损害十倍计算。

第十八条 对于携带电鱼、毒鱼、炸鱼等相关禁用工具(物质)进入渔业水域、现场未查获渔获物,水生生物资源损害难以确定的,可根据现场执法音视频记录、案发现场周边视频监控、交易通联记录、证人证言、当事人的供述与辩解,涉案捕捞工具或捕捞方法、范围、季节和持续时间,捕捞水域环境条件和水生生物分布情况等因素综合评估水生生物资源损害总量。

第十九条 按照谁损害、谁修复的原则,水生生物资源损害当事人应当履行水生生物资源修复义务。当事人不具备修复能力的,可以委托具备相应修复能力的第三方实施。

第二十条 水生生物资源修复措施主要包括增殖放流和栖息地修复等。水生生物资源修复措施应充分考虑科学性和可操作性,资金安排一般不低于所造成的水生生物资源损害总量。

增殖放流应当根据捕捞水域的水生生物资源状况、水环境条件、涉案渔获物组成、苗种供应可行性等因素综合确定种类和数量,并遵守《水生生物增殖放流管理规定》。

水生生物栖息地修复措施包括设置人工鱼巢和人工鱼礁等。

十、依法惩治长江流域非法捕捞等违法犯罪的意见

一、提高政治站位,充分认识长江流域禁捕的重大意义

长江流域禁捕是贯彻习近平总书记关于"共抓大保护、不搞大开发"的重要指示精神,保护长江母亲河和加强生态文明建设的重要举措,是为全局计、为子孙谋,功在当代、利在千秋的重要决策。各级人民法院、人民检察院、公安机关、农业农村(渔政)部门要增强"四个意识"、坚定"四个自信"、做到"两个维护",深入学习领会习近平总书记重要指示批示精神,把长江流域重点水域禁捕工作作为当前重大政治任务,用足用好法律规定,依法严惩非法捕捞等危害水生生物资源的各类违法犯罪,加强行政执法与刑事司法衔接,全力摧毁"捕、运、销"地下产业链,为推进长江流域水生生物资源和水域生态保护修复,助力长江经济带高质量绿色发展提供有力法治保障。

二、准确适用法律,依法严惩非法捕捞等危害水生生物资源的各类违法犯罪

(一)依法严惩非法捕捞犯罪。违反保护水产资源法规,在长江流域重点水域非法捕捞水产品,具有下列情形之一的,依照刑法第三百四十条的规定,以非法捕捞水产品罪定罪处罚:

1. 非法捕捞水产品五百公斤以上或者一万元以上的;

2. 非法捕捞具有重要经济价值的水生动物苗种、怀卵亲体或者在水产种质资源保护区内捕捞水产品五十公斤以上或者一千元以上的;

3. 在禁捕区域使用电鱼、毒鱼、炸鱼等严重破坏渔业资源的禁用方法捕捞的;

4. 在禁捕区域使用农业农村部规定的禁用工具捕捞的；

5. 其他情节严重的情形。

（二）依法严惩危害珍贵、濒危水生野生动物资源犯罪。在长江流域重点水域非法猎捕、杀害中华鲟、长江鲟、长江江豚或者其他国家重点保护的珍贵、濒危水生野生动物，价值二万元以上不满二十万元的，应当依照刑法第三百四十一条的规定，以非法猎捕、杀害珍贵、濒危野生动物罪，处五年以下有期徒刑或者拘役，并处罚金；价值二十万元以上不满二百万元的，应当认定为"情节严重"，处五年以上十年以下有期徒刑，并处罚金；价值二百万元以上的，应当认定为"情节特别严重"，处十年以上有期徒刑，并处罚金或者没收财产。

（三）依法严惩非法渔获物交易犯罪。明知是在长江流域重点水域非法捕捞犯罪所得的水产品而收购、贩卖，价值一万元以上的，应当依照刑法第三百一十二条的规定，以掩饰、隐瞒犯罪所得罪定罪处罚。

非法收购、运输、出售在长江流域重点水域非法猎捕、杀害的中华鲟、长江鲟、长江江豚或者其他国家重点保护的珍贵、濒危水生野生动物及其制品，价值二万元以上不满二十万元的，应当依照刑法第三百四十一条的规定，以非法收购、运输、出售珍贵、濒危野生动物、珍贵、濒危野生动物制品罪，处五年以下有期徒刑或者拘役，并处罚金；价值二十万元以上不满二百万元的，应当认定为"情节严重"，处五年以上十年以下有期徒刑，并处罚金；价值二百万元以上的，应当认定为"情节特别严重"，处十年以上有期徒刑，并处罚金或者没收财产。

（四）依法严惩危害水生生物资源的单位犯罪。水产品交易公司、餐饮公司等单位实施本意见规定的行为，构成单位犯罪的，依照本意见规定的定罪量刑标准，对直接负责的主管人员和其他直接责任人员定罪处罚，并对单位判处罚金。

（五）依法严惩危害水生生物资源的渎职犯罪。对长江流域重点水域水生生物资源保护负有监督管理、行政执法职责的国家机关工作人员，滥用职权或者玩忽职守，致使公共财产、国家和人民利益遭受重大损失的，应当依照刑法第三百九十七条的规定，以滥用职权罪或者玩忽职守罪定罪处罚。

负有查禁破坏水生生物资源犯罪活动职责的国家机关工作人员，向犯罪分子通风报信、提供便利，帮助犯罪分子逃避处罚的，应当依照刑法第四百一十七条的规定，以帮助犯罪分子逃避处罚罪定罪处罚。

（六）依法严惩危害水生生物资源的违法行为。实施上述行为，不构成犯罪的，由农业农村（渔政）部门等依据《渔业法》等法律法规予以行政处罚；构成违反治安管理行为的，由公安机关依法给予治安管理处罚。

（七）贯彻落实宽严相济刑事政策。多次实施本意见规定的行为构成犯罪，依法应当追诉的，或者二年内二次以上实施本意见规定的行为未经处理的，数量数额累计计算。

实施本意见规定的犯罪，具有下列情形之一的，从重处罚：(1)暴力抗拒、阻碍国家机关工作人员依法履行职务，尚未构成妨害公务罪的；(2)二年内曾因实施本意见规定的行为受过处罚的；(3)对长江生物资源或水域生态造成严重损害的；(4)具有造成重大社会影响等恶劣情节的。具有上述情形的，一般不适用不起诉、缓刑、免予刑事处罚。

非法捕捞水产品，根据渔获物的数量、价值和捕捞方法、工具等情节，认为对水生生物资源危害明显较轻的，可以认定为犯罪情节轻微，依法不起诉或者免予刑事处罚，但是曾因破坏水产资源受过处罚的除外。

非法猎捕、收购、运输、出售珍贵、濒危水生野生动物，尚未造成动物死亡，综合考虑行为手段、主观罪过、犯罪动机、获利数额、涉案水生生物的濒危程度、数量价值以及行为人的认罪悔罪态度、修复生态环境情况等情节，认为适用本意见规定的定罪量刑标准明显过重的，可以结合具体案件的实际情况依法作出妥当处理，确保罪责刑相适应。

三、健全完善工作机制，保障相关案件的办案效果

（一）做好退捕转产工作。根据有关规定，对长江流域捕捞渔民按照国家和所在地相关政策开展退捕转产，重点区域分类实行禁捕。要按照中央要求，加大投入力度，落实相关补助资金，根据渔民具体情况，分类施策、精准帮扶，通过发展产业、务工就业、支持创业、公益岗位等多种方式促进渔民转产就业，切实维护退捕渔民的权益，保障退捕渔民的生计。

（二）加强禁捕行政执法工作。长江流域各级农业农村（渔政）部门要加强禁捕宣传教育引导，对重点水域禁捕区域设立标志，建立"护渔员"协管巡护制度，不断提高人防技防水平，确保禁捕制度顺利实施。要强化执法队伍和能力建设，严格执法监管，加快配备禁捕执法装备设施，加大行政执法和案件查处力度，有效落实长江禁捕要求。对非法捕捞涉及的无船名船号、无船籍港、无船舶证书的船舶，要完善处置流程，依法予以没收、拆解、处置。要加大对制销禁用渔具等违法行为

的查处力度，对制造、销售禁用渔具的，依法没收禁用渔具和违法所得，并予以罚款。要加强与相关部门协同配合，强化禁捕水域周边区域管理和行政执法，加强水产品交易市场、餐饮行业管理，依法依规查处非法捕捞和收购、加工、销售、利用非法渔获物等行为，斩断地下产业链。要加强行政执法与刑事司法衔接，对于涉嫌犯罪的案件，依法及时向公安机关移送。对水生生物资源保护负有监管职责的行政机关违法行使职权或者不作为，致使国家利益或者社会公共利益受到侵害的，检察机关可以依法提起行政公益诉讼。

（三）全面收集涉案证据材料。对于农业农村（渔政）部门等行政机关在行政执法和查办案件过程中收集的物证、书证、视听资料、电子数据等证据材料，在刑事诉讼或者公益诉讼中可以作为证据使用。农业农村（渔政）部门等行政机关和公安机关要依法及时、全面收集与案件相关的各类证据，并依法进行录音录像，为案件的依法处理奠定事实根基。对于涉案船只、捕捞工具、渔获物等，应当在采取拍照、录音录像、称重、提取样品等方式固定证据后，依法妥善保管；公安机关保管有困难的，可以委托农业农村（渔政）部门保管；对于需要放生的渔获物，可以在固定证据后先行放生；对于已死亡且不宜长期保存的渔获物，可以由农业农村（渔政）部门采取捐赠捐献用于科研、公益事业或者销毁等方式处理。

（四）准确认定相关专门性问题。对于长江流域重点水域禁捕范围（禁捕区域和时间），依据农业农村部关于长江流域重点水域禁捕范围和时间的有关通告确定。涉案渔获物系国家重点保护的珍贵、濒危水生野生动物的，动物及其制品的价值可以根据国务院野生动物保护主管部门综合考虑野生动物的生态、科学、社会价值制定的评估标准和方法核算。其他渔获物的价值，根据销赃数额认定；无销赃数额、销赃数额难以查证或者根据销赃数额认定明显偏低的，根据市场价格核算；仍无法认定的，由农业农村（渔政）部门认定或者由有关价格认证机构作出认证并出具报告。对于涉案的禁捕区域、禁捕时间、禁用方法、禁用工具、渔获物品种以及对水生生物资源的危害程度等专门性问题，由农业农村（渔政）部门于二个工作日以内出具认定意见；难以确定的，由司法鉴定机构出具鉴定意见，或者由农业农村部指定的机构出具报告。

（五）正确认定案件事实。要全面审查与定罪量刑有关的证据，确保据以定案的证据均经法定程序查证属实，确保综合全案证据，对所认定的事实排除合理怀疑。既要审查犯罪嫌疑人、被告人的供述和辩解，更要重视对相关物证、书证、证人证言、视听资料、电子数据等其他证据的审查判断。对于携带相关工具但是否实施电鱼、毒鱼、炸鱼等非法捕捞作业,是否进入禁捕水域范围以及非法捕捞渔获物种类、数量等事实难以直接认定的,可以根据现场执法音视频记录、案发现场周边视频监控、证人证言等证据材料,结合犯罪嫌疑人、被告人的供述和辩解等,综合作出认定。

(六)强化工作配合。人民法院、人民检察院、公安机关、农业农村(渔政)部门要依法履行法定职责,分工负责,互相配合,互相制约,确保案件顺利移送、侦查、起诉、审判。对于阻挠执法、暴力抗法的,公安机关要依法及时处置,确保执法安全。犯罪嫌疑人、被告人自愿如实供述自己的罪行,承认指控的犯罪事实,愿意接受处罚的,可以依法从宽处理;对于犯罪情节轻微,依法不需要判处刑罚或者免除刑罚的,人民检察院可以作出不起诉决定。对于实施危害水生生物资源的行为,致使社会公共利益受到侵害的,人民检察院可以依法提起民事公益诉讼。对于人民检察院作出不起诉决定、人民法院作出无罪判决或者免予刑事处罚,需要行政处罚的案件,由农业农村(渔政)部门等依法给予行政处罚。

(七)加强宣传教育。人民法院、人民检察院、公安机关、农业农村(渔政)部门要认真落实"谁执法谁普法"责任制,结合案件办理深入细致开展法治宣传教育工作。要选取典型案例,以案释法,加大警示教育,震慑违法犯罪分子,充分展示依法惩治长江流域非法捕捞等违法犯罪、加强水生生物资源保护和水域生态保护修复的决心。要引导广大群众遵纪守法,依法支持和配合禁捕工作,为长江流域重点水域禁捕的顺利实施营造良好的法治和社会环境。

十一、关于长江流域重点水域禁捕范围和时间的通告

一、水生生物保护区

《农业部关于公布率先全面禁捕长江流域水生生物保护区名录的通告》(农业部通告〔2017〕6号)公布的长江上游珍稀特有鱼类国家级自然保护区等332个自然保护区和水产种质资源保护区,自2020年1月1日0时起,全面禁止生产性捕捞。有关地方政府或渔业主管部门宣布在此之前实行禁捕的,禁捕起始时间从其规定。

今后长江流域范围内新建立的以水生生物为主要保护对象的自然保护区和水产种质资源保护区,自建立之日起纳入全面禁捕范围。

二、干流和重要支流

长江干流和重要支流是指《农业部关于调整长江流域禁渔期制度的通告》(农业部通告〔2015〕1号)公布的有关禁渔区域,即青海省曲麻莱县以下至长江河口(东经122°、北纬31°36′30″、北纬30°54′之间的区域)的长江干流江段;岷江、沱江、赤水河、嘉陵江、乌江、汉江等重要通江河流在甘肃省、陕西省、云南省、贵州省、四川省、重庆市、湖北省境内的干流江段;大渡河在青海省和四川省境内的干流河段;以及各省确定的其他重要支流。

长江干流和重要支流除水生生物自然保护区和水产种质资源保护区以外的天然水域,最迟自2021年1月1日0时起实行暂定为期10年的常年禁捕,期间禁止天然渔业资源的生产性捕捞。鼓励有条件的地方在此之前实施禁捕。有关地方政府或渔业主管部门宣布在此之前实行禁捕的,禁捕起始时间从其规定。

三、大型通江湖泊

鄱阳湖、洞庭湖等大型通江湖泊除水生生物自然保护区和水产种质资源保护区以外的天然水域,由有关省级渔业主管部门划定禁捕范围,最迟自2021年1月1日0时起,实行暂定为期10年的常年禁捕,期间禁止天然渔业资源的生产性捕捞。鼓励有条件的地方在此之前实施禁捕。有关地方政府或渔业主管部门宣布在此之前实行禁捕的,禁捕起始时间从其规定。

四、其他重点水域

与长江干流、重要支流、大型通江湖泊连通的其他天然水域,由省级渔业行政主管部门确定禁捕范围和时间。

五、专项(特许)捕捞

禁捕期间,因育种、科研、监测等特殊需要采集水生生物的,或在通江湖泊、大型水库针对特定渔业资源进行专项(特许)捕捞的,由有关省级渔业主管部门根据资源状况制定管理办法,对捕捞品种、作业时间、作业类型、作业区域、准用网具和捕捞限额等作出规定,报农业农村部批准后组织实施。专项(特许)捕捞作业需要跨越省级管辖水域界限的,由交界水域有关省级渔业主管部门协商管理。

在特定水域开展增殖渔业资源的利用和管理,由省级渔业主管部门另行规定并组织实施,避免对禁捕管理产生不利影响。

六、执法监督管理

在长江流域重点水域禁捕范围和时间内违法从事天然渔业资源捕捞的,依照

《渔业法》和《刑法》关于禁渔区、禁渔期的规定处理。长江流域各级渔业主管部门应当在各级人民政府的领导下,加强与相关部门协同配合,建立“护鱼员”协管巡护制度,加强禁捕宣传教育引导,强化执法队伍和能力建设,严格渔政执法监管,确保长江流域重点水域禁捕制度顺利实施。

各级渔业主管部门应当对在长江流域重点水域禁捕范围和时间内从事娱乐性游钓和休闲渔业活动进行规范管理,避免对禁捕管理和资源保护产生不利影响。

十二、关于设立长江口禁捕管理区的通告

一、禁渔区

长江口禁捕管理区范围为东经122°15′、北纬31°41′36″、北纬30°54′形成的框型区线,向西以水陆交界线为界。

二、禁渔期

长江口禁捕管理区内的上海市长江口中华鲟自然保护区、长江刀鲚国家级水产种质资源保护区等水生生物保护区水域,全面禁止生产性捕捞;水生生物保护区以外水域,自2021年1月1日0时起实行与长江流域重点水域相同的禁捕管理措施。

三、禁止类型

长江口禁捕管理区以内水域,实行长江流域禁捕管理制度。禁渔期内禁止天然渔业资源的生产性捕捞,并停止发放刀鲚(长江刀鱼)、凤鲚(凤尾鱼)、中华绒螯蟹(河蟹)和鳗苗专项(特许)捕捞许可证。在上述禁渔区内因科研、监测、育种等特殊需要采捕的,须经省级渔业行政主管部门专项特许。

长江口禁捕管理区以外海域,继续实行海洋渔业捕捞管理制度。有关省级渔业行政主管部门应根据渔业资源状况和长江口禁捕管理需要,进一步加强海洋渔业捕捞生产管理,适时调整压减生产性专项(特许)捕捞许可证发放规模,清理取缔各类非法捕捞行为,避免对长江口禁捕管理和水生生物保护效果产生不利影响。

十三、关于审理环境民事公益诉讼案件适用法律若干问题的解释

第六条 第一审环境民事公益诉讼案件由污染环境、破坏生态行为发生地、

损害结果地或者被告住所地的中级以上人民法院管辖。

中级人民法院认为确有必要的，可以在报请高级人民法院批准后，裁定将本院管辖的第一审环境民事公益诉讼案件交由基层人民法院审理。

同一原告或者不同原告对同一污染环境、破坏生态行为分别向两个以上有管辖权的人民法院提起环境民事公益诉讼的，由最先立案的人民法院管辖，必要时由共同上级人民法院指定管辖。

第七条 经最高人民法院批准，高级人民法院可以根据本辖区环境和生态保护的实际情况，在辖区内确定部分中级人民法院受理第一审环境民事公益诉讼案件。

中级人民法院管辖环境民事公益诉讼案件的区域由高级人民法院确定。

十四、人民检察院公益诉讼办案规则

第四条 人民检察院通过提出检察建议、提起诉讼和支持起诉等方式履行公益诉讼检察职责。

第十三条 人民检察院办理行政公益诉讼案件，由行政机关对应的同级人民检察院立案管辖。

行政机关为人民政府，由上一级人民检察院管辖更为适宜的，也可以由上一级人民检察院立案管辖。

第十四条 人民检察院办理民事公益诉讼案件，由违法行为发生地、损害结果地或者违法行为人住所地基层人民检察院立案管辖。

刑事附带民事公益诉讼案件，由办理刑事案件的人民检察院立案管辖。

第七十三条 调查结束，检察官应当制作《调查终结报告》，区分情况提出以下处理意见：

（一）终结案件；

（二）提出检察建议。

第七十九条 经过跟进调查，检察官应当制作《审查终结报告》，区分情况提出以下处理意见：

（一）终结案件；

（二）提起行政公益诉讼；

（三）移送其他人民检察院处理。

第八十九条 调查结束，检察官应当制作《调查终结报告》，区分情况提出以下处理意见：

（一）终结案件；

（二）发布公告。

第九十四条 经过跟进调查，检察官应当制作《审查终结报告》，区分情况提出以下处理意见：

（一）终结案件；

（二）提起民事公益诉讼；

（三）移送其他人民检察院处理。

十五、最高人民法院关于审理生态环境损害赔偿案件的若干规定（试行）

第一条 具有下列情形之一，省级、市地级人民政府及其指定的相关部门、机构，或者受国务院委托行使全民所有自然资源资产所有权的部门，因与造成生态环境损害的自然人、法人或者其他组织经磋商未达成一致或者无法进行磋商的，可以作为原告提起生态环境损害赔偿诉讼：

（一）发生较大、重大、特别重大突发环境事件的；

（二）在国家和省级主体功能区规划中划定的重点生态功能区、禁止开发区发生环境污染、生态破坏事件的；

（三）发生其他严重影响生态环境后果的。

前款规定的市地级人民政府包括设区的市，自治州、盟、地区，不设区的地级市，直辖市的区、县人民政府。

第三条 第一审生态环境损害赔偿诉讼案件由生态环境损害行为实施地、损害结果发生地或者被告住所地的中级以上人民法院管辖。

经最高人民法院批准，高级人民法院可以在辖区内确定部分中级人民法院集中管辖第一审生态环境损害赔偿诉讼案件。

中级人民法院认为确有必要的，可以在报请高级人民法院批准后，裁定将本院管辖的第一审生态环境损害赔偿诉讼案件交由具备审理条件的基层人民法院审理。

生态环境损害赔偿诉讼案件由人民法院环境资源审判庭或者指定的专门法

庭审理。

第十七条 人民法院受理因同一损害生态环境行为提起的生态环境损害赔偿诉讼案件和民事公益诉讼案件,应先中止民事公益诉讼案件的审理,待生态环境损害赔偿诉讼案件审理完毕后,就民事公益诉讼案件未被涵盖的诉讼请求依法作出裁判。

十六、关于检察公益诉讼案件适用法律若干问题的解释

第五条 市(分、州)人民检察院提起的第一审民事公益诉讼案件,由侵权行为地或者被告住所地中级人民法院管辖。

基层人民检察院提起的第一审行政公益诉讼案件,由被诉行政机关所在地基层人民法院管辖。

第二十一条 人民检察院在履行职责中发现生态环境和资源保护、食品药品安全、国有财产保护、国有土地使用权出让等领域负有监督管理职责的行政机关违法行使职权或者不作为,致使国家利益或者社会公共利益受到侵害的,应当向行政机关提出检察建议,督促其依法履行职责。

行政机关应当在收到检察建议书之日起两个月内依法履行职责,并书面回复人民检察院。出现国家利益或者社会公共利益损害继续扩大等紧急情形的,行政机关应当在十五日内书面回复。

行政机关不依法履行职责的,人民检察院依法向人民法院提起诉讼。

十七、关于全面禁止非法野生动物交易、革除滥食野生动物陋习、切实保障人民群众生命健康安全的决定

一、凡《中华人民共和国野生动物保护法》和其他有关法律禁止猎捕、交易、运输、食用野生动物的,必须严格禁止。

对违反前款规定的行为,在现行法律规定基础上加重处罚。

二、全面禁止食用国家保护的“有重要生态、科学、社会价值的陆生野生动物”以及其他陆生野生动物,包括人工繁育、人工饲养的陆生野生动物。

全面禁止以食用为目的猎捕、交易、运输在野外环境自然生长繁殖的陆生野生动物。

对违反前两款规定的行为,参照适用现行法律有关规定处罚。

三、列入畜禽遗传资源目录的动物,属于家畜家禽,适用《中华人民共和国畜牧法》的规定。

国务院畜牧兽医行政主管部门依法制定并公布畜禽遗传资源目录。

四、因科研、药用、展示等特殊情况,需要对野生动物进行非食用性利用的,应当按照国家有关规定实行严格审批和检疫检验。

国务院及其有关主管部门应当及时制定、完善野生动物非食用性利用的审批和检疫检验等规定,并严格执行。

十八、关于办理海洋自然资源与生态环境公益诉讼案件若干问题的规定

第一条 本规定适用于损害行为发生地、损害结果地或者采取预防措施地在海洋环境保护法第二条第一款规定的海域内,因破坏海洋生态、海洋水产资源、海洋保护区而提起的民事公益诉讼、刑事附带民事公益诉讼和行政公益诉讼。

第二条 依据海洋环境保护法第八十九条第二款规定,对破坏海洋生态、海洋水产资源、海洋保护区,给国家造成重大损失的,应当由依照海洋环境保护法规定行使海洋环境监督管理权的部门,在有管辖权的海事法院对侵权人提起海洋自然资源与生态环境损害赔偿诉讼。

有关部门根据职能分工提起海洋自然资源与生态环境损害赔偿诉讼的,人民检察院可以支持起诉。

第三条 人民检察院在履行职责中发现破坏海洋生态、海洋水产资源、海洋保护区的行为,可以告知行使海洋环境监督管理权的部门依据本规定第二条提起诉讼。在有关部门仍不提起诉讼的情况下,人民检察院就海洋自然资源与生态环境损害,向有管辖权的海事法院提起民事公益诉讼的,海事法院应予受理。

第四条 破坏海洋生态、海洋水产资源、海洋保护区,涉嫌犯罪的,在行使海洋环境监督管理权的部门没有另行提起海洋自然资源与生态环境损害赔偿诉讼的情况下,人民检察院可以在提起刑事公诉时一并提起附带民事公益诉讼,也可以单独提起民事公益诉讼。

第五条 人民检察院在履行职责中发现对破坏海洋生态、海洋水产资源、海洋保护区的行为负有监督管理职责的部门违法行使职权或者不作为,致使国家利益或者社会公共利益受到侵害的,应当向有关部门提出检察建议,督促其依法履

行职责。

有关部门不依法履行职责的，人民检察院依法向被诉行政机关所在地的海事法院提起行政公益诉讼。

第六条 本规定自2022年5月15日起施行。

附三：最高人民法院、最高人民检察院发布的相关环保类典型案例

一、最高人民检察院发布“携手清四乱 保护母亲河”专项行动检察公益诉讼十大典型案例(2019年8月29日)

1.河南省郑州市惠济区“法莉兰童话王国”违法建设破坏生态环境案

【基本案情】

2017年8月，河南省郑州某旅游开发公司在未办理规划、用地等行政审批的情况下，擅自在黄河滩区建设一个占地370.68亩的“法莉兰童话王国”儿童游乐公园。公园内建造占地4508.89平方米的砖混结构房屋16处，硬化地面60,926.27平方米建设停车场，倾倒渣土34,840立方米，建设围墙2050米，并存放大量游乐设施。在公园建设过程中，相关行政机关多次给予行政处罚，但该公园仍继续施工，并建成投入运营，对滩区生态系统造成严重影响，且威胁到黄河行洪安全。

【检察建议】

2019年2月27日，河南省检察院接到河南省河长制办公室移交的问题线索后，通过郑州铁路运输检察分院指定郑州铁路运输检察院办理。郑州铁路运输检察院检察长牵头组成专案组承办本案，通过赴实地勘查现场、走访惠济区政府、调取行政部门执法相关证据材料、询问相关证人等方式进行调查取证，召开案件论证分析会确认了公园项目损害公益的事实，并查明：公园建设过程中，惠济区国土局于2018年4月至8月对其立案查处4次，作出4份行政处罚，要求其限期拆除非法建筑设施，恢复土地原状，处以罚款446万余元，该公司仅缴纳罚款38万余元，且未拆除违法设施。该局4次向惠济区法院申请强制执行，法院4次裁定由古荥镇组织实施拆除；古荥镇政府于2018年6月责令其停止施工1次；惠济区环保局于2018年6月立案查处1次，处以罚款42.78万元；惠金河务局于2017年9

月至2018年9月立案查处3次，处以罚款14.8万元。据此，检察机关认为惠济区国土局已依法全面履行监管职责，而古荥镇政府、惠济区环保局、惠金河务局虽作出了罚款或责令停工通知，但并未穷尽其法定监管手段，未依法有效恢复土地生态，致使违法建设对黄河行洪安全、滩区生态环境造成重大影响，侵害了国家利益和社会公共利益。

2019年3月21日，郑州铁路运输检察院在惠济区人民政府向古荥镇政府、惠济区环保局、惠金河务局公开送达了检察建议书。建议：一是全面履行监管职责，依法查处涉案企业违法行为，拆除违法建筑设施；二是采取补救措施，有效恢复受损土地生态；三是严格规范履职，切实保护黄河滩区环境资源；四是完善监管措施，加强河道内建设项目管理。

【整改结果】

检察建议发出后，郑州铁路运输检察院积极与相关责任主体沟通联络，取得惠济区党委、政府的理解与支持，跟踪督导三行政机关及时全面履职。该院先后数次与区政府组织相关职能部门召开圆桌会议，组织区政府及河长办、镇政府、环保局等到现场查看整改进度，并向涉案企业释法明理，争取其积极配合整改。

在惠济区政府统一协调指挥下，2019年3月底，该主题公园主体建筑16处砖混结构房屋被拆除，6月29日，主题游乐园60,926.27平方米硬化地面全部拆除，游乐设施、建筑垃圾及倾倒的渣土全部清理并进行复绿，370余亩被占用土地恢复原有生态地貌。

2. 甘肃省岷县“慕丽水岸”茶楼影响行洪安全案

【基本案情】

2010年，甘肃某建筑安装工程有限公司在未经岷县住房和城乡建设局审批同意，未办理《建设工程规划许可证》的情况下，在岷县岷阳镇迭藏河（黄河支流）城区段河堤右岸违规修建观景台，并一直以“慕丽水岸”茶楼名义从事商业经营活动。该建筑影响行洪安全，存在重大安全隐患，岷县综合执法局作为具有城市规划管理行政处罚权的行政机关，未能依法履行监督职责，致使国家利益和社会公共利益受损。

【检察建议】

2018年5月25日，甘肃省岷县检察院依法向岷县综合执法局发出检察建议，要求其严格履行城市规划管理职责，制定整改方案，责令甘肃某建筑安装工程有限公司限期拆除违章建筑物“慕丽水岸”茶楼，清除建筑垃圾，疏浚河道，恢复原状，确保行洪畅通和度汛安全。2018 年 7 月 24 日，岷县综合执法局作出整改回复，认为该项目属于违法建设，并先后下发了《责令改正(限期拆除)通知书》《行政处罚决定书》《行政强制执行催告书》，要求该公司于 2018 年 7 月 24 日前自行拆除所建的违法建筑物。整改期限届满后，涉案建筑仍未拆除，危险状态仍未消除。

【裁判结果】

2019 年 2 月 14 日，岷县检察院向定西市安定区法院提起行政公益诉讼。请求判令岷县综合执法局依法履行法定职责，对岷县岷阳镇迭藏河城区段河堤右岸违章建筑物“慕丽水岸”茶楼全部实施拆除，清除建筑垃圾，疏浚河道，恢复原状，确保行洪畅通和度汛安全。起诉后，岷县综合执法局积极整改，认真履职，于 2019 年 3 月 23 日对该违章建筑物依法强制拆除，岷县检察院派员现场监督。因违章建筑已经拆除，岷县检察院变更诉讼请求，仅请求确认岷县综合执法局未完全履职的行为违法。2019 年 8 月 1 日，法院判决支持了检察机关诉讼请求。

3. 山东省东营市东营区武家大沟堤坝毁坏影响行洪安全案

【基本案情】

自 2016 年年底，黄河支流武家大沟东营区六户镇小许村西至邱家村东段两岸各有长约 4 公里、宽约 30 米至 50 米的堤坝及护堤地被非法取土，北岸堤坝全部被毁，南岸堤坝部分被毁，严重危及河道行洪及周边群众生命财产安全。

【检察建议】

2018 年 6 月，山东省东营市东营区检察院设立在六户镇的为民检察官工作室(公益诉讼联络站)从群众处获取本案线索，随后立案调查。通过现场勘察、询问相关人员、调阅相关文件等方式确认武家大沟堤坝毁坏的事实，认定东营市水利局作为当地水务行政主管机关未对非法取土行为依法作出处理，亦未修复被毁堤坝，致使堤坝破坏越来越严重，国家利益和社会公共利益长期受损。

2018 年 6 月 21 日，东营区检察院向东营市水利局发出检察建议，建议其依法全面履行职责，恢复堤坝原状。2018 年 8 月 10 日，东营市水利局回复称，已对损毁河段进行了整改修复，共修复河岸线 2757 米。

收到回复后，东营区检察院跟进监督，委托第三方——东营市赛维测绘有限责任公司对被毁堤坝面积、土方量进行测量，发现北岸 810 米左右被毁堤坝及南岸被毁堤坝未予修复;北岸临时应急修复的2757米河岸线亦未按原设计标准修复到位,无法满足设计标准和防汛要求。2018年8月,“温比亚”台风过境连续降雨,部分修复堤段出现了溃堤、漫堤,造成水流倒灌,两岸农田全部受灾。

【裁判结果】

2018年10月12日,东营区检察院依法向东营区法院提起行政公益诉讼,要求:(1)确认东营市水利局未依法全面履行河道监管职责的行政行为违法;(2)判令东营市水利局继续履行职责,采取有效措施,对涉案被毁坏的堤坝予以修复,恢复原状。东营区法院于2018年12月21日开庭审理,并当庭作出判决,支持了检察机关的诉讼请求。

判决后,东营市水利局主动与东营区检察院就堤坝修复事宜进行沟通,制定修复方案,协调应急度汛资金,分期对堤坝进行综合整治。至2019年6月,修复工作已全部完成,达到设计防汛抗洪标准。2019年“利奇马”台风来袭,武家大沟全线未发生溃堤、决堤事故。

4. 宁夏回族自治区永宁县河道违法建筑侵占黄河河滩影响行洪安全案

【基本案情】

宁夏回族自治区永宁县望洪镇辖区滨河大道以东黄河河滩范围内,存在四处阻碍行洪的违法建筑,威胁行洪安全。四处非法建筑分别为:李某自2010年以来占用望洪镇望洪林场河滩地开设“黄河渡口餐厅”,建农家乐3.45亩,鱼池10余亩;刘某自2013年以来占用望洪林场东侧河滩地开设“禾泽园种养殖家庭农场”,经营花卉、苗木、水果、蔬菜的种植及销售,家畜、家禽及水产品的养殖及销售,养殖场占地2.84亩,鱼池占地12亩,耕地及果园占地约47亩;马某如自2013年以来占用望洪镇东和村十队河滩地开设“鸿儒渔庄”,占地面积43.47亩;王某杰自2016年以来占用望洪镇南方村河滩地开设“南方湾农业家庭农场”,修建餐饮娱乐用房400平方米,温棚9000平方米。

【检察建议】

2019年1月底,永宁县检察院在开展“携手清四乱　保护母亲河”专项监督检查活动中,在与县河长办、各乡镇政府联合进行全面排查摸底“四乱”突出问题时,发现上述问题并建立台账。经调查认定,根据水法、防洪法等法律法规和《永宁县河长制工作实施方案》规定,县水务局、望洪镇政府对上述侵占黄河河滩地违法行为均负有监管职责。2019年3月28日,永宁县检察院向永宁县水务局和望洪镇政府分别发出诉前检察建议,建议其严格履行监管职责,对永宁县滨河大道以东黄河河滩范围内的违法建筑行为依法予以处理,规范河道保护和管理工作。

【整改结果】

收到检察建议后,永宁县水务局和望洪镇政府一方面多次对违法行为人进行法治宣传,另一方面积极向县政府进行汇报,争取支持。县政府专题研究后,组织抽调公安、综合执法、水务、望洪镇等单位、部门100多人开展联合执法,调动30多辆车辆(含铲车、挖机)对上述违法建筑逐一拆除。2019年7月6日,永宁县检察院对此次专项整治活动开展"回头看",确认现场违法建筑已全部拆除、清理完毕。

5. 内蒙古自治区阿拉善盟高新技术产业开发区黄河乌斯太段河道违法建设破坏生态环境案

【基本案情】

黄河流经内蒙古自治区阿拉善盟境内85公里乌斯太段河道长期以来存在违法占用河道现象,尤其是阿拉善高新技术产业开发区黄河乌斯太段河道内违规建造民房、违规修建鱼塘长期占用河道问题严重,威胁行洪安全。阿拉善盟高新技术产业开发区水务局对上述违法行为怠于履行监管职责。

【检察建议】

本案线索由内蒙古自治区检察院阿拉善盟分院在"携手清四乱 保护母亲河"专项行动中发现,随后该院立案并开展实地调查。通过勘验测量违建面积,固定证据,最终确认违规建造的民房占地14.5亩,违规修建18处鱼塘,占地446亩。2019年5月5日,该院向阿拉善盟水务局发出检察建议:依法督促责任部门限期拆除违规建设的民房,督促责任部门限期关停鱼塘,清退钓鱼人员,确保黄河生态安全。阿拉善盟水务局收到检察建议后,及时督促高新技术产业开发区水务局向开发区管委会专题汇报。随后,由管委会牵头联合高新区水务局、乌斯太镇政府等相关职能部门相互协调配合,共同推进整改。检察机关持续跟进监督,实地调查核实整改情况。

【整改结果】

目前黄河乌斯太段14.5亩的违建房屋已全部拆除,黄河乌斯太段河道管理范围内开设的18处鱼塘的相关垂钓设施及人员也已清理,危害乌斯太段河道生态安全的违建问题得到彻底解决。高新技术产业开发区管委会结合黄河国家湿地公园建设，拟投入专项资金，将清理的18处鱼塘规划建设为湿地公园，提升城市环境功能和生态效益。

6. 山西省万荣县汾河河道管理范围内违法建设破坏生态环境案

【基本案情】

2019年6月25日，山西省万荣县检察院在“携手清四乱　保护母亲河”专项行动中发现，汾河万荣段河道管理范围内存在以下问题：(1)汾河万荣段光华乡大兴村大兴桥西朝圣路口，河道内存在面积1500平方米的违建羊圈及房屋；(2)汾河万荣段光华乡北甲店村河道朝圣路西河道内存在面积520平方米的违建烘干厂房；(3)汾河万荣段光华乡罗池村河道西岸河道内存在面积10平方米的违建房屋；(4)汾河万荣段荣河镇西师村西师桥西北660米处，河道内存在150平方米的违建房屋和100亩私挖鱼池；(5)汾河万荣段荣河镇刘村桥西400米处河道内存在400平方米的违建房屋。上述违法建筑及鱼塘处于汾河河道管理范围内，阻塞河道，破坏了汾河流域生态环境，危及行洪安全，负有监管保护职责的万荣县水利局履职不到位。

【检察建议】

万荣县检察院在发现该案线索后，联合河长办迅速行动，实地勘查，固定证据。对发现的“乱建”问题一一登记造册，建立问题台账。在调查中，办案人员运用无人机进行航拍取证，对上述违法建筑进行实地勘验、测量，利用卫星地图确定每个违法建筑的地理坐标。2019年6月26日，万荣县检察院向县水利局发出检察建议书，建议县水利局立即对汾河万荣段河道管理范围内违法建筑进行清理，并建议河道主管机关细化整改目标任务、明确责任人、制定具体整改措施。

【整改结果】

县水利局收到检察建议书后，组织精干力量对汾河万荣段“四乱”问题进行全面排查，建立了整改任务清单、明确整改内容、整改要求和职责分工，并派业务骨干驻村，及时协调解决沿河各乡镇在整改中遇到的困难和问题，获得了群众的积极配合和支持。截至7月23日，共拆除违法建筑2580平方米，清理私挖鱼池面积100亩。

县水利局整改回复后，万荣县检察院立即派员对各违法建筑及鱼池整改情况予以核实，确认检察建议所述违法建筑及鱼池均已清理整治完毕。

7. 陕西省府谷县黄河沿线非法排污非法采砂破坏生态环境系列案

【基本案情】

黄河府谷段“四乱”问题严重，存在非法排污、非法采砂、非法搭建、非法开挖鱼塘、乱堆乱放等问题。水利、环保、城管、管委会、镇政府等职能部门履职不到位，致使黄河府谷段生态环境遭受破坏，公益受到损害。

【检察建议】

2018 年 6 月，陕西省府谷县检察院接到群众举报称当地生活污水直排黄河问题严重。检察机关通过现场勘查、走访居民、水质监测、无人机拍摄等手段，发现从 2015 年起府谷新区产生的居民生活污水未经处理直排黄河，流经地污水呈黑绿色，臭味刺鼻，水面垃圾漂浮，形成黑臭水体，严重污染黄河水质。

府谷县检察院立案后，成立以检察长为组长的领导小组，设 3 个办案组，对黄河府谷段全线水污染情况展开全面调查。确认黄河府谷段存在非法排污、非法采砂、非法搭建、开挖鱼塘、乱堆乱放等问题。根据《环境保护法》《水污染防治法》等法律法规，该县水务局、环保局、城管局、住建局、府谷镇政府、新区管委会均负有监管职责。府谷县检察院将上述问题分为非法排污、禁采区非法采砂、可采区非法采砂三案，给相关行政主管部门发出诉前检察建议 8 份，建议依法对非法排污、非法采砂、非法搭建、非法开挖鱼塘、乱堆乱放等问题依法履行监管职责，保护黄河生态环境。

【整改结果】

在送达检察建议后，府谷县检察院约请六家行政机关负责人进行座谈，详细解释了检察建议的内容，播放了黄河府谷段生态环境遭受破坏的视频；同时，还积极向县委、县政府作了专题汇报。县委、县政府立即成立“黄河河道采砂整治工作领导小组”“生活污水整治工作小组”，印发《府谷县黄河河道采砂专项整治工作方案》《府谷县直排口（入河排污口）专项整治实施方案》等文件，召开督办会议，全面开展整治工作。

整治过程中，府谷县政府共计投入资金 1.4 亿元，相关行政机关出动机械 1850 多台次，撤离采砂船 60 艘、设备 73 台，清理堆土砂石建筑垃圾等 138.1 万立方，覆平大型沙坑 55 处，拆除违章房屋 195 间，填埋鱼塘 5 个，恢复黄河沿岸原状 80 公里，并将新区的污水收集后送污水厂集中处理。水务局安排专人对黄河沿岸定期进行巡查，彻底杜绝偷采乱挖现象。府谷县检察院对行政机关整治工作全程跟进监督，在2019年7月对该案开展“回头看”时，确认检察建议内容全部整改到位且无反弹现象，黄河府谷段生态环境得到有效改善。

8. 河南省三门峡市两矿业公司违规采矿破坏黄河生态环境案

【基本案情】

河南省三门峡市两矿业公司在开采铝土矿中均存在部分侵占河南黄河湿地自然保护区的情形，在开采方式上存在违规开采行为，造成矿区内水土流失、矿山裸露，生态环境破坏严重。

2016年，第一轮中央环保督察对两个矿区存在的生态环境破坏情况予以通报。2017年8月，两矿业公司退出湿地自然保护区。2018年10月，中央环保督察“回头看”反馈意见再次指出三门峡市湖滨区、陕州区境内铝土矿区遭生态破坏问题。

【检察建议】

2018年12月12日，河南省检察院将该案件线索指定郑州铁路运输检察分院办理。该院调查发现，在两个矿业公司退出保护区后，三门峡市湖滨区、陕州区人民政府及所属环保局、国土资源局、水利局、林业局等职能部门未能充分履职，受损土地长期没有得到有效修复。湖滨区、陕州区人民政府的整改工作同中央环保督察“回头看”专项活动确立的整改目标仍有较大差距，存在矿山山体裸露、废渣乱堆乱放、湿地生态修复不到位、湿地保护区以外受损土地生态修复未完成等问题。

针对三门峡市湖滨区、陕州区政府履职不到位的问题，2019年3月26日、27日，郑州铁路运输检察分院先后向三门峡市湖滨区、陕州区政府发出检察建议，建议：(1)根据黄河湿地生态破坏情况责令两矿业公司完善涉案两个矿区的生态修复方案，全面履行领导、组织、监督、协调湿地保护职能，领导相关行政机关督促矿业公司严格落实方案。(2)做好涉案两个矿区生态恢复的监督、验收工作，确保整改到位。(3)对湖滨区、陕州区沿黄河铝土矿认真组织排查，对湖滨区、陕州区内的其他铝土矿开展核查，对存在的侵占黄河湿地保护区、违法开采等问题，明确责任，及时整改，确保黄河沿岸生态环境持续向好。(4)按照综合整治规划，确保新建矿山和持证矿山开采达到绿色矿山建设要求。

【整改结果】

检察建议发出后，三门峡市及湖滨区、陕州区政府高度重视，组成市长、区长为组长的专项工作领导小组,加强统一领导,分别制定了生态环境治理修复方案、开展露天矿山专项整治工作方案等。两个矿业公司也按要求编制了经专业机构评审的综合整治方案和绿色矿山建设方案。其间,郑州铁路运输检察分院多次与湖滨区、陕州区人民政府及矿业公司召开联席会议,就矿区治理标准、治理进度和方案等问题进行反复协调沟通,邀请专家为矿山治理中的难点问题出谋划策。截至目前,湖滨区铝土矿区共投入资金 2075.2 万元进行生态修复,修复面积 1292 亩,复植各类树木作物 25 万余棵,播撒草籽 7800 公斤。陕州区铝土矿区共投入资金 5000 余万元,治理面积 8461.262 亩,绿植各类树木 31 万余棵,飞播面积 10,000 亩,撒播草籽 3900 公斤,覆土 251.95 万方,回填废弃矿坑 2.2 万方。

9. 青海省化隆县查甫河、黑城河等河道垃圾污染破坏生态环境案

【基本案情】

位于青海省化隆县境内的黄河一级支流查甫河、黑城河、巴燕河、石大仓河、昂思多河等河道两侧及部分桥涵周边存在倾倒生活垃圾、建筑垃圾等现象,严重污染上述河流河道环境、泄洪安全,对于河道周边环境及村容村貌造成了极大影响,严重侵害黄河生态环境。

【检察建议】

根据“携手清四乱 保护母亲河”专项活动安排,青海省化隆县检察院在摸排过程中发现案件线索,于 2019 年 5 月立案审查,并进行了相应调查。2019 年 5 月 20 日,该院向化隆县水利局发出 1 份诉前检察建议,建议其督促相关单位和个人尽快清理上述河道两侧及桥涵周边垃圾,恢复河道环境,消除河道行洪隐患,并在全县范围内对河道两侧、水库和湖泊周边存在的随意倾倒生活垃圾、建筑垃圾问题进行排查处理。

【整改结果】

化隆县水利局收到检察建议后,积极落实河湖管理保护责任,召集生态环境、住建、水利等部门和各乡镇负责人召开了河湖长制工作现场会,进行安排部署,确保检察建议内容落到实处。化隆县水利综合行政执法大队依法对河道淤积、垃圾倾倒、水污染、偷采砂石情况进行执法检查,对影响河道行洪、破坏水环境等违法行为进行整治,组织干部群众清除建筑垃圾、清理渠道及水库周边生活垃圾,打捞水库库区内柴草、漂浮物,清理黑臭水体。截至 2019 年 8 月,共清理黄河及 16 条一级支流生活垃圾 138 处 450 方、建筑垃圾 55 处 400 余方;督促动员各乡镇河湖长清理村级河道垃圾210处近1万方;投入600余万元对扎巴镇本康沟河道进行了综合整治;投资30万元对后沟水库、巴燕镇尕西沟等重点水渠、沟道等进行了全面清淤。针对化隆县昂思多河、查甫河、巴燕河、金源河等河道乱采乱挖乱堆及雄先河、支扎河偷挖沙场等违法行为,主管行政机关均予以行政处罚,未执行处理决定的,依法申请县法院强制执行。2019年8月15日,检察人员到查甫河、黑城河、巴燕河、昂思多河等河道现场进行查看,确认河道周边生活垃圾、建筑垃圾已全面清理。

10. 四川省若尔盖县白河唐克镇段河道垃圾污染破坏生态环境案

【基本案情】

黄河一级支流白河若尔盖县唐克镇段(白河桥上游右岸堤防沿线、白河右岸索格藏寺院路对面山沟处)堆放了大量生活及建筑垃圾,造成严重污染。若尔盖县唐克镇人民政府存在怠于履职的情形,社会公共利益处于被侵害状态。

【检察建议】

2019年3月7日,根据"携手清四乱　保护母亲河"专项活动安排,四川省若尔盖藏族羌族自治县检察院会同县河长办对黄河干流及其支流进行暗访督察,发现了白河唐克镇段(白河桥上游右岸堤防沿线、白河右岸索格藏寺院路对面山沟处)堆放了大量生活及建筑垃圾。3月13日,若尔盖县检察院检察人员对该地堆放的生活及建筑垃圾进行了现场勘察并调查走访了当地群众。经查证,该河道两处垃圾系附近居民倾倒,因无人管理,在一年多时间内逐步形成了约440平方米、195平方米的两处露天"垃圾场",夏季臭气熏天、污水横流,涨水时相当一部分垃圾已经被河水冲入白河后流入黄河干流。该县水务局先后两次要求整改,但一直未能解决。若尔盖检察院通过调查研究确定,唐克镇人民政府应为该段河道垃圾清理的责任部门。

2019年3月16日,若尔盖县检察院向唐克镇政府发出诉前检察建议,建议:第一,切实履行监督管理职责,及时对白河河道内堆放的两处垃圾进行清理;第二,为避免清理后再次出现在河道倾倒垃圾的行为,应建立长效监管机制,防止类似问题再次出现。

【整改情况】

收到检察建议后,唐克镇政府迅速组织召开整改专题会议并邀请县级河长,检察院、河长办负责人参会,对问题形成的原因、如何整改、如何建立长效机制等问题作出了专题部署。2019 年 3 月 19 日，唐克镇政府组织乡镇干部、附近村民、僧人对该两处垃圾进行了清理转运。此外，镇政府还将河道检查工作情况纳入考核范围，专门聘请了公益性岗位人员负责河道日常垃圾的清理工作。

2019 年 4 月 3 日，唐克镇人民政府书面回复称已对两处堆放的生活及建筑垃圾进行全面清理并建立了监管长效机制。同年 4 月 23 日，若尔盖县检察院对检察建议整改情况进行了核实，经查，白河桥上游右岸堤防沿线河道干净整洁，有公益性岗位人员沿河随时巡查并清理零星垃圾；索格藏寺院路对面山沟处垃圾已经全部清理并复土，设有较为完善的垃圾处理设备。

二、最高人民法院发布 10 起长江流域水生态司法保护典型案例（2020 年 9 月 25 日）

1. 熊某辉等 3 人非法猎捕珍贵野生动物案

【基本案情】

2017 年 3 月 25 日，被告人熊某辉、杜某、江某波携带渔网、鱼竿等工具至长江干流丰都河段龙洞湾水域，捕获 2 只白鲢鱼和 1 条胭脂鱼幼鱼，并造成胭脂鱼死亡。三人所使用的刺网网目尺寸为 6 厘米，违反重庆市关于长江干流和嘉陵江、乌江水域网目尺寸不得小于 8 厘米的相关规定。经鉴定，胭脂鱼属国家二级保护野生动物。重庆市涪陵区人民检察院以熊某辉等 3 人犯非法猎捕珍贵野生动物罪、非法捕捞水产品罪提起公诉。

【裁判结果】

重庆市涪陵区人民法院一审认为，被告人熊某辉等 3 人违反保护水产资源法规，在禁渔期、禁渔区内采用禁用方法捕捞水产品，情节严重。三被告人捕获的胭脂鱼，系国家重点保护的珍贵野生动物，构成非法猎捕珍贵野生动物罪和非法捕捞水产品罪的竞合，应择一重罪处罚。一审法院以非法猎捕珍贵野生动物罪判决被告人熊某等 3 人有期徒刑 6 个月，并处罚金 2000 元。重庆市第三中级人民法院二审维持原判。

2. 毛某彩等 13 人非法捕捞水产品案

【基本案情】

2019 年 8 月，被告人毛某彩、毛某法、毛某国合伙购买快艇收购螺蛳。2019 年 9 月 7 日，毛某法、毛某彩驾驶快艇现场指挥，被告人毛某根和石某屏、毛某芳和毛某霞、毛某长和毛某连、朱某勇和朱某青、张某元、王某孝分别驾驶6条吊杆式捕捞渔船，前往鄱阳湖水域捕捞螺蛳，并运至码头装船。经现场称重，被告人毛某彩等13人非法捕捞的渔获物净重29,882斤。江西省鄱阳县人检察院以毛某彩等13人犯非法捕捞水产品罪提起公诉。

【裁判结果】

江西省鄱阳县人民法院一审认为，被告人毛某彩等13人违反保护水产资源法规，使用禁用工具非法捕捞水产品，情节严重，构成非法捕捞水产品罪，且系共同犯罪。鉴于毛某彩、毛某法等人具有自首情节、认罪态度良好，毛某根、王某孝有犯罪前科等情形，一审法院以非法捕捞水产品罪，分别判处被告人毛某彩、毛某法拘役5个月、缓刑10个月，判处被告人毛某国拘役5个月、王某孝拘役4个月，判处被告人毛某芳等人罚金1.5万元至6000元不等。一审判决已发生法律效力。

3. 云南省昆明市盘龙区人民检察院诉闵某、钱某礼非法捕捞水产品罪刑事附带民事公益诉讼案

【基本案情】

2017年10月1日夜，被告人闵某、钱某礼在滇池水域船房河使用电鱼器捕鱼，被当场查获电鱼器一套，渔获物鲫鱼14条、泥鳅67条。云南省昆明市盘龙区人民检察院以闵某、钱某礼犯非法捕捞水产品罪提起公诉，并提起附带民事公益诉讼，请求判令闵某、钱某礼承担相应生态环境损害赔偿责任。

【裁判结果】

云南省昆明市盘龙区人民法院一审认为，被告人闵某、钱某礼违反水产资源保护法规，在滇池禁渔期，在禁渔区内使用禁用的工具和方法非法捕捞，情节严重，构成非法捕捞水产品罪；其非法捕捞行为对生态环境造成破坏，依法应承担相应赔偿责任。一审法院分别判处被告人闵某、钱某礼罚金2000元；各向滇池水域增殖放流价值4000元的高背鲫鱼、花白鲢鱼及鳙鱼鱼苗，并通过新闻媒体公开赔礼道歉。一审判决已发生法律效力。

4. 贵州省毕节市七星关区人民检察院诉曾某飞等3人非法捕捞水产品刑事附带民事公益诉讼案

【基本案情】

2019年9月16日，被告人曾某飞等3人在贵州省毕节市七星关区大屯乡大河村赤水河水域，使用电击方式捕捞野生鱼类。经现场清点，三被告人共捕获河鱼205条,净重4.86斤。贵州省毕节市七星关区人民检察院以曾某飞等3人犯非法捕捞水产品罪提起公诉,并提起附带民事公益诉讼,请求判令曾某飞等3人在省级以上主流媒体公开赔礼道歉,赔偿国家因恢复受损水产资源所需费用9000元。本案案发后,被告人曾某飞等3人与检察院、当地农业农村局达成增殖放流生态补偿协议,自愿登报道歉和修复受损生态。

【裁判结果】

贵州省毕节市七星关区人民法院一审认为,被告人曾某飞等3人违反国家保护水产资源法规,共同实施故意犯罪,在禁渔区、禁渔期使用禁用的工具、方法捕捞水产品,情节严重,构成非法捕捞水产品罪;其行为并影响自然生态平衡,造成渔业资源破坏,损害国家利益和社会公共利益,应当依法赔偿。一审法院依法判处曾某飞等3人各管制6个月,在省级以上主流媒体公开赔礼道歉,并赔偿恢复受损水产品资源修复所需费用9000元。一审判决已发生法律效力。

5. 四川省崇州市人民检察院诉张某、汪某林非法捕捞水产品刑事附带民事公益诉讼案

【基本案情】

2019年5月1日,被告人张某、汪某林共谋至崇州市街子镇味江河水文站河段,采取电瓶连接逆变器的方式捕鱼,被现场查扣捕鱼工具和渔获物,包括鲫鱼、鲤鱼、白条鱼等10个品种共计4.96斤。经鉴定,上述捕捞行为造成渔业资源损失6839.28元和其他间接生态损害。四川省崇州市人民检察院以被告人张某、汪某林犯非法捕捞水产品罪提起公诉,并提起附带民事公益诉讼,请求判令张某、汪某林赔偿渔业资源损失费6839.28元,并承担本案渔业资源损失价值鉴定服务费8000元和公告费1000元。

【裁判结果】

四川省崇州市人民法院一审认为,被告人张某、汪某林在禁渔区、禁渔期使用禁用的工具、方法捕捞水产品,造成渔业资源损失,情节严重,构成非法捕捞水产品罪,属共同犯罪,其中张某为主犯,王某林为从犯;其二人的非法捕捞行为破坏了水域生态环境和生物多样性,应依法承担生态环境损害赔偿责任。鉴于二人系初犯,有悔罪表现,在庭前与当地生态环境保护中心签订参加社会实践活动协议,承诺参加1年6个月的社会实践活动。一审法院依法酌定从轻处罚,分别判处张某、汪某林有期徒刑,并适用缓刑;连带赔偿渔业资源损失费、鉴定费、公告费共计

15,839.28元,没收扣押在案的捕鱼工具上缴国库。一审判决已发生法律效力。

6. 湖南省岳阳市君山区人民检察院诉何某焕、孙某秋非法捕捞水产品刑事附带民事公益诉讼案

【基本案情】

2018年3月27日,被告人何某焕、孙某秋驾驶渔船至长江岳阳段君山银沙滩、孙梁洲附近水域非法捕捞,何某焕负责驾船、控制发电机设备,孙某秋负责使用电舀子电鱼、舀鱼,被当场查获非法捕捞渔获物165.58斤。湖南省岳阳市君山区人民检察院以何某焕、孙某秋犯非法捕捞水产品罪提起公诉,并提起附带民事公益诉讼,请求判令二人连带承担恢复原状和赔偿生态环境修复费用的民事责任。

【裁判结果】

湖南省岳阳市君山区人民法院一审认为,被告人何某焕、孙某秋违反保护水产资源法规,在禁渔期、禁渔区使用禁止使用的工具非法捕捞水产品,情节严重,构成非法捕捞水产品罪,其二人均系主犯;其非法捕捞行为损害作业范围内环境公共利益,应当连带承担生态环境损害赔偿责任。一审法院分别判处被告人何某焕、孙某秋拘役2个月,缓刑6个月,没收电捕鱼作案工具;责令其二人将4762元生态修复费用交付有关渔政部门购买幼鱼,投放于案发水域。一审判决已发生法律效力。

7. 湖北省宜昌市伍家岗区人民检察院诉李某九等8人非法捕捞水产品刑事附带民事公益诉讼案

【基本案情】

2017年10月,被告人李某九、陈某新、雷某华为实施电捕鱼,共同出资购买电捕鱼船舶1艘及相关设备,后李某九又邀约熊某孝入伙。此间,李某九邀约李某红等人参加非法捕捞,按次给付参与捕捞费用。2018年4月10日至6月4日,被告人李某九等8人多次在长江枝江段禁渔水域非法捕捞水产品共计5376.6斤,变卖渔获物得赃款25,148元。经评估,被告人李某九等8人的非法捕捞行为造成成鱼潜在损失量约7976斤,幼鱼损失量约174万尾。湖北省宜昌市伍家岗区人民检察院以李某九等8人犯非法捕捞水产品罪提起公诉,并提起附带民事公益诉讼,请求李某九等8人投放成鱼7976斤、幼鱼174万尾以修复生态。一审审理中,李某九等人的亲属代为缴纳生态修复费用,用于放流成鱼、幼鱼。

【裁判结果】

湖北省宜昌市伍家岗区人民法院一审认为，被告人李某九等8人违反保护水产资源法律法规，在长江禁渔期、禁渔区内使用禁用方法捕捞水产品，情节严重，构成非法捕捞水产品罪。鉴于被告人李某九等人积极履行生态修复义务，依法可以酌情从轻处罚；其非法捕捞行为破坏了长江生态环境和渔业资源，应连带承担生态环境损害赔偿责任。一审法院分别判处被告人李某九等8人有期徒刑2年至6个月不等，退缴违法所得；并就电捕鱼水域放流成鱼7976斤、幼鱼174万尾承担连带责任（已履行的放流部分予以扣减）。一审判决已发生法律效力。

8. 上海铁路运输检察院诉邢某成非法猎捕、杀害珍贵、濒危野生动物刑事附带民事公益诉讼案

【基本案情】

2019年8月6日，被告人邢某成在未取得捕捞许可证的情况下，驾驶自购渔船，行驶至上海市崇明区佘山岛北面水域，拖网作业实施捕捞，捕获疑似中华鲟活体1条及花鲢、鲈鱼若干，后将上述渔获物放入冰柜。经鉴定，确认该疑似中华鲟死亡个体为中华鲟，系国家一级保护野生动物。上海铁路运输检察院以邢某成犯非法猎捕、杀害珍贵、濒危野生动物罪提起公诉，并提起附带民事公益诉讼，请求判令邢某成赔偿损失4万元，公开向社会公众赔礼道歉。

【裁判结果】

上海市崇明区人民法院一审认为，被告人邢某成非法猎捕国家一级保护野生动物中华鲟，并致其死亡，构成非法猎捕、杀害珍贵、濒危野生动物罪；其行为造成国家野生动物资源损失，损害了社会公共利益，尚应承担生态环境损害赔偿责任。一审法院判处被告人邢某成有期徒刑1年，并处罚金5000元；赔偿国家野生动物资源损失4万元，并公开赔礼道歉。一审判决已发生法律效力。

9. 江苏省扬州市人民检察诉高某龙等10人环境民事公益诉讼案

【基本案情】

2019年年初，高某龙等8人在高邮湖、邵伯湖禁渔期内，使用电瓶、逆变器、电渔网等工具，多次采用快艇拉网方式电捕鱼，捕获渔获物1.3万余斤。李某宽明知非法捕捞仍利用工作之便违规开闸。王某早明知系非法捕捞渔获物仍予收购。高某龙、李某宽、王某早等10人因非法捕捞行为已被另案依法追究刑事责任。江苏省扬州市人民检察提起环境民事公益诉讼，请求判令高某龙等10人在国家级媒体公开赔礼道歉，并依法承担相应的生态环境损害赔偿责任。

【裁判结果】

江苏省南京市中级人民法院一审认为，高某龙等人作为电捕鱼组织实施者，组织策划或直接实施电捕行为，造成生态资源重大损害；李某宽作为协助者，其行为与生态资源损害结果之间有法律上的因果关系；王某早作为收购者，与高某某形成固定的捕捞、销售、收购链条，均应在相应范围内承担赔偿责任。一审法院判令高某龙等人在国家级媒体公开赔礼道歉，并对非法捕捞、收购行为造成的生态资源损失、直接渔业资源损失分别或者连带承担152.44万元至3.95万元不等的赔偿责任，上述款项用于高邮湖、邵伯湖地区生态资源修复。一审判决已发生法律效力。

10."王家坝河"生态环境损害赔偿协议司法确认案

【基本案情】

2019年6月6日夜，姚某在禁渔期间至重庆市酉阳县酉酬镇溪口村一组小地名"王家坝河"的天然河流，操作禁止使用的捕捞工具电鱼机非法捕捞野生鱼，被当场查获。经清点，姚某非法捕捞野生渔获物共计330尾，总净重10.2斤。后当地农业农村委员会与姚某就其非法捕捞水产品造成的生态环境损害进行磋商，并达成赔偿协议，并向人民法院申请司法确认。

【裁判结果】

重庆市黔江区人民法院受理申请后依法进行了审查，并对生态环境损害赔偿协议进行公告。公告期内，未收到异议。黔江区人民法院认为，申请人自行协商一致达成的生态环境损害赔偿协议，符合司法确认赔偿协议的法定条件，依法确认协议有效。当事人应当按照赔偿协议约定自觉履行赔偿涉案生态环境损害7242元的义务，一方当事人拒绝履行或未全部履行的，对方当事人可以向人民法院申请强制执行。

三、最高人民检察院发布"守护海洋"检察公益诉讼专项监督活动典型案例

1.天津市古海岸与湿地国家级自然保护区海洋生态环境保护行政公益诉讼案

【基本案情】

2018年11月，全国人大常委会海洋环境保护法执法检查组在随机抽查有关

问题线索中，明确指出天津市滨海新区临海新城北部存在一条违规建设的跨海道路，导致约21公顷面积的海域被圈占，削弱了被圈占海域的水动力和水体交换功能。圈占海域涉及天津古海岸与湿地国家级自然保护区贝壳堤核心区和缓冲区，对贝壳堤保护存在不利影响，且尚未按要求整改到位。

【调查和督促履职】

天津市人民检察院第三分院（以下简称天津三分院）调查发现，原天津滨海旅游区管理委员会（现为中新天津生态城管理委员会）组织天津某投资控股有限公司实施天津市滨海新区临海新城区域用海建设期间，自2008年起在临海新城北部海域建设施工道路1.7公顷，造成天津古海岸与湿地国家级自然保护区核心区所在的21.2公顷海域封闭，由于保留的透水通道淤堵，实际丧失水体交换能力。

天津三分院在“守护海洋”专项监督活动中，将该案列为重点案件办理。2019年4月10日、5月16日、6月5日办案人员三次到现场实地调研，并进行无人机录像取证。调查发现，现场除临海新城南部片区内北堤260.7米被拆除外，其余的跨海施工道路仍然存在，并未拆除或改造，天津古海岸与湿地国家级自然保护区贝壳堤核心区和缓冲区的海域依然处于相对被封闭的状态。

天津三分院于2019年9月27日立案办理此案，并多次和中新天津生态城管理委员会（以下简称生态城管委会）展开座谈交流，充分沟通有关情况，并于11月8日向生态城管委会发出诉前检察建议，建议其依法及时完善涉案跨海道路的用海手续；加大海洋生态修复工作力度，细化提升涉案海域水动力和水体交换功能施工方案，及时开展相应整改工作。

2019年11月18日，天津三分院与生态城管委会召开关于检察建议书整改落实座谈会，专题研究了相关整改问题。生态城管委会对检察建议书反映的问题全部认可，表示要按照检察建议的有关要求，全力做好海洋生态修复整改，每月向检察机关通报修复工程进展情况。

2019年11月底，生态城管委会在专家研究论证的基础上，完成项目招投标和工程立项工作。涉案生态修复工程包括海滨高速两侧水系连通生态修复工程和临海新城北堤联络段改造工程两个项目，工程总金额近4.5亿元，计划于2020年12月全部完工。截至2020年3月，海滨高速两侧水系连通生态修复工程项目已完成3处换水口全部12座箱涵结构施工；临海新城北堤联络段改造工程项目已完成外海侧围堰施工752.6米，成型长度450米，内海侧围堰施工533.9米，其中完成抛石挤淤及建筑碎料回填130米。目前，生态城管委会正加快实施上述两个项目，确保在规定时限内完成涉案海域生态修复整改工作，尽快恢复涉案海域水动力和水体交换功能。

【典型意义】

海洋自然保护区是国家为保护海洋环境和海洋资源而划出界限加以特殊保护的自然地带，具有重大的科学研究和保护价值。违法违规围填海活动严重破坏海洋自然保护区海洋生态系统。天津市检察机关将落实全国人大常委会执法检查整改任务列为行政公益诉讼重点案件，体现了保障法律正确实施的政治自觉和法治自觉。

天津三分院检察长和分管检察长直接参加案件办理。办案中，秉持"诉前实现保护公益目的是最佳司法状态"理念，与行政机关同向而行，充分考虑区域经济发展实际情况等因素，积极和相关行政机关沟通，努力争取多方共识和支持，形成海洋环境保护工作合力，推动问题逐步解决，既为经济发展保驾护航，又为美丽生态守住关口，助推海洋生态保护和绿色发展。

2. 辽宁省盖州市入海河流污染渤海生态环境行政公益诉讼案

【基本案情】

2019年5月7日，生态环境部发布全国地区"水质排名"，对全国地级及以上城市的国家地表水考核断面水环境质量及变化情况进行公布。辽宁省营口市一季度考核排名全国倒数第二，盖州市沙河位于其中，引起广大市民热议。针对群众的质疑声，盖州市人民检察院立即组织开展调查。经查，沙河流经盖州市双台镇注入渤海，该河盖州市双台段存在大量温泉洗浴废水未经处理直排污染水体的情况，直接影响城市地表水环境质量及渤海东部近海海水水质，也影响该河段作为盖州重点旅游景区组成部分的服务功能，社会公共利益受到损害。营口市盖州生态环境分局对辖区内的水污染防治工作负有监督管理职责，对于沙河盖州市双台段大量温泉洗浴废水未经处理直排问题，未依法履行监管职责。

【调查和督促履职】

盖州市人民检察院数次沿河现场调查污水排放源头，获得了准确的数据和信息，在前期充分准备的基础上，于2019年5月28日立案。该院在调查取证中，及时采取现场拍照的方式固定证据，并通过查阅法规、行政机关三定清单明确监督对象。2019年5月29日，发出检察建议书，建议营口市盖州生态环境分局依法全面履行职责，加强对沙河盖州市双台段温泉洗浴废水排放情况的监督管理，进一步做好水污染防治工作，改善城市地表水环境质量。收到检察建议后，营口市盖州生态环境分局高度重视，联合水利、公用事业等多家单位立即着手建设临时性污水处理设施。盖州市人民检察院数次派员现场监督临时性污水处理设施施工和试运行情况。经环保技术监测，临时性污水处理设施运行后，沙河盖州市双台河段流向中、下游河段的水质已明显改善，洗浴废水直排沙河现象已得到有效控制。经过检察机关的持续跟进监督，双台镇的污水处理厂已于2019年年底投入使用，并且运行状况良好，污水得到及时处理。

【典型意义】

营口市作为临渤海城市，其地表水和入海河流水质状况直接影响渤海水质。营口盖州市双台镇温泉产业是地方经济发展、改善民生的重要支柱，以该镇为中心形成集山、海、泉、林、寺等资源为一体的温泉旅游度假品牌，产业发展的同时也带来了水污染问题。检察机关强化服务大局意识，正确处理保护环境与经济发展的关系，紧紧围绕地方产业发展重点开展公益诉讼工作，督促行政机关依法履职，通过持续跟进监督，该镇的污水得到及时处理，保护了渤海生态环境，同时也为盖州温泉产业绿色发展提供了司法保障。

3. 江苏省如东县船舶修造企业危废处置污染环境行政公益诉讼案

【基本案情】

如东某腾船舶修造厂、如东某安船舶修造厂、长沙镇某坎渔船修造厂、如东县某埠渔船修造厂、如东某海船舶修造厂等企业将船舶修造过程中产生的部分废油漆桶随意弃置于厂区内及厂外临通海河岸，存在较大环境污染风险，进而影响到邻近海域环境。根据《国家危险废物名录》，废油漆桶属于危险废物，废物类别HW49，废物代码900－041－49。

【调查和督促履职】

2019年5月30日，如东县人民检察院根据渔民举报，发现有船舶修造企业存在污染海洋环境的行为，并成立专门调查组后对全县十余家沿海船舶修造企业进行实地走访。调查发现部分船舶修造企业将其生产经营中产生的废油漆桶，随意弃置于厂区及通海河岸。该院于同日决定立案调查，收集环境污染风险和相关职能部门怠于履行职责的证据。2019年6月，如东县人民检察院向县生态环境局、发改委、交通运输局、船舶修造企业所在乡镇等7家负有监管职责的行政单位发出行政公益诉讼诉前检察建议，建议上述单位切实履行监管职责，防止发生环境污染事故。

7家行政单位收到检察建议后，积极与如东县人民检察院沟通，及时采取了整改措施。各单位相继成立专项整治小组，制定整改方案：第一，约谈企业负责人，要求企业落实主体责任，并积极对相关企业及员工开展生态环境保护的宣传工作；第二，责令各企业将废油漆桶收集至专门危废仓库，并张贴危废标识；第三，要求企业及时登陆“江苏省危险废物动态管理系统”平台进行网上申报，登记废油漆桶转运、处置的情况，做好危险废物台账的完善工作。如东县人民检察院对上述工作全程跟进，助推7家单位稳步扎实推进污染防治工作。目前，有300多个废油漆桶被转运至专门危废仓库，相关环境得到了有效整治，消除了海洋环境污染隐患。同时积极助推有关行政机关建立废油漆桶长效管理机制，形成了环境监管的网格化效应。

【典型意义】

本案成功办理，首先，体现了检察机关在调查核实方面灵活采用进入案发现场进行检查、勘验的措施。其次，本案办理还促进相关单位和部门进一步强化了对废油漆桶属于危废的认识，提升了相关行政单位依法履职的力度。最后，根据“三定”方案，向多个行政职能部门和乡镇政府发出检察建议，从而实现整合多部门力量，凝聚各方合力，常抓不懈，共同推进海洋环境整治进程。

4. 浙江省平阳县守护南麂岛行政公益诉讼系列案

【基本案情】

南麂岛是国家级海洋自然保护区，位于平阳县鳌江口外30海里的海面，素有“碧海仙山”之美誉，拥有丰富的海洋生物资源，被联合国教科文组织列为“世界生物圈保护区”。该岛养殖条件优越，周边大黄鱼、扇贝等水产养殖密布。近年来，因陆源污染防治力度不够，海上污染防控措施执行不到位，以及海洋生态保护与修复工作相对滞后等问题，南麂岛周边海域生态环境遭到破坏，渔业资源明显衰退。

平阳县某某污水处理厂地处东海边，自2016年3月投产以来，因污水进水水质不稳和处理工艺相对落后等原因，处理后外排东海的废水长期不达标。仅2017年12月5日至2018年8月15日，其外排的废水重点污染源日均值累计超标598次。超标排放造成严重的负面社会影响，中央环保督察和省有关部门多次挂牌督办,相关行政机关多次责令其整改,但排放不达标的情况依然存在。

南麂岛养殖区域部分养殖户未取得养殖证的情况下,擅自开展贻贝网箱养殖等活动,生产经营粗放无序。禁渔期,该岛近海海域仍有大批渔民使用蟹笼、地笼等网具进行非法捕捞,且将废弃的网具直接丢弃于海中,致使海洋生态资源遭受破坏。

【调查和督促履职】

2018 年 9 月 20 日,平阳县人民检察院接到某某污水处理厂长期超标排放的举报线索后,鉴于其系县政府引入建设的 BOT 投资项目,涉及政府信誉和民生问题,特由检察长牵头组织专案组承办本案,通过调查取证,充分掌握相关违法事实。另查明:2016 年 6 月至 2018 年 6 月,平阳县环保局(2019 年 3 月机构改革更名为生态环境局)先后 4 次向某某污水处理厂下达了相关责令改正决定,要求其限期整改,然而企业并未执行,环保部门也未依法予以罚款或责令停产整治。检察机关认为平阳县环保局虽作出责令改正决定,但并未穷尽其法定监管手段。2018 年 11 月 2 日,平阳县人民检察院向县环保局送达检察建议书,建议依法强化源头管控,加强对平阳县滨海新区相关工业企业废水排放和某某污水处理厂日常生产行为的监管力度,并责令相关企业限期整改,实现长期稳定达标排放。

2019 年 3 月以来,平阳县人民检察院通过调查取证,确认南麂岛周边海域存在无证养殖、非法捕捞和废弃沉船等损害公益事实。平阳县农业农村局对于南麂岛近海小船使用禁用网具捕捞行为的打击力度较小,属于未全面履行监管职责。同时,南麂岛马祖岙海域丢有废弃多年的船只,船身布满锈迹,船内油污渗出,周边未设任何警示标志,既污染周边水域环境,又造成航道安全隐患。平阳县农业农村局未对废弃沉船和无证养殖全面履行监管职责,公共利益受损状态持续存在。

2019 年 7 月 23 日,平阳县人民检察院向县农业农村局送达检察建议书。建议:一是依法对违法弃船行为予以查处,督促船只所有权人清理废弃船只;二是对非法捕捞行为加大监管和查处力度,对违法行为人作出相应的行政处罚,构成犯罪的,移送公安机关处理;三是整治无证养殖行为,促进水产养殖行业提升。

上述检察建议发出后,平阳县人民检察院一方面向县委、县政府作专题汇报,积极争取理解与支持;另一方面强化与相关责任主体沟通联络,督促行政机关及时全面履职。在检察机关的督促下,平阳县环保局于 2018 年 11 月重启对某某污水处理厂的立案调查,并对其超标排放等违法行为罚款57.6万元。某某污水处理厂于2019年6月完成超标排放整改,县政府为其出资建设二期扩容提标工程(预期2020年年底完成),将彻底解决生产工艺不合格的根本性问题。同时,督促县环保局全面加强源头管控,对纳入东海污水处理管网的全县相关工业企业开展专项执法活动,加强对电镀、乳胶等重点排污行业的监管,彻查企业污水处理措施、药物使用情况和污染物排放去向,对11家违规排放的企业予以处罚整改。

平阳县农业农村局对于检察建议书反馈的内容开展专项执法行动,先后组织执法船与护渔船联合南麂镇政府开展海上与沿岸清网行动12次,清理取缔地笼网、蟹笼等各类废弃网具3644顶;调查确定废弃沉船船主,责令其限期将沉船予以拖离并作切割处理,确保海域生态环境和航道安全;对30余位无证养殖户进行分类处理,属于马祖岙等核定养殖海域的,要求其立即申办养殖许可证,改进养殖方式,不得破坏海洋生态环境;对不属于养殖区域的,依法予以取缔,全力保证南麂岛海域生态环境平衡。

【典型意义】

平阳县人民检察院针对中央环保督察挂牌督办的南麂岛开发保护不到位,周边海洋环境和资源遭受严重破坏的情况,充分发挥公益诉讼检察职能,坚持陆海统筹,督促相关行政机关依法履职,责成排污企业完成超标排放整改和工艺技术升级,达到标本兼治的效果,体现了主动对接环保督察、助力打好污染防治攻坚战的政治自觉和法治自觉。同时,以案件办理为契机,以点带面,督促行政机关前移关口,开展源头企业治理整顿,做好陆源污染防治。在无证养殖等顽疾处理上,督促行政机关分类施策,精准布局,既维护了渔民的利益,又有效解决了南麂岛海域无证养殖、非法捕捞和废弃沉船等顽疾,还南麂岛一片"碧海仙山"。

5. 福建省福州市长乐区漳港海岸线餐饮酒楼违法排污行政公益诉讼案

【基本案情】

长乐漳港,作为国家级新区——福州新区滨海新城的核心区域,其海岸线一带柯百户、避风港、南澳和北澳等四区域共有13家餐饮酒楼,每年吸引了大量来自各地的游客。上述餐饮酒楼中,仅1家酒楼按照环保规定将餐饮污水经隔油池过滤后排入市政污水管网,其余酒楼的餐饮污水均违规排入市政雨水管网,或直接通过窨井、管道等排放入海,对海域水质造成污染。

【调查和督促履职】

长乐区人民检察院将福州滨海新城核心海岸线一带餐饮酒楼违法排污问题作为开展“守护海洋”专项监督活动切入点，通过多次走访长乐生态环境局、水利局、海洋渔业局加强磋商研判，会同区市场监管局逐一实地摸排13家餐饮酒楼排污情况，发现多家餐饮酒楼违规直排污水入海，造成海洋生态环境污染，遂于2019年4月11日向长乐区生态环境局发出诉前检察建议，督促依法履职、及时整治，杜绝餐饮污水违规直排入海、污染海洋生态环境现象。

长乐区生态环境局收到检察建议后高度重视，依法对漳港海岸线一带柯百户、避风港、南澳和北澳等四区域餐饮酒楼的排污情况进行调查核实，并在法定期限内及时回复。2019年4月24日，长乐区生态环境局向长乐区人民检察院申请召开圆桌会议，表示已按照检察建议要求制定了整改方案，但整改工作存在多部门协调难、资金缺口大等问题，需与有关单位共同磋商完善并协作配合，才能整改到位。

2019年4月29日，长乐区人民检察院组织召开公益诉讼圆桌会议，邀请生态环境、市场监管、住建、漳港街道等部门以及漳港当地人大代表、政协委员参加，共同研究整改措施、完善整改方案。诉前圆桌会议结束后，漳港街道高度重视并迅速展开工作，召开镇村两级座谈会，明确要求相关餐饮酒楼6个月内科学设置排污管道，否则责令停业。在后续执行过程中，针对部分酒楼业主对出资数额心存顾虑、市政污水管网设置对接不尽完善等问题，长乐区人民检察院又召集两次圆桌会议，协调建设、水利等部门，协助委托第三方机构精准规划，适度延伸原有污水管网、拓宽餐饮排污管道，促成有关单位投入建设资金200万元，经过半年集中整治，9家餐饮酒楼完成管道整改，4家依法停业，涉案海域餐饮污水全面对接污水管网，实现入海污染零排放。

【典型意义】

长乐曾是郑和七下西洋的驻泊地，海上丝绸之路的起点之一。长乐区人民检察院针对人民群众反映强烈的漳港海岸线一带餐饮酒楼污水直排入海问题，认真履行公益诉讼检察职能，牢固树立“双赢多赢共赢”和“诉前实现保护公益目的是最佳司法状态”的理念，发挥其首创的诉前圆桌会议机制，召集多个相关的行政机关，通过督促、协调、配合，形成公益保护的强大合力，破解遗留已久的沿海餐馆排污难题，同时将该项工作全面铺开，实现沿海乡镇全覆盖，彻底解决污水排海问题，有效保护了海洋生态环境，助力地区经济社会发展，实现公益保护最大化的工作目标，充分彰显了检察公益诉讼工作在助力打赢污染防治攻坚战中的重要职能作用。

6. 山东省青岛市崂山区居民小区生活污水直排入海行政公益诉讼系列案

【基本案情】

位于崂山景区前海一线的 7 个小区私设排污口，生活污水未经处理直排入海，近 3 公里的海岸线几乎成了臭水沟，不但污染了前海海域、周边环境，还严重影响居民生活，社会公共利益受到侵害。

【调查和督促履职】

2017 年 7 月 21 日，崂山区前海一线有居民向检察机关反映，自己所在小区的生活污水未经任何处理直接排入海湾，污染海洋环境，影响居民生活。

青岛市崂山区人民检察院经初步调查发现，该小区建成于 20 世纪 90 年代，因当时无配套市政排污管网，生活污水自行处理。2008 年该区域排污管网陆续建成，但涉案小区生活污水未能及时接入管网。后因小区自有设施年久失修、管理不到位等原因，出现了生活污水直排入海的情形。

2017 年 8 月至 11 月，青岛市人民检察院针对该区域市政排污主管网建成前该区域已经有多个小区建成使用的情况，启动两级院一体化办案机制，抽调专门人员组建了 3 个调查小组开展类案排查。调查小组对近 3 公里海岸线所有小区进行了徒步走访，调阅了 2008 年之前建成小区的城建档案，向职能部门了解排水设施建设情况，最终查明共有 7 个老旧居民小区存在生活污水直排入海情形。

2018 年 2 月，该院依法对该系列案件立案审查，邀请环保领域专家学者进行现场勘察，并主动对接环保、市政等职能部门，推动问题解决。同时，该院考虑到老旧居民小区生活污水直排入海顽疾系历史遗留问题和社会共性问题，立刻向党委政府进行了专题报告，建议由政府统筹处理，尽快启动截污治理工作。

2018 年 7 月，该院分别向环保和市政部门发出检察建议，督促依法履职，建议环保部门协助启动小区临时污水处理设施，把施工期间生活污水对海洋的污染降到最低；市政部门明确施工节点，启动截污工程，彻底消除陆源污染。2018 年 8 月，在检察机关努力推动下，截污工程立项报批，由政府出资 425 万元，启动截污工程，以截污入网的方式彻底消除污染源，治理工作驶入了快车道。该院为破解办案人员无法现场实时了解工程进展的难题，创新性地聘请了多名小区居民作为公益诉讼义务监督员,通过微信等方式了解工作进展。监督员在协助监督工程质量的同时,也担任施工方和小区的协调人,为高效施工营造一个良好的外部环境。

2019 年 9 月 30 日,7 个居民小区的截污设施全部正式运行,近 3 公里海岸线实现了居民小区生活污水零入海。污水没有了,鱼虾多了起来,海域环境得到有效保护。

目前,青岛市人民检察院在此案办理的基础上,组织全市两级检察机关开展生活污水直排入海专项监督活动,推动行政机关依法全面履行职责,力争用两年半的时间,实现青岛沿海一线生活污水零入海,让水更清、滩更美、人民更幸福。检察机关的公益诉讼工作也得到了行政机关的认同,环保、市政等部门的主要负责人在 2019 年 8 月新华社、人民日报、中央电视台等十余家中央媒体对该案进行的集中采访中,均对检察机关"双赢多赢共赢"的监督理念和检察机关发挥的积极作用予以肯定,认为检察机关"为整改提供了好建议,为施工营造了好环境"。

【典型意义】

生活污水直排入海已经成为破坏海洋生态的一个重要因素。该案中,两级检察机关一体化办案机制确保了调查工作快速有序,邀请专家论证确保了检察建议科学有效,聘请小区居民作为公益诉讼监督员确保了建议整改质量。从排查 1 个小区入手,到最终推动把 7 个小区一体纳入整改,正是这种"办理一案,治理一片"的类案监督统筹推进思维,使得案件办理取得了显著成效。

海洋生态保护涉及多个部门,职责交叉重叠,问题解决需要依靠党委政府统筹调度。检察机关在法律监督中践行服务理念,注重沟通协作,与环保和市政等部门拧成一股绳,凝聚海洋生态环境公益保护强大合力。

7. 广西壮族自治区防城港市污水直排污染红树林生存环境行政公益诉讼案

【基本案情】

广西壮族自治区防城港市港口区倒水坳大桥南部约 500 米的兴港华府对面、北部湾大道西面连接海湾处,有污水直排入海及污染海湾红树林生长环境的问题,涉及周边面积约 763.38 平方米的海湾红树林。污水长时间持续直排入海,既损害海湾生态环境,也危害到周边海湾红树林的生长环境,社会公共利益持续遭受损害。

【调查和督促履职】

2019 年 12 月,防城港市人民检察院从市人大常委会专题调研中发现本案线索,立即进行现场核实,成立专案组立案调查。通过多次走访相关行政机关了解排污情况，并结合防城港市西湾潮汐涨退规律，多次深入排污点，通过实地查看红树林生长情况、派出无人机航拍、拍照录像、不同段污水取样等方式，及时固定污水直排入海的时间、地点、污水颜色、影响范围、影响后果等相关证据。证实该区域持续存在生活污水通过雨水管道直排入海行为，已污染到海域水质，危害到红树林生长，也使该区域的其他海洋动植物生存受到威胁，破坏海洋生态、生物多样性，而且排污口的位置正好处于防城港市西湾国家级AAA景区的西湾环海景观带，污水形成长、黑、臭的污染带。

防城港市人民检察院在前期调查的基础上，又先后走访了市城市管理监督局、生态环境局、林业局、海洋局，了解生态资源受损程度及修复等专业性问题，并向市城市管理监督局致函，磋商整改排污问题。2019年12月6日，防城港市人民检察院与市城市管理监督局举行行政公益诉讼诉前磋商会。经磋商，确定由市城市管理局出具整改方案，明确具体措施、整改目标、完成时限。后又通过再次磋商，双方决定建立协商合作长效机制，共同保护防城港良好的生态环境、海洋环境、红树林生存环境。磋商后，市管理监督局通过发放整改通知书、深入排查雨污管网、完善雨污分流管道、堵塞偷排管道等方式对倒水坳大桥附近生活污水直排入海问题进行有效整改。

整改期届满后，防城港市人民检察院办案人员多次到现场进行跟踪"回访"查看整改效果，并请防城港市生态环境局工作人员对该区域水质进行现场取样，检测结果显示排放的各项指标已达到国家标准。此案的办理，保护了红树林生长，促进提升了海洋生物多样性保护的理念意识，同时推动市城市管理监督局进一步完善系统治理城市黑臭水体的方式方法，加大城市雨污分流管网改造力度，达到办理一案治理一片的目标。

【典型意义】

防城港市人民检察院紧密结合本地特点，针对存在的突出问题，坚持从个案监督入手，运用较少的司法投入实现维护社会公益最大化的目标。在督促行政机关快捷、有效解决个案问题的同时，又推动了行政机关系统解决类案问题，同时双方还由此建立了公益保护长效协作机制，切实守护好"红树林"这一海洋生态屏障。

8. 海南省海口市海洋非法倾废行政公益诉讼案

【基本案情】

海口市"12345"热线平台显示，自2018年10月23日起，数名群众11次拨打

“12345”热线举报有运泥船在美丽沙附近海域倾倒垃圾，海口市海洋与渔业局在平台的回复均是查无此事。

【调查和督促履职】

海口市秀英区人民检察院永兴海洋检察室通过对接的“12345”热线平台发现上述举报情况后，于2018年11月通过无人机三次巡查，拍摄到有运泥船非法倾废。视频显示，运泥船从临时码头开出1海里左右就开始掉头，掉头时船舱底部打开，一边行驶一边倾倒，船后泛起一条黄黄的水带，夹杂着一些塑料垃圾漂浮在海面。2018年12月14日，海口市人民检察院与秀英区人民检察院开展联合调查，发现美丽沙工地工程车装载建筑垃圾驶向临时码头后，随即通过无人机拍摄取证，同时将情况反映给海口市海洋与渔业局执法支队并与其一起出海，在海上截获一艘已倾倒建筑垃圾正在返回临时码头的开底船。

海南省人民检察院对此案高度重视，检察长亲自担任本案的指导检察官，全程进行组织指挥。海口市人民检察院通过实地勘查现场、调取行政档案、询问相关证人等方式进一步查明：2018年7月，海南某汇疏浚工程有限公司（以下简称某汇公司）承包某公司土石方工程的土方外运和垃圾处置项目，在海口市海甸岛美丽沙搭建临时码头，用船舶运输建筑垃圾。某汇公司无海洋倾废许可证，其倾倒垃圾的海域非海口市人民政府指定的海洋倾废区域。某汇公司申请海域使用权时提供的租地合同系伪造，其声称用船舶将建筑垃圾运至湛江某村租用地，但实际并未运到此地。陈某系某汇公司的实际控制人及项目实际承包人。

2019年1月2日，海口市人民检察院向海口市海洋与渔业局公开送达检察建议书，要求其依法履行职责，对骗取海域使用权及非法倾废行为予以查处，对违法行为人追究生态损害赔偿责任。2019年2月27日，涉案临时码头被拆除。2019年5月16日，海口市海洋与渔业局对某汇公司和陈某作出“责令立即改正，各处人民币10万元罚款”的行政处罚。罚款已缴纳。

海口市人民检察院在调查涉案渣土的去向时还发现，除一部分被非法倾倒入海外，还有一部分被运至海口市新埠岛一非法垃圾堆放点。2019年3月，海口市美兰区人民检察院向相关执法部门发出诉前检察建议，该违法垃圾堆放点问题得到处理，涉案单位缴纳罚款和处置费用近200万元。针对某汇公司等人非法倾废造成的海洋生态环境损失，2019年11月1日，海口市人民检察院向海口海事法院提起了民事公益诉讼。2020年3月26日，一审法院判决被告支付修复费、鉴定费等907万元。

【典型意义】

随着沿海工程项目不断增多,一些企业为减少成本随意处置建筑垃圾的事件时有发生,有些甚至将工程垃圾非法倾倒入海,严重破坏了海洋生态环境,成为当前海洋环境保护最为突出的问题。本案典型意义,一是将先进技术手段与现场调查相结合,全面查清行政机关不履行职责的具体情况,解决了海洋案件取证困难的问题,为督促履职和精准起诉奠定了基础。二是坚持重大案件上级办和“一把手”带头办案,为突破案件奠定了组织基础。三是坚持运用行政、民事公益诉讼等综合性手段,弥补单一手段保护力度不够的问题,切实提升海洋环境保护的质效。

9. 海南省海口市秀英区定置网破坏渔业资源行政公益诉讼案

【基本案情】

定置网捕捞是海南省渔民根据潮汐、洋流、鱼群种类等特点形成的传统近海捕捞方式。海口市海甸岛、白沙门、西秀等琼州海峡海域长期存在大量定置网,网目尺寸普遍不足10毫米,小于农业部规定的南海准用渔具最小网目尺寸标准(刺网类10毫米,围网类最小35毫米,杂鱼具35毫米,拖网类40毫米)。2019年5月1日至8月16日为南海海域(含北部湾)海洋伏季休渔期,检察机关经调查发现,在此休渔期违规使用定置网现象仍大量存在。

【调查和督促履职】

2018年12月,文昌市人民检察院曾就文昌市海洋渔业局不履行定置网监管职责向海口海事法院提起了行政公益诉讼,该案在海南省海洋渔业系统产生了重大影响。以此为契机,海口市秀英区人民检察院通过出海巡查、走访重点渔村、调取执法材料及座谈调研等方式,收集调查了琼州海峡海域定置网及渔船非法作业的基本情况,于2019年7月4日向海口市农业农村局发出诉前检察建议,建议其通过海上巡查、没收渔具等行政措施,纠正违法行为,切实保护海洋渔业资源。市农业农村局收到检察建议后,联合秀英区政府、美兰区政府、市公安边防支队和市场监督管理局等单位成立了整改工作领导小组,制定了整改方案,采取了海上巡查,联合清网、联合巡查等措施。秀英区人民检察院派员参与海上巡查及清网行动,督促检察建议的落实。截至2019年8月22日,行政机关共组织海上执法巡查78次,海上清网专项行动20次,没收各类违规网具2699张(包括定置网57张、地笼网2629张等),查获涉嫌违反休渔规定出海船只49艘,罚款22.78万元。同时建立了休渔期间海、陆24小时联合巡查的工作制度,加强了法律宣传。

秀英区人民检察院还与市农业农村局会签《关于建立海洋渔业行政执法和检察监督协作机制的意见》,建立案件协商通报、线索移送、信息化建设、成立海洋巡回检察室等常态化工作机制。

为更好地解决定置网在严格执法与百姓民生之间的矛盾,该院还积极推动市农业农村局联合海南省海洋与渔业科学院进行定置网技术改造,通过对传统定置网网囊部分尾端进行改造,使改造后的网囊尾端网目尺寸符合农业部的要求。目前已在三联村进行试验,待试验完成后在全市推广。

【典型意义】

定置网捕捞严重破坏国家渔业资源,危害琼州海峡的航道安全,其形成具有特殊的历史原因,涉及渔民生计和社会稳定。解决此类公益侵害问题,既要把握时机督促行政机关严格执法,又要综合治理解决执法与民生之间的矛盾。本案中,检察机关借助同类问题行政公益诉讼案件的监督示范效应,及时向行政机关发出诉前检察建议,注重检察建议的跟踪落实,通过联合行动、综合施策,推动定置网捕捞顽疾的破解,彰显了"诉前实现保护公益目的是最佳司法状态"的理念,实现了政治效果、法律效果和社会效果的统一。

10. 山东省招远市违建码头整治行政公益诉讼案

【基本案情】

招远市海洋与渔业局在办理招远市某龙渔业有限公司(以下简称某龙公司)自2012年9月30日开始,在未取得海域使用权的情况下,擅自占用海域,填海建设小码头。经测定,非法占用海域面积0.739公顷。2017年8月30日,招远市海洋与渔业局向某龙公司下达《责令停止违法行为通知书》,责令该公司立即停止建设小码头的违法行为。虽然某龙公司已停止建设小码头的违法行为,但违法建设的小码头一直未予拆除,招远市海洋与渔业局未对某龙公司的违法行为采取进一步的监管手段和措施,国家利益和社会公共利益持续处于受侵害状态。

【调查和督促履职】

2018年4月,招远市人民检察院在中央环保督察信访交办案件整改工作中发现案件线索,经初步核实,认为招远市海洋与渔业局在存在履行职责不到位的情形,遂于2018年4月12日依法立案进行调查,依法调取了招远市海洋与渔业局对某龙公司行政执法卷宗,查阅了询问笔录、现场笔录、照相资料等证据材料,并深入现场通过拍照、无人机航拍、询问当事人及周边群众等方式开展调查核实。2018年4月19日，招远市人民检察院向招远市海洋与渔业局发出检察建议书，建议该局依法全面履行职责，对某龙公司的违法行为依法及时作出相应的行政处罚，并监督处罚决定执行到位。2018年6月19日，招远市海洋与渔业局回复称，在立案查处过程中，当事人某龙公司对违法主体提出异议，称该案违法主体应是辛庄镇海埠村村委会，而该村委会却予以否认，因此本案无法确定违法主体。对此，该局在违法现场张贴《限期拆除通知书》，要求业主自行拆除违法建筑，否则按无主处理。遭受破坏的海域仍未恢复原状，国家利益和社会公共利益受到侵害的状态依然在持续。

2018年6月21日，烟台市、招远市两级检察机关对诉前检察建议的落实情况进行跟进调查，对涉案海域进行了勘验，采取拍照、卷尺测量等方式提取、巩固了相关证据。针对招远市海洋与渔业局是否作出行政处罚决定问题，专门向其上级机关发出调查函。烟台市海洋与渔业局回复称，招远市海洋与渔业局在办案期限内仅进行了立案报备，并未依法作出行政处罚决定。

【典型意义】

该案是海洋生态环境行政公益诉讼案件，山东省人民检察院、烟台市人民检察院高度重视，多次指导招远市人民检察院搜集、固定证据。在对诉前检察建议跟踪阶段，烟台市人民检察院派员直接深入现场勘验检查，指挥无人机航拍取证，为启动诉讼程序奠定了坚实的基础。针对招远市海洋与渔业局辩称无法确定违法主体的问题，检察机关调取了某龙公司向山东省海洋与渔业厅申请建设人工渔礁项目的批复材料，证实某龙公司确为违法建设主体。经过全面搜集、固定证据，法院全部支持检察机关的诉讼请求。

行政公益诉讼的目的，是通过督促行政机关依法履职、恢复受侵害的公共利益。在办理本案过程中，最大的争议是招远市海洋与渔业局是否存在怠于履行职责的违法行为。本案中，行政机关虽履行了部分职责，但未依法全面履职，致使公益持续处于受侵害状态，检察机关经诉前程序仍未实现督促行政机关依法全面履职目的，应当向法院提起行政公益诉讼。法院判决支持、行政机关根据判决作出行政决定后，检察机关持续跟进，督促判决和行政决定的落实，受损的公共利益得到全面修复。

11. 浙江省舟山市人民检察院诉杨某某等人破坏海洋野生动物资源保护民事公益诉讼系列案

【基本案情】

2018 年 9 月至 11 月，杨某某等 7 人、刘某等 5 人为非法获利，从码头、渔船等处收购海龟，并通过整车装运、客车零带等方式销往广东出售给林某某、詹某某，总数达 133 只。

本系列案涉及的海龟经鉴定均系《国家重点保护野生动物名录》中确定的国家二级保护野生动物，其对维护生物多样性和生态平衡具有重要意义。杨某某、刘某等人非法交易、运输野生保护动物，形成违法侵害规模大、持续时间长的产业链条，使国家重点保护野生动物资源和海洋生态环境遭到严重破坏，国家利益和社会公共利益受到严重损害。

【诉前程序】

舟山市人民检察院分别于 2019 年 4 月 16 日、18 日对该系列案立案办理，并在《检察日报》上刊登公告，督促有权提起诉讼的适格主体就本系列案向法院提起民事公益诉讼，公告期满，未有机关或社会组织向法院提起民事公益诉讼。

【诉讼过程】

根据最高人民法院《关于审理海洋自然资源与生态环境损害赔偿纠纷案件若干问题的规定》，涉及海洋生物资源损害赔偿的案件应由海事法院管辖。2019 年 5 月 22 日，舟山市人民检察院向宁波海事法院提起民事公益诉讼，7 月 29 日和 9 月 9 日，宁波海事法院两次召开庭前会议；9 月 11 ~ 12 日，公开开庭审理了本系列案。

由于案件复杂，舟山市人民检察院在法庭上分 3 组举证：(1) 以刑事侦查阶段形成的被告人供述与辩解、证人证言、勘验笔录、扣押清单为主的证据组，举证被告实施了非法收购、运输、出售海龟的行为。(2) 以鉴定意见书、专家意见为主的证据组，举证被告侵权行为造成了野生动物资源损害的后果。(3) 由专家意见和《海洋环境保护法》等法规组成的证据组，举证侵权行为与损害后果之间具有因果关系，侵害了国家利益和社会公共利益。出庭意见认为：从整体上看，各被告实施收购、运输、出售海龟的侵权行为，共同促成了从舟山收购到广东贩卖海龟的完整利益链，主观上具有侵害国家利益和社会公共利益的过错，并造成了严重的损害结果，且侵权行为与损害结果之间具有法律上的因果关系，应当追究相应的侵权责任。从侵权行为各环节看，收购、运输、出售等各环节具有一体性、不可分割性。国家利益和社会公共利益因各被告的共同侵权行为遭受了严重的损害。检察机关委托南京师范大学司法鉴定中心和浙江海洋大学对查获的海龟进行了种属、保护级别和价值鉴定。根据鉴定结论，诉请各被告在各自侵权范围内连带赔偿340.68万元生态修复补偿金的诉讼请求合法合理。

为确保判决能够得到及时有效的执行，舟山市人民检察院于2019年6月24日向宁波海事法院申请诉前财产保全。25日，宁波海事法院依检察机关申请，对各被告相关财产进行了查封。2019年11月19~20日，宁波海事法院对系列案作出一审判决，全部支持检察院的诉讼请求，判决内容如下：(1)判令12名被告在舟山市市级媒体上公开赔礼道歉；(2)各被告在各自侵权责任范围内连带承担生态修复补偿金共计340.68万元。被告均未上诉，判决已分别于2019年12月12日和18日生效。

【典型意义】

野生动物资源保护涉及源头、运输、交易、利用等多个重要环节，全流程、全链条的司法保护非常必要。对于各环节违法者，检察机关应当依法提出民事公益诉讼，要求各侵权人在各自范围内承担连带赔偿责任，有利于对非法交易野生动物黑色产业链的惩治。作为全国首批由检察机关向海事法院提起的海洋生物资源民事公益诉讼案件，该系列案受到了媒体的广泛关注，有效扩大了民事公益诉讼的社会影响力，向社会大众传递了破坏海洋自然资源“公益有价，损害担责”的信号，实现“办理一案、警示一片、教育影响社会面”的办案效果。

12. 河北省唐山市路北区人民检察院诉高某某等6人非法捕捞水产品刑事附带民事公益诉讼系列案

【基本案情】

2014~2018年，高某某等6人为谋取非法利益，分别在禁渔期多次至河北省乐亭县大清河港附近海域和捕鱼尖码头附近海域，使用禁用工具捕捞水产品约10万斤。2018年9月27日，唐山市公安局路北区分局将高某某等6人以非法捕捞水产品罪分别移送唐山市路北区人民检察院审查起诉。

【调查和诉讼】

2019年3月8日，唐山市路北区人民检察院认为此案破坏了海洋生物多样性，损害了社会公共利益，以刑事附带民事公益诉讼立案调查，同时委托生态环境保护部环境规划院进行海洋生态环境损害鉴定评估。经评估，认定高某某等人行为所造成的海洋生态环境破坏所需生态环境修复费用为135.7748万元。

2019年4月4日，唐山市路北区人民检察院向区法院提起刑事附带民事公益诉讼，请求法院判令6被告通过增殖放流或支付生态环境修复费的方式进行环境修复，并承担鉴定评估费12万元。2019年6月20日、6月26日、7月4日，唐山市路北区法院分别做出判决，以非法捕捞水产品罪，判处6被告罚金人民币10万元或有期徒刑6个月缓刑1年至有期徒刑1年7个月不等的刑罚，对检察机关的民事公益诉讼请求全部予以支持。目前，高某某等6人已支付环境修复费用108万元，其余部分正在进一步执行追缴中。

此案暴露出渔政部门宣传教育不到位，专项执法和日常监管制度不落实，对无手续船只存在监管漏洞等问题。2019年6月17日，唐山市路北区人民检察院向乐亭县渔政部门发出检察建议，建议乐亭县渔政部门强化宣传教育、加强专项执法、强化日常监管，堵塞监管漏洞。渔政部门接到检察建议后，开展了渔业执法监督活动，并于2019年7月3日回复落实改进措施：一是进一步加大渔业法律法规宣传力度，在重点码头及渔业村设立警示专栏；二是强化专项执法检查，突出监管重点，在重点、敏感海域加大巡航执法频度；三是着重提升队伍素质，加大投入、改善执法监督装备，加大力度打击滥采滥捕。通过加强渔业执法监督活动，码头和海域秩序及渔政管理水平都有了较大提升。

【典型意义】

检察机关通过全面履行公益诉讼检察职能，不断加大海洋生态环境保护力度，持续精准发力，提升海洋生态环境司法保护水平。通过办案，一是有效打击了沿海非法捕捞行为，提升了人民群众的海洋生态保护意识。二是通过刑事附带民事公益诉讼，使被告承担生态环境修复费用，修复被破坏的海洋生态环境。三是通过检察建议，督促行政机关全面依法履职，促进提升社会治理能力。此案的办理，贯彻了损害担责、全面赔偿的生态保护理念，实现了政治效果、法律效果和社会效果的有机统一。

13. 上海铁路运输检察院诉周某某非法捕捞水产品刑事附带民事公益诉讼案

【基本案情】

上海铁路运输检察院从刑事案件中得知，2018年4月24日至6月21日，周某某、谢某某等7人在《渔业捕捞许可证》已过期的情况下，驾驶“苏通渔26628”

在长江上海段水域使用禁用工具多次捕捞长江刀鲚及凤鲚,后销售牟利。同年6月21日16时许,公安机关将驾驶“苏通渔26628”在长江上海段水域捕捞的上述人员当场抓获,并在船上查获3公斤长江刀鲚和15.23公斤凤鲚干。经查,案发期间周某某非法捕捞并销售的长江刀鲚共计748.62公斤。

【调查和诉讼】

在获得该案线索后,上海铁路运输检察院初查认为周某某非法捕捞的行为破坏了国家渔业资源,损害社会公共利益,遂于2019年1月10日进行刑事附带民事公益诉讼立案。上海市人民检察院指导上海铁路运输检察院采取多种措施调查。首先,赴中国水产科学研究院东海水产研究所、上海市渔政监督管理处调研,询问目前刀鲚是否可进行人工养殖、是否可实现增殖放流等问题。其次,咨询长航公安上海分局,周某某等人非法捕捞的水域是否属于国家或上海市划定的重点生态功能区,或是否属于上海市生态保护红线范围。再次,赴上海铁路运输法院就破坏资源类刑事案件资源价值的认定、附带民事公益诉讼案件诉讼请求的确定及法律依据、生态损失评估报告的适用等问题进行意见交换。最后,赴崇明区发展和改革委员会(以下简称崇明区发改委)进行调研,明确涉案刀鲚价格认定意见的法律依据和价格认定方法。最终认定,本案中周某某在长江禁渔期无刀鲚专项捕捞许可证的情况下捕捞刀鲚748.62公斤,造成国家渔业资源价值损失共计人民币243,047.5元。

上海铁路运输检察院于2019年1月11日发出公告,督促有关机关和社会组织提起民事公益诉讼。公告期满后,相关主体未提起诉讼。

上海铁路运输检察院于2019年6月5日向法院提起诉讼,请求判令周某某赔偿国家渔业资源价值损失并公开向社会公众赔礼道歉。上海铁路运输法院于2019年9月12日开庭并于2019年9月20日作出判决:(1)被告人周某某犯非法捕捞水产品罪,判处有期徒刑6个月,缓刑1年;(2)查获的渔获物及作案工具等予以没收;(3)被告人周某某于判决生效后30日内赔偿因非法捕捞刀鲚所造成的国家渔业资源价值损失共计243,047.5元;(4)被告人周某某于判决生效后30日内就非法捕捞水产品行为向社会公众公开赔礼道歉(已当庭进行道歉)。现赔偿款正在执行过程中。

【典型意义】

上海检察机关以“守护海洋”专项监督活动为契机,以刑事附带民事公益诉讼手段,加大对非法捕捞行为打击力度,促进对长江刀鲚等多种海洋生物的保护,助力保护海洋生物资源的多样性和生态系统的可持续发展。

长江刀鲚属于从海洋洄游到长江的鱼类。上海检察机关落实《关于长江经济带检察机关办理长江流域生态环境资源案件加强协作配合的意见》,担负起长江流域下游职责,将服务保障长江经济带绿色发展与守护海洋结合起来,体现了河海共治的生态系统观。

上海检察机关积极走访崇明区发改委、东海水产研究所、法院等部门,对国家渔业资源损失进行科学界定,合理确定诉讼请求,得到了法院的支持。

14. 广东省广州市南沙区人民检察院诉陈某某等5宗10人非法捕捞水产品刑事附带民事公益诉讼系列案

【基本案情】

2018年5~6月,陈某某、霍某某、黄某某等10人在广州市南沙区部分水域使用自制电鱼工具进行捕捞作业,被公安机关和广东省渔政总队南沙大队执法人员抓获,缴获作案工具和水产品50余公斤。经渔政部门认定,其使用的电鱼工具和电鱼捕捞方法属于国家规定禁止使用的捕捞工具和捕捞方法,实施电鱼捕捞作业时间正值珠江流域禁渔期间,且捕捞作业位置位于禁渔区域范围。经中国水产科学研究院南海水产研究所评估,陈某某等人的非法捕捞行为造成生态损失数万元。后公安机关将该案移送检察机关审查起诉。

【调查和诉讼】

2018年11月,南沙区人民检察院在履行审查起诉职责中发现该系列案线索,遂作为刑事附带民事公益诉讼案件立案。在调查过程中探索刑事、民事"一站式取证"模式,制定了《非法捕捞水产品案件证据清单》提供给公安机关和相关行政主管部门,以清单形式归纳非法捕捞水产品案件刑事侦查和民事调查的取证要点,引导公安机关在侦查中着重收集捕鱼工具的规格和功率、渔船航行的轨迹和时长、渔获物的种类和重量等11类证据。对于电捕鱼造成的水生生态损失认定,鉴于我国目前尚未制定针对性的计算标准,检察机关多次与渔政、自然资源局、中国水产科学研究院南海水产研究所进行会商研讨,建立一套非法捕捞水产品类案损害认定模型,由中国水产科学研究院南海水产研究所出具了生态损害评估及补偿修复的年度意见,适用于该年度检察机关办理全部非法捕捞案件,平均鉴定时长由半年缩短至1个月内,费用由6万~8万缩减为500元/案。对于本系列案的民事责任承担方式,检察机关审查认为以增殖放流作为赔偿金的替代手段,可以更直接、更有效地补充海洋渔业资源,是较为合理有效的生态修复方案,并依据专业评估意见,确定了增殖放流的鱼苗种类和具体数量。

2018 年 11 月 8 日,南沙区人民检察院在《检察日报》就本系列案发出诉前公告,1 个月公告期满后没有法律规定的机关和社会组织向法院提起民事公益诉讼,社会公共利益仍处于受侵害状态。

2019 年 2 月,根据《民事诉讼法》第 55 条第 2 款、最高人民法院、最高人民检察院《关于检察公益诉讼案件适用法律若干问题的解释》第 20 条的规定,南沙区人民检察院对该系列案中 8 名被告提起刑事附带民事公益诉讼(另 2 名刑事案件被告人诉前表示愿意承担责任,未被提起附带民事公益诉讼)。诉讼请求是:(1)判令全体被告需增殖放流不低于 2.5 万余元的鱼苗和成鱼,用于修复被损害的生态环境;(2)全体被告需在省级以上媒体向社会公众进行公开赔礼道歉。2019 年 6 月 4 日,南沙区法院作出判决全部支持检察机关诉讼请求,被告均表示服判。

2019 年 6 月 5 日世界环境日,检察机关就该系列案组织增殖放流活动,在人大代表、法院执行人员见证下,10 名被告人亲手将 7.3 万尾鱼苗投放入伶仃洋海域。

【典型意义】

广州市南沙区人民检察院在广东省首创成立专门的检察官办公室,对生态环境保护案件实行刑事、民事、行政同步办理工作机制,通过制定“清单式”取证指引,有效协同公安机关调查取证,借助刑事诉讼程序夯实民事公益诉讼证据基础,实行“一站式取证”,提高了司法效率。

检察机关因地制宜,与相关专业机构共同研讨出一套“低成本、高效益”的损害认定机制,将单一个案鉴定变为整体共性和个体相结合的评估模式,通过“一揽子评估”解决鉴定难问题。大幅度降低了评估鉴定时间和经济成本,破解了生态环境损害评估鉴定费用高、周期长问题,为提起民事公益诉讼提供了科学的索赔依据。

以增殖放流替代生态损害赔偿金,及时修复海洋渔业资源,展示了恢复性司法理念的实践成果,增强了公益诉讼的生态保护实效,提升了人民群众的生态保护意识,对非法捕捞违法行为人起到较强的震慑作用。